Lotte H. Eisner:
Ich hatte einst ein schönes Vaterland
Memoiren

Geschrieben von Martje Grohmann
Vorwort von Werner Herzog
Mit 54 Fotos

Deutscher
Taschenbuch
Verlag

dtv

Mit besonderem Dank an:

Serge Eymann, Lotte H. Eisners Stütze in den letzten Jahren; Rudolph, meinen geduldigen Sohn.
Michel Celemenski, Dr. Claude Chiarini, Richard Dembo, Le Père Jean Diard, Gunnhild Ehrig, Dr. Herbert Eisner, Paula Eisner, Marie Epstein, Dr. Hans Feld, Georges Franju, Noëlle Giret, Joris Ivens, Jean-Pierre Jolly, François Moulin, Ann Poppel, Juliet Man Ray, Ruta Sadoul, Volker Schlöndorff, Howard Vernon.
Centre de Documentation Juive, Paris; Ufa.

Martje Grohmann

Im Text ungekürzte Ausgabe
Februar 1988
Deutscher Taschenbuch Verlag GmbH & Co. KG, München

ISBN 3-88423-031-X
Umschlaggestaltung: Celestino Piatti unter Verwendung eines Fotos von S. M. Horowitz, New York
Gesamtherstellung: C.H. Beck'sche Buchdruckerei, Nördlingen
Printed in Germany · ISBN 3-423-10848-8

Das Buch

Die Eisnerin – wer war diese Frau, über die Erich von Stroheim urteilte: »This woman knows everything«, die Fritz Lang bei Drehproblemen zu Hilfe rief: »Komm! Ich brauche dich«, über die Volker Schlöndorff äußerte: »Ich verdanke ihr viel«, die Werner Herzog als das »Gewissen des neuen deutschen Films« bezeichnete und die doch in Deutschland nur wenigen Eingeweihten bekannt war? Ihre Memoiren lassen ahnen, warum sie den Regisseuren der alten Garde so viel bedeutete und warum sie von den jungen Filmern in Deutschland so verehrt wurde. Lotte Eisner verkörpert ein Stück Filmgeschichte, und sie erzählt darüber hinaus ein Stück erlebte Geschichte unseres Jahrhunderts. Sie berichtet über ihre Jugend in Berlin am Anfang dieses Jahrhunderts, über die Zeit als erste Filmkritikerin Deutschlands, über die Emigration nach Paris und die Internierung in dem KZ Gurs als deutsche Jüdin. Sie schildert ihr Überleben in Südfrankreich unter falschem Namen und ihre Arbeit nach dem Krieg als Kuratorin der Cinémathèque Française, wo unzählige Filme vor dem Verfall gerettet wurden und wo sich in den Vorführungen viele später bekannte Regisseure mit den Bildern der Filmgeschichte vollsogen: »Der kleine Truffaut hat ganz vorn noch Platz, wenn er sich auf die Erde hockt.«
»Lotte Eisner erzählt farbig, parteiisch und mit klarem Urteil. Sie war schon fast erblindet, als Martje Grohmann, die Münchener Filmjournalistin, der nicht genug zu danken ist für diese selbstlose Arbeit, Lotte Eisner diese Erinnerungen abverlangte.« (Karsten Witte)

Die Autorin

Lotte H. Eisner wurde 1896 als jüdische Kaufmannstochter in Berlin geboren. 1927 Deutschlands erste Filmkritikerin bei der Fachtageszeitung ›Filmkurier‹. 1933 Emigration nach Paris, 1940 Internierung in dem KZ Gurs in Südfrankreich. Seit 1945 Chefkuratorin der Cinémathèque Française in Paris. Sie starb 1983 in Paris. Veröffentlichungen u.a.: ›Die Dämonische Leinwand‹ (deutsch 1955), ›Friedrich Wilhelm Murnau‹ (Neuauflage 1979), ›Fritz Lang‹ (1976).

Inhalt

Vorwort. Von Werner Herzog 7

ERINNERUNGEN AN EIN VATERLAND

Die Prinzessin vom Tiergartenviertel 13
Der Palazzo in der Stülerstraße 23
Ein vaterlandsloses kleines Mädchen 28
Trügerische Geborgenheit 41
Abitur im Ersten Weltkrieg 45
Und der Jud mit krummer Ferse... 53
Studentenzeit – erste Begegnung mit Bertolt Brecht 56
Atempause 69
Erste journalistische Gelegenheitsarbeiten 73
Erste Filmkritikerin Deutschlands 80
Pabst und Louise Brooks 89
Der Prozeß um die Dreigroschenoper 101
Kontroverse Brecht-Lang über: *Hangmen Also Die* 107
Fritz Lang und der Kino-Boom der zwanziger Jahre 113
Valeska Gert, Tänzerin und Schauspielerin 131
Die Russenfilme 136
Der ›Film-Kurier‹ wird zum ›Zensur-Kurier‹ 142
Auf dem Pulverfaß 1932–1933. Die letzten guten Filme 152
Die Menschheit teilt sich 157

DIE LANGEN FERIEN DER LOTTE H. EISNER

Nachbar Frankreich 169
Die entscheidende Begegnung meines Lebens 175
Match-Making 180
Die Familie bringt sich in Sicherheit (1934–1938) 185
Die deutsche Jüdin ist unerwünscht 190
Als fünfundvierzigjährige Studentin in Montpellier 198
Mademoiselle Louise Escoffier wird geboren 204
Befreiung – Schicksal der Familie Eisner 212
Die ersten Jahre in der Cinémathèque 7, Avenue de Messine
(1945–1955) 219

Entdeckungen 224
Erich von Stroheim 233
Henri Langlois, das Ungeheuer 239
Meine Bücher 255

GESPRÄCHE MIT LOTTE EISNER

Glauben und Aberglauben 275
Die Cinémathèque Française als Gastgeber 281
Lotte Eisners Rolle als Vermittlerin 288
Reisen 291
Malerei – Surrealismus 295
Buster Keaton und Charlie Chaplin 299
Wiederannäherung an Deutschland 304
Die Affäre Langlois 308
Alte Freunde treten ab 318
Weiberfeindschaft 325
Über die Sprache 327

Erinnerungen an Lotte Eisner
Nachwort von Martje Grohmann 329
Nachbemerkung zur Taschenbuchausgabe 337
Dokumente und Fotos 338
Anmerkungen 353
Literaturverzeichnis 355
Bildnachweis 356
Personenregister 357

Vorwort
Von Werner Herzog

Schon vor dem Tod von Lotte Eisner, der Eisnerin, war den meisten irgendwie klar, daß hier das letzte Mammut unter uns weilte, von einem gewaltigen und fürchterlichen Jahrhundert herumgestoßen, in dem sie eine klare Spur hinterließ. Wie die Lebende, hat auch die Tote keinen wirklichen Ort. Es gibt kein Grab von ihr, ihre Asche wurde in einem Wald verstreut; so wollte sie es.

Die Eisnerin, wer war das für den neuen deutschen Film? Wir sind eine Generation von Waisen, es gibt keine Väter, allenfalls Großväter, auf die wir uns beziehen können, also Murnau, Lang, Pabst, die Generation der zwanziger Jahre. Es ist ja seltsam, daß die Kontinuität im deutschen Film durch die Barbarei der Nazi-Zeit und die darauf folgende Katastrophe des Zweiten Weltkriegs derart radikal abriß. Der Faden war zu Ende, eigentlich vorher schon. Der Weg führte ins Nichts. Da klaffte eine Lücke von einem ganzen Vierteljahrhundert. In der Literatur und in anderen Bereichen war das keineswegs so dramatisch spürbar. Deshalb hat uns Lotte Eisners Anteilnahme an unserem Schicksal, also an dem der Jungen, eine Brücke in einen geschichtlichen, einen kulturgeschichtlichen Zusammenhang geschlagen.

Was das bedeutet, werden die Franzosen, die von derselben Zeitkatastrophe befallen waren, aber fast nahtlos fortfuhren, nie verstehen, und auch die Italiener nicht, die sofort am Ende des Krieges den Neorealismus schufen, und auch die Amerikaner nicht und die Sowjetunion nicht, niemand. Das können nur wir selber ermessen.

Als ich einmal erschöpft, verhöhnt und verzweifelt bei der Eisnerin erschien, sagte sie in einem beiläufig hingeworfenen Satz: »Hören Sie, die Filmgeschichte erlaubt es euch jungen Filmregisseuren in Deutschland nicht, daß ihr aufgebt.«

Inzwischen sind wir nicht mehr jung. Einer der Wichtigsten unter uns, Rainer-Werner Fassbinder, der ein großes Werk in kürzester Zeit geschaffen hat, ist vor der Eisnerin gestorben, aber wir haben unseren Weg gefunden, und es würde uns heute niemand mehr widersprechen, wenn wir behaupten, wieder legitime

Filmkultur in Deutschland zu haben. Legitim sind wir aber nicht einfach kraft Erklärung geworden, durch ein eigenmächtiges Machtwort, sozusagen, legitim hat uns erst die für uns letzte Autorität gemacht, die Eisnerin. Durch sie haben wir Legitimität zugesprochen bekommen. Man kann das vielleicht so erklären: Wenn im Mittelalter jemand zum Kaiser gekrönt wurde, so geschah das aufgrund von Erbfolge und vor allem durch die Macht, aber die Legitimität mußte er sich erst in Rom beim Papst holen. Weil uns die Eisnerin für legitim erklärt hat, sind wir es auch. Und erst das hat uns im Ausland den Zugang zum Publikum ermöglicht.

Lotte Eisners Bücher, allen voran ihr Buch über den deutschen Film des Expressionismus: ›Die Dämonische Leinwand‹ – ich bin sicher, es wird die definitive, die endgültige Studie über diese Epoche sein –, auch ihr Buch über Murnau und das über Fritz Lang, dann ihr Wirken an der Cinémathèque Française, das der Rettung und Verbreitung unseres gemeinsamen kulturellen Erbes gewidmet war, all das ist ihre reiche Hinterlassenschaft. Hinter diesem geistigen Reichtum schien ihre zierliche Person zu verschwinden. Man dachte nicht an die Eisnerin als eine Privatperson mit einem ganz eigenen, ganz besonderen Schicksal, weil ihr Werk im Vordergrund stand.

Diese Haltung ihrer Umwelt machte ihr gerade in den letzten Jahren zu schaffen. Sie wollte ihr Leben erzählen, sie hatte doch noch nicht alles gesagt. So arbeitete sie bis zu ihrem letzten Atemzug an ihren Memoiren, um ihr Leben abzurunden. Dieses also sind ihre letzten Worte:

Erinnerungen an ein Vaterland

»Haben Hoheit gut gespeist?« fragte die freundliche alte Dame, die sich gerührt über meinen Kinderwagen beugte, in dem sie ein blondlockiges Prinzeßchen vermutete. Aber es war nur ich, Lotte Henriette Regina Eisner aus Berlin, stolz durch den vornehmen Kurort Bad Kreuth geschoben von meinem Kindermädchen, das sich hütete, den Irrtum aufzuklären. Das wirkliche Prinzeßchen war dagegen nur ein arger Mickerling, aber als die Verwechslung sich endlich aufklärte, sah mich die alte Dame nicht mehr an, sondern grüßte von da ab das wahre Blaublut mit den gleichen ehrerbietigen Worten.

Wie soviele meiner Altersgenossinnen hörte ich auf den Namen Lotte, zum Glück nicht Lieselotte oder Charlotte, einfach Lotte, ein Wort, das ich gern mit dem italienischen »lotta«, der Kampf, in Verbindung sehe, denn mein Leben ist ein einziger Kampf gewesen, bis auf den allerersten trügerisch friedlichen Anfang. Mein zweiter Name, Henriette, ist mir besonders lieb, weil ich ihn von meiner Großmutter mütterlicherseits, Henriette Cahn aus Frankfurt habe, die eine sehr schöne kleine Person gewesen sein muß, mit dicken schwarzen Haaren und blauen Augen. Auch wurden ihre zierlichen Füße gerühmt, die ich an mir wiederfinde. Henriette stammte aus einer vornehmen jüdischen Kaufherrenfamilie, deren Wohnsitz neben dem der Frankfurter Bankiersfamilie von Rothschild lag. Das Mädchen hatte von früh auf eine französische Gouvernante, sprach natürlich fließend französisch, las viel und verliebte sich mit siebzehn Jahren in einen jungen Grafen aus Toulon, Georges Garonne de Lavoisier, Chefredakteur des ›Panthéon des Arts‹.

Ich hätte nie von dieser heimlichen Liebesgeschichte erfahren, wenn meine Tante Estella nicht zwei Briefe dieses Grafen aus dem Jahre 1848 gefunden hätte, die in einem Geheimfach ihres Sekretärs, in einer mit rotem Sammet ausgeschlagenen Schatulle, aufbewahrt lagen. Die Liebesbriefe waren in einer wunderbar zierlichen Handschrift verfaßt, in klassisch schönem und doch warmherzigem Französisch. Der Graf bat Henriette darin mit beredten Worten um ihre Hand, aber sie lehnte den Antrag ab, mit der Begründung, daß sie Jüdin wäre und Deutsche und er

Katholik und Franzose. Er schrieb zurück: »Was bedeuten Religion und Staatsangehörigkeit, wenn man sich liebt. Sind wir nicht alle Geschöpfe Gottes?«

Unter dem Druck der Konvention heiratete Henriette Cahn ein Jahr später den reichen Fabrikanten Joseph Aron, der mit türkischen Schals handelte und sie mit ihrer Gouvernante über die Straße hatte gehen sehen.

Der Herr frug: »Wer ist diese schöne Dame?«, hielt um sie an, wurde erhört und nahm die achtzehnjährige Henriette mit nach Berlin.

Zwei Aussprüche der verheirateten Frau sind dann noch überliefert. Bei ihrer Ankunft in Berlin soll sie gesagt haben: »Wie seltsam, man parliert hier auf der Straße nicht französisch!« Frankfurt war ja im 18. Jahrhundert durch die mehrfache französische Okkupation eine halb französische Stadt geworden.

Die zweite Überlieferung stammt aus einer Art fragmentarischem Tagebuch, in dem sie schreibt: »Man schleppt seine Tage dahin wie ein Galeerensklave ...«

Glücklich ist sie also nicht gewesen, die Henriette. Sieben Kinder hatte sie zur Welt gebracht, einen Sohn und sechs Töchter, und zwischendurch lag sie auf ihrem Kanapee, leidend, blaß und klug, und las französische Romane. Ich nehme an, sie hat auch so eine Vorliebe für Stendhal gehabt wie ich.

Durch die vielen Geburten wurde meine Großmutter dann ein wenig dicklich und starb mit nur fünfundvierzig Jahren. Ich hätte sie gern kennengelernt, aber beide Großeltern waren schon vor meiner Geburt gestorben. Schönheit und Intelligenz vererbte Henriette an Estella; Ida, Ottilie, Valerie, Feodora und Margarethe bekamen nichts ab, und Margarethe, das war meine Mutter. Warum mein Vater gerade sie geheiratet hat, ist mir bis heute unerklärlich geblieben. Als Kind nahm ich es ihm übel und malte mir aus, wie es geworden wäre, wenn er die schöne englische Pastorentochter, die auf den denkwürdigen Namen Minny Pretty hörte, und viel klüger war als meine Mutter, geheiratet hätte. Auch sie hat den Heiratsantrag aus einem, wie mir scheint, äußerlichen Grund ausgeschlagen, weil sie drei Jahre älter war als mein Vater.

Von dieser Liebe blieb bei Vater eine Anglomanie, die er auf mich und meinen Bruder übertrug. Wir wurden von englischen Gouvernanten erzogen. Der Verschleiß war groß. Zwischen vier und vierzehn Jahren hatte ich neun englische Gouvernanten. Bei Tisch sprachen wir nur englisch, den ›Hamlet‹ kannte ich in einem Alter auswendig, in dem heutige Kinder Donald-Duck-Sprechblasen mit dem Finger verfolgen.

Obwohl mein Vater vor seiner Ehe ein recht loser Vogel, oder wie man damals sagte, »a ladie's man« gewesen sein muß – sein Charme war unwiderstehlich –, blieb er meiner Mutter bis zu seinem Tode treu. Auch das nahm ich ihm übel. Doch meine Mutter machte ich allein dafür verantwortlich, daß ich erstens kein Junge und zweitens keine Rothaut geworden war, Eigenschaften, die für mich unerläßlich schienen, um im Leben glücklich zu werden. Das liebe kleine Mädchen, das brav in der Ecke sitzt und mit den Puppen spielt, das war ich nicht, obwohl ich ganz herzig aussah mit meinen langen blonden Haaren und den braunen Augen dazu. Als mir mit sieben, acht Jahren von meinem drei Jahre älteren Bruder der ›Karl May‹ in die Hände gespielt wurde, benutzte ich meine Puppen höchstens noch zum Skalpieren. Oh, was war ich scharf auf den Skalp meiner Mutter, den ich jeden Tag bei der Morgentoilette als falschen Dutt unter ihrem langen Haarschopf verschwinden sah. Das wäre der Traum-Skalp gewesen, aber den gab sie mir nie.

Dafür ließ ich mir anderes einfallen: Die echten Teppiche wurden in Wigwams verwandelt, die Zigarren des Vaters entwendet, um die Zoowächter zu bestechen, uns Papageienfedern zu geben. Ich wollte natürlich der wilde Panther sein und nicht eine langweilige Indianersquaw. Die Federn wand ich mir um Handgelenke und Kopf, der Körper wurde mit Kakaopuder braun gefärbt. Da meine vielen Cousins und Cousinen mitmachen mußten, waren unsere Kakaodosen immer leer. Auch entwickelten wir Kinder eine auffällige Vorliebe für Fasanenbraten. Wenn wir uns ein Sonntagsessen wünschen durften, riefen wir einstimmig: »Fasan!« und dachten an die vielen schillernden Federn, die wir für unser Spiel dabei ernten würden. Auch die Theorie kam nicht zu kurz. Ich las wohl an die dreißig, vierzig grüngebundene Karl-May-Bände, bis mein Vater eines Tages herausbekam, daß der Autor sich all den fremdländischen Zauber in einem deutschen Gefängnis erdacht hatte, und uns die Bücher entzog. Da mußten wir auf Authentischeres zurückgreifen, wie den ›Lederstrumpf‹ oder ›Nick Carter‹.

Ich las mich kreuz und quer durch die Bibliothek meines Vaters, der selber ein sehr gebildeter Mann war und mich in meinen literarischen Neigungen bestärkte. Er machte mich vor allen Dingen auf die Klassiker aufmerksam: Schiller, Goethe, Kleist. Nur Victor Hugo, der Leib- und Magen-Autor meines Großvaters, dem mein Vater seinen Vornamen »Hugo« und mein Onkel seinen Namen »Viktor« zu verdanken hatten, war mir zu hochtrabend. Die Schwärmerei für Victor Hugo hatte meinen Großvater Eisner, der Bankier war, in die Pleite getrieben, so sehr vernachlässigte er die Wirklichkeit um des Träumens willen. Aber Vater war sehr stolz darauf, daß der Bankrotteur seine Angestellten noch auf Heller und Pfennig ausgezahlt und keine Schulden hinterlassen hatte. Er selbst wußte seinen Sinn für das Musische besser mit dem Geschäftlichen zu vereinen. Auf ihn und seine beiden Brüder, Viktor und Hermann, war die von einem Großonkel gegründete, altehrwürdige Tuchgroßhandlung ›Eisner und Ehrmann‹ übergegangen. Das große Geschäftshaus lag in der Brüderstraße im Hansa-Viertel, unsere Privatwohnung war im vornehmen Tiergarten-Viertel. Jeden Morgen ließ Vater sich mit einem Taxi ins Geschäft fahren, obwohl er sich Auto und Chauffeur hätte leisten können, aber er wollte uns nicht zu sehr mit Luxus verwöhnen. Zum Mittagessen kam Vater heim. Dann hielt er ein kurzes Mittagsschläfchen und blieb bis zum Abend im Geschäft. Er entwarf und bestellte selbst seine Stoffe bei den Pariser Fabrikanten. Zunächst verkaufte er nur edles schwarzes Tuch, nach und nach auch farbige Stoffe und Konfektion. Die Firma hatte mehrere Zweigniederlassungen in deutschen Großstädten und in der Provinz. Wir unterhielten enge Handelsbeziehungen zu ausländischen Firmen, besonders zu England und Frankreich – Verbindungen, die meinem Bruder später das Leben retten sollten.

Meine Mutter und ich haben von Vaters Geschäftsleben kaum etwas gewußt. Über Geld durfte nicht gesprochen werden, wir hatten es. Deshalb habe ich nie einen Sinn für Finanzen entwikkelt. Wir waren wohl nicht reich, aber wohlhabend, und gehörten zu den jüdischen Patrizierfamilien wie die Mendelssohns, Preußens, Messels und Warburgs, die alle im Tiergartenviertel oder im Neuen Westen wohnten. Wenn ich einmal in der Brüderstraße auftauchte, war es höchstens, um Stofflappen für meine Indianer- und Theaterspiele zu ergattern. Meine Mutter verwandte ihre Zeit darauf, das Geld wieder auszugeben. Später hatte sie in dieser Betätigung Verstärkung an meiner zehn Jahre jüngeren Schwester Steffi, die ihr Leben zwischen »Shopping« gehen und Bridge-Spielen teilte.

Aber, um nicht ungerecht gegen meine Mutter zu sein, sie kümmerte sich um ihre Kinder, sie war die *Glucke,* die dafür sorgte, daß wir genug aßen, frische Luft und Erholung in extra ausgewählten feinen Badeorten bekamen, und daß es uns an der guten Kuhmilch nicht fehlte. Leider reagierte ich gegen beides allergisch. Das Glucken erzeugte Wut, Trotz und Hinterlist: »Wenn mir in deinem feinen Hotel das Essen nicht schmeckt, schmeiß' ich mich auf den Fußboden und strample mit den Füßen!« Und die gesunde Kuhmilch wurde in meinem Bauch zu Käse. Aber da gab es kein Pardon, die Milch, die mußte 'runter, Lottchen war ja so dünn und blaß. Heute weiß man, daß es Milch-Allergien gibt, und man hat mir bestätigt, daß ich Milch nur in Form von Milchreis vertragen kann. Ja die Milch, das war die Tragödie meiner Kindheit ...

Es bleibt müßig zu betonen, daß diese Mutter keinen Sinn für die schönen Künste hatte. Alles, was ihr fehlte, das hatte mein Vater. Er weckte in meinem Bruder Fritz und mir früh die Fähigkeit der geistigen Erregung, die ihm wichtiger war als reines Wissen. Mich schleppte er in alle Richard-Strauss- und Mozart-Konzerte mit. Strauss leitete damals die Berliner Philharmoniker, und der Walzer aus dem ›Rosenkavalier‹ war das Lieblingsstück meines Vaters. In seinem Testament hatte er schriftlich fixiert, daß man zu seiner Beerdigung diesen Walzer spielen sollte. Leider wurde der letzte Wille als unpassend empfunden, und man einigte sich auf ein Stück aus Mozarts ›Requiem‹, gespielt von Mitgliedern des Strauss-Ensembles.

Mozarts Musik hat mich schon als Achtjährige hingerissen. Heute ist mir Bach näher, wohl, weil Mozart für das Leben ist und Bach mehr auf das Jenseits gerichtet. Seine Musik hat so etwas Tröstliches. Wenn ich auch selbst an nichts glaube, so kann mich die Gläubigkeit Bachs, aus der seine Musik lebt, doch fast fromm machen. Am meisten rührt mich die Arie des Judas aus der ›Matthäus-Passion‹: »Gebt mir, gebt mir meinen Jesum wieder« ... Darin liegt die ganze Tragik des Verräters, der der eigentlich Leidende in der Jesus-Geschichte ist.

Zu meinem Unglück liebte mein Vater auch Wagner – ein dunkler Hang zum Teutonischen, der mir abging. Wir hatten im

Winter ein Abonnement bei der Oper, und da hieß es einfach: »Heute gehen wir in den ›Lohengrin‹.« Ich sagte: »Ich war schon so oft im ›Lohengrin‹, ich mag nicht mehr.« – »Wenn du nicht mitkommst in den ›Lohengrin‹, darfst du morgen nicht in das Richard-Strauss-Konzert.« Das war eine Drohung. Aber ich liebte Richard Strauss, und da sagte ich mir: Wagner, das ist Rizinusöl, das muß man schlucken, und ging mit.

Mein Vater betrachtete sich als guten Deutschen, und er sah auch so aus: Groß, schlank, blond, germanisch – und dabei war er Volljude. Von ihm habe ich die lange Oberlippe geerbt, die auch ganz unjüdisch ist. Selbst Antisemiten liebten ihn, und von sämtlichen Weibern, die ins Haus kamen, wurde er umschwärmt. Als mein Bruder die ersten Freundinnen anbrachte, kam es regelmäßig zur Krise, wenn sie meinen Vater sahen. Dann hieß es nur noch: »Was hast du für einen charmanten Vater!« War er schon äußerlich das Bild eines stolzen Preußen, so war er es innerlich noch mehr. 1857 geboren, zu jung, um im 70er-Kriege mitzumarschieren, ließ er es sich doch nicht nehmen, am Bett unseres alten Kaisers die Totenwache zu halten. Selbstverständlich bejahte er auch die Mobilmachung für den Ersten Weltkrieg und ließ seinen einzigen Sohn, der gerade einundzwanzig Jahre alt geworden war, als Freiwilligen mit der Blume im Gewehrlauf an die französische Front ziehen. Er selbst war 1914 schon zu alt, um eingezogen zu werden – zum Glück, denn auch bei ihm wäre der Glaube an das Vaterland durch diesen ersten barbarischen Krieg zerstört worden. Das Aufkommen des Nazismus hat er nicht mehr miterlebt. Er starb 1924, kurz nachdem ich das Doktorexamen gemacht hatte. Drei meiner Vettern errangen im Ersten Weltkrieg das Eiserne Kreuz erster Klasse, und der älteste Sohn meiner Tante Ottilie war sogar Rittmeister bei den Garde-Kürassieren und engster Vertrauter des Kronprinzen. Er trug eine weiß-silberne Uniform mit einem Lohengrin-Helm und vielen Troddeln, betete die Kronprinzessin an und fuhr mit einem »Dogcart« durch Berlins Prachtstraßen, von einem livrierten Mohren begleitet, der aussah wie der kleine Sarotti-Neger auf den Vollmilch-Schokoladetafeln. Einer der intensivsten Augenblicke meiner Kindheit war der Tag, an dem dieser Märchenonkel mich mit seinem »Dogcart« abholte und zu Café Kranzler Unter den Linden kutschierte, um ein Nußtörtchen zu verspeisen.

Unsere Familie gehörte zu den assimilierten Juden, die sich als geistige Erben Moses Mendelssohns betrachteten, dem Vertreter der Aufklärung und des deutschen Idealismus im Judentum. Bereits Mendelssohns Kinder erhielten die Taufe, was laut Heinrich Heine das »Entrée-Billet zur Europäischen Kultur« bedeutete. Die meisten meiner männlichen Verwandten waren mit Protestantinnen verheiratet, und auch wir Kinder wuchsen eher in der christlichen Tradition als im jüdischen Glauben auf. Mein Vater ging nur einmal im Jahr am Versöhnungstag in die Synagoge. Das ist der Tag, an dem man sich mit seinen Feinden aussöhnen soll – ein schöner Gedanke, eigentlich. Im übrigen hielt er es wie Goethe und rief: »Gott ist auf den Bergen!« Er war ein passionierter Bergsteiger, seine Wahlheimat war Bayern, da nahm er uns in die Ferien mit, und wir kletterten hinauf bis zum Schnee. Ich war ein kühner Kletterer, denn ich war schwindelfrei. Heute noch, wenn ich die Augen schließe und träume, renne ich die Berge hinauf wie ein junges Mädchen: Dann kann ich wieder richtig sehen und richtig gehen.

Seine Liebe zu Bayern veranlaßte meinen Vater, sich 1913 ein Haus am Walchensee anzuschaffen. Es lag auf einem Waldgrundstück direkt am See und hatte ein Bootshaus, in dem mein eigenes Ruderboot lag. Da fuhr ich hinaus auf den See mit Lux, meiner Schäferhündin, mit der ich mich lange unterhalten konnte, wie mit einem Menschen. Am liebsten auf der Welt verreiste ich allein mit meinem Vater. Ich glaube, schon als kleines Kind war es mir klar, daß ich in ihn verliebt war. Deshalb habe ich auch nie eine Psychoanalyse gebraucht, ich wußte, was mit mir los war. Viele meiner späteren Freunde und Freundinnen haben mich überreden wollen, einen Psychiater aufzusuchen, eine von ihnen war Anaïs Nin. Aber ich habe ihr geantwortet: »Was soll ich mich psychoanalysieren lassen, ich weiß, daß ich einen Elektra-Komplex habe, und deshalb habe ich auch nie eine befriedigende Liebesbeziehung gehabt, denn ich habe meine Liebhaber innerlich stets mit meinem Vater verglichen, und da konnte keiner mithalten.«

Doch auch mein Bruder Fritz, der die gleichen Interessen hatte und sich viel mit mir abgab, stand mir sehr nahe. Durch ihn wurde mir bewußt – und das ist eine meiner frühesten Erinnerungen –, daß wir die Jahrhundertwende erreicht hatten. Ich war vier Jahre alt, als wir in das 20. Jahrhundert überwechselten, und mein Bruder brachte mir bei, was für ein besonderer Augenblick das wäre, und zeigte mir Postkarten, auf denen das Jahr 1900 dick gedruckt war.

Kaum daß ich lesen konnte, fütterte Fritz mich mit Lesestoff. Mit Grimms Märchen und Wilhelm Busch fing es an. Dann kam Shakespeare, den schenkte mein Bruder mir in einer kleinen englischen Taschenausgabe, die ich unter der Schulbank lesen konnte, und schließlich Heine, Wilde, Stendhal, Gide und Proust. ›Das Buch der Lieder‹ konnte ich auswendig deklamieren, ebenso den ›Werther‹ der mir heute so unlesbar sentimental erscheint. Dabei war ich nie sentimental. Goethe gefiel mir nur in seiner Sturm-und-Drang-Epoche. Einiges aus der klassischen Zeit mag auch noch hingehen: »Oh neige Du Schmerzensreiche Dein Antlitz gnädig meiner Not ...«, das ist Deutsch in seiner eigensten Art, aber der alte Goethe in seinem Sprach-Nazißmus und seiner Arroganz anderen Dichtern gegenüber war mir widerwärtig. Es kocht in mir die Wut hoch, wenn ich denke, daß Kleist an Goethe schrieb: »Auf den Knien meines Herzens« bitte ich Sie, dieses Gedicht zu lesen, und Goethe tut diesen größten deutschen Dichter mit einem geringschätzigen »junger Hypochonder« ab. Meinem Bruder lag Heinrich Heine am meisten. Fritz hätte am liebsten Literatur studiert und sich ganz mit seinem Lieblingsdichter beschäftigt. Aber das erlaubte mein Vater nicht, der es selbstverständlich fand, daß sein einziger Sohn das Geschäft übernehmen würde, denn das Geschäft war schon fünfundsiebzig Jahre alt und sollte noch viele Generationen in den Händen der Eisners bleiben. So dachte Vater ...

Zur Geburt seines ersten Enkels schrieb er nach dem Glückwunsch: »Ich freue mich schon darauf, meinen ersten Enkel als Prokurist in der Firma haben zu können.« Mein Bruder wurde nach Würzburg auf die Universität geschickt und mußte Nationalökonomie studieren. Es war ein kurzes Studium, kürzer als meines, aber Fritz hat doch noch Zeit gefunden, sich nebenbei mit der Literatur zu befassen. Das Geschäft, das war für ihn die Pflicht, und die war für ihn genauso selbstverständlich wie für meinen Vater, aber jede freie Minute nutzte er für seine wissenschaftlichen Heine-Studien. Später sah Vater, daß er sich vielleicht doch nicht allein auf seinen Sohn verlassen konnte und nahm die frühere Konkurrenz – Firma Kirchheim – mit in seinen Betrieb. Als Fritz dann eine tatkräftige Frau heiratete, war sie es, die aufpaßte, daß er seinen Brotberuf nicht ganz vernachlässigte. Aber er sammelte weiter Heine und schrieb über Heine. Das Resultat dieser Passion war die große Säkular-Ausgabe im Akademie-Verlag Berlin mit vier Brief- und Kommentar-Bänden und etliche kleinere Arbeiten und Aufsätze über seinen Dichter.

Als meine Mutter vierzig Jahre alt war, mein Buder dreizehn und ich zehn, meldete sich spät und überraschend meine Schwester Stefanie an. Ich glaubte – man würde es heute nicht mehr für möglich halten – noch an den Klapperstorch, und meiner Mutter ging es ähnlich, da sie sich nicht erklären konnte, warum ihr Bauch rundlicher und rundlicher wurde. Sie wußte gar nicht, daß man in so fortgeschrittenem Alter noch ein Kind zur Welt bringen konnte. Die Geburt dieser Schwester war eines der schmerzlichsten Erlebnisse meiner Kindheit. Wir wohnten damals noch in einer Villa in der Landgrafenstraße, die einen großen Balkon und einen Garten hatte, in dem sich mein Dackel Männe aufhielt. Er zwängte sich in meine ausrangierte Puppenstube und blieb auch einmal in einem Hasenloch stecken, aus dem ich ihn mühsam wieder herausziehen mußte. Kurz, Männe gehörte dazu. Als meine Mutter die Geburt des Babys ankündigte, sagte sie: »Der Dackel muß dann aus dem Haus. Wir können nicht ein Baby *und* einen Dackel haben.«

Meine Schwester kam, der Dackel ging. Nach einer Woche fragte ich meine Eltern: »Können wir nicht die kleine Schwester wegbringen und den Dackel wiederholen?«

Kinder sind hellsichtig. Ich war es in hohem Maße. Die Schwester war mir vom ersten Tage an gleichgültiger als das Hündchen, und so ist es geblieben. Gleichgültig ist ihr Gesicht, gleichgültig ihr Leben, selbst dem Teufel in der Hölle wird sie eines Tages gleichgültig gegenübertreten.

Auf die Frage: »Wo hast du Mutters letzten Brief gelassen, den sie aus dem geschlossenen Wagen geworfen hat, bevor man sie nach Theresienstadt verschleppte?«, antwortete die Schwester gleichgültig: »Den hab' ich verloren.«

So fremd mir meine Mutter innerlich auch war, so war sie doch unsere gemeinsame Mutter. Als alte Frau tat sie mir sogar leid, weil sie verwitwet und vereinsamt und von Steffis Familie, die in der Fremde lebte, nur unwillig geduldet war. Sie, die in ihrer Glanzzeit über zwölf Zimmer und sieben Dienstboten geherrscht hatte, mußte im Alter kuschen, Kinder hüten, Kleidchen nähen und geizen und knappen mit dem Geld. Meine Schwester gab fein acht, daß die Mutter nicht zuviel kostete.

Als die alte Frau mit dem Spruch »Alte Bäume verpflanzt man nicht« im Jahre 39 nach Berlin zurückkehrte, hielt meine süße Schwester sie nicht zurück, obwohl man wußte, was den Juden damals in Deutschland blühte: es war das sichere Verderben. Und immer noch spielt Steffi Bridge.

Der Palazzo in der Stülerstraße

Mein Bruder, meine Schwester und ich sind alle in einer anderen Straße Berlins geboren, aber erinnern kann ich mich nur noch an die Landgrafenstraße mit dem großen Balkon und an die Stülerstraße, eine Verlängerung der Tiergartenstraße, in der wir die meiste Zeit wohnten.

Als ich nach dem Krieg wieder nach Berlin kam, stand nur noch das Straßenschild: Stülerstraße.

Diese schloßartige weiße Villa von 1840, mit ihrer großen Freitreppe und den verspielten Putten, hatte dem Bildhauer Begas gehört. Selbst für das elegante Tiergartenviertel muß sie einen besonderen Reiz gehabt haben, denn ich bin viel später einmal zufällig auf eine Beschreibung unseres Hauses bei einem italienischen Journalisten gestoßen, der es als »Palazzo« bezeichnete. Vor unserer Zeit wohnte die Verlegerfamilie Ullstein dort, dann mieteten wir das Hochparterre, im Souterrain waren die Dienstboten untergebracht, die ihr eigenes Bad hatten, und im ersten Stock wohnte meine Tante Estella. Unsere Küche war größer als meine ganze jetzige Wohnung zusammengenommen. Die Köchin stöhnte immer über die Wege, die sie bei der Arbeit zurücklegen mußte: »Mit 'n Paar Rollschuhe jing et schnella«, pflegte sie zu sagen. Das Personal bestand aus einer Köchin, einem ersten und zweiten Hausmädchen, einem Kindermädchen für meine Schwester, einer Gouvernante für meinen Bruder und mich, einer Näherin und einer Putzfrau. Wir hatten zwölf Zimmer, aber am liebsten spielten wir Kinder auf der großen Veranda. Leider gehörte zu dieser Wohnung kein Balkon. So konnte ich keine wilden Erdbeeren in Blumenkästen mehr ziehen, wie ich es früher getan hatte. Einmal, ich weiß es noch genau, hatte ich zweihundertzwanzig Walderdbeeren geerntet und meinem Vater zum Geburtstag geschenkt.

Die ersten Jahre lebte meine Cousine Ina mit uns, am Anfang weinte sie viel, und man erzählte mir, daß ihre Mutter, die einzige Schwester meines Vaters, gestorben sei. Sie wurde von Tante Estella, die selber keine Kinder hatte, adoptiert.

Mit Ina verstand ich mich ganz gut und auch mit einer anderen Cousine, Lucie Oberwarth, die mich geistig stark beeinflußte.

Dann war da noch die etwas ältere Hedda, aber die mochte ich weniger. Sie war so überkandidelt und eifersüchtig auf mich, weil ich schreiben konnte, denn sobald ich buchstabieren gelernt hatte, fing ich auch schon an, kleine Gedichte und Geschichten zu schreiben. Für meine Cousinen und Freunde machte ich eine Wochenzeitschrift, die ich selbst notdürftig mit einem Faden zusammenband und illustrierte. Ich hatte Talent im Porträtieren und wußte lange Zeit nicht, ob ich Malerin oder Schriftstellerin werden sollte. Auch kleine Theaterstücke wurden von mir verfaßt, die ich dann mit den anderen Kindern oder auch mit selbst geschnittenen Kartoffelpuppen aufführte.

Ein Satz aus einer Raubritter-Geschichte ist mir im Gedächtnis geblieben. Als der Ritter aus seiner Burg fliehen muß, ruft die Frau ihm nach: »Nimm was zu essen mit und auch das Kind!« Ich sah mich schon als Dichterin die Familientradition fortführen, denn die literarische Ader lief durch beide Familien. Auf seiten meines Vaters gab es einen Großonkel Max Ring, der ein Freund Theodor Fontanes war und historische Romane geschrieben hat. Ich liebte es, das alte Meyersche Konversationslexikon aufzuschlagen und den Absatz über ihn zu lesen. Es waren genau 36 Zeilen. Daß er außerdem noch ein Held war, stand nicht im Lexikon, aber das wußte ich von meinem Vater. Max Ring war Arzt, bevor er literarisch tätig wurde, und ist beim Ausbruch der Cholera-Epidemie Mitte des 19. Jahrhunderts freiwillig nach Hamburg gegangen, um dort die Armen umsonst zu behandeln.

Das Gedichteschreiben gab ich nach einiger Zeit unter dem mißgünstigen Einfluß meiner Cousine Hedda wieder auf. Sie fand meine Machwerke scheußlich, und dabei war sie nur eifersüchtig, weil sie selber eine Künstlerin sein wollte. Sie verschlang Ibsen – und hielt sich fortan für Hedda Gabler. Sie hatte sich in den Kopf gesetzt, wenn sie einstmals stürbe, neben dem Grab von Goethes Sohn in Rom beerdigt zu werden.

Meine ersten literarischen Versuche habe ich alle verbrannt, aber einen, für ein achtjähriges Mädchen reichlich dekadenten Vers, habe ich behalten:

> Blaßblaue Libellen sterben um das Abendrot
> wenn die Wolken sich färben,
> taumeln sie in den Tod.

In den Sommerferien fuhren wir regelmäßig mit meinen zahlreichen Tanten, den Schwestern meiner Mutter, die alle in Berlin wohnten, und den vielen Vettern und Cousinen in die Schweiz. Nur in einem Jahr mußte die Reise ausfallen, weil wir mit unserem Keuchhusten nicht über die Grenze gelassen wurden. Da verfrachtete man uns in die Märkische Schweiz, in einen kleinen Ort, der Belzig hieß. Das Besondere an Belzig war für mich, daß dort einmal ein altes Schloß gestanden hatte, von dem nur noch der Butterturm übrig war. Wenn meine Cousinen und Cousins mich drängten, ich sollte ihnen eine Geschichte erzählen, sagte ich: »Mir fällt nur etwas ein, wenn ich in einem Eichenbaum beim Butterturm sitze.« Das war die Hauptsache. Auf der Schaukel ging es auch noch, zur Not. Ich erzählte selbstverfaßte Detektivgeschichten, die in Chicago spielten und sehr blutrünstig waren.

Wenn ich aus den Ferien wieder in die Stadt kam, vermißte ich das nächtliche Zirpen der Grillen, das Quaken der Frösche und das Schleichen der Schlangen durch's Gebüsch. Das brachte mich auf die Idee, mir all diese romantischen Attribute des Landlebens mit nach Berlin zu nehmen. Mit meinem Bruder zusammen legte ich ein Herbarium und Terrarium an, ein Aquarium hatten wir bereits – und dann setzten wir Kröten, Frösche, Blindschleichen und Ringelnattern hinein. Wenn jemand zu Besuch kam und ich die Hand geben mußte, so befand sich meistens ein glitschiges Etwas aus der niederen Tierwelt darin, was den Besucher aufkreischen ließ. Meine Lieblingskröte, ein Prachtexemplar, führte ich an einem rosa Bändchen, das um das eine Hinterbein gebunden war, auf dem Korridor spazieren, und die Ringelnatter band ich mir als Schal um den Hals. Erwachsene mit Krabbeltieren zu erschrecken, war einfach herrlich. Ich weiß noch, wie ich mir einmal den Zorn des Hotelbesitzers zugezogen habe, als ich in seiner vornehmen Eingangshalle meine frischgefangenen Flußkrebse aussetzte. Aber das Schönste und Gelungenste, das waren die Grillen, die ich in mein Schlafzimmer einschmuggelte, damit sie mir des Nachts etwas aufzirpten. Ich nutzte die Hohlräume, die sich zwischen meiner großgemusterten Blumentapete und der unregelmäßigen Wand befanden, um dort Löcher hineinzubohren. Da setzte ich jeweils eine Grille mit ein wenig Gras hinein, und wahrhaftig, sie fingen im Dunkeln an zu zirpen! Meine Mutter wunderte sich wohl über die vielen Löcher in meiner Tapete, aber den Grund hat sie nie entdeckt.

Leicht hat sie es nicht mit mir gehabt, die Mutter, aber ich auch nicht mit ihr. Bis heute nehme ich es ihr krumm, daß sie mir einmal ein Geschenk meines Onkels Hermann aus Paris wegnahm, weil sie meinte, das wäre zu fein für mich.

Paris, das war damals so weit entfernt – wie konnte ich ahnen, daß ich einmal den größten Teil meines Lebens dort verbringen und Französin werden würde.

Wenn mein Vater oder mein Onkel aus Paris kamen, dann kamen sie aus einem exotischen Ort, brachten elegante und duftige Stoffe mit, für uns Kinder gab es marzipangefüllte Marquis-Schokolade und einmal eben auch etwas ganz Besonderes: eine piekfeine Toilettengarnitur für meine Puppenstube. Meine Mutter dachte sich: »Die spielt sowieso nicht damit«, und tauschte das Geschenk gegen etwas Praktisches um. Das war fast so schlimm wie die Geschichte mit dem Dackel.

Unsere englischen Gouvernanten hatten auch kein leichtes Leben bei meinem Bruder und mir: Die Tatsache, daß sie so oft wechselten, sprach für sich. Anfänglich rebellierten wir gegen die Engländerinnen aus falsch verstandenem, kindlichem Nationalismus. Was war schon England? *Wir* hatten ein Kaiserhaus, unsere Familie konsultierte den gleichen Zahnarzt wie der Kaiser, ließ beim gleichen Hutmacher anfertigen wie der Kaiser und ging in die gleiche private Gemäldegalerie von Julius Simon, wo man sich ab und zu traf und einen tiefen Hofknicks machte.

Mein Bruder taufte die jeweilige Gouvernante »Gott strafe England«, und ich nahm diesen Ausdruck begeistert auf. Als die Nummer eins ins Haus kam, ich war vier Jahre alt, fragte ich ihn: »Was kann ich ihr sagen, damit sie schockiert ist?« Mein Bruder, der damals noch wenig Englisch konnte, schlug vor: »Sag ›bloody damned‹ zu ihr.« Das tat seine Wirkung. Doch unser Nationalismus ließ merklich nach, als wir uns in die römische Geschichte vertieften. Fortan sahen wir uns als altrömische Republikaner, die den Hoheiten jede Ehrerbietung verweigerten. Als »Gott strafe England« wieder einmal mit uns in die Gemäldegalerie ging, weil ich mich dort in den schönen Vermeer verguckt hatte, und wir dem Kaiser begegneten, versank die Engländerin in einen tiefen Hofknicks, mein Bruder und ich aber blieben stocksteif stehen, wie mannhafte Republikaner. Die Gouvernante petzte unsere Untat zu Hause, und wir wurden streng bestraft.

Meine Schwester hatte französischsprachige Kindermädchen,

Schweizerinnen oder Belgierinnen, die sie unverantwortlich verwöhnten und ihr den Kopf verdrehten: »Du bist ein reiches kleines Mädchen, du brauchst nichts zu lernen, weil du später nicht arbeiten mußt«, sagten sie zu ihr.

Komischerweise hat sie als einzige in der Familie wirklich nie arbeiten müssen. Sie wuchs in wohlhabenden Verhältnissen auf, heiratete früh einen wohlhabenden Belgier, Van der Meersch, der sie mit nach Paris nahm und eine so angesehene öffentliche Stellung innehatte, daß man ihr im Krieg kein Härchen krümmte. Aber Französisch spricht sie immer noch mit Berliner Akzent.

Für das frühe Erlernen von zwei Fremdsprachen bin ich meinen Eltern sehr dankbar, denn das wurde mir in meiner zweiten Lebenshälfte, als ich aus Deutschland fliehen mußte, zur Existenzgrundlage. Wieviele Juden, die Hitler-Deutschland über Nacht verlassen mußten und sich in Frankreich, England oder Amerika wiederfanden, mußten erst mühsam die neue Sprache lernen, ehe sie beruflich wieder Fuß fassen konnten.

Die höheren Töchter aus unserem Viertel bekamen neben Zeichen- und Klavierstunden, und all dem, was bei Jane Austen »accomplishments« heißt, die sogenannten »Grazienstunden«. Sie wurden von zwei echten Pariserinnen, Mademoiselle Marignac und ihrer Schwester Blanche erteilt und waren für mich gräßlich, weil ich doch eigentlich eine Rothaut war. Wir mußten tanzen und im Rhythmus der Klavierklänge Keulen herumschwingen oder bunte Seidentücher schwenken. Regelrechte Tanzstunden gab es natürlich auch. Das war schon besser. Da tanzte ich immer mit einem eineiigen Zwilling, der seinem Bruder so ähnlich sah, daß ich ihn bitten mußte, ein hellblaues Band ums Handgelenk zu binden. Meine Klavierstunden waren eine Katastrophe, leider. Ich liebte die Musik doch so sehr, aber ob ich wirklich musikalisch war, das bezweifle ich. Auch mein Vater, bei all seiner Musikbesessenheit, hat nie ein Instrument gespielt. Bei mir wollte er es dann erzwingen und feuerte mich an zu üben, aber meine Klavierlehrerin war so nervös, daß sie jedesmal aufjuchzte, wenn ich mich verhaspelte und dann so lange insistierte, bis ich diese Stelle fehlerfrei brachte. Sie ließ mich einen Lauf bis zu siebzehnmal wiederholen. Da bat ich meinen Vater, mit den Klavierstunden aufhören zu dürfen und statt dessen Zeichenunterricht nehmen zu können. Ich war gerade bis zu den Mozartsonaten gekommen. Dabei blieb es.

Die größte Rolle in meinem kleinen Leben spielte von früh auf das Theater. Das ist lange so geblieben, bis es schließlich dem Kino Platz machte. Schon als Sechsjährige nahmen meine Eltern mich mit ins Theater, und mit acht Jahren ging ich regelmäßig viermal die Woche. Das Angebot in Berlin war reich. Mit Märchenstücken und Marionetten-Theater fing die Verzauberung an, dann folgten die von den Erwachsenen als harmlos eingestuften Klassiker. Dazu gehörte nicht Goethes ›Faust‹; denn als ich mit elf Jahren den Wunsch äußerte, in den ›Faust‹ zu gehen, wurde es mir von meiner Tante verboten – ich nehme an, wegen der Gretchen-Geschichte.

Als Max Reinhardt von Wien nach Berlin überwechselte, brach die Reinhardt-Ära an. Er begann mit zwei Theatern in der Schumannstraße und einer Schauspielschule, in der der Regisseur sich Nachwuchs für seine Truppe heranbildete. Reinhardts anhaltende Erfolge in Berlin ermöglichten es ihm, große historische und klassische Dramen mit Massenszenen in der Arena eines ehemaligen Zirkus, dem umgestalteten Großen Schauspielhaus zu inszenieren. Dort brachte er sowohl Büchners als auch Romain Rollands ›Dantons Tod‹ zur Aufführung. Es war das Theater der 5000.

Die Neuinszenierungen der Reinhardt-Bühnen, die bald auch Avant-Garde-Stücke, politisches und expressionistisches Theater brachten, waren zehn bis fünfzehn Jahre lang das kulturelle Tagesereignis Berlins. Reinhardt selbst inszenierte vorwiegend Klassiker. Das Experimentieren überließ er seinen Mitarbeitern im Deutschen Theater. Er schwelgte in Shakespeare und verpflichtete Deutschlands Spitzendarsteller für seine Hauptrollen: Albert Bassermann, Alexander Moissi, Ernst Deutsch, Werner Krauss, Paul Wegener, um nur einige zu nennen.

Reinhardts Licht-Dramaturgie beeinflußte eine ganze Generation von Film- und Theaterregisseuren. Er schuf die Atmosphäre von italienischen Renaissance-Tableaus und Rembrandt-Bildern. Von den flutenden Massen im wechselnden Licht ging er über zu stillen Szenen, mit einzeln herausgehobenen, lichtumstrahlten Köpfen. Dämmrige Gassen wurden aufgehellt durch impressionistische Lichteffekte, tiefe Schatten verbreiteten unheimliche Drohung. Die Kostüme waren bis ins kleinste ausgearbeitet, ebenso der reiche Dekor, den ihm sein Bühnenarchitekt Ernst Stern mit viel Phantasie und historischer Sachkenntnis gestaltete. Professor Stern machte, als Ernst Lubitsch, der Reinhardt-Schüler, vom Schauspieler zum Filmregisseur wurde, für dessen große deutsche Ausstattungsfilme ebenfalls die Dekors. An Filmen wie *Anna Boleyn* oder *Madame Dubarry* können wir noch heute sehen, wie aufwendig die Reinhardtschen Bühnendekorationen gewesen sein müssen.

Als kleines Mädchen hatte ich einmal eine vorübergehende Schwäche für den Bass aus ›Zar und Zimmermann‹, in reiferem Alter war Alexander Moissi, von dem ein Freund behauptet, er sei Jude gewesen und käme aus Triest, mein Großer Held. Meine Cousinen ließen sich von dieser Schwärmerei anstecken und zogen mit mir in die Schumannstraße, um dort Moissi und den anderen Göttern des Theaters aufzulauern, wenn sie aus der Probe kamen oder sich im Innenhof des Theaters ergingen. Ich war verliebt in Alexander Moissis seidige Stimme. Durch einen entfernten Onkel, der mit Film zu tun hatte, ließ ich mir hundertfünfzig Autogramme auf Postkarten besorgen – alle von Moissi. Eins davon schnitt ich aus und steckte es in mein Medaillon, das ich ständig um den Hals trug. Wir riefen Moissi sogar von zu Hause an, nur um seine Stimme zu hören. (Übrigens war unser Telefon den ganzen Vormittag blockiert, weil meine Mutter mit ihren fünf Schwestern schwatzte.)

Eine Zeitlang fürchteten meine Eltern, ich würde Schauspielerin werden, aber erstens fand ich mich nicht schön genug, und zweitens war mein Wissensdurst auf anderen Gebieten viel zu groß. Ich wollte einmal studieren, und mein Vater, der ganz mit mir mitlebte, bestärkte mich in diesem Gedanken.

Meine Schulbildung erwarb ich mir stückweise. Die ersten Jahre schickte man mich auf eine protestantische Grundschule, in der der Unterricht jeden Morgen mit einem alten Kirchenlied aus dem lutherischen Gesangbuch begann. Wir sangen ›Jesus meine Zuversicht‹ oder ›Ein feste Burg ist unser Gott‹ und lernten den Katechismus auswendig.

Meine Lieblingsfächer waren Deutsch und Geschichte. In Deutsch schrieb ich immer die besten Aufsätze. Nur ein einziges Mal gab die Lehrerin mir die schlechteste Note und wollte mich sogar von der Schule werfen. Wir hatten als geschichtliches Thema über Napoleon zu schreiben, und ich, die ich mit acht Jahren für Napoleon schwärmte und ein Dutzend Bilder von ihm über meinem Bett hängen hatte, schrieb natürlich *für* Napoleon und *gegen* die Preußen. Inzwischen bin ich gar nicht mehr für Napoleon, aber damals mag die Romantik, die sich um seine Figur rankte, das schöne Bildnis von David und auch das Gute, was er zur Befreiung der Juden bewirkt hatte, meine Verehrung für ihn gesteigert haben. – Ich wurde zur Direktorin gerufen, als vaterlandsloses kleines Mädchen bezeichnet, und meinen Eltern wurde nahegelegt, mich von der Schule zu nehmen. Schließlich haben sie mich doch behalten, weil ich sonst immer die besten Aufsätze schrieb. Dieselbe Lehrerin ist eine schlimme »Nazisse« geworden.

Nach ein paar Jahren nahm mich meine Mutter dann doch von der Schule, weil ich für mein Alter beunruhigend lang und dürr war. Auch wollte sie mehr Freiheit haben, mit mir zu reisen. Damals konnte man, da noch kein Zwang bestand, die Kinder in eine öffentliche Schule zu schicken, auch Privatlehrer engagieren. In unserem Viertel taten wir uns zu Schülerzirkeln zusammen. Es waren jeweils zehn bis zwölf Mädchen in so einem Zirkel. Das Niveau der Stunden war einigermaßen hoch.

Ich interessierte mich schon sehr früh für römische und griechische Kultur und nahm die Gelegenheit wahr, die alten Sprachen zu lernen. Mein Vater war froh darüber, denn er selbst war nicht humanistisch gebildet und hatte diesen Mangel immer sehr bedauert. Meine Vorliebe für griechische Kunst ging schon Hand in Hand mit der Karl-May-Leidenschaft. Stundenlang wanderte ich in den Museen herum und sah mir die griechischen Statuen und die Kleinkunst an. Besonders die Vasen hatten es mir angetan, auf denen das tägliche Leben der Griechen abgebildet war. Die schönen Jünglingskörper gefielen mir besser als je ein weiblicher Akt. Heute noch sehe ich gern schöngebildete Männer. Ihr Anblick bereitet mir einfach ein ästhetisches Vergnügen. Homer las ich zunächst in der deutschen Übersetzung bei Reclam, die sehr gut war. Das Deutsche ist vielleicht die einzige europäische Sprache, die die feinen Nuancen der Grammatik, die Modi und die Verben durch Vor- und Nachsilben wiedergeben kann. Antigone sagt zu Kreon:

Nicht mitzuhassen
Mitzulieben bin ich da

οὔ τοι συνέχδειν
ἀλλὰ συμφιλεῖν ἔφυν

Im Englischen kann man nicht sagen »to love with«, im Französischen nicht »aimer avec« und im Spanischen nicht »amar con«. Als ich genug Griechisch konnte, las ich die ›Ilias‹ im Original, aber Latein habe ich besser gekonnt, weil ich es früher gelernt hatte. Meine Lieblingsfigur war der Achilles in seiner schillernden Uniform. Das Homo-Erotische zog mich unwiderstehlich an. Ich habe mir immer vorgestellt, wenn ich ein Mann geworden wäre, dann wäre ich ein homosexueller Mann gewesen, einer der schönen Jünglinge, wie sie der Achilles liebte.

Als ich älter wurde und meine schriftstellerischen Fähigkeiten realistischer einzuschätzen wußte, änderte ich meine Berufspläne: Ich wollte Archäologin werden und Kunstgeschichte studieren. All mein Taschengeld verwendete ich, um Bildbände zu kaufen. Zum Bücherkauf gab mir mein Vater immer etwas, für Hüte und anderen weiblichen Tand hatte er weniger übrig. Darin waren wir uns einig, denn ich hatte nie, wie andere Mädchen, Spaß daran, mich zu schmücken, außer beim Verkleiden. Da glitt man in eine andere Welt, eine andere Identität hinüber. Ich habe meinen Freundinnen, da ich geschickte Hände hatte, die Kostüme für die berühmten Berliner Maskenbälle gemacht. Zwar konnte ich nicht nähen, aber ich habe ihnen die Sachen entworfen, zugeschnitten und gesteckt. Das regte meine Phantasie an. Ich selbst durfte, solange mein Vater lebte, nicht mitgehen, weil diese Bälle berüchtigt waren für ihre lockere Moral und mein Vater mich sehr streng hielt; aber auf privaten Festen nahm ich jede Gelegenheit wahr, mich zu verkleiden.

In der Schule mußten wir auch nähen und stricken, und da tat ich mich furchtbar hart. Alle weiblichen Fähigkeiten gingen mir ab. Die Lehrerin, die auch Zeichnen und Werken gab, sagte einmal zu mir: »Lotte, es ist komisch, du hast zwei verschiedene Paar Hände, wenn du komplizierte Scherenschnitte machst, sind sie flink und geschickt, und wenn du nähen sollst, werden sie plötzlich plump und ungelenk.«

Auch das Kochen habe ich nie recht gekonnt und mir aus Essen nicht sehr viel gemacht.

Neulich wollte mich mal jemand für das französische Fernsehen interviewen und bat mich, als Hintergrund meine Küche nehmen zu dürfen. Da lachte ich und meinte, das wäre wohl der unpassendste Ort, den man sich denken könnte, ich würde mich lieber vor meine Bücherschränke stellen.

Sehr lebhaft erinnere ich mich auch noch an unsere Religionsstunden in dem privaten Studienzirkel. Sie müssen sehr gut gewesen sein, und ich habe mich damals, mit vielleicht fünfzehn, sechzehn Jahren, intensiv mit dem christlichen Glauben herumgeschlagen. Wir mußten die vier Evangelien aus der Bibel ausschneiden, gegeneinanderhalten und vergleichen. Das Alte Testament mit seinem Rachegott ist mir fremd geblieben, aber die Geschichte Jesu hat mich sehr beschäftigt.

Jesus hat die absolute Gesetzesordnung der Juden als erster in Frage gestellt. Das war das Moderne an ihm. Andererseits wurde ich nicht fertig mit der Selbstsicherheit, ja fast möchte ich sagen Arroganz dieses neuen Propheten. Wie konnte er so sicher sein, daß es nur *eine* Möglichkeit gab, nämlich ihm zu folgen. Was mag er angerichtet haben, als er die Fischer am See Genezareth dazu aufforderte, alles im Stich zu lassen, um mit ihm zu ziehen? Sie sind vielleicht nicht einmal mehr nach Hause, zu ihren Familien gegangen, um Bescheid zu sagen, sondern einfach weggeblieben und nie wiedergekommen …

Und ich verstand nicht, daß Jesus alles, was geschehen würde, voraussah, voraussagte, ja sogar einen bestimmten Jünger im Auge hatte, als er sagte: »Einer von euch wird mich verraten.« Wieso traf diesen Jünger dann noch die Schuld, wenn er doch nur das Wort erfüllen mußte, damit Jesus durch ihn am Kreuz sterben und die Menschheit erlösen konnte? Das und viele seiner Reden, die über die Köpfe der einfachen Leute und auch der Pharisäer und Schriftgelehrten hinweggingen, haben mich innerlich irritiert. In der Bibel heißt es: »Ihr werdet euch an mir ärgern.« Nun, ich ärgerte mich an Jesus, aber seine Geschichte ließ mich doch nicht los. Die Leidensgeschichte gipfelte für mich nicht in seinem Tod am Kreuz, sondern in der Stunde, als er mit seinen Jüngern im Garten von Gethsemane nach innerer Ruhe sucht und sie bittet, wach zu bleiben. Die Jünger schlafen ein und Jesus sagt: »Könnt ihr nicht *eine* Stunde bei mir wachen?«

Aus meiner Irritation heraus schrieb ich eine Geschichte über Judas, aber nicht über den Apostel, sondern den unbekannten

Jesus-Bruder, der auch Judas hieß. Ich habe versucht die Novelle im Stil der Bibel zu halten. Sie ist etwa mit sechzehn Jahren entstanden und blieb zufällig erhalten.

Der Bruder

> Ist er nicht eines Zimmermanns Sohn: Heißt nicht seine Mutter Maria und seine Brüder Jacob und Josef, Simon und Judas? Und sind seine Schwestern nicht alle bei uns?
>
> Matthäus, Kapitel 13,55

Es gingen aber hinzu seine Mutter und Brüder und konnten vor all dem Volk nicht zu ihm kommen. Und es ward ihm gesagt: »Deine Mutter und deine Brüder stehen draußen und wollen dich sehen.« Er aber antwortete ihnen: »Wer sind meine Mutter und meine Brüder? Seht, meine Mutter und meine Brüder sind diese, die Gottes Wort hören und tun.«

Es ward aber Maria das Wort hinterbracht, und sie wandte sich stumm, um zu gehen. Und ihre Söhne murrten untereinander und sagten: »Wer ist dieser, daß er sich mehr dünket als wir?« Und sie ärgerten sich an ihm. – Maria aber sah, daß Judas, ihr jüngstes Kind, fehlte. Und sie rief ihre Söhne und sagte ihnen:

»Seht, Judas, euer jüngster Bruder, ist nicht mit uns gekommen. Mache sich doch einer auf, den Knaben zu suchen.« – Und Simon, der der Stärkste war unter ihnen, kehrte um, ihn zu suchen. – Er fand ihn stehen unter einer Menge Volks, die um Jesus war, und zog ihn am Mantel. Und der Knabe fühlte ihn nicht und wandte seine Augen nicht ab. (Er war aber zu klein, um etwas sehen zu können; denn viele, die vor ihm gekommen waren, hielten ihn ab von dem Anblick.) Und Simon zog ihn abermals am Mantel, und der Knabe rührte sich nicht. Da ward Simon zornig und trug ihn auf seinen Armen aus der Menge, wie wohl der Wolf ein Lamm sich greift aus der Herde, und die Hirten schlafen.

Die Leute sagten zueinander: »Seht, es sind des Nazareners Brüder.« Und sie machten den Weg frei vor ihnen. – Der Knabe aber sprach: »Was faßest du mich so hart an, mein Bruder?« Simon aber antwortete: »Soll sich mein Herz nicht erzürnen, wenn ich dich stehen sehe bei ihm, der seine Brüder nicht kennt und dessen Herz voll Hochmut ist? Willst du betteln bei ihm, der andere labet?« Da schrie Judas: »Ich will nicht betteln bei ihm, mein starker Bruder.« Simon aber lächelte: »Ich wußte, daß du stolz seist.«

Und Maria wartete an der Biegung des Weges mit ihren Söhnen. Als die Brüder aber Judas sahen, riefen sie: »Siehe, da kommt der Schleicher, der Träumer. Unter welchem Baum hast du geschlafen, bei welchen Bettlern gehockt? Du gleichst fürwahr deinem lieben Bruder, der ein Tagedieb geworden und den Menschen ein Gespött ist.« Also höhnten sie. Aber Maria, als sie den Knaben sah, beugte sich über ihn, weinte und küßte ihn und rief: »Laßt mir den Knaben und scheltet ihn nicht; denn er ist gut.« – Judas aber blieb stumm.

Die Tage gingen, und Kunde kam nach Nazareth, daß Jesus große Wunder getan allerorten. Und die Nachbarn standen bei Maria und brachten ihr vielerlei Neuigkeiten. Die einen aber sprachen: »Wahrlich, er ist Elia.« – Die anderen aber: »Er ist ein Prophet.« Und wieder andere: »Er ist einer von den Propheten.« Ein Mann aber sagte: »Es ist Johannes, der von den Toten aufgestanden ist; denn also habe ich von einem Hauptmann des Herodes gehört.« Und Maria weinte laut und sprach: »Spottet seiner nicht; denn er ist nicht bei Sinnen.« – Die Brüder aber lachten, und Simon, der Starke, stand auf und trieb das Volk hinaus und verschloß die Tür und sagte: »Es ist nicht anständig, daß fremde Augen unsere Schande sehen.« Sein Blick fiel auf Judas, der an der Tür stand. Und er legte seinen Arm auf des Knaben Schulter und sprach: »Du warst nie gesprächig, mein Bruder, und ein sonderbares Kind zu allen Zeiten. Aber du konntest doch lachen, wenn wir zwei miteinander gingen. Was ist in dich gefahren, daß du mir ausweichst?« Judas aber antwortete: »Ich weiß nicht, was du meinst, mein Bruder.« – Da ließ Simon ab von ihm, daß er gehe.

Maria aber sah nicht, wie bleich Judas ward und wie er magerte; denn ihr Herz war voll Dunkelheit und ihre Augen voll Tränen.

Und als Jesus gereist war durch die Städte und Märkte des Landes, kam er in seine Vaterstadt. Aber es sagten die Nachbarn zu Maria: »Siehe, dein Sohn ist gekommen und viel Volks mit ihm, und er lehrt in der Schule. Woher kommt ihm solche Weisheit und solche Taten? Ist er nicht dein Sohn, und sind diese hier nicht seine Brüder? Und hast du nicht deinen Töchtern Männer gegeben aus unserer Mitte?«

Maria aber rief: »Warum ist mein Sohn nicht zu seiner Mutter gekommen und lehrt in der Schule?« Und sie wartete an der Tür, daß er komme, bis Abend. Die Söhne aber schalten und sagten: »Seht, wie sie schreit nach dem lieben Sohn, der sich nicht um sie gekümmert. Sind wir nicht alle bei ihr? Und doch sehnt sich ihr Herz nur nach diesem.«

Und da es Abend ward, kam ein Mägdlein gelaufen zu Maria und rief: »Siehe, es naht dein Sohn, und viel Volks kommt mit ihm.« Und Maria lachte vor Freude. – Judas aber stand auf unter den Brüdern und ging hinaus, daß ihn Jesus nicht sähe. Und es waren viel Lichter im Hause Josefs.

Jesus aber fragte: »Wo ist Judas, mein jüngster Bruder, auf daß er zu mir komme?« Sie aber sagten: »Wir haben ihn nicht gesehen.« Und Simon sprach: »Er ist fortgegangen, und ich weiß nicht, wo er weilet.« – Da fragte Jesus nicht mehr nach ihm. – Und es war viel Fremdheit zwischen ihnen, und Maria fand nicht die Worte. –

Das Volk aber schrie nach Jesus, und er stand auf, zu gehen. Draußen aber, wie es dunkel war, stand Judas und schaute. Jesus aber ging an ihm vorbei und sah ihn nicht. Und er konnte allda nicht eine Tat tun in seiner Vaterstadt.

Judas aber ging in die Werkstatt seiner Brüder. Allda schleppte er schwere Balken für sie, und die Last schnitt in seine Schultern, daß sie wund wurden. Und die Brüder staunten, als sie ihn also sich mühen sahen. Und einer sprach: »Was ist in den Träumer gefahren? Vielleicht wird dieser noch zu einem brauchbaren Menschen werden.« Und sie waren freundlicher zu ihm. – Judas arbeitete, bis daß es Abend wurde. Und also tat er alle Tage.

Als aber Judas sah, daß er keine Ruhe fand, zog er sich Schuhe an die Füße und ging aus seinem Hause. Und nahm keinen Abschied von den Seinen. Maria aber klagte um ihn. Und die Söhne sprachen zu ihr: »Siehe, er gleicht seinem Bruder und ist von uns gegangen.« Sie aber jammerte und ward nicht müde, seinen Namen zu rufen.

Judas wanderte umher im Lande und hörte gar vieles von seinem Bruder. Und er sah die Gichtbrüchigen, die er geheilet und die Blinden, die er sehen gemacht. Sie aber waren voller Jubel. – Und er sah dies alles, und die Frage brannte in seinem Herzen: »Warum hat er solches getan?« – Aber die Menschen achteten seiner nicht, und seine Füße wurden müde des Wanderns.

Judas aber traf ein Weib, das lobpries Gott und sang. Und Judas sprach zu ihm: »Was lobpreisest du, Weib, und singest?« Da antwortete ihm das Weib: »Soll ich den Herrn nicht lobpreisen? Denn ich war eine Ehebrecherin und der Weiber elendste, und meine Sünde stank gen Himmel. Und doch vergab er mir meine Sünden.« Und fuhr fort zu lobpreisen.

Da ward der Knabe froh und rief: Also ist dem geringsten unter den Weibern geschehen von meinem Bruder. Was habe ich zu fürchten? Siehe, ich will mein Herz vor ihm ausbreiten und meinen Stolz vergessen. Ich will mich in den Staub seiner Füße werfen und mich demütigen. Denn mein Mund quillt über. Und ich bin einsam und habe vieles zu fragen.

Er aber erreichte Jesus am Meer, und viel Volks stand um ihn herum. Und Judas wartete, bis daß Jesus ihn sähe. Es trat aber ein Jüngling zu Jesus und sagte: »Meister, laß mich dir nachfolgen. Aber erlaube zuvor, daß ich hingehe und meinen Vater begrabe.« Da sprach Jesus zu ihm: »Folge mir nach und laß die Toten die Toten begraben.« Und der Jüngling folgte ihm nach, und das Volk staunte.

Da aber wandte sich Judas von ihm und sein Herz war voll Bitterkeit. – Und Jesus trat in das Schiff zu den Zwölfen.

Es kamen aber welche zu Judas und fragten ihn: »Glaubst du an ihn?« Er aber antwortete den Eifernden nicht. Da ließen sie ihn ziehen und sagten: »Dieser da ist harten Sinnes, und sein Herz ist verstockt in seinem Leibe.« – Judas aber machte sich auf heimzugehen. – Und Maria freute sich, da sie ihn sah, und küßte ihn. Die Brüder aber fragten nicht, wo er gewesen; denn Simon hatte es ihnen verboten. Und so lebte er mit ihnen.

Es kamen aber Männer zu Maria, die sagten: »Wir haben gehört, daß der, den du geboren, sich aufmacht nach Jerusalem mit denen, so ihm nachfolgen. Willst du nicht seinen Glanz sehen und seine Herrlichkeit?« Maria aber sagte: »Was bin ich unter den Weibern, daß der Herr mich ausersehen hat zu so großer Freude?« – Und sie machte sich auf mit ihren Söhnen, um nach Jerusalem zu gehen. Diese aber glaubten nicht an ihn.

In Jerusalem aber wich Judas von den Seinen und mischte sich unter das Volk, das auf der Straße war. Alles eilte aber vor die Tore, um Jesus zu sehen. Denn die Kunde war ihnen gekommen. Und sie trafen auf andere, die vor Jesus geeilt waren, und fragten sie um alles. Und viele unter ihnen rissen sich die Kleider vom Leibe, um sie auszubreiten in den Staub des Weges. Und sie hieben die jungen Zweige von den Bäumen und hießen Kinder sie ausstreuen vor seinen Füßen. Palmenblätter hatten sie in den Händen und sangen und jubelten, Greise, Männer und Frauen. Und da das Volk aus Jerusalem solches sah, ergriff ein Taumel auch sie, daß sie mit ihnen sangen und rasten. Der Weg aber ward zerwühlt und die Bäume zerknickt. Die Kleider aber am Boden stampften sie, bis sie rissen unter ihren Füßen. Judas sah Jesus vorbeireiten auf einem Eselsfüllen und sah, daß er bleich war.

Und die Stadt war voll Freude bis in die Nacht hinein, und niemand dachte an Schlafen. – Menschen aber küßten einander, die sich nie gesehen, und lobpriesen den Herren. Und viele, die gezweifelt hatten, wurden mitgerissen von den anderen und jauchzten mit ihnen. Die aber Jesus feind waren, blieben in ihren Häusern und sannen, wie sie ihn verderben könnten. Viel töricht Volk aber mischte sich unter die Feiernden und schrie am lautesten. Denn das Volk liebt den Jubel und fragt nicht nach Gründen. Aber es vergißt leicht und ist wetterwendisch. Und den es heute krönt, reißt es morgen danieder.

Also jubelte die ganze Stadt und ward des Lärmens nicht müde. – Judas aber ging in dunkle Gassen. Denn seine Augen schmerzte das Licht, und sein Mund war bitter. Gemalte Weiber streckten die Hände nach ihm aus und lockten zur Sünde. Es ekelte ihn, daß er den Rücken wandte und floh.

Er kam an einen Platz, und es war tiefe Nacht. Und das Volk schrie um ihn, und ihr Schreien war heiser geworden. Da trat ein Mann zu ihm und sagte: »Wer bist du, daß du nüchtern bist unter den Trunkenen und unter den Tollen der Gesunde? Tritt ein in mein Haus, daß du essest mit mir und bleibest zur Nacht.« – Es war aber Ahasver, ein Schuhmacher in Jerusalem. Und Judas ging mit ihm und Ahasver nahm ihn liebevoll auf und pflegte ihn. Und fragte nicht nach seinem Namen.

Die Söhne aber sagten zu Maria: »Siehe, nun haben wir deinen Sohn in seiner Herrlichkeit gesehen. Es ist nicht gut, daß die Werkstatt so lange ohne Herren sei. Wir wollen heimgehen.« Maria aber wehrte ihnen und sprach: »Gehet ihr allein; denn ich muß hierbleiben bei ihm.« – Da blieb Simon bei der Mutter. Die anderen aber gingen nach Hause zu ihrer Arbeit.

Jesus aber ging hinaus gen Bethanien mit den Zwölfen. Und des anderen Tages, da sie von Bethanien gingen, hungerte ihn. Und sah einen Feigenbaum von ferne, der Blätter hatte; da trat er hinzu, ob er etwas darauf fände. Und da er hinzukam, fand er nichts denn nur Blätter; denn es war noch nicht Zeit, daß Feigen sein sollten. Und Jesus antwortete ihm und sprach zu ihm: »Nun esse von dir niemand keine Frucht ewiglich!« Und seine Jünger hörten das.

Und am Morgen gingen sie vorüber und sahen den Feigenbaum, daß er verdorrt war bis auf die Wurzel. Und Petrus gedachte daran und sprach: »Rabbi, siehe, der Feigenbaum, den du verflucht hast, ist verdorrt.«

Solches ward aber Jerusalem hinterbracht, und alle staunten. Judas aber, dem es einige sagten, freute sich nicht mit ihnen. Und rief: »Was hat der Feigenbaum ihm getan? War es doch nicht an der Zeit, daß Feigen an ihm sein sollten.« Die anderen aber entsetzten sich und wichen von ihm.

Und Maria traf Judas in dem Volk und rief ihn beim Namen und fragte: »Wo bist du gewesen, mein Sohn?« Er aber antwortete: »Es war viel Volks auf den Straßen, und ich konnte den Weg nicht finden.« Und da sie also sprachen, kamen zwo Männer gelaufen und sagten zu Maria: »Sie haben deinen Sohn gefangen genommen, Weib, und das Volk raset nach ihm.«

Da fiel Maria zu Boden, und die Sinne schwanden ihr. Simon aber rief: »Wehe, immer ahnte mir, daß Böses kommen würde aus solchem Tun. Wie kann ich dich retten, mein Bruder, daß du nicht verderbest?« Also klagte er und hub Maria vom Boden auf, und Weiber sorgten für sie. Alle aber jammerten und schrien laut auf. Und Judas weinte nicht mit ihnen, und alle sahen es. Da trat Simon zu ihm und sprach: »Hast du nicht gehört, mein Bruder?« Der Knabe aber antwortete: »Hast Du mich nicht gelehrt, seiner nicht zu achten? Was soll ich nun um ihn jammern?«

Da erzürnte Simon und rief: »Ist er nicht auch dein Bruder? Wahrlich, dieser Knabe hat kein Herz in seinem Leibe.« Und er schlug ihn voll Zorn mitten in das Antlitz. Judas aber rührte sich nicht. Da stützte Simon die Mutter zum Gehen, und sie wandten sich nicht um nach ihm.

Das Volk aber lärmte vor dem Hause des Pilatus. Und sie stießen Jesus hinaus. Er aber trug eine Dornenkrone und den Purpurmantel der Könige. Jesus aber lächelte. Und das Volk schrie: »Kreuzigt ihn, kreuzigt ihn!« Und Judas lief mit ihnen und schrie.

Judas aber ging vor die Tore der Stadt und schämte sich. Und er irrte umher und aß den ganzen Tag nichts; denn seine Zunge war bitter geworden in seinem Munde. – Er kam zu einem Baum, der verdorrt war, und er sah allda einen Mann hängen im Geäst, der war tot. Und er erkannte, daß es einer war von den Zwölfen. Es war aber der, der Jesus verraten hatte um zehn Silberlinge und den sie Judas Ischarioth nannten. Der Baum aber war der Feigenbaum, den Jesus verflucht hatte.

Und der Knabe löste den Leichnam nicht.

Sie warteten aber auf den Straßen Jerusalems und bogen sich aus den Fenstern. Und die am lautesten gejubelt hatten, die höhnten ihn jetzt. Judas aber stand an dem Haus des Ahasver, der ihn aufgenommen, und wartete mit den anderen.

Und er sah, daß Ahasver Jesus fortstieß von seiner Schwelle und alle entsetzten sich vor solchem Tun. Judas aber ging nicht mit ihnen, die dem Zuge nachliefen.

Als es Abend ward, machte sich Judas auf und ging vor die Tore der Stadt. Er fand leicht den Weg nach der Stätte, die da heißt »Golgatha«, denn der Weg war zerwühlt von den Füßen vieler, die mit Jesus gegangen waren. Es war aber niemand mehr da, und die Leichname waren gelöst von ihren

Kreuzen; denn der Sabbath hatte begonnen, und ein jeglicher war in seinem Hause. Und sie feierten in der Stadt und brannten viele Lichter.

Es war aber kein Stern am Himmel, und es war eine finstere Nacht, und die Tiere der Wildnis fürchteten sich sehr.

Judas aber ging hinaus in das Dunkel.

Ungefähr aus der gleichen Zeit stammt eine Kurznovelle, die sicher literarisch nicht viel taugt, aber deswegen interessant ist, weil sie eine fast erschreckende Distanz zu meiner Privatperson zeigt. In Ich-Form gehalten, ist dieses »Ich« jedoch ein Jüngling, einer, der über seine Mutter schreibt, als wäre es eine indifferente Person, die er einmal zufällig in einem Salon getroffen hat. Ich hatte damals Gide in die Hand bekommen und gefiel mir wohl darin, unterkühlt und ironisch zu sein wie er. Von weiblichen Gefühlsergüssen hielt ich nie etwas. Ich wollte wie ein Mann schreiben. Auch der in meinem französischen Exil entstandene Roman ›Verbrechen in Durville‹ hat eine männliche Hauptfigur. Ich kann mich schwer in ein weibliches Bewußtsein hineinversetzen, unterhalte mich auch viel lieber mit Männern als mit Frauen. Meine Erzählung ›Die Mutter‹ erschien zwanzig Jahre nach ihrem Entstehen in einer österreichischen und einer französischen Zeitung. Ich bekam ein wenig Geld dafür, was ich in meinen ersten Pariser Jahren bitter nötig hatte.

Die Mutter

Meine Mutter war eine berühmte Sängerin. Und so könnte ich das seltene Glück genossen haben, von einer so kostbaren Stimme, die ihr ein schon damals erstaunlich hohes Jahreseinkommen sicherte, in den Schlaf gesungen worden zu sein. Was mir indes zumindest zweifelhaft scheint; denn meine Mutter soll, wie mir wenigstens Freunde versichern – mein korrekter Vater würde mir dergleichen nie anvertraut haben – über die Aussicht, ein Kind zu bekommen, recht verzweifelt gewesen sein, da sie um Stimme und Schönheit fürchtete.

So ist wohl selten ein legitimes Kind widerwilliger erwartet worden als ich, zumal ja meine Mutter wirklich auch durch mein Erscheinen eine geraume Zeit am Auftreten verhindert war.

Ich glaube, daß sie mich, als sie sich in ihr Schicksal ergeben hatte, nicht mit Schmerzen, sondern eher mit einer gewissen Gleichgültigkeit geboren hat. Es braucht wohl kaum erwähnt werden, daß sie mich nicht selbst nährte und daß ich einer gutbezahlten Amme überlassen wurde.

Damit ging dieses Ereignis ziemlich spurlos an meiner Mutter vorüber. Auch konnte sie mit Genugtuung feststellen, daß weder Stimme noch Schönheit Einbuße erlitten hatten.

Nach ein paar Monaten, als ich bereits anfing, etwas menschenähnlicher zu werden, erinnerte sie sich meiner Existenz und ließ sich mit mir auf dem Arm als zärtliche Mutter photographieren. Das Bild erschien in einer eleganten Modezeitschrift mit dem Titel ›Ein charmantes Familienbildchen: unsere große Sängerin mit ihrem Liebling‹ unter der Rubrik ›Beliebte Bühnenkünstler in ihrem Heim‹. Als Pendant dazu war die Tragödin mit ihrem Leoparden abgebildet.

Meine Mutter mag dann herausgefunden haben, daß Leoparden dekorativer sind. Jedenfalls hat sie sich nicht mehr mit mir aufnehmen lassen.

Im übrigen wird man sich hier noch meiner Mutter entsinnen: sie hatte – das bleibt mir am deutlichsten – die weiße, etwas feuchtschimmernde Haut starker Blondinen, die in der Dämmerung so eigenartig perlmutterfarben glänzt und dann erst Reiz gewinnt. Schwere Lider, ein langgezogener, stets grell gefärbter Mund – sonst schminkte sie sich außerhalb der Bühne nicht – und eine allzu weiche Kinnpartie gaben ihr etwas merkwürdig Unwirkliches. Ihr untersetzter Körper mit den vollen, reifen Formen schien immer müde. Ich habe sie zu Hause meist auf dem Sofa liegen sehen, stets im Halbdunkeln. Jeden Tag hatte sie ein anderes Leiden und litt beinahe wirklich. War sie sehr erschöpft – etwa von einer Probe –, so konnten ihre Züge eine maskenhafte Starrheit bekommen. Dann schien mir ihr Gesicht im dämmrigen Zimmer ein ungeheurer, fahlgedunsener Kürbis, und ich fürchtete mich vor ihr.

Wir mußten alle immer auf Zehen gehen und flüstern, wenn sie zu Hause war. Dabei habe ich sie nie ernstlich krank gesehen. Ihr Impresario jedoch, ein kleiner, immer aufgeregter Mensch, bestärkte sie in diesen Gewohnheiten, indem er sie beständig bat, doch ja auf ihre kostbare Gesundheit zu achten.

Sie vermied im übrigen jede Aufregung und alle Empfindungen. In ihrer Gegenwart durfte nie von traurigen Dingen gesprochen werden. Daraus schließe ich, daß sie ein sehr weiches Herz hatte.

Beim Essen war sie sehr wählerisch und klagte, obwohl sie stark aß, über Appetitlosigkeit.

Man wird sich vielleicht wundern, daß all dies dem Knaben aufgefallen sei. Das meiste habe ich wohl von anderen gehört, aber einiges hat sich mir bereits damals ins Gedächtnis geprägt.

Von meinem Vater habe ich noch nicht gesprochen. Er war der typische, so oft beschriebene Abkömmling eines alten Adelshauses – ein wenig müde, steif und sehr gepflegt. Um mich kümmerte er sich nicht viel, und ich hatte immer etwas Angst vor ihm. Meistens war er auf Reisen und lebte schließlich getrennt von meiner Mutter.

Als ich fünf Jahre alt war, sah meine Mutter sich veranlaßt, mich zu bemerken. Sie kam nach einer Probe mit ihrer Schar stereotyper Bewunderer die Treppe herauf, als ich spazieren geführt werden sollte. Mein Fräulein blieb auf dem Treppenabsatz stehen, um sie vorbeizulassen. »Der Kleine fängt an, hübsch zu werden«, meinte meine Mutter zu den Herren und strich mit einer etwas kurzen, weichen Hand über meine Locken. Dabei blieb ihr

Armband an einer Strähne hängen. Sie machte sich ungeduldig los und ich heulte. Enttäuscht, daß ich die gut beleuchtete Szene verdorben hatte, rauschte sie die Treppe hinauf.

Einen Tag später trat sie ein langes Engagement nach Amerika an. Ich vermißte sie nicht sehr. Mein Kinderfräulein ging weiter mit mir an der Hand spazieren, bis mein Vater mich dafür zu groß fand und, unserer Tradition gemäß, in eine Kadettenschule steckte.

Es änderte sich nicht viel in meinem Leben, da ich stets nur Fremde um mich gehabt hatte. An die anderen Jungen schloß ich mich ziemlich schwer an, und ich habe von dieser Zeit eigentlich keine Freunde behalten. Die meisten hielten mich von vornherein als Sohn einer Opernsängerin für einen Outsider. Von den Lehrern wurde ich fast einstimmig ein liebloses und eigenwilliges Kind genannt.

Aus allen diesen Jahren ist nichts Erwähnenswertes zu berichten. Meine Entwicklung mit ihren dunklen Pubertätsabgründen wird wohl nicht zu sehr von der der anderen abgewichen sein.

Mein Vater starb, kurz nachdem ich, ohne viel Neigung für den Beruf zu empfinden, Offizier geworden war.

Vor einiger Zeit wurde mir bei einem Besuche eine Dame mit einem ausländisch klingenden Titel vorgestellt, die mir bekannt vorkam. Sie hatte die weiße, feuchtschimmernde Haut starker Blondinen, die in der Dämmerung so eigenartig perlmutterfarben glänzt und dann erst Reiz gewinnt. Übrigens sah sie noch immer gut aus.

Als sie meinen Namen hörte, zuckte sie zusammen. Da sie aber nichts sagte, schwieg auch ich; denn ich habe von meinem Vater die Angst vor Lächerlichkeit und Übertreibung geerbt. Auch konnte ich es meiner Mutter in Anbetracht ihres Berufes nicht verübeln, daß sie von der Existenz eines erwachsenen Sohnes nichts wissen wollte. So war ich vernünftig genug, ihr eine deplacierte Erkennungsszene zu ersparen. Sie schien mir dankbar für meine gute Haltung. Sobald es schicklich war, erhob ich mich. Sie warf mir einen erfreuten Blick zu und ließ mich ihre etwas kurze, weiche Hand küssen.

Ich habe meine Mutter nicht wiedergesehen. Sie soll bald darauf in Chicago an einer Operation gestorben sein.

Wenn ich mir unseren großbürgerlichen Haushalt, die Sicherheit, in der meine Eltern und viele ihres Standes sich vor dem Ersten Weltkrieg wiegten, in die Erinnerung zurückrufe, fällt mir nur ein Wort ein: INFAM. Zwar taten die reichen Juden viel Gutes, stifteten Waisenhäuser und Kindergärten, halfen den verfolgten Glaubensgenossen in anderen Ländern ... Mein Vater war in mehreren Wohlfahrtsorganisationen. Ich wußte, daß er sehr generös war, wenn er auch nie davon sprach. Mein Onkel Hermann gehörte der geheimbündlerischen Organisation der Freimaurer an, über die er sich völlig ausschwieg, deren gute Werke aber bekannt waren. Es war alles so wunderbar *infam* in Ordnung.

Politisch ungebrochen, als Anhänger von Adel und Kaisertum, lebten unsere Freunde und Verwandten, die alle einem Stand angehörten, in Selbstzufriedenheit dahin. *Wir* waren die aus dem Tiergartenvietel, und die verkehrten nicht mit denen vom Kurfürstendamm, dem heutigen Mittelpunkt West-Berlins, den Neureichs, die sich diese protzigen klassizistischen Bauten in der Jahrhundertwende hingestellt hatten und mit ihrem Reichtum angaben.

Unsere Droschkenfahrer waren angehalten, um diesen Stadtteil einen Bogen zu machen, wenn wir ausfuhren. Es wäre unerhört und unstandesgemäß gewesen, mit so Großhändlern wie etwa den Lubitschs, die aus diesem Milieu stammten, Verbindung aufzunehmen – eine Familie, aus der einer der erfolgreichsten Hollywoodregisseure hervorging, und mit dem ich mich viele Jahre später beruflich gründlich auseinandersetzen sollte ...

Es war eine starre Gesellschaft, in der ich aufwuchs. Durch die Liebe meines Vaters zu mir und meine absolute Ergebenheit in seine Wünsche wurde meine innere Entwicklung noch dazu künstlich gehemmt. Es konnten sich keine freien Freundschaften unter seinen strengen Augen entwickeln. Kritik am Sozialsystem, die sich unter dem Einfluß meines älteren Bruders und meiner eigenen wachen Beobachtungsgabe langsam zu rühren anfing, wurde unterdrückt, um ihn nicht zu beunruhigen. Nicht einmal herrichten konnte ich mich, wie ich es wollte. Vater liebte meine langen blonden Haare, die mir so schwer herunterhingen, daß

Lotte Eisner als Dreizehnjährige: »Die Prinzessin vom Tiergartenviertel«

sie anfingen, mir lästig zu werden. Nur seinetwegen habe ich sie nicht abschneiden können. Wenn ich sie hochsteckte, fielen sie immer wieder herunter. Die Haarnadeln verursachten Kopfschmerzen, aber meine langen Haare, die waren sein stolzer Besitz. Besitz zu haben war etwas Natürliches für die Generation meiner Eltern. Ebenso natürlich war es, daß andere nichts besaßen. Dafür konnte man dann an besonderen Festtagen gut zu den anderen sein, sie beschenken. Die Dienstboten hatten es gut bei uns, die Angestellten im Geschäft wurden gut behandelt. Alles war gut.

Ich weiß nicht mehr, wann es anfing, mir Unbehagen zu machen, ein kleines verwöhntes Mädchen zu sein – war es ein einschneidendes Erlebnis, das wie ein Blitz in mein Bewußtstein einschlug, oder wurde ich durch klassenkämpferische Autoren nachdenklich – ich kann es nicht mehr genau sagen. Wahr ist, daß es mir bald nicht mehr wohl war in der Rolle des umhegten Bürgertöchterchens. Es gärte und kochte in mir. Ich wartete nur auf den Augenblick, wo ich ausbrechen konnte aus dem Elternhaus. Zu meiner Schande muß ich sagen, daß ich mich selten aktiv in die Politik geworfen habe und daß sich auch meine praktische Philanthropie in Grenzen hielt: Es spielte sich der Wandel der Zeiten wie ein innerer Kampf in mir selber ab. Das Bewußtsein änderte sich: Vom kaisertreuen Nationalisten meiner Kleinkinderzeit wurde ich zum Anhänger der Revolution, zum Sympathisanten der Kommunisten. Mit hoch erhobener Faust demonstrierte ich einst für Sacco und Vancetti und sang 1927 die ›Internationale‹. Die intellektuelle Jugend der zwanziger Jahre in Deutschland, die sich für den russischen Kommunismus begeisterte, ist vergleichbar mit den französischen Intellektuellen von heute, die auch mit Kommunismus und Sozialismus, ich möchte sagen, ein kokettes Verhältnis haben. Aber vielleicht muß ich doch ein wenig differenzieren, denn damals glaubte man noch an die russische Revolution, und daß sie das Menschenrecht für alle erkämpfen wollte. Inzwischen wissen wir, daß die Revolutionäre das Menschenrecht mit Füßen getreten haben, daß der Kommunismus ebenso eine Utopie ist wie der Anarchismus oder der Sozialismus, oder sonst ein von Menschen erdachter »Ismus«.

Ich glaube, daß ich auch aus Gründen des inneren Gleichgewichts vorwiegend problematische, vertrackte Autoren las. Mir ging es zu gut, deswegen mußte ich mich mit Ausgestoßenen identifizieren, wie dem ›Michael Kohlhaas‹ und dem ›Verlorenen Sohn‹ von André Gide. Ich fühlte mich zu allen Außenseitern hingezogen. Auch innerhalb der Familie gab es ein paar, die aus der Reihe tanzten: mein Vetter Franz Marcuse, der jüngere Bruder des Rittmeisters, der homosexuell war, etwas, was es für meine Eltern gar nicht gab; meine Tante Hedwig, die jahrelang mit Onkel Hermann als geschiedene Hedwig von Toporowska in wilder Ehe lebte, und mein Onkel Viktor, den man in seinen jungen Jahren nach Amerika verbannt hatte, weil er zu oft die Bräute wechselte, und schließlich meine Cousine Lucie Oberwarth, die der Künstlerszene Berlins angehörte, den bekannten Kunsthändler Paul Cassirer heiratete, sich nach einiger Zeit von ihm scheiden ließ und wiederum den geschiedenen Mann der Ricarda Huch, Ermanno Ciconi, in zweiter Ehe heiratete. Mit ihm ging sie nach Rom, wurde katholisch, verkehrte in den Kreisen des Vatikans und bearbeitete mich so lange, bis ich auch beinahe konvertiert wäre, aber eine finstere Audienz beim Papst, mit einer stehenden Andacht auf nüchternen Magen, heilte mich von diesem Unfug. Ich fiel in Ohnmacht.

Ich glaube, ich bin zu keiner Zeit meines Lebens, auch wenn es mir so dreckig ging, daß ich nicht mehr wußte, wo ich am nächsten Tag das Gemüse für meine Suppe hernehmen sollte, trübsinnig oder depressiv gewesen. Auch so etwas wie eine Pubertätskrise habe ich nicht durchgemacht, weil ich durch meine stark ausgeprägten Interessen immer irgendwie engagiert war und nicht über mich selbst nachdachte. Noch heute, mit siebenundachtzig Jahren, wenn ich über mein Leben nachdenke, muß ich feststellen, daß mein Verhältnis zu mir als Privatperson naiv geblieben ist. Psychologie hat mich nie sonderlich interessiert, wiewohl mich die Menschen anzogen, die anders waren, schwieriger als der Rest. Das Normale hat mich stets unsäglich gelangweilt, aber über mich selbst zu grübeln, hatte ich keine Zeit. Das einzige, was ich mir nicht erklären kann, war so eine Art Todessehnsucht, die ganz junge Leute manchmal haben. Wenn ich in Walchensee war und allein hinausruderte auf diesen ganz klaren, ganz tiefen kalten See, habe ich wohl die Ruder eingezogen, mich über den Bootsrand gelehnt und hinuntergestarrt, lange, lange. Und dann zog es mich hinab, und ich stellte mir vor, ich würde versinken, wie schön müßte das sein. Ich konnte nicht schwimmen, liebte aber das Wasser. Wenn ich nicht mit meinem Bruder und seinen Freunden oder mit Vater die Berge hinaufkletterte, war ich auf dem Wasser. Niemand wußte, daß ich nicht schwimmen konnte. Auch auf gefährliche Segeltouren nahm man mich als einziges Mädchen mit: »Ja, die Lotte, auf die ist Verlaß. Alle andern Zimpersusen bleiben zu Haus.«

Mit dem Schwimmenlernen war es merkwürdig, immer wenn ich die Gelegenheit gehabt hätte, kam etwas dazwischen. Als ich klein war, erlaubte meine Mutter mir nicht, es zu lernen, weil ich dünn und blaß war. Der Walchensee war viel zu kalt zum Baden, und als ich mich endlich im letzten Schuljahr auf einem Karlsruher Internat bei einem Schwimmkursus anmeldete, fielen genau dort, wo die Badeanstalt lag, französische Bomben.

Dem Sternbild nach bin ich ein Fisch, sogar ein typischer, wie mir einmal jemand versicherte, der sich mit Astrologie beschäftigt, aber schwimmen habe ich nie können.

Aus meinen dunklen Träumen hat mich oft die Schäferhündin geweckt, die es nicht leiden konnte, wenn sie zu Hause bleiben mußte. Ich sagte zu ihr: »Lux, du bleibst da«, und dann legte sie sich brav hin und stellte die Ohren nach hinten. Wenn ich dann eine gute halbe Stunde auf dem See war, hörte ich es plötzlich planschen, und Lux kam völlig außer Atem und pudelnaß hinter mir hergeschwommen. Das schwere Tier ins Boot zu ziehen war nicht einfach. Genauso machte die Hündin es, wenn die Familie zusammen spazieren ging. Sie hatte den Trick heraus, wie man das Fenster mit der Schnauze öffnen konnte, wartete aber eine gute Weile, bis sie sich hinauswagte. Dann kam sie mitten am Berg aus dem Gebüsch gesprungen, und wir waren natürlich viel zu weit weg, sie wieder heimzuschicken. Ich konnte mich mit Lux wie mit einem Menschen verständigen, sogar Botengänge hat sie für mich erledigt. Wenn man ihr einen Brief zeigte und nach einer Stunde befahl: »Lux, hol' mir den Brief!«, holte sie ihn. Komisch war, daß Lux nie Junge bekommen hat. Ich nehme an, sie ist von ihrem ersten Besitzer sterilisiert worden. Als sie getötet wurde, habe ich um sie getrauert wie um einen Menschen, vielleicht mehr, denn sie ist auf eine schreckliche Art umgekommen. Dadurch, daß die Hündin immer selbst hinaus konnte und im Wald herumstromerte, hat irgendein Förster sie beim Wildern ertappt und vergiftet. Die Nachricht erreichte mich in Berlin. Ich war wochenlang untröstlich.

Hunde sind mir näher als Katzen, auch adoptieren sie mich sofort. Wenn meine französische Nichte zu mir kommt mit ihrem Hund, begrüßt er mich immer freudig; aber auch bei Katzen kann es vorkommen, daß mich ein Exemplar annimmt, und dann macht es Freude. Lebte ich nicht in einer engen Großstadtwohnung, hätte ich sicher ein Tier. Dafür habe ich wenigstens ein paar Pflanzen. Und mag es glauben, wer will, auch mit denen muß man sprechen, damit sie gedeihen. Meinem Fleißigen Lieschen rede ich immer gut zu, daß es ordentlich blühen soll. Hat man je ein üppigeres Fleißiges Lieschen gesehen?

Meine Kindheit war mit dem Ausbruch des Ersten Weltkrieges zu Ende. Ich war achtzehn, mein Bruder gerade einundzwanzig geworden. Alle jungen Männer zogen in den Krieg, alle Cousins wurden Soldat, Fritz meldete sich freiwillig. Die Familie stand am Bahnhof, um ihn zu verabschieden, ganz heiter, denn die Eltern waren stolz auf ihren schmucken Sohn. Da trat plötzlich eine alte

Frau auf meine Mutter zu und sagte: »Madam, det Jüngelchen, det hätten se ja ooch noch zu Haus lassen kennen!«

Vater steckte Fähnchen auf einer großen Europakarte. Die Deutschen waren im Vormarsch. Ich schrieb meinem Bruder an die französische Front. Er antwortete mir in griechischen Buchstaben. Schnell war die Euphorie gewichen. Jenseits von Sieg oder Niederlage sah er nur noch die Menschen – Freunde oder Feinde, es war gleich. Fritz hatte von unserem Vetter, dem Rittmeister, ein Pferd geschenkt bekommen, aber das konnte er nicht brauchen, weil er zur Artillerie kam. Wir gaben es zurück, denn mein Vater erlaubte auch mir nicht, es zu reiten. Nach seiner Meinung durften nur Offizierstöchter reiten lernen.

Mein Bruder schoß vom Schützengraben auf die Franzosen und schrieb: »Wie gut, daß man nicht sehen kann, wen man trifft.« In einer Gefechtspause, bevor das große Massaker von Verdun losging, war er bei einer französischen Familie untergebracht, die so fürsorglich mit ihm war wie mit ihrem eigenen Sohn. Fritz schrieb von dort aus: »Es gibt keine Feinde. Wenn ich wiederkomme, bringe ich Dir ein Spitzenkrägelchen mit, das meine Wirtsleute für Dich gehäkelt haben. ›Für Ihre kleine Schwester‹, haben sie gesagt.«

Die Korrespondenz mit meinem Bruder machte mich sehr nachdenklich. Dazu kam ein Schock, der mich von jedem Rest Patriotismus für immer heilte: Ich ging eines Tages, kurz nach Ausbruch des Ersten Weltkrieges, Unter den Linden spazieren und kam an das Kaiserliche Schloß. Da sah ich eine Menge von Hunderttausenden, die Kaiser Wilhelm zujubelte und den Krieg bejauchzte. Horror vor der Masse ergriff mich. Ich wollte nicht dazu gehören. Ich las von da an nur noch Feindliteratur: ›Barbusse Le Feu‹ und ›Briefe einer Deutsch-Französin‹ von Annette Kolb. Auf der Straße unterhielt ich mich mit der belgischen Gouvernante extra laut auf Französisch, um die Umstehenden zu provozieren. Als die ersten Helden zurückkamen, mit dem Ritterkreuz auf der Brust, wollte ich mir das näher ansehen, ging aber einmal zu nahe an einen Dekorierten heran; der junge Mann mißverstand meinen intensiven Blick und faßte mich sofort um die Taille. Da war er bei mir aber an die Falsche geraten! Ich riß mich los, stieß seine Hand zurück und lief wie ein Pfeil davon. Das alles trug zu meiner Sinneswandlung bei, die ich vor meinen Eltern sorgsam verheimlichte.

Mein Vater war zu fest in seinem Glauben an Deutschland, als daß er mich hätte verstehen können. Mit ihm konnte ich nicht reden. Ich merkte nur, wie unglücklich er über die Entwicklung des Krieges und die Revolution, die im Lande aufflammte, war. Er verhielt sich, wie Heinrich Heine es in seinen ironischen Versen über die Deutschen sagt:

Der Deutsche, er wird gemütlich bleiben
Sogar im terroristischen Treiben.
Der Deutsche wird die Majestät
Behandeln stets mit Pietät
In einer sechsspännigen Hofkarosse,
schwarz panaschiert und beflort die Rosse,
hoch auf dem Bock mit der Trauerpeitsche
Der weinende Kutscher – so wird der deutsche
Monarch einst nach dem Richtplatz kutschiert
Und untertänigst guillotiniert.[1]

Als Kaiser Wilhelm sich nach Holland absetzte, warf man ihm noch den Staatsschatz hinterher. Meine Mutter entging dem Schicksal Millionen deutscher Hausfrauen, die die Bäuche ihrer Kinder gegen Ende des Krieges nur noch mit Steckrüben füllen konnten. Sie bekam reichlich Naturalien von unseren Dependancen in der Provinz geschickt. Es fehlte nie an Gebratenem und Gesottenem. Auch das Personal und die Angestellten wurden gut versorgt mit diesem Überfluß. Was mich heute noch sehr wundert, ist, daß weder meine Mutter noch mein Vater daran zweifelten, daß mein Bruder heil und gesund aus dem Krieg zurückkommen würde. Schließlich hat er Verdun als Artillerist mitgemacht.

Ich wurde ein wenig von meinen Sorgen und Gedanken dadurch abgelenkt, daß ich mitten im Krieg von zu Hause fortging, um in Karlsruhe das Abitur zu machen. Die Bildung in den privaten Zirkeln hatte mir nicht genügt; ich wollte an einem humanistischen Gymnasium das Abitur machen, um Alte Geschichte, Kunstgeschichte und Archäologie studieren zu können. In Berlin hätte mich das Examen zwei Jahre gekostet, während es in dem Karlsruher Mädcheninternat in einem Jahr zu schaffen war. In diesem Internat gefiel es mir sehr gut. Das akademische Niveau war erstaunlich hoch, wenn man bedenkt, daß es sich um eine reine Mädchenschule handelte. Wir hatten eine vernünftige Klassenlehrerin. Wenn wir uns für unseren sonntäglichen Ausgang feinmachten, sagte sie: »Kinder, gebt euch keine Mühe, Weiber in Massen wirken immer deprimierend.«

Den Ausspruch merkte ich mir und erntete damit betretenes Schweigen, als ich anläßlich der Berliner Filmfestspiele in den sechziger Jahren zu Rut Brandts Damentee mitgeschleppt wurde. Ich hatte gar keine Lust, aber Agnès Varda drängte mich mitzukommen, weil sie nicht allein gehen wollte. »Frau Doktor Eisner«, sagte Rut Brandt bei der Begrüßung, »warum sind Sie nicht schon früher mal zu unserem Damentee gekommen?« Ich antwortete mit den Worten meiner ehemaligen Klassenlehrerin – und Frau Brandt war die einzige, die lachte.

Zum ersten Mal in meinem Leben schloß ich eine richtige Freundschaft mit Anneliese von Rohrscheidt aus Naumburg. Erst neulich fiel mir ein Poesie-Album aus der Karlsruher Zeit in die Hände, das mir meine Kameradinnen zum Andenken an das Internatsjahr 1916 geschenkt hatten. Anneliese hatte nicht das übliche »Edel sei der Mensch, hilfreich und gut« hineingeschrieben, sondern ein Zitat Friedrichs des Großen gewählt, das auf meine Hartnäckigkeit in allen Dingen anspielte: »Ich habe die Grille, nichts halb zu tun.« Sie muß mich also gut gekannt haben. Und sie unterschrieb: »Behalt mich lieb, Deine Anneliese von Rohrscheidt.«

Ich erinnere mich, daß ich Annelies, als wir studierten, auch einmal in Heidelberg besucht habe, wo ich aus romantischen Gründen im Victor-von-Scheffel-Haus übernachten wollte. Die Nacht werde ich nie vergessen. Aus dem alten Gebälk regneten die Wanzen zuhauf auf mich herunter und zerbissen meine junge Haut. Alles Ringen mit den ekelhaften Viechern nützte nichts. Den Rest der Nacht verbrachte ich auf einer Parkbank.

Annelies und ich hatten die gemeinsame Liebe zur Literatur und zu den Bergen. Als sie Germanistik studierte und ich in Freiburg Archäologie, haben wir uns oft gegenseitig besucht und lange Bergtouren zusammen gemacht. Wir trugen unser Zeug für mehrere Tage auf dem Rücken, Töpfe zum Abkochen, Decken, Bücher und den ›Zupfgeigenhansel‹ – schwer beladen waren wir, und echte Wandervögel. In billigen Landgasthäusern wurde übernachtet, und ich vergesse nie, wie der Hausknecht eines Morgens sagte, als er uns abmarschieren sah, solche Lasten wie wir könnte er nicht tragen. Unsere Schultern waren am Abend von den Riemen ganz wundgerieben. An Abgründen wurde es Annelies schwindelig. Auf dem Höhenweg zwischen Freiburg und Basel mußte ich sie, wenn wir an einen steilen Grat kamen, förmlich hinüberziehen; sie schloß die Augen und ließ sich blind führen.

Anneliese kam aus einer konservativen, deutsch-nationalen Adelsfamilie. Ihr Vater war General und überzeugter Antisemit. Als er hörte, daß die beste Schulfreundin seiner Tochter Jüdin war, verbot er mir das Haus. Das war Annelies sehr arg. Aber ich habe sie trotzdem einmal überredet, mich nach Naumburg mitzunehmen. Ich wollte gar nicht zu ihr nach Hause, sondern nur in den Dom und dort die schönen Statuen anschauen. Annelies lieferte mich morgens bei der Kirche ab, und ich sah mir den Dom an. Die Statuen gehören für mich zu den schönsten und deutschesten aller Kunstwerke. Ich vergaß ganz die Zeit und schreckte zusammen, als der Küster sagte, es sei zwölf Uhr Mittag, er müsse schließen. Da ich mich von den Statuen nicht trennen konnte, bat ich ihn, mich mit ihnen einzuschließen. »Aber wollen Sie denn gar nicht mittagessen?« fragte der Mann verwundert. Doch ich verzichtete lieber auf das Essen und blieb. Da war ich ganz allein und so glücklich. Das konnte Anneliese gar nicht verstehen, als sie mich zerknirscht über die Härte ihres Vaters vor der Kirche wieder abholte.

Rudolf Bamberger, der Bruder des bekannten Filmregisseurs Ludwig Berger, hat eine Reihe von Architekturfilmen über deutsche Dome gemacht und dabei auch den Naumburger Dom gefilmt. Es ist der schönste Film über eine Kirche, den ich gesehen habe, und hat nichts gemein mit Ufa-Kulturfilmen, die eine Pest waren mit ihren genüßlichen Perspektiven und oberlehrerhaften Kommentaren. Bamberger konnte mit seiner behutsam geführten Kamera die Frömmigkeit in den steinernen Gesichtern der Statuen wiedergeben.

Die steinernen Wunder von Naumburg

Der Film des Kunstwerks mußte einmal kommen: an Stelle des Land- und Wiesenfilmes, der in Postkartenaufreihung mit Kastellanführerwendungen die Bauwerke der deutschen Lande in liebloser Weise abrollen läßt.

Diese Filme, die mit den Prädikaten »volksbildend« und »Lehrfilm« liebäugeln, sind der Horror des Lichtspielhaus-Besuchers. Es gibt ein paar Ausnahmen: die Filme des Cyklus der schaffenden Hände, die den Schöpfer in Verbindung zum Werke, in der Unmittelbarkeit der schöpferischen Minute zeigten.

Doch der Film, der die Kunstschöpfung an sich brachte, etwa mit Augen gesehen, wie Basse seinen Markt am Wittenbergplatz sah, dieser Film fehlte.

Jetzt haben der Kameramann C. Oertel und der Architekt R. Bamberger, der Bruder Ludwig Bergers, den Weg gewiesen. Ein Film von Skulpturen und Bauten braucht nicht langweilig zu sein, ein Werk der Kunst gewinnt, von einer neuen Optik gefaßt, unheimliches, eindringliches Leben.

Oertel und Bamberger tasten sich an die Dinge heran, ihre Kamera umgleitet die Formen, dringt ein in das Geheimnis einer Fläche; sie weckt den Stein zum Leben, wenn seine Körnigkeit atmendes Pigment scheint, wenn Licht und nistender Schatten sich vermählen, Rundungen hervorquellen, Kanten vorecken.

Diese beiden Künstler finden herüber zum Raum – aus den Wandungen heraus wachsen die Gestalten, eins mit ihrer Umgebung, bedingt durch den gleichen Schöpfer-Gedanken, der ihr Gehäuse, den Dom, schuf.

Es braucht nichts ausgesagt zu werden, diese Formen sprechen für sich; knapp verhallen darum ein paar Auftaktsworte – Musik nimmt diese Welt der steinernen Fugen in sich auf; Johann-Sebastian-Bach-Orgelklänge werden zum Hintergrund für das Wunderwerk der Gigantengestalten.

Bewußt setzen die beiden Künstler des Films ein: sie gehen dem breit Ausladenden der Musik nach, finden für ihre Bildfolge Ritardandos, Pausen, in denen sie den Blick hinüberlenken zu einem Ornamentfries, einem Säulenknauf, um dann wieder mit einem Fortissimo herüberzugelangen zu der großen Gestaltung eines Stifters oder einem Kopf des Judaskusses.

Zwingende Macht des Kameraauges – noch nie sah man zuvor diese Schönheiten so voll Erschütterung, stand noch nie so vor ihrer gewaltigen Größe.

Die gewaltigen Vertikalen der Stifter, die horizontale breitgefüllte Fläche des Lettners, die ragende Einsamkeit der Kreuzigung – Höhepunkte des Ausdruckes, werden zur Offenbarung im fließenden Geheimnislicht des Kirchenschiffes, verwoben den aufstrebenden dunkelschimmernden Glasfenstern.

Bamberger und Oertel suchen mitunter statt der Überblendung den anderen Weg, durch eine Horizontalblende die Einzeleinstellungen gleichsam wie in einem Buche aufzuschlagen. Darüber läßt sich streiten, die Gotik der Stifter-Vertikale widerstrebt dieser Blattreihung, indes die Horizontale der Lettner-Reliefs hier ihren Widerhall findet.

Es bleibt über alledem der Eindruck eines wunderbaren Films, der (nicht für eine Abseitigkeit von Kunsthistorikern) für den Menschen geschaffen wurde, der sehenden Auges genießen will. Ein herrlicher Beiprogrammfilm für das Lichtspielhaus.

Film-Kurier vom 8. Oktober 1932

Wie im ersten, so war auch im letzten Schuljahr Deutscher Aufsatz mein stärkstes Fach. Ich schrieb den besten Abituraufsatz über ›Naturempfindung und Naturdarstellung bei Goethe‹. Zwar lag mir Goethe, wie ich schon bemerkt habe, nicht besonders, aber sein Pantheismus kam auch meinem Empfinden nahe, und wir waren immerhin in der Goetheschen Tradition aufgewachsen. Er war der Gott der deutschen Dichtung und blieb es über fünf Generationen. Wenige wagten es, ihn öffentlich anzugreifen. Einer davon natürlich mein geliebter Heine, der mir durch den Heine-Kult meines Bruders und bald auch durch mein eigenes Schicksal, das dem seinen merkwürdig ähnlich war, immer vertrauter wurde. Wie prophetisch hatte er über Deutschland gedichtet, und wie mußte ich lachen, als ich über den Spottvers ›An Einen Ehemaligen Goetheaner‹ stolperte:

Hast du wirklich dich erhoben
Aus dem müßig kalten Dunstkreis,
Womit einst der kluge Kunstgreis
Dich von Weimar aus umwoben?[2]

Es ist einerlei, an welcher Stelle man den zweiten Teil des ›Faust‹ aufschlägt, überall stößt man auf Gräßlichkeiten wie diese:

Und mütterlich im stillen Schattenkreise
Quillt laue Milch bereit für Kind und Lamm;
Obst ist nicht weit, der Ebnen reife Speise,
Und Honig trieft vom ausgehöhlten Stamm.

Hier ist das Wohlbehagen erblich,
Die Wange heitert wie der Mund,
Ein Jeder ist an seinem Platz unsterblich,
Sie sind zufrieden und gesund.

Und so entwickelt sich am reinen Tage
Zu Vaterkraft das holde Kind.
Wir staunen drob; noch immer bleibt die Frage:
Ob's Götter, ob es Menschen sind?[3]

Und der Jud mit krummer Ferse ...

Die ersten Jahre meines Lebens hat es mir wenig Kummer gemacht, daß wir Eisners Juden waren. Erstens war der Name Eisner sowohl ein jüdischer, als auch ein nicht-jüdischer Name: Ich habe spaßeshalber einnmal in einem Wiener Telefonbuch nachgeschlagen, und da gab es eine ganze Seite Eisners. Zweitens sahen wir nicht typisch jüdisch aus, und drittens hatte Preußen seit der Mitte des 19. Jahrhunderts die liberalste Judengesetzgebung von allen deutschen Provinzen. So kam es auch, daß Berlin ein Zentrum des jüdischen Unternehmertums wurde und die assimilierten jüdischen Patrizier- und Adelsfamilien sich mit den vornehmen nicht-jüdischen Familien mischten. Kaiser Wilhelm II. ermutigte sogar seine Offiziere, reiche jüdische Bankierstöchter zu heiraten, wohl mit dem Hintergedanken, das Geld im Lande zu halten. So kam ich bis zu meiner Freundschaft mit Annelies von Rohrscheidt mit Judenhaß und Verachtung nur durch Erzählungen oder Literatur in Berührung. Mein Vater hatte mir einmal, als ich noch ein ganz kleines Mädchen war, von einem Pastor Stoecker erzählt, der die Juden haßte. Da war ich ganz erschrocken und begriff zum ersten Mal, daß wir anders waren als die übrigen Deutschen. Vater ermahnte mich, daß wir Juden uns besonders anständig benehmen müßten, damit die anderen gar keinen Grund fänden, uns schlechtzumachen. Das nahm ich mir zu Herzen. Ich mußte später wieder daran denken, als ich ›Nathan der Weise‹ las, den man uns in der Schule unterschlagen hatte. Die Idee, daß alle drei Weltreligionen gleich wären, gab mir Trost, und ich nahm mir vor, wie Lessing es ausdrückte, »vor Gott und den Menschen angenehm zu werden«.

In der Volksschule las uns die Lehrerin einmal das bekannte Märchen ›Von dem Bäumchen, das andere Blätter haben wollte‹ vor. Da war der Jude ein ganz böser Mensch. Ich weiß nur noch, daß er in den Wald ging und dem Bäumchen seine ganzen Blätter, die aus Silber und Gold waren, wegnahm, so daß das Bäumchen sterben mußte. Da war ich betrübt.

Bei Shakespeare störte mich der Antisemitismus nicht. Ich begriff gar nicht, daß dem Shylock das Geld wichtiger war als seine

Tochter. Für mich zählte nur der berühmte Monolog: »Bluten wir nicht, wenn ihr uns stecht ...«

Wenigstens sprach Shakespeare den Juden nicht ihr Menschsein ab. Anders war es dann schon mit Wilhelm Busch. Zum Glück hatte man unsere Berliner Ausgabe des Hausbuches von antisemitischen Ausfällen gereinigt. Erst vor kurzem machte mich eine Bekannte, die überall Antisemiten wittert, darauf aufmerksam, daß es im Vorwort zur ›Frommen Helene‹ heißt:

> Und der Jud mit krummer Ferse,
> krummer Nas und krummer Hos,
> schlängelt sich zur hohen Börse,
> tiefverderbt und seelenlos.[4]

Rassismus ist etwas, was ich nie verstanden habe, ebensowenig wie Intoleranz und Orthodoxie. Meine Mutter hat mich als Kind ein einziges Mal in eine Synagoge mitgenommen, und da mißfiel es mir, daß die Männer und Frauen getrennt sitzen mußten. Ich bin nie wieder dahingegangen – obwohl es noch einen banaleren Grund hatte, denn da ich noch so klein war, und die Synagoge überfüllt, hat man mich auf einem steinernen Ornament sitzen lassen, dessen spitze Zacken sich in mein Hinterteil eingruben.

Wir aßen zu Hause natürlich nicht koscher, dafür schmeckte meinem Vater, der gebürtiger Schlesier war, sein Nationalgericht viel zu gut: »Schlesisches Himmelreich«, aus fettem Schweinefleisch, Dörrpflaumen und Birnen.

Jetzt, am Ende meines Lebens, muß ich, nachdem ich jahrzehntelang herzlich gezecht, gegessen und geraucht habe, eine Herzdiät einhalten, und mein jüdischer Freund Gene Moskowitz hat mich immer geneckt, wenn er mich auf meinen trockenen Putenschnitzeln herumkauen sah: »Lotte, deine Diät ist ganz koscher, du darfst all das nicht essen, was bei den Juden unrein ist.«

In diesen Dingen war Jesus ganz modern. Besonders gefällt mir sein Kommentar zum Sabbath: »Wenn ein Esel am Sabbath in eine Grube fällt, muß man ihn herausholen.« Mir kommt dabei in den Sinn, wie es wäre, wenn ich am Samstag einen Herzanfall bekäme, und mein bester Freund würde das Telefon nicht abheben, weil man am Sabbath nicht telefonieren darf. Religionsausübung mißfällt mir immer dann, wenn sie das Göttliche so kleinlich interpretiert.

Gern denke ich an das Weihnachten meiner Kindheit zurück. Das war bei uns natürlich christlich und sehr feierlich, weil auch die Dienstboten in Festtagskleidern sich mit der Familie versammelten und reich beschenkt wurden. Ich setzte mich ans Klavier und spielte und sang: »Vom Himmel hoch da komm ich her …«

Wir hatten in unserem Salon einen Weihnachtsbaum, der bis zur Decke reichte, und, wie es sich gehörte, mit bunten Kugeln und Lametta geschmückt war. Oben an der Spitze schwebte ein Wachsengel mit goldenen Locken, der die Trompete blies. Wir Kinder bastelten den Eltern einen mit Silberflitter bestäubten Weihnachtsbogen, auf dem wir unsere guten Wünsche mit unserer schönsten Schönschrift niederschrieben. Ein Jahr geschah es, daß ich gerade am Heiligen Abend Scharlach bekam und isoliert werden mußte. Da war ich sehr traurig, weil ich nun den Weihnachtsbaum nicht sehen sollte. Wieder war es der gute Vater, der für mich sorgte. Ich bekam einen noch schöneren Weihnachtsbaum als die anderen, und auch der Engel, ohne den ich mir Weihnachten nicht vorstellen konnte, schwebte oben an der Spitze. Was haben Kinder für einen Durst nach Kitsch!

Meine große Wonne waren auch die mit rotem Sammet ausgeschlagenen Muschelkästen, in denen man Schmuck und kostbare Steine aufheben konnte.

Studentenzeit – erste Begegnung mit Bertolt Brecht

Ob ich mit dem Abitur, das ich recht spät gemacht habe – so um die zwanzig Jahre muß ich gewesen sein – gleich angefangen habe, zu studieren, weiß ich nicht mehr. Wahrscheinlich bin ich erst einmal nach Walchensee in die Ferien gefahren, und von da aus trieb es mich immer weiter nach Süden. Ich wollte an die Sonne, nach Italien.

An eine dreimonatige Italienreise erinnere ich mich besonders lebhaft. Ich war mit einer Berliner Freundin, einer Verwandten meiner späteren Schwägerin Paula, Charlotte Münchhausen, zusammen, und wir fuhren wie immer von Walchensee los, mit einer Zugfahrkarte für die erste Klasse ausgestattet. Aber sobald wir die Aufsicht und die Wohlanständigkeit Deutschlands hinter uns gelassen hatten – das war so in Südtirol –, stiegen wir in die dritte Klasse um und setzten uns zu den schwatzenden und gestikulierenden italienischen Familien, die uns sofort mit in ihre Unterhaltungen und reichhaltigen Picknicks einschlossen. Auf diese Weise lernte ich in kurzer Zeit italienisch sprechen, und wir sparten uns das teure Geld für die erste Klasse auf, um möglichst weit nach Süden zu kommen, und solange, wie es ging, zu bleiben.

Wir fuhren über Rom nach Neapel und von da aus nach Capri, wo wir vierzehn Tage blieben. Vor Neapel stiegen zwei junge Italiener zu uns ins Abteil. Sie machten uns auf der Stelle den Hof. Charlotte, die schwarzhaarig war, wurde von dem Blonden verehrt, ich von einem kleinen Dunklen, der sehr sentimental war und sehr spitze Schuhe trug. Als wir in Neapel ausstiegen, gelang es uns nicht, die beiden Kavaliere abzuschütteln. Sie folgten uns überall hin – es war äußerst unangenehm. Von da an haben wir immer erzählt, wir hätten unsere Eltern mit, die im selben Hotel wohnten. Also schleppten wir die beiden durch das sehr schöne, noch nicht heruntergekommene Neapel. Als wir glücklich wieder im Zug Richtung Süden saßen, warf mir mein Dunkler zum Abschied noch eine Rose durch das offene Fenster in den Schoß.

Auf Capri wohnten wir in einem rosa getünchten Hotel. Außer einer Russin waren wir die einzigen Ausländerinnen dort. Wir freundeten uns mit einer Italienerin an, mit der wir jeden Tag in eine weiße Bucht zum Baden gingen.

Die Einheimischen warnten uns vor Haien. Sie zeigten uns die Stellen, die wir meiden sollten, und jeden Morgen kam die Wirtin in unser Schlafzimmer, um zu fragen, auf was wir heute Appetit hätten. Damals war Capri noch einsam, es verirrten sich wenige Touristen dorthin, darum hat man uns so besonders viel Aufmerksamkeit geschenkt. Weil wir beide Lotte hießen, nahmen die Fischer an, Lotte wäre der einzige Mädchenname in Deutschland. Alle waren freundlich, ohne uns zu belästigen. Der Fischer Alfonso nahm uns im Morgengrauen in seinem Boot zur Blauen Grotte mit. Zum Dank wollte ich ihm ein Päckchen von meinen Ariston-Zigaretten geben, aber er fand das »exaggerato«. Ich sprach damals schon fließend italienisch. Mit meinem letzten Geld kaufte ich mir wieder eine Zugfahrkarte dritter Klasse, womit ich gerade noch über die Alpen kam, und dann mußte ich nach Walchensee zu Fuß laufen und kam mit leerem Magen, aber glücklich zu Hause an.

Mein Studium fing ich in Berlin an, wo ich noch bei meinen Eltern wohnte. Damals war es eine Seltenheit, daß ein junges Mädchen studierte. Ich hatte eine alte Tante Mathilde, die über neunzig Jahre alt war – sie lag, so lange ich sie kannte, im Bett. Wenn wir sie manchmal sonntags in Berlin-Schönewald, wo sie mit ihrer Dienstmagd wohnte, besuchten, gab sie uns Keks und weise Ratschläge für das Leben. Tante Mathilde hatte in ihrer Jugend eine unglückliche Liebesaffaire gehabt, sich darauf zu Bett gelegt, und war nie wieder aufgestanden. Zu mir sagte sie mit warnendem Unterton: »Junge Mädchen dürfen nicht studieren, sonst bekommen sie keinen Mann.« Aber ich lachte nur, und meine Geschwister und ich waren sicher, daß sie hinter unserem Rücken aufstehen würde, sobald wir nach Hause gefahren waren.

Ich studierte in den ersten Semestern Philosophie und weiß nur noch, daß ich Kant furchtbar trocken fand und Hegel mir unverständlich blieb. Aber meine Hauptfächer waren Kunstgeschichte und Archäologie. Leider waren die Berliner Professoren sehr langweilig. Besonders der Professor Goldschmidt in Kunstgeschichte. Da kam es oft vor, daß wir schwänzten und irgendein Wehwehchen vorschützten. Er war so gutmütig, daß er uns glaubte, ja sogar für eingebildete Migränen seiner Studentinnen ständig ein Röhrchen Aspirin bei sich trug.

Berlin war so voller Ablenkungen: es gab Kostümbälle, Konzerte, Theater, Reisen in die Umgebung, die Künstlerkneipen (das berühmte Romanische Café), in denen sich alles, was Rang und Namen hatte, traf. Tanzveranstaltungen bei den Freunden meines Bruders, mit denen ich mich sehr gut verstand – in dem Punkt war sogar meine Mutter zu animieren. Da sie ein Nachkömmling war, war sie jünger als meine Cousins, so daß die sie immer zu Bällen einladen konnten. Und dann wurden sie von den anderen geneckt: »Was, du führst deine Tante zum Ball aus?« – Kurzum, Berlin war nicht das richtige zum Lernen. Ich blieb noch eine Wintersaison und meldete mich dann in Freiburg bei Professor Curtius an.

In diesem letzten Winter in Berlin, es war 1920, und man fing an, sich innerlich etwas von den Folgen des Krieges zu erholen, hörte ich zum ersten Mal den Namen Brecht. Es fand ein großer Maskenball im Kunstgewerbemuseum statt, einer der aufwendigsten und originellsten, aber mein Vater erlaubte mir immer noch nicht, teilzunehmen, obwohl es bei diesem Fest gesitteter zuging als auf manchen anderen, bei denen zu fortgeschrittener Stunde die Lichter gelöscht wurden und die Paare auf bereitgelegten Matratzen herumknutschten. Da ich selber nicht gehen durfte, nahm ich um so größeren Anteil an den Erzählungen meiner Freundinnen. Eine von ihnen war Dora Mannheim. Sie ging als Afrikanerin im Baströckchen und braungeschminkt zum »Stakugenu« und fiel mit diesem Originalkostüm anscheinend unangenehm auf. Als sie schon gehen wollte, weil niemand sich so recht um sie kümmerte, kam eine hagere Gestalt in einer braunen Mönchskutte auf sie zu und fragte, ob er mit ihr tanzen dürfte. Es sei ein Wagnis, meinte er, er könne es nämlich nicht sehr gut. Und nachdem er ihr eine Weile hilflos auf den nackten Füßen herumgetrampelt hatte, zog er es vor, sich mit Dora in eine Ecke zu setzen, wo er ihr bis ins Morgengrauen Geschichten erzählte. Danach brachte er sie artig nach Hause und gab ihr noch zum Abschied ein Heft mit, in dem sein erstes Theaterstück geschrieben stand. Er heiße Bertolt Brecht und wolle Schriftsteller werden. Dora kam mit dem Manuskript zu mir, weil sie meinte, ich könnte besser beurteilen, ob es etwas taugte. Ich verstände mehr von Literatur als sie. Es war ein ordinäres Schulheft, ganz mit kleinen Buchstaben vollgekritzelt. »Wenn es gut ist«, sagte meine Freundin noch, »dann fange ich mit ihm ein Verhältnis an, er ist nämlich in mich verliebt.« Ich las das Heft sofort durch. Ich verschlang es und las es noch einmal und kann es nur auf Englisch sagen: »It swept me off my feet.« Nie zuvor hatte ich etwas Vergleichbares gelesen, obwohl ich vertraut war mit den modernsten expressionistischen Stücken von Wedekind, Barlach, Hasenclever, Sorge und Werfel – aber dieser ›Baal‹ von Bertolt Brecht war etwas ganz Unerhörtes. Von dem Stück ging eine außerordentliche dramatische Kraft aus, eine wilde wütende Poesie zog mich mit sich fort. Spitze Worte, schneidende Sätze schlugen einem ins Gesicht, die der Umgangssprache merkwürdig nahe waren; ich griff zum Telefon und rief Dora an: »Du kannst mit diesem jungen Dichter ruhig ein Verhältnis anfangen. Er wird einmal der größte Dichter Deutschlands werden.«

Aber es ist nie etwas Dauerhaftes aus dieser verliebten Laune geworden, wohl, weil Dora Bert Brecht nicht richtig verstand. Dabei hat er ihr wunderbare Briefe geschrieben, von denen sie anläßlich seines Todestages einige veröffentlicht hat:

Liebe Do, sehr geehrtes gnädiges Fräulein!

Es waren fünfzehn Stunden Fahrt mit schlechtem Geruch und völliger Dunkelheit, denn es gab keinen Mond und erst in Süddeutschland lag Schnee auf den Feldern. Das hätte Helle gegeben, aber da wurde es schon Frühlicht. Wegen der Gesichter, die man sonst gesehen hätte, war es gut, daß es dunkel war. Das waren die üblichen verkritzelten Abortwände!, aber man kam zuvor ins Denken hinein und mißbrauchte das Stoßen der schlecht geölten Achsen, den Geruch, die fahlen Gesichter und Alles übrige zu der Ausarbeitung neuer pessimistischer Weltanschauung first class. Jedoch war es von 5–6 und auch sonst besser. Es ging besser, weil ich Dich gern habe. (Machen Sie sich nichts draus! Es darf Sie garnicht berühren, ich will es nicht!)

Die Idee mit dem Buch war sehr gut: Ich konnte es nicht lesen, ich war neugierig auf den Inhalt, und konnte jeder Zeit mit dem Lesen anfangen, mußte es aber nicht. Diesen Zustand liebe ich am meisten – ich bin schwärmerisch befreundet mit Buridans Esel! Das Buch lag gut und dick und gemütlich vor mir, und irgendwo hatte es noch die Eindrücke von Ihren Fingern (ich weiß übrigens noch genau wie sie aussahen, das habe ich noch nicht vergessen!), ich war gewiß, daß es noch Eindrücke haben mußte und das amüsierte mich: das Papier ist jetzt noch drum rum, es gehört dazu!

Am Mittag, als es wärmer wurde, hielt es der Zug nimmer aus, der 15 Stunden gelaufen war und spie mich in den Münchener Bahnhof aus, mit meinen Koffern und etlichen siebenzig Bärten im Gesicht, ungewaschen in die Mittagssonne! Aber ich war kreuzvergnügt und trottete ganz langsam in die Pension und saß abends bis 11 im Kabarett bei Valentin und wälzte mich fast vor Lachen. Aber der Brief wird zu lang. (Zu der Zeit tanzten Sie und wußten mein Gesicht nicht mehr.) Und jetzt küsse ich Dich auf den Mund und bitte Sie um Verzeihung.

Bert Brecht

Bevor Dora geantwortet hatte, kam ein zweiter Brief:

24. 3. 20

Es kommt ein Grün in die Bäume, die Vögel halten zitternd ihren Schnabel und es gibt Haufen von Geschichten, aber keine lustigen. Ich habe die großen Märsche in meiner Kammer wieder aufgenommen, es ist tagelang halbdunkel. Ich finde dieses Frühjahr scheußlich inszeniert, den ersten Akt erkläre ich für durchgefallen bei mir u. der liebe Gott wird immer älter.

Ich habe Dir vor Wochen einen Brief geschrieben, kleine Do. Aber Sie antworten nicht, Dora M.! Die Photographien sind keineswegs eingetroffen, Fräulein M. Haben Sie alles vergessen, gnädiges Fräulein? Ich habe eine tiefe (entstellende) Falte in meiner Stirn deswegen. Ich hetze meinen Hund auf den Postboten. Ich mache hier unten Revolution aus Beschäftigungslosigkeit und Kummer und um meine qualvollen Gedanken zu vertreiben.

Aber jetzt küsse ich Dich auf dem Papier – da können Sie gar nichts dagegen machen, ätsch.

Bert Brecht

Hier der Kommentar von Dora Mannheim:

»Ich erinnere mich heute noch sehr gut, daß mich die beiden Briefe Brechts völlig ratlos machten. Ich wußte nicht, was ich davon halten sollte. Sie waren so ganz anders als die Briefe, die ich sonst bekam, es war eine merkwürdige Sprache, die Andeutungen verstand ich nicht. Ich fragte eine Freundin* was man da zu antworten habe. Wir setzten gemeinsam etwas auf.«

Brechts Antwort:

Liebe Do,

ich danke Ihnen für das Bild (nicht für den Brief). Es ist nicht besonders gut, ich habe ein besseres von Ihnen in Erinnerung. Aber der Brief ist noch schlechter, es ist ein miserables Papier in jeder Hinsicht. Es dringt eine solche Eiskälte aus den Zeilen hervor, daß man Husten kriegt. Ich fühle mich behandelt wie ein Waisenknabe. Haben Sie gar keinen Sinn für mein liebebedürftiges Herzchen? Meine Kammer verfinstert sich, ich liege auf dem Bett herum und schaue stundenlang eine Kohlezeichnung an, die ich an die Decke geheftet habe und dabei wächst der tierische Trieb, wieder in die Bars zu laufen und meine Unschuld zu verlieren täglich. Bestenfalls rette ich

* Lotte Eisner! (M. G.)

mich ins Allgäu und schreibe dort einen Roman, der sich aber gewaschen hat, meine Lieben! Ich werde Ihnen mein Bild unbedingt schicken, aber erst wenn ich ein neues habe das meinen gereizten Ausdruck aufweist.

Du bekommst heute keinen Kuß.

Bert Brecht

Augsburg Ende März[5]

Ein Jahr später lernte ich Bertolt Brecht dann persönlich kennen. Er war zu der Zeit ein großer schüchterner Junge, aber auch stolz, was man ihm leicht als Arroganz auslegte. Mager und ein wenig vom Fleisch gefallen, ein wenig krumm auch, schien er in seinen zu weiten Kleidern zu schwimmen. Er machte brüske und schlaksige Bewegungen wie ein hungriger junger Hund. Was mir jedoch zuerst an ihm auffiel, das waren seine sehr schönen Hände mit den langen sensiblen Fingern und seine seltsamen tiefliegenden Augen, die einen durchdringend anschauten. Hinter seinen unregelmäßig geschnittenen und zerwühlten Ponyfransen verbarg sich eine klare Stirn. Er hatte schon seine ewige Schiebermütze auf, trug eine wildlederne Jacke, und aus dem Mund hing ihm eine enorme Zigarre. Brecht war sehr schwierig. Seiner Dichtung ähnlich, war er von einem wüsten Zynismus, mit Melancholie getränkt, und liebte es, als hartgesottener Mensch zu gelten. Durch seine Unerbittlichkeit machte er sich viele Feinde. Aber wenn er wollte, konnte er auch sehr charmant und anziehend sein. Das bekamen seine Schauspieler bei den Proben zu spüren, mit denen er leise und behutsam umging. Bestechend war Brechts Ehrlichkeit. Er schrieb freiwillig von sich: »An mir habt ihr einen, auf den könnt ihr nicht bauen.« Und doch war er zuverlässiger als mancher andere, der sich für einen guten Freund hält.

Als ich nach meinem Studium in Freiburg, München und Rostock wieder nach Berlin zurückkam und beruflich mitten in die Berliner Theater- und Literatenszene hineintauchte, kam ich viel mit Brecht und seiner Mitarbeiterin Elisabeth Hauptmann zusammen. Von ihrer Arbeitsweise habe ich einiges für meine eigenen Aufgaben gelernt, die mich weit weg von der Archäologie führen sollten.

Aber zunächst einmal tat ich das, was ich mir vorgenommen hatte: Ich ging nach Freiburg an eine kleine Universität, in der man sich auf das Studium konzentrieren konnte, und belegte bei dem großen Curtius Kunstgeschichte. Wir waren eine Gruppe von etwa zwanzig Studenten, die meisten natürlich männlichen Geschlechts – und wie sollte es anders sein – zum großen Teil homosexuell. Wir machten Exkursionen in die nähere Umgebung, lernten historische Funde zeitlich einzuordnen, besuchten die Glyptotheken der europäischen Großstädte. Aber auch unser Professor war fehlbar: Bei einem Besuch in der ägyptischen Abteilung des Kopenhagener Museums bewunderten wir alle zusammen eine besonders schöne Statue, die, wie sich bald darauf herausstellte, eine Fälschung war.

In Freiburg wohnte ich bei einer Arztfamilie mit vielen Kindern, von denen dauernd irgendeines krank war. Meine Abwehrkräfte mochten damals auch nicht besonders stark gewesen sein, denn ich hungerte mich so durch, weil ich für meinen Wechsel am Anfang des Monats so viele Bücher kaufte, daß ich gegen Ende ins Gedränge kam und nur noch den schlechten Mensafraß bezahlen konnte. Dort mußte man Schlange stehen vor den Tischen und mit angeketteten Blechlöffeln essen. Es war die Zeit der galoppierenden Inflation. Außerdem rauchte ich so meine dreißig, vierzig Zigaretten am Tag – eine Untugend, die ich mir mit elfeinhalb Jahren auf der Toilette angewöhnt hatte – und dazu noch dann und wann mein Pfeifchen ...

Jedenfalls schnappte ich mir in diesem Zustand die Masern von den lieben Arztkinderchen auf und war lange schwerkrank.

Ich war mit meiner Cousine Ina zusammen in Freiburg, die ihrerseits dort Naturwissenschaften studierte. Sie war eine ulkige Nudel, nicht gerade hübsch, aber sehr mannstoll. Durch sie lernte mein Bruder seine spätere Frau Paula Schmoller kennen, ein reiches Mädchen aus dem Grunewald. Ich kann mich noch erinnern, daß Paula uns einmal in Freiburg besuchte und mir unter die Nase rieb, daß ich hübscher sei als ihre Freundin Ina. Paula weiß heute noch zu erzählen, daß ich damals ein weißes Sommerkleid mit roten Punkten angehabt habe und sehr weiblich und attraktiv ausgesehen haben soll. Also, ich weiß nicht recht ... es war ja kein Kunststück, besser auszusehen als meine Cousine ... Ich weiß nur, daß ich stolz war auf meine wohlgeformten langen Beine, daß ich leuchtende Augen hatte und langes blondes Haar. Große Koketterie habe ich nie entwickelt, aber meine Beine zeigte ich ganz gern, wenn sich die Gelegenheit ergab. Waren kurze Röcke Mode, trug ich sie gern noch ein wenig kürzer, bei Kostümfesten zeigte ich mich in kurzen Hosen. Leute, die mich

Lotte Eisner als Struwwelpeter
im Alter von etwa dreißig Jahren

in den zwanziger Jahren in Berlin gesehen haben, verursachten Marlene Dietrich großen Ärger, indem sie überall herumstreuten, Lotte Eisner hätte viel schönere Beine als sie.

Aber wenn ich an Freiburg denke und an Schönheit, dann kommt mir Eva Geibel in den Sinn, die Enkelin des Dichters, die so schön war, daß alle Studenten sich in sie verliebten und sie »Das Märchen von Freiburg« nannten. Mein Cousin Werner Heine, der, wenn seine Behauptung auf Wahrheit beruht, auch Nachkomme eines großen Dichters war, trug den kostbaren Preis davon. Auch er war ein schöner Mensch, nur hatte er im Gegensatz zu Eva schwarze Haare. Ich hätte gern die Kinder gesehen, die aus dieser Ehe entsprungen sind, aber sie zogen weit weg, als die Hitler-Ära anbrach: zuerst nach Argentinien und dann nach Peru.

Ich hatte in meiner Studentenzeit noch ein ganz kameradschaftliches Verhältnis zu den Männern. Wir waren oft zusammen unterwegs beim Wandern, auch über Nacht. Das blieb völlig harmlos. Man wetteiferte miteinander, wer besser klettern konnte, und es war oft so, daß die Mädchen die Couragierteren waren. Mein wagemutigster Streich war die Erklimmung des Freiburger Münsters. Wir hatten eine Wette abgeschlossen, wer am höchsten das Gerüst am Turm hinaufzusteigen wagte. Ich kam bis zum oberen Rundgang, wohlgemerkt in langen Röcken und völlig schwindelfrei. Unter mir lag der Blumenmarkt mit dem mittelalterlichen Kaufhaus. Es war ein Zustand der Glückseligkeit, des Schwebens, wie ich ihn erst wieder bei meinem ersten Flug erlebt habe. Am nächsten Tag stand in der Zeitung, daß ein paar verrückte Studenten, unter denen sich auch eine Frau befand, den Münsterturm hochgeklettert wären. Da sagte mein Professor: »Das kann nur die Lotte Eisner gewesen sein.«

Ein einziges Mal in meinem Leben bin ich doch schwindelig geworden. Das war, als ich mit meiner Mutter und Schwester in Mailand war, und wir auf den Turm des Mailänder Domes stiegen. Ich hatte den Tag davor auf dem Wasser verbracht, kam durchgefroren zurück und fühlte mich gar nicht gut. Am Abend merkte ich, daß ich hohes Fieber hatte. Es schüttelte mich, aber ich sagte nichts, denn wir hatten eine Karte für die Scala. Toscanini dirigierte die ›Bohème‹, und ich sagte mir, wer weiß, ob ich Toscanini noch einmal hören kann und ließ mir nichts anmerken. Glühend vor Fieber saß ich in der Oper, die ich wie einen eindringlichen Traum erlebte – heute würde man sagen: ich war high –, wie high, stellte am Morgen der junge italienische Arzt fest, den meine Mutter holen ließ, als sie mich mit hochrotem Kopf völlig ermattet im Bett liegen sah. Die Quecksilbersäule stand auf einundvierzig – Diagnose: Lungenentzündung. »Wie kommt es, daß Sie mich gestern noch nicht gerufen haben?« fragte der Arzt mich auf italienisch. Ich war froh, daß meine Angehörigen nichts verstanden und erklärte ihm, daß ich wohl etwas bemerkt hätte, als ich die Wendeltreppe zum Dom hinaufgewankt sei, aber die Oper nicht versäumen wollte.

Als meine liebe Schwester hörte, daß ich Lungenentzündung hatte, fing sie ein lautes Geschrei an, sie könne nicht mehr mit mir das Zimmer teilen, sonst würde sie sich ja anstecken. Mit den beiden Weibern zu reisen, war kein Vergnügen ...

Ich sehe mich mit ihnen auf der eleganten Uferpromenade von Nizza die neuesten Hüte spazierenführen und stundenlang in den Geschäftsstraßen in die Auslagen gaffen. Da kam ich mir dann vor wie die Männer in Heines Gedicht: »Was schert mich Weib, was schert mich Kind ...« Zwei Fremde, die zufällig mit mir verwandt sind.

Professor Curtius, der sehr eitel war, reagierte verärgert, als ich ihm eröffnete, ich wollte das Wintersemester nach München gehen, um Professor Wölfflin, den interessantesten Archäologen der Zeit, zu hören, da dieser einen Ruf nach Zürich bekommen hätte und ich die letzte Gelegenheit wahrnehmen wollte, seine Grundbegriffe zu studieren.

»Wenn Sie nach München gehen, machen Sie bei mir nicht den Doktor«, war die Antwort. Damals warben die Professoren noch um jeden einzelnen, da die Studentenzahl sehr klein war. Ich ging trotzdem nach München und habe es nicht bereut, denn Wölfflins Methode half mir, in meinem Spezialgebiet, der griechischen Vasenmalerei, die Funde zeitlich zu bestimmen, was für meine Doktorarbeit, die ich ein Jahr später in Rostock schrieb, von unschätzbarem Wert war. In München wurde ich dauernd auf meinen Namen hin angesprochen, ob ich mit Kurt Eisner verwandt sei. Die Novemberrevolution von 1919, die im Ausrufen einer bayerischen Republik nach sowjetischem Muster gegipfelt hatte, dann aber durch die Ermordung Eisners und die Kleinbürgerlichkeit des Systems wieder zuschanden ging, war noch in aller Munde.

Ich verneinte diese Verwandtschaft mit großem Bedauern, denn ich hatte mich ja innerlich längst auf die Seite der Linken geschlagen. Vielleicht hätte ich diese Einzelheit vergessen, wenn nicht vierzig Jahre danach ein Brief von der Schwester Kurt Eisners bei mir angekommen wäre, in dem sie schreibt, sie habe mein Buch ›Die Dämonische Leinwand‹ mit Begeisterung gelesen und hoffe, daß wir verwandt seien. Wieder mußte ich verneinen. Darüber war sie genauso enttäuscht wie ich.

In meiner freien Zeit bin ich viel gelaufen, in den Bergen, in der Stadt, in Museen. Wir waren ein Grüppchen, das gut harmonierte und ungewöhnliche Sachen anstellte. Ich kann mich erinnern, daß einer von uns frühmorgens einen Zug erreichen mußte und uns bat, ihn zu wecken. Wir haben natürlich die Nacht durchgemacht, uns Räubergeschichten erzählt, den Freund zum Bahnhof gebracht, und sind dann zum Schloß Schleißheim gelaufen; dort haben wir uns den ganzen Tag in dem Park herumgetrieben und sind gegen Abend zurück in die Stadt marschiert, bis zum Residenztheater, wo gerade Mozarts ›Don Giovanni‹ gegeben wurde. Heute würde man der Eingebung des Augenblicks gar nicht mehr nachgeben können, weil es keine Karten mehr gäbe. Früher hatten wir es leichter mit dem Improvisieren.

Nach dem Wintersemester in München wußte ich zuerst nicht recht, wie ich den Abschluß schaffen sollte. Nach Berlin traute ich mich nicht zurückzugehen, der Versuchungen waren dort zu viele. Es mußte wieder eine kleine Universitätsstadt sein. Da fiel mir ein, daß ich in meinen ersten Berliner Jahren einen älteren Archäologiestudenten kennengelernt hatte, der sich auch mit griechischer Vasenmalerei beschäftigte. Er hatte inzwischen eine Arbeit darüber veröffentlicht, die mir gut gefiel. Ich erkundigte mich nach Gottfried von Lücken und erfuhr, daß er Professor in Rostock war. Also ging ich nach Rostock.

Mein Professor war gerade zehn Jahre älter als ich. Da wir das gleiche Spezialgebiet hatten und uns sehr gut verstanden, freundeten wir uns an. Er hatte eine Methode gefunden, wie man die Vasenbilder auseinanderklappen konnte, so daß sie flächig erschienen, die Bildgeschichten also vor den Augen abrollten. Das erinnerte schon fast an Film. Ich weiß nur, daß ich viel Spaß an meiner schriftlichen Arbeit hatte, in der ich die Bilder in ihrem geometrischen Aufbau und ihrem Gesamtzusammenhang analysierte und datierte. Ich habe einen Haufen Photomaterial aus allen einschlägigen Galerien zusammengetragen und kommentiert, und so entstand mein erstes Produkt geistiger Disziplin: ›Die Entwicklung der Bildkomposition auf griechischen Vasenbildern‹.

Ich versuchte, wie später in meinen Film- und Theater-Kritiken, optische Eindrücke und Entdeckungen in Worten nachzuempfinden, die innere Bewegung der Bilder zu beschreiben. In meinem Stil stand ich ganz unter dem Einfluß der expressionistischen Autoren. Die Worte ballen und drängen sich zu Sätzen, Einschüben, Ausrufen, Partizipien und Nebensätzen zusammen, ungewöhnliche Adjektive knallen heraus, man wartet atemlos auf den Höhepunkt:

> Wie eine Zickzackwelle bindend den Schritt des Ersten überleitet zur Breitansicht des Bärtigen und aufgenommen über Gewandzipfel und Stock zum Dritten mit dem umgewandten Kopf fließt, wie von hier ein Fuß zum Fuß des Letzten gleitet, das ist nur noch nachspürend zu ahnen, nicht mehr konstruktiv zu ermessen.[6]

Oder:

> Dort ist alles auseinandergerissen in Aufgeregtheit, hier ist alles in Kraft und Frische gespannt, man spürt, daß diese Kunst durch eine Epoche der Zu-

standsbilder hindurchgegangen ist, wieder vereinigen sich Elastizität und Wucht. – Ebenso wird die Wandlung einer Formauffassung beleuchtet, bei Andokides sind es kleine, spitzige Körper in preziöser Magerkeit gespreizt, Phintias gibt breit ausladende Massigkeit. Dieser Herakles braucht nicht mehr mit beiden Händen den Dreifuß ängstlich festzuhalten, der freie Arm schwingt kraftvoll die Keule in der Richtung des Angreifers, daß die Bewegung in sich zurückfließend Halt findet.[7]

Der Stolperstein in Rostock war für die meisten ein anderer junger Professor, der nicht mochte, daß man sein Gebiet, Alte Geschichte, nur im Nebenfach studierte, und mit Wonne seine Studenten im Examen durchrasseln ließ. Professor von Lücken riet mir gleich zu Anfang: »Versäumen Sie ja keine Stunde bei meinem Kollegen, sonst stellt er Ihnen bei der Prüfung Fangfragen, die Sie niemals beantworten können.«

Trotzdem trieb ich mich manchmal in der Studienzeit mit meinen Mitstudenten am Ostseestrand herum, wenn ich eigentlich in der Uni sein sollte. Einmal bin ich sogar mitten im Semester nach Berlin gefahren, weil dort die Theatersaison begonnen hatte, und ich unbedingt die neuen Inszenierungen von Brecht und Piscator sehen wollte. An meinen eitlen, schnell beleidigten Geschichtsprofessor denkend, fiel mir eine List ein. Ich wußte, daß sein Steckenpferd die ›Historia Augusta‹ war und daß er Bonmots liebte. Jetzt tat ich ganz frech, als hätte ich die ›Historia Augusta‹ im Original gelesen und schickte ihm von Berlin aus ein witziges lateinisches Zitat, das in seine wissenschaftliche Arbeit, mit der er gerade beschäftigt war, paßte. Gleichzeitig entschuldigte ich mich für meine Abwesenheit (auch auf lateinisch). Er war ganz begeistert und dankte mir für meinen wertvollen Beitrag.

Einen Tag vor meinem Doktorexamen zog ich mir eine Nikotinvergiftung zu. Ich hatte einen starken Mokka nach dem anderen gekippt und eine Zigarette nach der anderen geraucht, befand mich also im Zustand der Auflösung, die ich als ganz gemeine Prüfungsangst diagnostizierte. Ein Studienfreund erbarmte sich meiner, indem er mich hinaus ans Meer zerrte. Wir gingen stundenlang am Strand spazieren, ich atmete die Seeluft ein und stieß den vergifteten Atem aus.

Am nächsten Tag bestand ich mein Examen mit magna cum laude, in Alter Geschichte konnte ich mir sogar eine Eins ergaunern. Ich kannte mich nur in einem einzigen Gebiet aus, über das ich gleich eifrig zu sprechen anfing, ehe noch der Professor seinerseits seinen Mund auftun konnte. Als ich einmal nach Atem schöpfte, unterbrach er mich und sagte: »Es ist gut. Ich habe noch nie so einen guten Prüfling gehabt, der Geschichte nur im Nebenfach studiert hat.«

Von da an war ich nicht mehr »die Prinzessin vom Tiergartenviertel«, sondern »das Fräulein Doktor«.

Lotte Eisner im Alter von neunundzwanzig Jahren

Kaum hatte ich das Examen in der Tasche, zog es mich wieder nach Italien. Mein Vater, der sehr stolz auf mich war, brachte mich selbst an den Bahnhof. Als ich im Zug saß, dachte ich mir: »Seltsam, ich bin schon so oft weggefahren, und er hat mich noch nie zum Zug gebracht; ob er vielleicht meint, es sei das letzte Mal?« ...

In Rom erreichte mich dann das Telegramm: »Vater schwerkrank, komm sofort nach Hause!«

Ich ließ meinen Koffer bei einer Freundin, denn wir hatten eine lange Reise geplant, und fuhr zurück nach Berlin. Als ich ankam, war mein Vater noch am Leben und erkannte mich, aber er dachte, ich wäre schon von meiner Reise zurück. Das Gefühl für die Zeit hatte er verloren.

Neulich fiel mir seine Todesanzeige in die Hände, die meine Schwägerin Paula unter einigen alten Briefen hervorgekramt hatte. Wir waren erstaunt, festzustellen, daß Vater schon 1924 gestorben ist. Ich hatte mir immer eingebildet, es sei 26 gewesen, wie ich überhaupt mit den Jahreszahlen und Daten auf dem Kriegsfuß stehe, aber an diesem gedruckten Stück Papier ist nicht zu zweifeln.

1924 war ein Jahr der Veränderungen. Ich machte meinen Doktor, mein Bruder Fritz, der geheiratet hatte, bekam seinen ersten Sohn; er lebte mit Paula im Grunewald. Mein Vater starb, und der Rest der Familie zog aus dem großen Haus in der Stülerstraße in eine kleinere Wohnung im neuen Westen um.

Ich blieb zunächst bei Mutter und Schwester, da ich noch keine Berufsaussichten hatte, also auch keinen Anspruch auf eine eigene Wohnung.

Nach den Trauerfeierlichkeiten kehrte ich wieder zurück nach Italien, wo ich meinen Kummer am besten verarbeiten konnte. Mit einer Gruppe von Archäologen beteiligte ich mich an Ausgrabungen. Es handelte sich um altrömische Mauerreste am Forum Romanum ... Dabei wurde mir bewußt, daß diese Arbeit mir nichts bedeutete. Da wurde tagelang in der Erde gewühlt, ein paar Steine zu Tage gefördert, über die meine Kollegen dann weitere Tage brüteten und diskutierten, ob die Mauer so herum oder so herum verlaufen sei. Das war mir piepegal, ich hatte nicht diese Art von bürokratischem Wissenschaftsgeist, ich wollte schöne Dinge sehen, sinnlich befriedigt und geistig erregt werden. So machte ich mich selbständig und sah mir statt dessen die romanischen Kirchen an, denn ich hatte ja nicht umsonst Kunstgeschichte studiert. Da war Italien ein Paradies. Der romanische Baustil kommt meinem Kunstgefühl am nächsten. Weniger liebe ich die fein ziselierte französische Gotik; die Backsteingotik unserer nordischen Hanse-Städte ist mir vertrauter.

Ich reiste ein ganzes Jahr herum, ohne so recht zu wissen, was dann werden sollte. Bis auf die Kanarischen Inseln trieb es mich, die damals noch völlig einsam waren.

Wir fuhren mit dem Schiff über Madeira, das mir einen düsteren Eindruck machte, nach Lanzarote. Eine Woche dauerte die Fahrt. Ich war, wie immer, selig auf dem Wasser. Wir hatten zeitweise sehr rauhe See, der Wind schwoll bis zur Stärke 9 an, so daß die meisten Passagiere sich grün in ihre Kojen verkrochen. Ich blieb an Deck, wo ich mich nicht von den Matrosen verscheuchen ließ, die Angst hatten, ich könnte über Bord geblasen werden. »Dann fahre ich in dem Bauch eines Walfisches weiter«, sagte ich unbekümmert. Dem Ersten Matrosen, einem schmukken norddeutschen Hans-Albers-Typ, machte meine Standfestigkeit Eindruck. Er hieß Friedrich Wilhelm Schulze, sprach ein anheimelndes Plattdeutsch und erklärte mir im Auge des Sturms seine große Liebe. Noch lange nach der Reise bekam ich verliebte Briefe und glühende Heiratsanträge von ihm, aber ich dachte nicht ans Heiraten, auch wenn ich ganz gern ein wenig flirtete. Im Grunde war der blonde Schulze nichts anderes als der markig aussehende Bayer in seiner Krachledernen, der in Garmisch den Schuhplattler aufgespielt, und in den ich mich mit neun Jahren unsterblich verliebt hatte.

Es stürmte weiter. Eines Morgens kam der Kapitän ganz bedrückt aus seiner Kajüte und erzählte mir, daß der alte Amerikaner, der mit seiner Familie an Bord war, in der Nacht gestorben wäre. Sein letzter Wunsch sei gewesen, auf See bestattet zu werden, aber er, der Kapitän, sei ein alter Heide und könne nicht ein Gebet auswendig hersagen, ob ich ihm vielleicht aus der Klemme helfen könne. Ich sagte ihm, mir ginge es zwar ähnlich und außerdem sei ich Jüdin, aber ein Vaterunser würde ich noch zusammenbringen, und so ließen wir den alten Amerikaner, in eine weiße Leinwand gewickelt, in die tiefe See rutschen, während ich vor versammelter Mannschaft das Vaterunser betete. »Wenn das Meer seinen Toten hat, wird es wieder ruhig«, hatte der Kapitän gesagt, und so war es auch.

Nach dem Sturm kam ein Sonnentag, an dem ich mich in einen Liegestuhl auf Deck legen konnte. Leider mußte ich immer Hüte tragen in der Sonne, weil ich mir einmal auf dem Walchensee, als die Sonne mir den ganzen Nachmittag auf's Genick geschienen hatte, einen Sonnenstich geholt hatte. Auf den schönen Tag folgte eine sternklare Nacht. Mich hielt es nicht in meiner engen Kabine, ich stieg auf's oberste Deck und sah zum Himmel auf, und wie auf Zuruf fielen viele Sterne ins Meer. Singend zogen sie ihre Bahn über den ganzen Himmel, verlöschten und versanken.

Was aber gibt es von Teneriffa zu berichten, oder Las Palmas und Lanzarote? – einstmals exotische Namen, sind es jetzt Gemeinplätze, auf denen täglich Jumboladungen voller Touristen abgeworfen werden zum hastigen Pigmentehaschen; beim Rückflug hält jeder seinen plastikumschnürten Stachelkaktus an sich gepreßt, der zu Hause in den Blumentopf gesteckt wird.

Was aber war das damals für mich – die Kanarischen Inseln? Auf den Montañas del Fuego erlebte ich die Wiedererschaffung der Erde. Gerade hatte ein Gott das feste Land von den Wassern getrennt, und die Berge falteten sich schwarz auf, kahl noch und unbelebt.

Hier ist nun zu berichten, wie einst die Welt in tiefem Schweigen schwebte, in tiefer Ruhe schwebte, in Stille verharrte, sanft sich wiegte, einsam dalag und öde war ....

Und dies ist die erste Kunde, die erste Aussage: es gab keinen Menschen, kein Tier, Vogel, Fisch, Krebs, Baum, Stein, Höhle, Schlucht, Grasbüschel oder Busch – einzig und allein der Himmel war da. Unsichtbar war das Antlitz der Erde, einzig und allein das Meer staute sich unter dem Himmelsgewölbe, das war Alles.

Kein Ding gab es, das sich zu etwas gestaltet hätte, das auch nur ein wenig sich hätte vernehmen lassen, kein einziges, das sich ein wenig geregt, das gerieselt oder gerauscht hätte im Himmel: Rein nichts gab es ....[8]

Als Werner Herzog mich bat, diesen guatemaltekischen Schöpfungsmythos für seinen Film *Fata Morgana* zu sprechen, war ich glücklich, darin die Stimmung meiner kanarischen Reise wiederzufinden. Inzwischen müßte man bis zum Mond fliegen, um Weltenanfangsstille zu haben, aber alte Frauen nimmt man ja nicht mit zum Mond.

Die Leere, die Abwesenheit von Farbe in der Landschaft, paßten in meine innere Leere, die der Tod des Vaters und das Ende meines Studiums in mir zurückgelassen hatten. Ich war jetzt frei, aber was sollte ich tun?

Aus Davos schrieb mir meine Freundin Annelies, die inzwischen ihren Vetter geheiratet hatte und statt Literatur zu unterrichten, einen Bauernhof bewirtschaftete, ich solle sie doch besuchen, endlich könne sie mich zu sich nach Hause einladen, ihr Vater stünde nicht mehr zwischen uns. Ich folgte der Einladung und fühlte mich sehr wohl bei den beiden. Sie betrieben ein Mustergut, heute würde man sagen »einen Alternativbauernhof«. Nie habe ich so stattliches Vieh gesehen. – Annelies hatte einen einzigen Kummer, sie konnte keine Kinder kriegen, nach drei Monaten »kippte« sie immer; aber wie manchmal sah dieses Unglück rückblickend wie Vorsehung aus, denn Annelies starb schon 1939 an Schwindsucht. Kurz vor ihrem Tode hatte sie mir noch geschrieben: »Ich bin froh, Dich im Ausland zu wissen, denn wir leben unter Räubern und Mördern.«

Lang blieb ich nicht bei den Rohrscheidts, obwohl es harmonisch bei ihnen war ... Die Schweizer Berge fielen mir auf einmal unsäglich auf die Nerven, ich konnte kein Schwyzer Deutsch mehr hören, ich wollte zurück nach Berlin, ich war lebenshungrig, gierig nach Musik, Theater, aber auch nach all den Vergnügungen, an denen mich mein Vater so lange gehindert hatte. Und ich wollte arbeiten! Der Wunsch, etwas Sinnvolles zu schaffen, war stärker als alles andere, nur wußte ich nicht was.

Wieder war es mein Freund Gottfried von Lücken, der mir weiterhalf. Ich fuhr einfach zu ihm nach Rostock und fragte ihn um Rat. »Ich kann Sie mir nicht als Archäologin vorstellen«, sagte er, »in die Administration eines Museums passen Sie noch weniger, denn Sie sind keine Funktionärin, und für den Kunsthandel bringen Sie keinen Geschäftssinn mit, aber Sie können schreiben. Das habe ich an Ihrer Doktorarbeit gesehen. Schreiben Sie! Schreiben Sie über Kunst.«

Ich hatte in der Zeit noch so gut wie keine privaten Kontakte zur Berliner Künstlerszene, bis auf ein paar Freunde meines Bruders, die schrieben oder Schriftsteller werden wollten, und einen Filmjournalisten, der für die Tageszeitung ›Film-Kurier‹ französischer Korrespondent war. Er pendelte immer zwischen Paris und Berlin hin und her. Ich hatte ihn in Hiddensee kennengelernt, einem Ort an der Ostsee, der ein beliebter Künstlertreffpunkt war. Paul Medina war bis dato der Verruchteste aus meinem Bekanntenkreis. Ich brachte ihn einmal nach Hause mit, aber er mißfiel. Natürlich war er nicht korrekt gekleidet, natürlich kokste er, wie alle, die einen Hauch des Künstlerischen um sich verspürten. Er kannte sich in den Spielhöllen Europas aus, lebte, wie seine Phantasie es ihm eingab. Wenn Paul Medina aus Paris zurückkam, schwärmte er mir immer von der »schönen Mary Meerson« vor, der Frau des Filmarchitekten und Malers Lazare Meerson. Wenig ahnte ich, daß diese Mary Meerson, die bekannten Malern und Photographen Modell gestanden hatte (Kokoschka, Man Ray), meine zweite Lebenshälfte entscheidend mitbestimmen sollte. Auf wunderbare Weise knüpften sich in meinem Leben die Fäden immer weiter, auch wenn sie sich manchmal zu verlieren schienen, irgendwo tauchte das Ende wieder auf und wurde weitergeknüpft.

Als ich die »schöne Mary« zwanzig Jahre später in London kennenlernte, sagte sie mir, in den zwanziger Jahren hätte Paul Medina immer von einem bezaubernden jungen Mädchen gesprochen, das »die Prinzessin vom Tiergartenviertel« genannt wurde und Lotte Eisner hieß. Jetzt sind wir die letzten Dinosau-

Mary Meerson (1940)

rierinnen, die den Hort der Cinémathèque Française eifersüchtig beschützen.

Aber es war nicht Medina, der mir meine erste journalistische Arbeit verschaffte, sondern Armin T. Wegner, ein junger Dichter, der heute vergessen, aber damals en vogue war. Er hatte Beziehungen zu Willy Haas, dem Herausgeber der ›Literarischen Welt‹, einem anspruchsvollen Blatt, etwa den ›Nouvelles Littéraires‹ vergleichbar. Ich wußte damals noch nichts von Willy Haas, wußte vor allem nicht, daß er schon mit Murnau und Harbou an dem Drehbuch *Der Brennende Acker* gearbeitet hatte, und selbst wenn ich es gewußt hätte, hätte es für mich nichts bedeutet, weil ich das Medium Film reichlich spät entdeckte und den ersten Murnau-Film, den ich sah, *Der Letzte Mann*, sentimental, ja eitel fand – alles zugeschnitten auf Jannings, der groß herauskommen wollte, neben dem dann auch jede andere Figur verblaßte. Erst viel später, als mein Auge schon durch das cinematographische Sehen geschult war, erkannte ich die besonderen Qualitäten dieses Films, der ganz ohne Zwischentitel auskommt, nur mit der Kamera spricht, sie vom Piedestal herunterhebt, mitten hinein in die Bewegung.

Für's erste war Willy Haas mein Arbeitgeber. Ich hatte den

großen Vorteil, fließend Englisch, Französisch und Italienisch zu sprechen, machte Interviews mit ausländischen Künstlern, schrieb über Ausstellungen, über Neuerscheinungen auf dem literarischen Markt, das alles aber als freie Mitarbeiterin.

Außer mir gab es noch eine Frau an der Zeitung, Lessy Rademacher. Wir durften nur mit unseren Initialen unterzeichnen, und da sie L. R. schrieb und ich L. E., kam es oft zu Verwechslungen, so daß Willy Haas mich eines Tages fragte: »Haben Sie nicht noch einen Vornamen?« Ich sagte: »Ja, Henriette, nach meiner Großmutter.« – »Dann unterzeichnen Sie ab jetzt mit L. H. E.« Dabei ist es bis heute geblieben. Auch wenn ich meinen Namen ausschreibe, halte ich an dem »H« fest: Lotte H. Eisner. Das ist die amerikanische Manier, über die sich T. S. Eliot in seinem Gedichttitel ›The Love-Song of J. Alfred Prufrock‹ lustig macht, indem er Initiale und Rufnamen umkehrt.

Da ich sehr viel und sehr schnell las, erhielt ich eines Tages den Auftrag, bei einem Literaturwettbewerb, den die ›Literarische Welt‹ ausgeschrieben hatte, den Gewinner zu ermitteln. Ich mußte zig Romane lesen, und der, den ich für den ersten Preis vorgesehen hatte, ist später sehr bekannt geworden: es war Alfred Andersch.

Auch meine zweite Arbeit bekam ich mit der Hilfe eines jungen Dichters, August Kuhn-Fölix ... Nebenbei gesagt warb er schon seit einigen Jahren um mich und ward nicht ungern gesehen im Vaterhause, aber ich machte ihn unschädlich durch einen anderen jungen Dichter, mit dem er befreundet war, Sohn eines Oberst, der auch in mich verliebt war. Zu dritt gingen wir im Grunewald spazieren. Wahrscheinlich waren sie eher ineinander verliebt als in mich – aus ihren literarischen Produkten, die mich nicht sehr überzeugten, entnahm ich einen Hauch Jünglingsanbetung, und ich, die »Jünglingin«, wirkte als Mittelsmännin.

August Kuhn-Fölix heiratete dann eine Frau, die mir frappierend ähnlich gesehen haben soll. Er zog mit ihr an den Tegernsee, aber auch die alpine Landschaft brachte es nicht fertig, ihn in einen Dichter zu verwandeln: Er blieb mittelmäßig, und ich mache mir manchmal ein Vergnügen daraus, auszumalen, wie es gewesen wäre, wenn ich ihn doch geheiratet hätte. Vielleicht bin ich unter dem Einfluß meines Vaters, der den jungen Mann gut leiden konnte, damals näher daran gewesen, als ich es mir zugeben wollte. Eins ist sicher: Ich hätte keine Zeile mehr geschrieben, denn erstens sah August es nicht gern, daß ich hauptberuflich Journalistin wurde, und zweitens hätte ich Kinder gehabt, die mir wahrscheinlich den letzten Rest meiner kreativen Ideen aus den Eingeweiden gesogen hätten ... Ich wäre in Deutschland geblieben. Wenn man mit einem Arier verheiratet war, blieb man normalerweise ungeschoren, es sei denn, der Mann wurde gezwungen, sich scheiden zu lassen – meine Söhne wären Kanonenfutter für Hitlers Wahnsinnskrieg geworden ...

Trotz allem gab Kuhn-Fölix mir den Tip, mich beim ›Berliner Tageblatt‹ für die sogenannte »Zadek-Seite« als Interviewerin zu bewerben. Es war gerade eine Stelle ausgeschrieben. Ich wurde angenommen, weil man sich bei dem Blatt auf das »Fräulein Doktor« etwas zugute tat. Wieder durfte ich nur mit meinen Initialen unterzeichnen, aber das kratzte mich nicht. Ich konnte meine Feder toben lassen und meiner Phantasie einheizen, denn so manches dieser »Interviews« kam einzig und allein aus meinem Kopf. Zum Beispiel erinnere ich mich an ein Selbstportrait des großen Jongleurs Rastelli, das ich erfunden habe und vorgab, es sei »von Lotte Eisner aus dem Italienischen übertragen« worden.

Rastelli jongliert

Die Menschen sind wirklich merkwürdig. Sie staunen über das »Wunder« und schlagen zu Haus den Artikel über Schwerkraftgesetze nach; oder sie bilden sich ein, ich schwindele, weil meine Bälle nicht herunterrollen und auch nicht abprallen, und meine Stäbe wie die Türme von selbst stehen bleiben. In *Amerika* liefen mir sogar die Leute mitten in der Vorstellung auf die Bühne, nahmen meine Bälle in die Hand und drehten meine Stäbe nach allen Seiten, ob sie nicht vielleicht doch mit Klebstoff bestrichen waren. Am liebsten wollten sie mich selber anfassen – aber nicht einmal *ich* war mit Gummiarabikum eingeschmiert. All das regte sie sehr auf, sie blieben natürlich gleich auf der Bühne stehen und sahen mich arbeiten; jetzt konnte ihnen doch so in der Nähe bestimmt meine Mogelei nicht entgehen ... aber es war nichts damit. Sie schüttelten die Köpfe und gingen schließlich genau so klug wie zuvor auf ihre Plätze zurück.

Wenn sie doch begreifen möchten, daß es hier kein Wunder und keinen Schwindel gibt! Ein Artist braucht Begabung und Training – nichts weiter.

Natürlich habe ich von meinen Vorfahren (es sind jetzt *sieben Generationen*, die in den letzten zweihundertvierzig Jahren mit denselben Künsten in der ganzen Welt herumgezogen sind – mein Urgroßvater hat sogar vor *Napoleon* gearbeitet!) immerhin Intuition und Instinkt mitbekommen. Aber in der Wiege habe ich trotzdem noch nicht meine Klapper auf der Nasenspitze balancieren können und bei meinen ersten Gehversuchen nicht absichtlich das Tischtuch heruntergezogen, um dann mit den Tassen und Tellern schleunigst zu jonglieren, ehe sie noch entzweigehen konnten.

Auch ich habe all das einmal *lernen* müssen. Wie ich ein fünfjähriger Bub war, gab mir mein Vater einfach drei kleine Bälle und sagte zu mir: »Sieh zu, was du damit anfängst.« Und ich fing eben etwas damit an. Es machte mir nicht einmal besonderen Spaß – und ich blieb nur dabei, weil der eine Ball so hübsch rot war. Damals (es existiert noch eine recht komische Photographie) trug ich für die Nummer eine mit Blumen gestickte Seidenweste mit Pluderhosen und auf dem Kopf einen Zylinder, der mir erheblich zu weit war.

So habe ich angefangen.

In den weiteren fünfundzwanzig Jahren habe ich *viel gelernt und viel gearbeitet.* Eigentlich müßte man achtzehn Stunden arbeiten und auf einer Wäscheleine schlafen, um noch im *Traum* balancieren zu üben! Aber beruhigen Sie sich – ich schlafe sorglos in einem Bett mit Roßhaarmatratze und Sprungfederung. Und übe heute nur noch fünf Stunden. Aber es hat eine Zeit gegeben, wo ich schon frühmorgens mit den Scheuerfrauen zugleich auf der Bühne stand. Übrigens wundern sich bei einem neuen Engagement meine Kollegen immer zuerst, daß ich den ganzen Vormittag probe. Das geschieht, weil ich nun einmal keine »fertigen« Nummern kenne, immer wieder an ihnen herumarbeite und wandle, und weil ich neue Tricks ausprobiere, die später einmal aufgenommen werden sollen. Manchmal brauche ich *Jahre* dazu – wie für den Trick der acht Teller, bei dem es das schwierigste ist, die letzten zwei Teller, die ich in einem Gürtel trage, hochzuschleudern, solange die ersten drei der rechten Hand noch in der Luft sind. Diese Nummer ist eigentlich mehr für Artisten, das Publikum sieht nicht genug dabei und beklatscht oft leichtere Tricks, die gefälliger *wirken* – etwa das Rotieren eines Stabes auf dem anderen oder das Jonglieren der vier Stäbe.

Aber es macht mir nichts aus, daß man die Leistungen nicht nach ihrer Arbeit zu werten weiß. Geht der Vorhang auf, so soll man nichts mehr von der Mühe spüren. Ich war stolz wie ein Kind, als mir in Paris der Dichter René Bizet sagte: »Wissen Sie, daß Sie so wundervoll *instinktmäßig* und *mühelos* jonglieren wie – Captain Winstons *Seelöwen*?«

Berliner Tageblatt vom 27. März 1927

Wenn ich Künstler interviewen durfte, hatte ich sicheren Boden unter den Füßen, aber man schickte mich auch zu berühmten Mathematikern und Physikern. Da ich von den Naturwissenschaften keine Ahnung hatte, mußte ich bluffen. Viele dieser Sachen waren in leichtem Plauderton gehalten, ohne daß mein Enthusiasmus dabei zu Schaden kam.

Anläßlich eines Interviews mit Max Liebermann, bei dem ich ihn ein wenig nach seinem Familienhintergrund ausfragte, entdeckten wir, daß wir von väterlicher und mütterlicher Seite miteinander verwandt waren. Er sprach ein ausgeprägtes Berlinerisch:

»Det Mädchen is oos juter Famije und aabeetet beim Berlina Tajeblatt« ... Noch dazu war er eng befreundet mit meiner Lieblingscousine Lucie Cassirer. Lucie hat die Impressionisten in Deutschland bekannt gemacht. Ihr Mann nahm sie oft auf seine Geschäftsreisen mit, um sie zu amüsieren, gab ihr Geld und sagte: »Da, kauf dir neue Kleider«, aber sie kaufte lieber Kunstgegenstände. So sah sie eines Tages in Paris bei einem Kunsthändler ein paar verstaubte Gemälde gegen die Wand gelehnt, drehte sie um und bemerkte: »Die sind interessant, die kaufe ich.« Es waren Cézannes berühmteste Stilleben ...

Nachdem ich es zwei Jahre lang mit Mutter und Schwester in der Kaiser-Allee ausgehalten hatte, reichte es mir. Zwar hatten wir immerhin noch acht Zimmer, aber die Wände waren voll von leerem Geschwätz, es gab Familienfeste, aus denen ich längst herausgewachsen war, die Tischgespräche verliefen ungefähr so:

»Wer will noch Spargel?« rief Ottilie.

»Ich«, rief Ina.

»Im nächsten Jahr, hast ja noch den ganzen Teller voll.«

»Man kann sagen, was man will«, sagte Franz, »aber im ›Zigeunerbaron‹ ist ganz bestimmt ein Streben nach Höherem erkennbar«, und er summte vor sich hin: »Mein idealer Lebenszweck ist Borstenvieh, ist Schweinespeck.«

Hermann sah Viktor an, der in solchen Momenten seinen Neffen mit dem »Streben nach Höherem« unmöglich fand.

Aber nun kam Brüsseler Poularde mit Gurkensalat und neuen Kartoffeln. Hermann, der göttliche Fresser, teilte mit, daß sie getrüffelt sei ...

»Nehmt euch, ich rate euch, gut.«

»Tante Ottilie«, sagte Stefanie, »ich habe mir ein himmlisches Kleid bei der Koller machen lassen. Mußt dir vorstellen: flaschengrüner Atlas und darauf kaffeebraune Chantillyspitze arrangiert, eine Schneppentaille aus grünem Plüsch und einen grünen Plüschkragen, dazu ins Haar braune Spitzen mit grünem Samtband ...«[9]

August Kuhn-Fölix gab ein Fest, ich ging hin, auf intelligentere Unterhaltung hoffend, lernte dort einen sympathischen Kollegen kennen, der auch, wie Paul Medina, beim ›Film-Kurier‹ arbeitete. Er war sehr neugierig und fragte gleich: »Was machen Sie denn, Fräulein Eisner?«

Ich antwortete stolz: »Ich bin Journalist beim ›Berliner Tageblatt‹.« – »Dann sind wir Kollegen. Ich heiße Hans Feld und bin Redakteur beim ›Film-Kurier‹. Aber ich habe Ihren Namen nirgendwo gelesen. Was schreiben Sie denn?«

»Ich mache Interviews für die Zadek-Seite.«

»Aha, Zadek«, sagte Hans Feld, »wissen Sie was, der ist ein Schwein, der läßt die anderen all die Arbeit tun und nimmt selber den Ruhm. Außerdem zahlt er Ihnen sicher einen Hungerlohn. Wollen Sie festangestellte Filmkritikerin bei uns werden?«

»Filmkritikerin? Ich interessiere mich doch nur fürs Theater. Gibt es denn überhaupt gute Filme?«

»Oh ja, und als Probearbeit werde ich Sie gleich mal in ein Atelier schicken, damit Sie Ihre Eindrücke niederschreiben können. Ich spreche morgen mit meinem Chefredakteur, Ernst Jäger, und dann werden Sie sehen, wenn es klappt, werden Sie der erste weibliche Filmkritiker Deutschlands.«

»Aber darf ich auch Theaterkritiken schreiben?«

»Ja, natürlich, ich habe gehört, daß Sie vom Theater viel verstehen, und da ich es bin, der die Theater-Rubrik im ›Film-Kurier‹ eingeführt hat, kann ich es wohl vertreten, Sie öfter ins Theater zu schicken.«

So wurde ich im Juni 1927 festangestellte Journalistin bei einer Tageszeitung für Film.

Das erste, was ich tat, war, eine eigene Wohnung zu suchen, denn jetzt konnte ich sie mir von meinem Gehalt leisten und noch ein Hausmädchen obendrein. Ich bekam zwar für dieselbe Arbeit nicht soviel gezahlt wie die Männer, aber es reichte, um in der Künstlerkolonie am Breitenbachplatz, wo auch Hans Feld wohnte, ein unbeschwertes Leben zu führen; was nicht heißen soll, daß wir nicht gearbeitet, rasend gearbeitet hätten. Nachts um zwei kam ich nach Haus, gewöhnlich hatte ich zwei Theaterstücke oder Filme gesehen, morgens schrieb ich meine Kritiken, mittags um zwölf mußte alles stehen, denn um halb zwei kam die Zeitung heraus, dann gab es Redaktionsgespräche, Interviews und ab Nachmittag wieder Theateraufführungen. Ich hetzte von einem Termin zum anderen, hatte auch anfangs unangenehmere Aufgaben, die sonst niemand tun wollte – alle möglichen schriftlichen Fleißarbeiten in der Redaktion, aber vor allem die Besprechung der Ufa-Kultur-Filme. Etwas Langweiligeres und Aufgeblaseneres kann man sich nicht vorstellen. Wenn es ein Geruchband dazu gegeben hätte, möchte ich wetten, daß die Sprecher aus dem Mund stanken.

Stelzen

Den Kulturfilm in allen Ehren – aber man wird den Gedanken nicht los, daß an irgendeinem Schreibtisch dieser wohllöblichen Einrichtung ein dichtender Oberlehrer mit seinen Komplexen beschäftigt wird. (Der sich in Zwischentiteln austobt, weil er seine dichterischen Verdrängungen los zu werden gedenkt.) Dieser dichtende Oberlehrer spricht in besagten Zwischentiteln beileibe nicht wie gewöhnliche Sterbliche von Blumen, sondern von »Blütenkelchen« – wenn er nicht sogar das ausgiebigere Wort »Blütenmeer« vorzieht. Bei ihm gebraucht ein Vogel nicht seine Flügel, um am Himmel zu fliegen. Sondern der kleine »Segler der Lüfte« »breitet« seine »Schwingen« und »schwebt« im »Azur«. Zeigt ein Bild ein paar Wellen, so kann dieser patentierte Lyriker es nicht unterlassen, sein Publikum auf die »ewige Musik des Meeres« aufmerksam zu machen. Kurz er geht nicht, er »schreitet«, »wandelt« oder »ergeht sich« zum mindesten auf poetisch verklärten Höhen.

Daneben werden holde Gemeinplätze unseres alten Geographiebuches Seydlitz' seligen Angedenkens oder unserer Naturkundenbücher wiederholt und erweitert: wir sehen einen Felsenboden, um eine Sekunde später die überraschende Belehrung zu bekommen, dieser Grund sei felsig, rauh und zerklüftet. Wir sehen einen gewundenen Flußlauf, um sogleich durch den Text zu erfahren, dieser Flußlauf sei lieblich gewunden. Immer ahnen wir den Herrn Oberlehrer mit erhobenem Zeigefinger vor uns.

Könnten nicht Zwischentitel, die den klaren Eindruck verwässern, fortgelassen und nur die unbedingt zum Verständnis notwendigen gebracht werden? Und könnte man nicht diese notwendigen Zwischentitel in einem klaren phrasenlosen Deutsch ohne poetische Verbrämung halten?

Überhaupt – Zwischentitel sind ein heikles Kapitel. Hat man damals nicht gespürt, wie sehr sich Lola Kreutzberg bei dem aufregenden Klapperschlangenkampf durch überflüssig eingeschobene Zwischentitel um die eigentliche Wirkung gebracht hat?

Film-Kurier vom 1. November 1927

Naiv, wie ich war, schrieb ich vernichtende Kritiken, bis mich der Herausgeber unserer Zeitung, Alfred Weiner, eines Tages zu sich bestellte und mir erklärte, wie seine Zeitung funktionierte. Der ›Film-Kurier‹ sei die wichtigste Tageszeitung für Film in ganz Europa und habe auch die größte Auflage, nämlich über hunderttausend Exemplare, sie werde von fast allen Filmschaffenden gelesen (ein Wort, das der ›Film-Kurier‹ geprägt hat), und sei das Organ der SPIO (Spitzenorganisation der Filmindustrie) und damit der Kinobesitzer, die unabhängig dazu noch einen illustrierten ›Film-Kurier‹ an den Kinokassen verkauften. Das sei eine Goldgrube. Außerdem würde die Zeitung durch Kino- und Fach-Inserate finanziert, und dadurch sei man zu einem gewissen Grade von der Gunst der Kinobesitzer abhängig, und da nun einmal die Ufa der größte Verleih in Deutschland mit der weitverzweigtesten Kinokette sei, müßte man sie als besten Kunden vorsichtig behandeln. Er werde veranlassen, daß mich der Chefredakteur von nun an nur in Filme schicke, die mir gefielen. Das war mir sehr recht, denn ich habe nie eine große Freude gehabt, Filme zu zerreißen. Manchmal mußte ich auch amüsante Feuilletons zur Unterhaltung schreiben. Da drehte es sich meistens um die Garderobe der Schauspielerinnen, deren Kleider von ebensolcher Wichtigkeit waren wie ihre Rolle:

Margot Walter-Landa: Meine großen weichen Hüte

Ich bin froh, daß es Frühling wird, weil mir dann im Film wie im Leben die Zeit der großen weichen, so kleidsamen Sommerhüte nahe scheint, die Zeit der hellseidenen, pastellfarbenen, weichfließenden Stilkleider, die nicht zu kurz sein dürfen, um den anmutigen Schwung nicht zu verlieren.

Ich bin froh, daß es Frühling wird, weil das ärmellose, kragenlose kleine Jäckchen getragen werden kann oder das schlichte glatte Kostüm. Jene Mode, die immer wieder jung wirkt und jung bleibt, jene Mode, die einen Film nie altmodisch werden läßt.

Ich bin froh, daß es Frühling wird, weil mir mein Mann einen süßen kleinen Schnauzer schenken will, so richtig Pepper-and-salt-Farbe, daß ich ihn zu jedem Kleid »tragen« kann.

Film-Kurier vom 10. März 1928

Über die Verliebtheit der Berlinerinnen in Harry Liedtke machte ich mich in einer Glosse lustig:

Harry heiratet!!

Alle kleinen Mädchenherzen pochen. Alle kleinen Mädchen seufzen. Harry, der herrliche Harry – heiratet heute!!

Alle kleinen Mädchen beneiden die glückliche Braut – Christa Tordy.

Seid unbesorgt, kleine Mädchen. Harry, der Herrliche, bleibt Euch erhalten.

Auf der Flimmerwand werdet Ihr ihn wie immer wieder als Held Eurer Träume gänzlich unverheiratet sehen. Sehen, wie er die geliebte Frau ritterlich beschützt und erst zum *happy ending* gewinnt.

Auf der Flimmerwand seht Ihr, Gott sei Dank, nur den Anfang einer Liebe, nie die Erfüllung.

Denn wie Oskar Wilde sagt – Liebe ist nur interessant, wenn noch alles unbestimmt ist. Das Ja ist hoffnungslos prosaisch.

Tröstet Euch, kleine Mädchen. Wenn auch Harry Liedtke heute im Standesamt von Charlottenburg Punkt 11 Uhr getraut worden ist – Euch bleibt Euer Harry – ohne die Prosa des Ja – im Film!

Das Fabulieren machte mir Spaß, und auch Interviews habe ich immer ganz gern gemacht, weil ich dadurch mit so vielen originellen Menschen zusammenkam, die in Glücksfällen zu lebenslangen Freunden wurden. Unter den kuriosesten Umständen mußte ich mir meine Brocken aufschnappen. Nie werde ich das Interview mit Josephine Baker, der exzentrischen schwarzen Tänzerin, vergessen, die damals, kaum zwanzig Jahre alt, mit einem ganzen Rudel Hündchen nach Berlin kam. Ich hatte mir in den Kopf gesetzt, das erste Exklusivinterview mit ihr zu bringen. Mittags um kurz vor zwölf waren wir in ihrem Hotel verabredet. Als ich im Foyer ankam, stand sie da in Hut und Mantel und sieben Hündchen an sieben Leinen, bereit auszugehen. Wenn ich etwas wissen wollte, sollte ich mitgehen. Die Hunde rissen sie an der Leine mit sich fort, Josephine Baker rannte die Straße herunter, ich rannte hinterher, zog auf gleiche Höhe und keuchte meine Fragen heraus. Sie hechelte ihre Antworten, ich zog rennend meinen Notizblock, warf ein paar Worte auf's Papier, sah, daß es nichts taugte und versuchte, mir ihre Antworten zu merken. Gott sei Dank hatte ich ein fabelhaftes Gedächtnis. Als ich hatte, was ich wollte, ließ ich sie mit ihrem Rudel rennen und rannte in die Redaktion, wo ich meinen Artikel der Sekretärin direkt in die Maschine diktierte. Es war ein Uhr, um halb zwei erschien das Interview, und meine Kollegen waren baff.

Ich hatte einen kleinen strategischen Feldzug gewonnen. Das machte Spaß.

Die Zusammenarbeit mit Hans Feld, der mir in meinem Spezialgebiet, dem Theater, freie Hand ließ, war ideal. Er behauptet heute, ich sei, als ich beim ›Film-Kurier‹ anfing, ein »enthusiastischer Backfisch« gewesen, doch sei meine Emotionalität durch die wissenschaftliche Schulung gezügelt und mein Spürsinn für Talent untrüglich gewesen.

Enthusiastisch war man damals, ein sentimentaler Schreibstil mit vielen Ausrufen, Fragezeichen und Gedankenstrichen, Adjektiven des Entzückens und des Abscheus war normal. Wir schrieben alle so, aber mich mit einunddreißig Jahren als »Backfisch« zu bezeichnen, ich weiß nicht ... Sicher, ich war in erotischer Hinsicht ein Spätentwickler, aber das heißt nicht, daß ich das Versäumte nicht nachholte – in der verschwiegenen Art der Fische. Zum äußeren Zeichen der Wandlung hatte ich mir gleich nach dem Tod meines Vaters die Haare abgeschnitten.

Wenn man mich immer und immer wieder nach meiner großen Liebe fragt, fällt mir nur ein Mann ein, der in Berlin »Der Lord« genannt wurde wegen seines vornehmen Äußeren. Er war mein erster Liebhaber und glich den griechischen Jünglingsstatuen aus dem Museum. Mehr will ich nicht sagen. Mein Beruf, das Schreiben, und die damit verbundene geistige Betriebsamkeit, füllten mein Innenleben so aus, daß ich für langwierige Affären gar keine Geduld hatte. Selbst wenn ich mein totales Liebesleben bloßlegen wollte, ergäbe es nicht einmal den Stoff für ein Kapitel. Entweder der Mann war in mich verliebt, dann verlor er seine Würde, weil er mich verwöhnen und auf Händen tragen wollte – Sanftheit und Anbetung meiner Person machen mich nur bösartig – oder aber ich habe mich verliebt, dann war es regelmäßig ein schöner Mann, der nichts im Kopf hatte, so daß er mich nach einiger Zeit durch seine Dummheit anödete und ich Schluß machte.

War ich aber von einem Mann fasziniert, weil er mich geistig anregte, so wäre mir eine körperliche Zärtlichkeit wie Inzest vorgekommen. Ich war da vielleicht nicht ganz normal oder eher männlich angelegt. Beim Tanzen wollte ich immer die Führung an mich reißen, in der Liebe störte mich die passive Rolle der Frau. Ich wollte selbst die Bestimmende sein. Das war damals noch unmöglicher als heute, wo die Frauen durch die Erfindung der Pille selbstbewußter und unabhängiger auftreten können. Wir hatten bei jeder »Sünde« immer die Angst im Hinterkopf, daß wir schwanger werden könnten. Man war dem Egoismus der Männer ausgeliefert.

In der Nazi-Zeit wurde es lebensgefährlich für Jüdinnen, ein Kind von einem Arier zu erwarten. Man mußte einen Herkunftsnachweis erbringen und bei Entdeckung von »Rassenschande« wurde man ins Konzentrationslager gesteckt. Diese Furcht habe ich einmal erleben müssen, als ich während der deutschen Okkupation in Montpellier lebte. Das war kein Vergnügen. Mein Leben dafür aufs Spiel zu setzen, waren mir diese Amouren einfach nicht wert. Dazu lebte ich zu gern, und ich habe auch immer das Gefühl gehabt, noch etwas leisten zu müssen, irgendeine Aufgabe zu erfüllen, für die es lohnte, um das Überleben zu kämpfen.

Die Freundschaften, die ich in meinem Leben geschlossen habe, waren uneigennützig (englisch »disinterested«). Ich habe von meinen Freunden nichts verlangt, sie so begriffen, wie sie waren. Da blieb mir die Desillusionierung erspart, die die Menschen so hart trifft, wenn sich der andere nicht so verhält, wie das Bild, was man sich von ihm gemacht hat. Das bewahrte mich vor den schrecklichen Verletzungen, die Frauen und Männer erleiden müssen, wenn sie zu nahe aneinander geraten. Und ich muß sagen, heute bin ich froh, daß ich nicht geheiratet habe, obwohl ich viele Gelegenheiten gehabt habe, denn ich kenne kaum eine glückliche Ehe, aber umso mehr unglückliche Kinder.

Hans Feld war ein guter Freund, wir schreiben uns heute noch, haben beide den Bundesfilmpreis in Gold wegen hervorragender Dienste für den Deutschen Film vom Innenminister verliehen bekommen. Er ist Engländer, ich bin Französin, er ist Zionist, ich bin gottlos. Seine besten Freunde im Exil waren mein Bruder und seine Frau Paula.

Durch Hans Feld und meine Arbeit am ›Film-Kurier‹ bekam ich allmählich eine Spürnase für den Film. Natürlich waren mir Chaplin und Buster Keaton ein Begriff, natürlich hatte ich schon *Die Niebelungen* von Fritz Lang gesehen, und vor allen Dingen den *Panzerkreuzer Potemkin*, aber ich begriff Film noch nicht als Kunstgattung, er gehörte für mich zu den niederen Weihen, in den Bereich von Zirkus, Varieté und Clownerie. *Die Nibelungen* konnte ich zwar nicht in diese populäre Ecke verbannen, aber da störte mich das Teutonische ... Die wagnerische Gänsehaut, die mir vom ›Lohengrin‹ wohlbekannt war, lief mir in Zweierreihen den Rücken hinunter. Erst als ich den Regisseuren und Kameraleuten in den Studios auf die Finger schauen konnte, begriff ich den kunstvollen architektonischen Aufbau des Films, der, von der Kulisse angefangen, über die Anordnung der Statisten und Hauptdarsteller, bis in die Gewänder hinein, den besonderen symmetrischen Stil des Heldenepos widerspiegelte.

Auch der einzelne Körper wird in den *Nibelungen* wie ein Dekor-Element behandelt. Sie heben sich in ihrer starren Statik von einem klaren Himmel ebenso architektonisch profiliert ab wie die Zugbrücke, die sich über den

Bauten aus dem Film *Die Nibelungen* (1923/24) von Fritz Lang

Raum spannt. Und in gleicher Weise sind die Filmkomparsen aller Individualität beraubt. Pfeilern gleich ragen in genauen Abständen Krieger auf. Sie sind identisch in ihrer Haltung, gleichmäßig werden sie von Speer und Schild flankiert. Ein Zickzack-Ornament auf ihrem Waffenrock läßt sie in der Fläche erstarren, der Waffenrock scheint kaum mehr einen wirklichen Körper zu umschließen. Und der Helm mit dem geschlossenen Visier entpersönlicht sie völlig. Diese Krieger-Pfeiler scheinen den Ausblick auf den zum Dom schreitenden Zug in gleicher Weise zu hindern wie die Raumwirkung zu vertiefen. Oder Brunhild schreitet auf einer improvisierten Schiffsbrücke zum Land, und jene Schiffsbrücke ist aus Kriegern gebildet, die bis zum Hals im Wasser stehen und ihre Schilde aneinander halten; ihre Helme wirken wie eine ornamentale Bordüre. Andere Figuren am Gestade sehen wiederum wie ausgestanztes Gitterwerk aus.[10]

Die Eindrücke, die ich bei meinem ersten Besuch in einem Film-Atelier gewann, habe ich in dem Probeartikel für den ›Film-Kurier‹ beschrieben.

Es war so, als käme ich als Fremder in eine exotische Landschaft, wo nichts mehr bekannt war. Ich beschrieb einfach die Dinge, die da herumlagen und -standen, die ganze Technik, von der ich nichts verstand – wie ein Urwald kam mir alles vor, die Kabelgewirre waren Schlingpflanzen, die Kameras unheimlich große Augen, vor denen man nichts verstecken konnte. Sie standen auf langen dünnen Beinen, starr und unbeweglich, und warfen das grelle Licht zurück, das ihnen von überhellen Sonnen zugeworfen wurde. Mittendrin schwirrten bunte Statisten wie Kolibris, geschäftige Arbeiter eilten hin und her mit Kabeltrommeln, Stativen, Kulissenteilen, Mobiliar, es roch modrig-süß nach Masken-Utensilien.

In einer Ecke wurde ein Schauspieler geschminkt, der offensichtlich eine Leiche darstellen sollte. Er sah wächsern blaß und durchsichtig aus. Seine Adern schimmerten bläulich unter der bleichen Haut. Der Regisseur beugte sich liebevoll über ein kleines Mädchen, das seinen Text vergessen hatte, kein lautes Wort fiel, es war ein konzentriertes Arbeiten.

Ich hatte Blut geleckt. Von da an ging ich sooft wie möglich ins Atelier, ich rückte den Kameraleuten auf den Leib, um mir ihr Handwerk erklären zu lassen. Ich sprach mit den Beleuchtern, die im Schwarz-Weiß-Film eine besondere Rolle spielten, und vor allen Dingen interessierte ich mich für die Filmarchitekten, die die Atmosphäre eines Filmes bauten und von der ersten Skizze, Einstellung für Einstellung, in Zusammenarbeit mit Regisseur

Spielzeugmodell aus dem Film *Metropolis* (1926) von Fritz Lang

und Kameramann, die Qualität des Filmes entscheidend mitbestimmten. In den zwanziger Jahren waren die Filmschaffenden auf technischem Gebiet noch im Stadium der Entdeckungen. Jeder Film warf neue praktische Probleme auf, die nur im Team und unter schwierigen Bedingungen gelöst werden konnten.

Fritz Lang und sein Kameramann Eugen Schüfftan gehörten zu den größten Tüftlern.

»Um bei der großen Explosion in *Metropolis* zuerst die Druckwelle und dann den Blitz der Explosion zu zeigen, befestigten sie die Kamera auf einer Art Schaukel, die zuerst auf Freder zuschwang – vor dessen Augen die Explosion stattfinden sollte. In der Vorwärtsbewegung der Kamera scheint Freder gegen die Wand gepreßt zu werden, so daß, wenn die Kamera zurückschwingt, der Zuschauer den Eindruck hat, tatsächlich eine Explosion erlebt zu haben.«[11]

Solche Tricks nimmt man heute für gegeben hin, ja ein Kritiker verliert kaum ein Wort über die Technik eines Films, erstens weil er sich nicht mehr die Mühe macht, Dreharbeiten zu verfolgen, und zweitens, weil die technischen Probleme des Filmemachens weitgehend gelöst sind.

Eugen Schüfftan oder »Shuftan«, wie er sich als Amerikaner nannte, war es auch, der die Spiegeltechnik erfunden hat. Das war die erste erfolgreiche Methode, mit Hilfe von Spiegeln Spielzeugmodelle und normal ausgebaute Kulissen miteinander zu verbinden, was Fritz Lang wunderbare Möglichkeiten gab für seine Filmausstattung. Shuftan erinnert sich, daß die Baracken der Arbeiter in *Metropolis* halb gebaut waren, die andere Hälfte war hineingespiegelt. An stop-motion-Einstellungen von Flugzeugen und Autos auf den Spielzeugautobahnen, die in dem alten Glashausatelier in Staaken gefilmt wurden, arbeitete das Team sechs Tage, und sie dauerten kaum eine Minute in dem fertigen Film. Die Szene, in der Abel den Vorarbeiter Georg auf einem riesigen Fernsehschirm sieht, war etwas völlig Neues. Fritz Lang meint, daß er der erste war, der »Rückpro« im Film verwendet hat.

In meinen Büchern, die ich im Exil geschrieben habe, beschäftigte ich mich noch viel eingehender mit der technischen Kreativität der deutschen Stummfilmer, weil ich da erst Zugang hatte zu den großen Klassikern: *Der Golem, Der Student von Prag, Schatten* und *Das Kabinett des Doktor Caligari* – um nur einige zu nennen – Filme, die vor meiner filmjournalistischen Tätigkeit entstanden waren, die durch das Aufkommen des Tonfilms in Vergessenheit geraten waren, dann aber durch die geniale Einsicht eines sammelwütigen Franzosen, dem späteren Direktor der Cinémathèque Française, Henri Langlois, erhalten und mir zugänglich gemacht wurden.

Erst einmal interessierte ich mich für alles, was mit Film zu tun hatte, und dazu gehörten natürlich vor allem die Schauspieler. Zu meiner Zeit waren die großen Filmstars gleichzeitig die bekanntesten Bühnenschauspieler. Alle diejenigen, die durch die Reinhardt-Schule gelaufen waren, landeten irgendwann auch beim Film und pendelten zwischen dem Theater- und dem Filmatelier hin und her. Max Reinhardt sah das gar nicht gern. Er war auch einer von denen, die Film als eine minderwertige Kunst ansahen und sprach verachtungsvoll vor seinen Leuten von »Flim«. Über nichts ärgerte er sich mehr, als wenn seine Darsteller zu spät zur Probe kamen, weil sie im Atelier aufgehalten worden waren. Vielleicht hatte seine Abneigung auch etwas damit zu tun, daß die drei filmischen Versuche, die er gemacht hatte, mißrieten.

Für einige Schauspieler wurde die Umstellung von der exzessiven Gestik des expressionistischen Theaters zur verhalteneren Darstellungsweise des Kinos ein Problem. Es gab ein paar expressionistische Filme reinsten Wassers wie *Caligari*, *Schatten* oder *Von Morgens bis Mitternachts*, in denen die Schauspieler mit ihrem Körper sich der verzerrten Perspektive des Dekors anpaßten, aber die meisten Filme erforderten, ihrer Form und ihrem Thema nach, eine realistischere Darstellung: Lubitsch mit seiner beißenden Sozialkritik, Pabst in seinem menschlichen Realismus und Murnau in seinem Drang, aus der Künstlichkeit des Studios in die natürliche Landschaft hinauszugehen. In G.W. Pabsts bekanntestem Stummfilm *Lulu* prallen die zwei Darstellungsweisen hart aufeinander: Fritz Kortners, des Expressionisten par excellence und Louise Brooks' – zwei Generationen und zwei Kontinente.

Louise Brooks kommt mit einundzwanzig aus Hollywood. Sie bewegt sich mit der Grazie eines unbekümmerten Kätzchens, rührt aber kein Glied, um Gefühle zu unterstreichen. Es genügt ein Öffnen all ihrer Poren vor der Kamera, ein leises Runzeln der Augenbrauen oder ein klärendes Aufleuchten ihrer dunklen Augen.

»Die große Filmkunst besteht nicht aus beschreibenden Bewegungen von Gesicht und Körper, sondern in den Bewegungen der Gedanken und der Seele, die in intensiver Einsamkeit vermittelt werden.«[12]

Um vor dem klaren Blick der Brooks nicht zusammenzuschrumpfen, brauchte ihr Partner ein gesundes Selbstbewußtsein.

Louise Brooks und Fritz Kortner in *Die Büchse der Pandora* (Lulu, 1928) von Georg Wilhelm Pabst

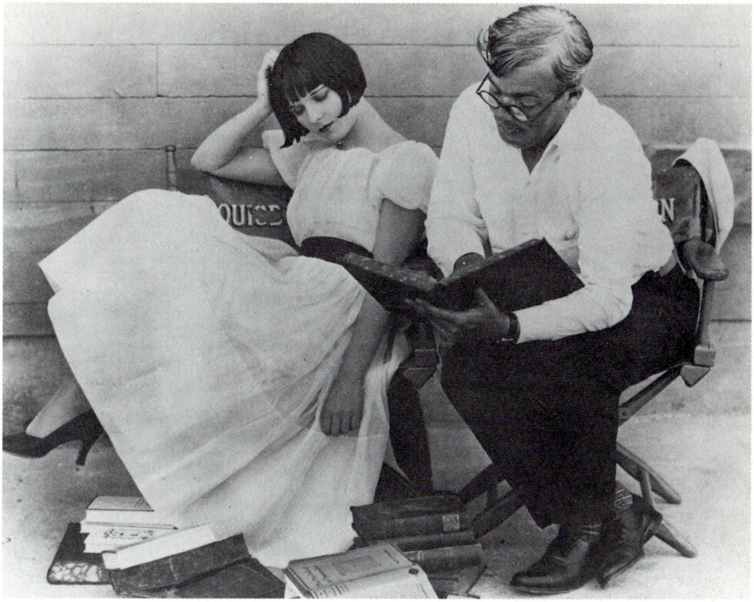

Louise Brooks mit Keen Thompson, dem Autor von *Now We're In The Air* (Regie: Frank Strayer, 1927)

Das hatte Kortner anscheinend nicht. Es irritierte ihn, daß seine Partnerin nicht spielte, sondern nur *da* war.

Als Kortner im amerikanischen Exil für Hollywood-Produzenten Probeaufnahmen machen mußte, hielten die sich die Bäuche vor Lachen, weil sie ein so übertriebenes Spiel nicht gewohnt waren.

Louise erzählte mir, als ich sie dreißig Jahre später kennenlernte, Fritz Kortner habe sie so gehaßt, daß er sie bei der Theaterszene, wo er sie am Arm schüttelt, dermaßen gedrückt hätte, daß ihr Arm voller blauer Flecken gewesen sei ...

Ich sah Louise Brooks zum ersten Mal leibhaftig, als sie 1929, auch unter der Regie von G. W. Pabst, das *Tagebuch einer Verlorenen* drehte. Ich ging ins Atelier, um mit Pabst zu sprechen und kam gerade in der Drehpause an. Da sah ich die Schauspielerin mit einem Buch in der Hand auf dem Stuhl sitzen. Sie blickte nicht auf, ihre Haltung war so anmutig, ihre Stirn hatte eine Klarheit, das Profil war klassisch schön, und die pechschwarzen

Haare glänzten silbern überstrahlt von dem Studio-Licht. Ich konnte mich von diesem überirdischen Anblick lange nicht losreißen, wagte es auch gar nicht, das Bild von einer schönen Kreatur anzusprechen, aber ich war doch neugierig, was so ein Wesen lesen könnte. Leise trat ich hinter ihren Stuhl, warf einen Blick auf den Umschlag des Buches und las zu meinem höchsten Erstaunen: ›Schopenhauer: Aphorisms‹. Ich stellte fest, daß sie die Buchstaben wenigstens richtig herum las, aber trotzdem kam mir der vage Verdacht, daß Pabst ihr das Buch im Hinblick auf meinen Besuch als Publicity-Gag schnell in die Hand gedrückt hatte. Als wir uns 1958 in Paris wiedersahen und anfreundeten, fragte ich: »Apropos, Louise, hast du damals wirklich Schopenhauer in der Drehpause gelesen, oder hast du nur so getan?« Da lachte sie und sagte: »Ich habe schon in meinem Elternhaus alle Klassiker und Philosophen gelesen, die mein Vater in seiner Bibliothek stehen hatte. Das war für mich ganz natürlich. Im Gegenteil, es hat mich sehr verwundert, daß in Hollywood niemand Bücher las. Da galt ich als exzentrisch, und ein Regisseur fand mich von Büchern umgeben dermaßen exotisch, daß er in dieser seltsamen Stellung ein Photo von mir machen ließ.«

In meiner Verblendung, dem dummen Vorurteil, daß eine so schöne Frau nicht außerdem noch klug sein könnte, ging ich an Louise Brooks vorbei, ohne sie wirklich zu sehen. Ich habe wohl ein paar belanglose Worte auf Englisch mit ihr gewechselt, aber ein »Small talk« war nicht dazu gemacht, sie aus ihrer Niedergeschlagenheit zu wecken, denn sie war damals in Berlin unglücklich und einsam, konnte auch kein Deutsch, von den Mitspielern wurde sie geschnitten, weil sie sich ärgerten, daß eine Amerikanerin die vielbegehrte Hauptrolle spielte; und das Verhältnis zu Pabst, der sie beim Drehen äußerst einfühlsam behandelte, privat aber schlimme Böcke schoß, war eher problematisch.

Wäre ich entschlossener auf Louise zugegangen, hätte ich ihre Geistesstärke hinter der Alabasterstirn erkannt, wären wir um dreißig Jahre Freundschaft reicher geworden. Es ist ja selten genug in meinem Leben vorgekommen, daß ich eine tiefe und solide Freundschaft mit einer Frau schließen konnte.

Dennoch erinnere ich mich, noch ein wenig im Studio geblieben zu sein, wo ich Pabst bei der Arbeit mit seiner Hauptdarstellerin beobachtete. In der ersten Ausgabe meines Buches ›Die Dämonische Leinwand‹ schrieb ich: »Und diese Louise Brooks faszinierte mich während des Drehens, obwohl ich sie kaum sprechen hörte, ständig durch eine merkwürdige Mischung von Passivität und Präsenz.« Der Eindruck wurde bestätigt, als ich den Film sah: »Aber wieder war ich mir nicht schlüssig, ob diese Kraft unbewußt von ihr ausging oder ob sie so eine große Künstlerin war.« Deshalb formulierte ich in meinem Buch, das 1952 erschien, als ich Louise immer noch nicht kennengelernt hatte, »das Wunder der Louise Brooks« in einer Frage: »Ist sie wirklich eine große Schauspielerin oder ist sie lediglich ein blendendes Geschöpf, dessen Schönheit den Zuschauer verführt, ihr vielfältige Eigenschaften zu verleihen, denen sie im Grunde fremd bleibt?«

Mein Kollege Ernst Jäger war seinerseits schnell mit der unbekannten Amerikanerin fertig: Die Brooks mit ihrem »Untalent« sei nur eine »lebensarme Attrappe«.

Als mein Buch neu aufgelegt wurde, konnte ich, da ich Louise nun viel besser kannte, schreiben: »Heute wissen wir, daß Louise Brooks nicht nur eine hinreißende Kreatur, sondern auch eine erstaunliche Schauspielerin ist, begabt mit einer unerhörten Intelligenz.«

Es ist ein Jammer, daß Louise nach ihrer freiwilligen Flucht aus Hollywood nicht noch mehr geschrieben hat, denn selten habe ich eine so beißende, eigenständige und humorig-helle Prosa gelesen wie die von Louise Brooks in ihren Essays über die Filmgrößen ihrer Zeit. Meine eigenen Geschichten hätte ich gern für mich behalten, wenn sie ihre vollständig zu Papier gebracht hätte, geht doch schon von den Bruchstücken ihrer Autobiographie, die sie im Zusammenhang mit der Beschreibung anderer Zeitgenossen preisgibt, eine schonungslose Wahrhaftigkeit aus, die bestürzt und beglückt.

Aber Louise kennt ihre Mitmenschen nur zu gut, in einem Brief an mich schreibt sie: »Ich werde nicht mehr schreiben. Die Wahrheit schreiben für Leser, die sich von Publicity-Dreck ernähren, ist ein nutzloses Unterfangen.«

Von einer schönen Schauspielerin, die zu der Crème der Goldenen Zwanziger gehörte, erwartet man Glamour, Tratsch, Skandal, obszöne Anekdoten. Was sie erzählt, ist die schäbige Kehrseite. Davon will niemand hören. Auch meint sie, daß der Leser den Charakter und die Handlungsweise der Hauptperson nicht verstehen könne, wenn er nicht ein grundlegendes Verständnis für ihre Liebe, ihren Haß und ihre Konflikte habe. Nur auf diese Weise könne der Leser einen Sinn in unzähligen, scheinbar sinnlosen Handlungen erkennen ...

Wir schmeicheln uns, daß wir unsere sexuelle Integrität wieder hergestellt haben, die im viktorianischen Zeitalter beschnitten worden war. Es stimmt, daß viele Enthüllungen geschrieben worden sind, um zu schockieren, erregen, Geld zu machen, aber in ernsthaften Büchern bleiben die Charaktere genauso rätselhaft, genauso undurchschaubar wie zuvor ...

Ich bin auch nicht willens, die sexuelle Wahrheit über mich zu schreiben, die mein Leben lesenswert machen würde. Ich kann den Bibelgürtel nicht aufknöpfen.[13]

Louise hat sicher recht, daß sie keine wahrhaftige Lebensbeschreibung von sich geben kann, wenn sie ihre Liebesgeschichten, die ja sehr zahlreich waren und viele berühmte Namen umfassen, ausläßt. Ihre Arbeit als Schauspielerin war unauflöslich mit Leben, Verlieben, Verzaubern, Erobern des männlichen Geschlechts verknüpft, und sie hat sicher auch mehr von der Liebe erwartet als ich es je tat. Da sie pausenlos ihren Körper aufs Spiel setzte, hatte sie Not, eine Stütze für ihre Seele zu finden und ist immer aufs neue enttäuscht worden.

Wie recht Du hattest, mich dem Verlangen, eine billige, sensationsträchtige Autobiographie zu schreiben, nicht zu beugen: »Louise wird ihre kleinen Artikel schreiben ... und ein Buch finden.« – Ich habe gerade den ersten Entwurf von ›Malcom St. Clair‹ fertig. Als nächstes mache ich das Begleitkapitel zu ›Pabst und Lulu, Pabst und das Tagebuch Einer Verlorenen‹, und dann wahrscheinlich ›Billy Wellman‹. Die Methode, über mich durch andere Menschen zu schreiben, ist die einzig mögliche, um überhaupt zu schreiben. Da ich gar nichts über mich weiß, war es unmöglich, Material herauszusuchen. Wenn ich über andere Leute schreibe, findet meine Beteiligung an ihren Erfahrungen ihren natürlichen Platz. Nachdem ich ausführlichste Recherchen über Schauspielerinnen angestellt hatte, fand ich, daß sie einander so ähnlich waren, daß eine Geschichte bei bloßer Namensänderung jede Geschichte sein könnte.

Denkt man darüber nach, so kommt man darauf, daß dies zum Filmstar dazugehört. Das Leben wird so beschnitten, wenn man die Schauspielerin von allen Kontakten fernhält, die ihr nicht schmeicheln oder nützen, so daß sie unweigerlich ein Standard-Spielzeug in einer Standard-Phantasie wird. Deshalb habe ich, um mich auszudrücken, die Regisseure als Mundstücke benutzt.

Louise Brooks an Lotte Eisner am 5. 2. 66

Georg Wilhelm Pabst:
»Der respektable Deutsche«

Zweifellos war G.W. Pabst für Louises schauspielerische Laufbahn der wichtigste Regisseur. So schrieb sie:

Als ich in Berlin den Fuß auf den Bahnsteig setzte, um Pabst zu begrüßen, wurde ich zur Schauspielerin. Er behandelte mich mit einer Art von Anstand und Respekt, wie sie mir aus Hollywood unbekannt waren. Es war so, als ob Pabst mein ganzes Leben und meine Karriere verfolgt hätte und genau wüßte, wo ich Ermutigung und Schutz brauchte (...)

Er zischte: »Loueess, tomorrow morning you must be ready to do a big fight scene with Kortner«, oder: »Heute nachmittag in der ersten Szene mußt du weinen.« So führte er mich. Mit einem intelligenten Schauspieler setzte er sich hin und gab erschöpfende Erklärungen; mit einem alten Schmierendarsteller sprach er den Jargon des Theaters, aber in meinem Fall, wie durch Zauberei, füllte er mich an mit einem glasklaren Gefühl, und die Schleusen brachen auf ...[14]

Oder:

Pabsts Genie war es, den Personen bis ans Herz zu gehen, die Furcht zu vertreiben und die reine Kraft der Persönlichkeit freizusetzen, die ein Publikum ins Leben rüttelt.[15]

Aus Respekt für Pabsts professionelle Fähigkeiten ist Louise in ihrem Aufsatz ›Lulu und Pabst‹ sehr ritterlich mit ihm umgegangen, aber in Gesprächen und Briefen kamen die dunklen Züge dieser zwielichtigen Figur, die ich zur Genüge kenne, heraus. Ich werfe Pabst vor, daß er nicht wie alle anderen politisch bewußt und verantwortungsvoll denkenden Künstler 1933 seine Koffer gepackt und die Mördergrube Deutschland verlassen hat. Statt dessen hat er seinen Nacken gebeugt und angepaßte, seichte Filme gedreht, für die wir uns schämen müssen.

1946 habe ich ihn in Wien aufgesucht und zur Rede gestellt. Ich habe gesagt: »G. W., ich bin nicht als alte Freundin gekommen, sondern als Abgesandte der Cinémathèque Française.«

Er hat mir geantwortet: »Sie glauben doch nicht alles, was man über mich redet?« (Man hatte ihn gezwungen, das Kreuz der Ehrenlegion zurückzugeben.)

Und er fuhr fort: »Bei den Amerikanern und Russen bin ich reingewaschen.«

Ich: »Das ist viel.«

»Augenblick, ich hole die Beweise, und dann können Sie mich befragen.«

Ich: »Pabst, warum waren Sie in Wien zur Zeit des Münchner Abkommens?«

Pabst: »Das ist sehr einfach, mein Vater war schwerkrank. Hier habe ich die Todesanzeige. Vergleichen Sie die Daten ...«

»Und warum waren Sie in Berlin, statt in Paris, als der Krieg ausbrach?«

Pabst: »Das ist ganz einfach. Mein Schwiegervater war schwerkrank. Hier ist die Todesanzeige. Vergleichen Sie die Daten ...«

Ich: »Warum zum Teufel sind Sie in Berlin geblieben?«

»Hier sind die Schiffskarten mit Luxuskabinen für meine beiden Söhne, meine Frau und mich. Ich bin nicht abgereist, weil ich mir beim Heben eines schweren Koffers einen Bruch zugezogen habe. Hier ist die Krankenhausrechnung und die Rechnung von dem Chirurgen.«

Da wurde es mir zuviel. Ich habe ihm gesagt, daß ich viel Edgar Wallace gelesen hätte – einen von Brechts Lieblingsautoren –, bei dem immer derjenige, der das beste Alibi hätte, der Täter sei.

Pabst ist für mich ein Opportunist, wenn nicht gar ein Nazi. Meine ablehnende Haltung ihm gegenüber hat ihn veranlaßt, seine Manuskripte nicht der Cinémathèque Française zu vermachen, sondern dem Filmmuseum in München. Mit Louise habe ich mich brieflich über Pabsts Verhalten während der Kriegsjahre unterhalten. Meine Behauptung, er sei Nationalsozialist geworden, hat sie so schockiert, daß sie, wie sie mir schrieb, das zweite Kapitel über ihre Arbeit in Berlin, ›Pabst And The Lost Girl‹, nicht schreiben konnte.

Ich war einfach nicht imstande, ›Pabst und das Tagebuch einer Verlorenen‹ zu schreiben, weil ich mit dieser Frage nicht fertigwerde. Für mich ist es unmöglich, zu glauben, daß ein so unmenschlich selbstsüchtiger Mann, der nur für seine Filme lebte, der bei der bloßen Andeutung, er könnte an irgendjemanden oder irgendetwas gebunden sein, ein Nazi sein konnte. Er ist nach Deutschland zurückgegangen, weil das der einzige Ort war, in dem er Filme machten konnte – Hollywood hatte ihn unterminiert – aber das macht ihn noch nicht zu einem Nazi. Er hat keine Propagandafilme gemacht.

Louise Brooks an Lotte Eisner am 7. 11. 1977

Ich schrieb Louise zurück, daß Pabsts Filme, die er in der Nazizeit gemacht hätte, mittelmäßig, glatt und unbedeutend wären, im üblichen Ufa-Stil gedreht, daß er sich gerade durch seine Anpassung und seine Passivität schuldig gemacht hätte. Darauf ihre Antwort:

Ich bin so froh, so erleichtert zu hören, daß Du Pabst wirklich nur als passiven Nazi einschätzt. Und von Deinem Standpunkt aus hast Du recht. Warum auf meinen hören …

Seine Frau hat ihn überhaupt nicht beeinflußt – niemand hat ihn beeinflußt – (Wie Du gesagt hast, ist er dafür verantwortlich, daß sein Sohn Peter verkrüppelt nach Hause kam).*

Ich erinnere mich, wie die alte Trudi uns beim Abendessen anstarrte und schmollte, und wie Pabst sie ausgelacht hat** – vollkommen herzlos ihrer Eifersucht gegenüber; und 1929, als er nach Paris kommen wollte, um mich zu besuchen, tat er es – laß sie nur kreischen.

Louise Brooks an Lotte Eisner am Neujahrsabend 1977

Pabst war zunächst gar nicht an Louise Brooks als Person interessiert, sie war für ihn lediglich Material für seine Filme, das er beliebig in einen Kasten verstauen konnte, wenn er es nicht mehr brauchte, um es dann frisch und faltenlos wieder hervorzuholen.

Gerade so verfuhr er mit Louise. Sie hatte während der Dreharbeiten zu *Lulu* ihren Freund George Marshall mit nach Berlin

* Peter ist als Pilot schwerverletzt zurückgekommen. Wäre Pabst im Ausland geblieben, wäre das nicht passiert. (M. G.)

** Trudi ist Pabsts Frau. (M. G.)

gebracht, damit er sie abends ausführen konnte. Das schmeckte Pabst gar nicht, weil er Louise taufrisch haben wollte für die Aufnahmen am nächsten Tag. Als Marshall in die Staaten zurückgeflogen war, schloß der »Meister« die Schauspielerin nach der Arbeit in ihrem Hotelzimmer ein, damit sie »keine Dummheiten« machen konnte. Während G.W. Pabst 1929 versuchte, den Film *Prix de Beauté* mit Louise in Paris auf die Beine zu stellen, wurde sie eines Abends in angeheitertem Zustand von der Laune gepackt, diesen »respektablen« Deutschen zu verführen. Sie zog alle Register – mit dem Erfolg, daß er sich in den Kopf setzte, es müßte im selben Stil weitergehen, er könne sie sich jetzt einverleiben. Louise aber dachte nicht daran, sich seinem selbstsüchtigen Zugriff auszusetzen. Seine Forderung, sie solle in Deutschland, sprich: unter seiner Aufsicht bleiben, schlug sie in den Wind.

Dazu schrieb mir Louise in ihrem Brief vom Neujahrsabend 1977:

In der Hirn-Abteilung bin ich ein Depp, aber in der Abteilung Ahnen-und-Fühlen habe ich mich nie über Pabst getäuscht. 1929, als er während der Dreharbeiten zu *Tagebuch* wütend mit mir wurde, weil ich nicht damit einverstanden war, in Deutschland zu bleiben, deutsch zu lernen und unter seiner Aufsicht Filme zu machen, ließ ich ihn einfach zischen – denn ich wußte, er würde meiner überdrüssig werden und mich vom Pabst-Express herunterstoßen – ebenfalls in verkrüppelter Verfassung.

Mit ihrer Entscheidung, unabhängig zu bleiben, hat es Louise sich nicht leicht gemacht. Bald nach ihrer Rückkehr in das Hollywood der früheren »Talkies«, als man die Umrüstung auf Tonfilm zum Anlaß nahm, alte Stummfilmstars finanziell zu übervorteilen oder auszubooten, schmiß sie das Handtuch. Louise Brooks zog sich auf dem Höhepunkt ihrer Karriere freiwillig in die Anonymität zurück, aus der sie sich erst Jahre später, als man anfing, sich wieder an ihre Kunst zu erinnern, mit ihrer starken Prosa-Stimme meldete.

Ihr Artikel über Buster Keaton, den sie schrieb, als er noch am Leben war und beendete, als er im Sterben lag, gehört zu meinen Lieblingsstücken ...

In ihrem Brief vom 5. Februar 1966 schreibt sie mir zu seinem Tod:

Buster unterzog sich einer Generaluntersuchung, als er vor einigen Monaten aus Spanien zurückkam, und das war wegen einer anderen Krankheit, die mit Atembeschwerden zu tun hatte. Bei dieser Gelegenheit fand man heraus, daß Buster unheilbaren Lungenkrebs hatte und dem Tode nahe war. Das wurde ihm verschwiegen, und Montagnacht ging er einfach ins Bett, sank in ein Koma und starb.

Ein außergewöhnliches Beispiel dafür, was für eine Macht der Geist über den Schmerz hat. Buster hat die Existenz des Schmerzes überhaupt nicht registriert und sich bis zum letzten Augenblick nicht über die verdammteste Kleinigkeit beklagt. Es ist gut zu wissen, daß er so stolz und sich selbst treu gestorben ist.

Inzwischen liegt auch Louise auf dem Krankenlager, mit einem schweren Lungenemphysem, das ihr jeden Atemzug zur Qual macht. Wenige Menschen wissen, daß sie überhaupt noch lebt, und von diesen wenigen läßt sie kaum noch jemanden bei sich eintreten.* Ab und zu erreichen mich ein paar kurze, handgeschriebene Botschaften:

September 27, 1983

Dearest Lotti —

thanks for your two letters.

I wrote about Buster KEATON IN RODDY MCDOWALL'S BOOK, DOUBLE EXPOSURE (1966) BUSTER WAS ALWAYS DRUNK.

AFTER NATALIE TALMADGE DIVORCED HIM, HE MARRIED AN M.G.M. CHORUS GIRL WHO TOOK CARE OF HIM. RODDY SAID WHEN BUSTER HAD LUNG CANCER HE WAS thrown

* Louise Brooks starb 1985 in Rochester. (M.G.)

OUT OF THE HOSPITAL BECAUSE He WOULDN'T STAY IN BED. AT HOME RODDY WAS THERE ONE NIGHT WHEN BUSTER got up, TOOK A Big DRINK OF WHISKEY AND WENT Back TO Bed. WHEN RODDY AND ~~HIS~~ BUSTER'S WIFE WENT IN TO CHECK, THEY FOUND BUSTER DEAD.

I HAVE TO STAY IN BED BECAUSE I HAVE EMPHYSEMA AND CAN'T BREATH. ALSO OSTEOARTHRITIS IN MY HIP.

I AM SORRY BAD Food MADE YOU ILL — AND happy to KNOW that YOU HAVE SOME ONE TO TAKE CARE OF YOU.

ALL MY LOVE

Louise

Der Prozeß um die Dreigroschenoper

In einem ganz anderen Zusammenhang wurde G. W. Pabst während meiner Berliner Zeit zur Zielscheibe öffentlicher Kritik. Es ging um die Verfilmung von Bertolt Brechts auf dem Theater sehr erfolgreicher ›Dreigroschenoper‹. Die Produktionsfirma Nero-Film, deren Inhaber, Vater und Sohn Nebenzahl, später auch Fritz Langs *Testament des Doktor Mabuse* produzierten, hatten die Rechte an dem Stück erworben und Pabst als Regisseur engagiert.

Um die Problematik des Prozesses zu verstehen, der von Brecht und seinem Komponisten Weill gegen die Filmgesellschaft angestrengt wurde, muß man mit Brechts Arbeitsweise vertraut sein.

Ich hatte das Glück, ihn manchmal in der Hardenbergstraße bei seinen Arbeitssitzungen oder bei den Theaterproben beobachten zu können. »Eisnerin«, sagte er wohl zu mir, »ich gebe Ihnen einen dringenden Rat: Wenn Sie schreiben wollen, benutzen Sie die Schreibmaschine, schreiben Sie direkt in die Maschine, damit Sie das Geschriebene sofort optisch erfassen können.«

Er selbst las die Worte, die er tippte, dabei noch laut vor, um gleich den Rhythmus zu skandieren.

Eben dieser Scharfblick für das Visuelle und Akustische zählte für ihn auf der Bühne während der Proben seiner Stücke, die er so weit wie möglich selbst überwachte. Brechts Lieblingsregisseur, Erich Engel, trat freundschaftlich in den Hintergrund angesichts der Meisterschaft dieses Dichters, der für die Bühne geboren schien. Wenn Brecht auch manchmal heftig mit den Worten herumjonglierte, um ihren Geschmack auszukosten, war er, der extrem Hellsichtige, sich doch genau ihrer Tragweite dem Publikum gegenüber bewußt.

Nichts wurde bei der Verwirklichung seines Stückes dem Zufall überlassen, einem Werk von erstaunlicher Präzision.

Von einem Sessel im Zuschauerraum aus durfte ich während der Proben zu ›Mann ist Mann‹ sein geduldiges und doch leidenschaftliches Arbeiten beobachten: Er bemühte sich, den Wert eines Satzes im Gleichgewicht zu halten, die Gesten daran anzupassen oder einen Kontrapunkt von Gesicht und Körper zu bilden, womit er gleichzeitig Haltung und Sprache seiner Darsteller modulierte.

Die Autonomie eines Satzes, seine Verbindung oder sein Gegensatz zu einer sozialen Haltung, wurden zum Hauptelement und dramaturgischen Mittel »par excellence«.

Aber so hielt er es nur bei den ersten Proben. Nachdem er zuallererst den tieferen Sinn des Stückes erklärt hatte, danach die Zielrichtung der einzelnen Sätze, wenn er die Vorschläge der Schauspieler angehört und selbst einige Textstellen improvisiert und verbessert hatte, ließ Brecht seine Darsteller agieren, indem er sich ihrer Beobachtungsgabe anvertraute.

Er wurde selbst zum Zuschauer, schaltete sich nur dann und wann ein, etwa, wenn er seine Songs stark gegen den alltäglichen Dialog herausheben wollte.

Das ist das Geheimnis von der Wirkung seiner Songs, die er meistens vor oder hinter seinem berühmten Vorhang erschallen ließ, der auf halber Höhe der Bühne gespannt war. Hat man begriffen, warum die Musik von Paul Dessau für die Lieder der ›Mutter Courage‹ oder den ›Kaukasischen Kreidekreis‹, die in ihrer Antithese zur Sprache sich niemals zu serviler Begleitung erniedrigt, so sehr der Musik von Kurt Weill zu ›Mann ist Mann‹ oder ›Die Dreigroschenoper‹ ähnelt? (...)

Ich habe Brecht oft dabei überrascht, daß er während seiner Arbeit mit Weill an der ›Dreigroschenoper‹ in einer abgehackten und herben Weise einige Noten pfiff oder auf dem Klavier spielte, den Rhythmus perfekt skandierend, so daß Kurt Weill nichts weiteres mehr zu tun hatte, als es zu transponieren. Übrigens waren für ihn die Songs immer die Angelpunkte seiner Stücke; gleichsam vom Leben heruntergeschnitten, umrissen sie die Situation und schufen jenen unmittelbaren Kontakt, den er mit dem Zuschauer haben wollte. Ist es da noch verwunderlich, daß Weill ohne Brecht in Hollywood nicht mehr zu derselben Stärke gefunden hat, zu dieser musikalischen Fülle, und daß er schon für Langs Film *You and Me* sich selber plagiieren mußte? (...)

Seit seinem ›Leben Edwards II. von England‹ liebte Brecht es, sich weniger bekannter Stücke zu bedienen, sie heftigst zu kneten, ihren Inhalt umzuformen, bis er sie sich zu eigen gemacht hatte. Wie Stendhal hat er sich immer das Gute dort gesucht, wo er es fand – ohne Skrupel. »Kopieren«, schrieb er nach dem Krieg in seiner ›Theaterarbeit‹, – »ist eine Kunst für sich, die der Meister beherrschen muß. Er muß es gekonnt machen, schon deswegen, weil er sonst nichts schaffen könnte, was wiederum würdig wäre, kopiert zu werden.«

Indem er sich übte, halsstarrig den Verlauf der Sätze zu modellieren, sie wie die Gesten seiner Schauspieler zu sezieren, bis zur extremsten Nüchternheit, deckte er schließlich als letztes Ziel ihre geheimsten Schlupfwinkel auf, aus dem ein Wort herausstach und einen beißenden sozialen Sinn ergab – hierin schöpfte Brecht weitgehend aus alten Werken.

Ich habe ihn wieder und wieder Bibelstellen lesen sehen, bei denen er die Sätze dieser kräftigen Epik abschmeckte, die von der Faust Martin Luthers gemeißelt worden waren; und dann schrieb er die Wendungen, die ihm gefielen, in ein kleines Notizbuch. Mit deutschen Sprichwörtern machte er es genauso, da liebte er das Erdhafte und die gesammelte Weisheit.

Eines Tages bat er mich, ihm eine deutsche Übersetzung der Gedichte von François Villon zu leihen, eine recht schöne Übersetzung übrigens, von dem Dichter K.L. Ammer. Er behielt dieses Exemplar sehr lange, und als er es mir nach Jahren zurückgab, waren an den Rand lauter handschriftliche Notizen gekritzelt; außerdem hatte er im ganzen Buch verstreut Gedichtfetzen hinterlassen. (Ich habe das Buch dem Brechtmuseum gegeben.)

Jetzt wird man verstehen, warum die Film-Umgestaltung der ›Dreigroschenoper‹ durch Pabst Brecht so tief schockieren mußte, der die Beschädigung des ideologischen und stilistischen Gehalts seines Werkes nicht ertragen konnte.

Nach so manchen Vorbesprechungen hatten Brecht, Leo Lania und Pabst versucht, zusammenzuarbeiten. Sie begaben sich nach Südfrankreich, soweit ich mich erinnern kann, in eine Gegend, die Brecht oft besuchte: »Le Levandou«. Bald brach Streit zwischen den zwei so verschiedenen Künstlern Brecht und Pabst aus und Brecht, der all seine Vorschläge zurückgewiesen sah, fuhr ab und hinterließ Lania mit der Aufgabe, seine Interessen zu wahren.

Lania erzählt in einem Interview, das in der amerikanischen Zeitschrift ›Cinemages‹ erschienen ist, daß schon nach den ersten vierundzwanzig Stunden jede Möglichkeit der Zusammenarbeit illusorisch war, und daß Brecht »just stepped out of the picture«. Und das stimmte so ungefähr mit meiner Erinnerung überein. Dennoch behauptet der Standphotograph des Pabst-Films, Hans Casparius, daß Brecht nach dem Streit noch einmal gekommen sei, während der ersten Drehtage im Atelier, und da sei der Text, wie man ihn gerade brauchen konnte, umgeformt und improvisiert worden. Manchmal verwischt sich das Gedächtnis: Der Cutter des Pabst-Films, Jean Oser, behauptet in einem anderen Interview mit ›Cinemages‹, in dem er Weills und Brechts Sache durcheinanderbringt, daß Brecht seinen Prozeß gewonnen hätte.

Denn im Herbst 1930 hatten Brecht und Weill durch ihre vier Rechtsanwälte gemeinsame Klage gegen die Produktionsgesellschaft Nero-Film erheben lassen, die jedoch vom ersten Sitzungstage an, auf die Forderung des Richters hin, getrennt wurde. Brecht präzisierte in seiner Klage, daß man dabei wäre, einen Film nach einem Drehbuch zu machen, von dem er keine Kenntnis nehmen konnte: und das trotz einer Zusatzklausel im Vertrag, nach der er volles Recht hätte, den Schnitt zu gestalten. Bei einer so willkürlichen Verfahrensweise könnte weder der Gehalt noch der Stil des Werkes gewährleistet werden.

Weill unterstützte diese Klage; man hätte sogar Passagen hinzufügen wollen, die gar nicht von ihm wären. Außerdem hätte er sich davon überzeugen können, daß seine Songs nicht an derselben Stelle gebracht würden wie in dem Stück. Demzufolge forderten die beiden Autoren Einstellung der Dreharbeiten, wobei sie es vorziehen würden, die Gelder, die sie erhalten hätten, zurückzugeben, um ihre Autorenrechte zu wahren.[16]

Ausschnitte aus Lotte H. Eisners Bericht vom Prozeß vor der Weigert-Kammer, Filmkurier vom 18. Oktober 1930

Brecht erklärt auf Befragen des Landgerichtsdirektors Weigert: »Es handelt sich für mich um eine prinzipielle Stilfrage. Die Grundelemente der ›Dreigroschenoper‹ sind ganz verschieden von der alten ›Beggars Opera‹, die lediglich als Rohstoff gelten kann. Es ist mir nicht, wie man zu glauben scheint, um die Titelfrage allein zu tun, ausschlaggebend ist mir, daß meine stilistischen und inhaltlichen Grundelemente, daß die künstlerischen Eigenarten der ›Dreigroschenoper‹ *gewahrt bleiben.*

Ich bin mir bewußt, daß mein Vorschlag, an Stelle der Dreigroschenoper *die* ›Beggars Opera‹ *zu drehen, für mich eine finanzielle Schädigung bedeutet. Aber darauf kommt es mir nicht an, es ist mir um mein Urheberrecht zu tun. Es ist mein Recht, es ist meine Pflicht, mein Werk zu schützen, also den Inhalt, Stil und Titel zu schützen. Wissen möchte ich, wie weit ein Werk, das einer Filmfirma übergeben wird, zu schützen ist?«*

Landgerichtsdirektor Weigert betont, daß die künstlerische Seite dieser Frage von dem Gericht nicht entschieden werden könne, sondern nur die rechtliche Lage.

Von ihm und der Gegenseite befragt, erklärt Brecht, daß er sich das Recht wahren wolle, die ›Dreigroschenoper‹ nach seinen Intentionen wiederverfilmen zu lassen.

Landgerichtsdirektor Weigert, der die Verhandlung in sympathischer Form führt, rät den Parteien aufgrund seiner langjährigen Erfahrungen in Filmprozessen zu einem Vergleich, der von beiden Seiten abgelehnt wird. (...)

Dann spricht Dr. Fischer für die Nero. Er sagt, daß die ›Dreigroschenoper‹ eine Bearbeitung, also kein Originalwerk sei. Brecht habe seinerzeit bei der Übernahme der Ammer-Villon-Lieder erklärt, daß das Urheberrecht mittelalterlich sei, und daß er seine Laxheit in diesen Dingen betonen müsse. Dr. Fischer wundert sich bei dieser Anschauung über die jetzt von Brecht vorgenommenen Maßnahmen, sein Urheberrecht zu wahren ...

Brecht, mit Verachtung im Blick, wies nach, daß er und Ammer im Einvernehmen miteinander stünden, und daß er, Brecht, sogar ein Vorwort zu der neuen Auflage der Ammer-Gedichte geschrieben hätte. Im vorliegenden Falle, erklärte er, verteidigte er überhaupt nicht sein eigenes Urheberrecht, sein literarisches Eigentum, sondern (und das ist sehr bezeichnend für Brechts Haltung gegenüber seinem Publikum) – *das Eigentum des Zuschauers*, der das Recht habe, zu verlangen, daß ihm ein Werk intakt übergeben würde, gemäß der Absicht des Autors. (...)

1930 gab es noch Richter in Berlin und der Präsident schien vertrauenerweckend. Aber wie sollte ein bürokratischer Richter die soziale Tragweite der heftigen Tragik-Komödie Bertolt Brechts verstehen? Noch dazu reizte der Anwalt des Produzenten Nebenzahl Brecht durch seine übelwollenden Unterstellungen dermaßen, daß dieser, ohne recht auf sein Wort zu warten, lebhaft widersprach und dann mit Eklat den Saal verließ, seinen Advokaten die Aufgabe überlassend, den Debatten zu folgen.[17]

Zweiter Ausschnitt aus dem Zeitungsbericht:

Dr. Frankfurter (Rechtsanwalt der Verleihfirma Tobis) geht auf die rechtlichen Unterlagen der einzelnen Vertragsbestimmungen ein. Er erklärt, daß erst mit der vollendeten Schöpfung und nicht vor der Schöpfung das Urheberrecht einsetze, daß hier aber die Grundlagen noch nicht vollendet vorgelegen hätten. Mit dem Vertrage selbst sei das Urheberrecht am Film abgegolten, die Firma könne, wenn sie wolle, den Film auch erst in zwanzig Jahren verfilmen.

Am 5. November wurde die Klage Brechts zurückgewiesen. Inzwischen hatte Pabst in Staaken, in der alten Zeppelinhalle, die in ein Studio umgebaut worden war, schon mit den Dreharbeiten begonnen. Brecht hätte die Vertragsbedingungen nicht erfüllt, da er im Laufe der gemeinsamen Arbeit alle Diskussionen willkürlich abgebrochen und bei der Ausarbeitung des Schnittes aufgehört hätte, mitzuarbeiten. Was seinen Anspruch in bezug auf den Verrat am Stil seines Stückes beträfe, betrachtete man ihn als rein ideologisch und nicht im Vertrag selbst verankert.

Weill, der immer geschmeidiger war und immer bereit, ein paar Konzessionen zu machen, hatte mehr Glück. Da er weiter mitgearbeitet hatte, bis die Nero-Film ihn von selbst entließ, gewann er in eigener Sache. Wir waren um Brechts willen alle sehr enttäuscht. Der Saal war brechend voll mit seinen Anhängern, und fast die ganze Intelligenzia Berlins hatte auf seiner Seite gestanden. Brecht wurde verurteilt, die Prozeßkosten zu zahlen, der Film wurde gedreht, von Pabst mit Zuckerguß überhaucht, von uns Journalisten verrissen, aber der Film überlebte. Und wenn man ihn sich heute ansieht, so muß man widerwillig zugeben, daß es doch ein Film geworden ist.

Der geschlagene Dichter zuckte die Achseln und stürzte sich in seine Arbeit – (ich glaube, er übertrug gerade Gorkis ›Mutter‹ ins Deutsche), wohl wissend, daß jene, die ihre Unabhängigkeit des Geistes liebten, nicht mehr lange in Deutschland bleiben konnten.

Er vermochte gerade noch, bevor Hitlers Massenverdummung Deutschland erstickte, mit seinem Freund, Slatan Dudow, dem bulgarischen Schriftsteller, einen Film nach eigener Vorstellung zu machen: *Kuhle Wampe* – auch ein epischer Film, der im Milieu der Arbeitslosen spielt. Hier, und besonders in der Szene im Eisenbahnabteil, sticht Brechts filmische Sprache heraus. Er verließ Deutschland, wie wir wissen, am Tag nach dem Reichstagsbrand, mit dem wohlbekannten Spruch auf den Lippen: »Wenn man mich beschuldigte, die Türme von Notre-Dame geklaut zu haben ...«[18]

Mir trug dieser aufsehenerregende Prozeß noch ein Sonderlob des Richters ein, der am Schluß sagte, der Journalist des ›Film-Kurier‹, der wahrscheinlich gelernter Jurist wäre, hätte als einziger den Verlauf des Prozesses wahrheitsgetreu wiedergegeben.

Ich erwähne das nicht, um mich gescheiter zu machen als ich bin, sondern weil ich mich lebhaft erinnere, wie warm mir das Lob herunterging, denn ich wurde trotz der großmütigen Unterstützung meines Freundes Hans Feld, an meinem Eifer gemessen, nicht oft genug in so wichtige Veranstaltungen geschickt, wie in diese.

Bertolt Brecht war einer der wenigen hellhörigen Intellektuellen Berlins, der schon frühzeitig die Gefahr des Nationalsozialismus für unser Leib und Leben witterte, als ich noch wegwerfend meinte, ach, die Bewegung sei so extrem und borniert, daß sie zugrunde gehen würde, wie auch der rechtsradikale Kapp-Putsch in sich zusammengefallen sei. Was aber die Judenhetze anging, so bezog ich sie bequem und selbstsicher auf die Bilderbuchjuden mit Kaftan und Rauschebart aus dem Osten, die mir selbst fremd waren. Brecht hatte das Aufkommen des Nationalsozialismus in Bayern miterlebt, wir dagegen saßen in Berlin auf einer roten Insel, ließen uns ruhig »Kulturbolschewiken« schimpfen und sahen der Wiedererweckung Wotans in deutschen Provinzen mit Gleichmut zu.

Brecht war der Weisere: Obwohl er nicht einmal Jude war, mußte er sich schleunigst absetzen, da er auf der schwarzen Liste der Nazis stand. In Paris, anläßlich seiner Aufführung von ›Die Gewehre der Mutter Carrar‹, traf ich ihn 1937 wieder. Ich gratulierte ihm zu der guten Aufführung, er stand neben Weill, der zunächst stutzte, als er mich sah, dann aber lächelnd fragte: »Ach, Lotte Eisner, sind Sie hier, um für den ›Film-Kurier‹ zu berichten?« Ich sagte wahrheitsgetreu: »Nein, vom ›Film-Kurier‹ bin ich seit der Machtergreifung Hitlers weg. Ich lebe jetzt in Paris.« Da wandte sich Weill brüsk von mir ab und ging. Ich war nicht mehr nützlich, da ich seinen Ruhm nicht mehr verbreiten konnte. In dem letzten Interview mit ihm und Brecht, das wir vor unserer Abwanderung ins Ausland gemacht hatten, hat mich dieser Kerl doch hinterher beiseite genommen und gesagt: »Frisieren Sie bitte unser Gespräch so, daß ich gut dabei herauskomme, Brecht ist jetzt sowieso nicht mehr sehr beliebt in Deutschland.«

O ja, da entlarvten sich so manche Opportunisten, zu jener Zeit! Arnolt Bronnen, ein anderer sogenannter »enger« Freund Brechts, den man jahrelang ins Lager der Linken zählte, driftete mit der nazistischen Woge in den Faschismus. Um Nationalsozialist zu werden, ließ er sich von seiner jüdischen Frau scheiden. Bis zum heutigen Tag ärgere ich mich, daß ich kurz vor meiner Flucht noch ein großes Interview mit ihm in meiner Zeitung veröffentlicht habe …

Kontroverse Brecht-Lang über: *Hangmen Also Die*

Durch Dora Mannheim hatte ich Bertolt Brecht kennengelernt, der mich durch sein kämpferisches Volkstheater und seine Sprachgewalt der Reinhardtschen Bühnenauffassung ganz entfremdete. Gegen Brecht war Reinhardt nur ein genialer Bühnenbildner. Auch habe ich Reinhardt nie persönlich kennengelernt, während ich mit Brecht ganz freundschaftlich stand. Er war zwar nicht mein Freund, wie Jean Michel Palmier in seinem Buch über Exiljuden behauptet,[19] aber ich verstand und bewunderte seine Arbeit, und er wußte, daß ich seine Arbeit verstand und bewunderte. Es gab einige Frauen um Brecht, die ihn verstanden. Als Dora von der Brechtschen Szene abtrat, hatte sie schon, ohne es recht zu wissen, instinktiv für eine bessere Nachfolge gesorgt. Sie war bekannt mit einem schüchternen Mädchen aus der westfälischen Provinz, Elisabeth Hauptmann, die eine Stelle als Sekretärin in Berlin suchte. Da Dora wußte, daß Brecht gerade jemanden zum Diktieren brauchte, schickte sie Elisabeth zu ihm. Brecht war gleich von ihr angetan. Sie war von einer klaren, bäuerlichen Schönheit, um die Schultern ein grobes Tuch geschlungen; ein wenig weltfremd und ländlich, strahlte sie doch wache Intelligenz aus. Mit dieser Frau habe ich mich angefreundet. Sie wurde Brechts ständige Mitarbeiterin, Sekretärin, Geliebte und Mit-Autorin. Ins Exil nach Amerika ging sie dem Dichter voraus und ebnete ihm und seiner Familie die Wege für eine Aufnahme in die Vereinigten Staaten.

Nach dem Krieg wurde Elisabeth Hauptmann Dramaturgin an Brechts Theater in Ostberlin, dem Berliner Ensemble. Ihr Nachname, den Brecht, wie meinen, in der bayrisch-bäuerlichen Art umformte – er nannte sie »Hauptmännin«, wurde Elisabeth in der Neuen Welt zur Last, als die berüchtigtste Kindesentführung der Geschichte durch die gesamte Weltpresse gegangen war: der Entführer des Lindbergh-Babys hieß Hauptmann! Vielleicht glaubt es mir keiner, aber es war für sie damals unmöglich, länger Hauptmann zu heißen, deshalb heiratete sie kurzentschlossen Paul Dessau, Brechts zweiten Komponisten. Sie blieb also in der Familie, und jeder wußte, daß es nur eine Verlegenheitsheirat war.

Elisabeth und ich standen, als ich nach Frankreich gehen mußte, noch bis zum Kriegsausbruch miteinander in Verbindung. Dann verlor sich meine Spur, weil ich untertauchen mußte; nach dem Krieg habe ich erfahren, daß sie für mich ein Visum und eine Arbeitsgenehmigung für die Vereinigten Staaten besorgt hatte, aber meinen Aufenthaltsort nicht entdecken konnte: ich galt zeitweise als tot.

Vielleicht ist es besser für mich gewesen, als Journalistin in Europa geblieben zu sein, denn ich habe von allen anderen Intellektuellen und Künstlern gehört, daß sie einigermaßen Fuß fassen konnten, nur nicht von den Journalisten. Kein Filmjournalist hat sich meines Wissens gegen die einheimische Konkurrenz durchsetzen können.

Bertolt Brecht habe ich später nicht mehr wiedergesehen, als er nach Ostberlin ging, aber gewundert habe ich mich oft, wie er es in der stickigen ostzonalen Atmosphäre aushalten konnte – er, der die Freiheit über alles liebte. Wenn er persönlich auch als Aushängeschild des proletarischen Kulturwillens machen konnte, was er wollte, muß er doch das eingeengte Umfeld gespürt haben, das die Menschen zu Tausenden in Richtung Westen zu verlassen suchten.

Als Brecht gestorben war, hatte ich noch zwei merkwürdige Begegnungen: Es gab eine Gedenkaufführung für ihn in Paris, im »Théatre Sarah Bernardt«. Ich stieg in den Aufzug und sah plötzlich in ein altbekanntes Gesicht: Ernst Busch.*

»Bonjour, Monsieur Busch«, sagte ich. Er runzelte die Stirn und fragte: »Lotte Eisner, seit wann sind Sie hier?« Da lachte ich und antwortete: »Seit 33.« Jetzt reichte er mir die Hand und erklärte: »Man weiß heutzutage nicht mehr, wem man die Hand geben darf, es könnten Mörderhände sein. Ich bin bei den Deutschen im Konzentrationslager gewesen – ich bin gefoltert worden ...« – »Und ich war bei den Franzosen in Gurs«, sagte ich, »da habe ich in drei Monaten vier Zähne und etliche Illusionen verloren – auch das war kein Kinderspiel.« Es stellte sich heraus, daß der Schauspieler Ernst Busch zuerst auch im Lager Gurs war und dann von den Nazis in ein deutsches Lager überführt wurde.

Die zweite Begegnung hatte ich in meiner eigenen Wohnung: Ein langjähriger Familienfreund, Edouard Roditi, kam mich be-

* Straßensänger in der ›Dreigroschenoper‹. (M. G.)

suchen und brachte einen jungen amerikanischen Soldaten mit. Der stellte sich nicht vor, gab mir aber die Hand, die ich ansah und ausrief: »Mein Gott, das sind ja Brechts Hände!« – »Ich bin Stephen Brecht«, sagte er mit amerikanischem Akzent. Als kleines Kind hatte ich Stefan in Berlin auf dem Schoß gehabt, aber die entscheidenden Jahre verbrachte er in den USA, wo er blieb, als seine Eltern, Helene Weigel und Bertolt Brecht, nach Deutschland zurückgingen.

So sehr ich Bertolt Brechts Anspruch auf die Reinheit seines Volkstheaters bejahte und ihn innerlich gegen den glatten, gewandteren Pabst in Schutz nahm, der es im Leben wunderbar verstanden hat, sich jeder Situation anzupassen, so änderte ich mit den Jahren doch meine Meinung zu der Übertragung Brechtscher Ideen auf die Leinwand; denn es gab noch einen zweiten großen Streitfall in der Filmgeschichte, und dieses Mal saß ich wirklich in der Zwickmühle, weil ich sowohl mit Fritz Lang als auch mit Bertolt Brecht befreundet war und ihre Kunst, so verschieden sie auch war, einen gleich großen Raum in meinem Herzen einnahm.

Es ging um den berühmten Anti-Nazi-Film *Hangmen Also Die*, der 1942 in Hollywood, kurz nach der Ermordung Heydrichs, mit deutschen Emigranten und amerikanischen Schauspielern, die die tschechischen Rollen verkörperten, gedreht wurde. Wären Lang und Brecht in Deutschland geblieben, hätten sie wahrscheinlich nie zusammengearbeitet, aber die kulturelle Dürre des sonnigen Kalifornien ließ die Neuankömmlinge aus Deutschland zusammenrücken.

Brecht notiert am 28. 7. 42 in sein Arbeitsjournal:

hier erlebe ich, wie lächerlich und unverschämt es ist, dem arbeiter zu sagen, er solle die große literatur lesen! ich selbst kann sie nicht mehr lesen, hier in dieser umgebung.

Aus dieser Erkenntnis hätte er eigentlich bei seiner Arbeit mit Fritz Lang und dem amerikanischen Autor Wexley an dem Drehbuch zu *Hangmen Also Die*, oder wie es zuerst heißen sollte: *Never Surrender*, lernen müssen, daß das amerikanische Publikum leichter verkonsumierbare Kunst (Kost) brauchte – eine Lektion, die Lang, der schon 1934 nach Amerika gegangen war, schneller kapiert hatte. Lang war auf Brecht als Autor verfallen, weil er von ihm Ehrlichkeit der Überzeugung, politisches Engagement und vor allem politische Einsicht in die Vorgänge zur Zeit der Ermordung des verhaßten Reichsprotektors in der Tschechoslowakei erwartete. Wexley sollte die englische Fassung schreiben, da Brecht fast kein Englisch konnte und sich auch nicht um die Erlernung der Sprache bemühte, weil er fest darauf rechnete, bald nach Deutschland zurückkehren zu können. Nach drei Monaten hatten die drei Künstler in gemeinsamer Konsultation zweihundertachtzig Seiten Manuskript vorliegen, die hauptsächlich auf Brechts Inspiration zurückgingen, dann aber verlangte der Produzent plötzlich, daß das Buch aus finanziellen Gründen auf hundertzweiundneunzig Seiten zusammengestrichen werden müsse, da der Drehbeginn drei Wochen früher angesetzt worden sei. Geopfert wurden vor allem Brechts geliebte Massenszenen, die zum dramatischen Verlauf der Story nichts beitrugen. Einzelne Szenen, die Wexley verfaßt, und die Brecht für kitschig oder sentimental befunden hatte, fanden sich im Shooting Script plötzlich wieder, und die Arbeiten an dem Film begannen, ehe der Autor recht wußte, wie ihm geschah. Über Langs Arbeitsstil äußert sich Bert Brecht des öfteren beißend in seinen Journalen, von denen Fritz Lang meinte, sie wären nach Brechts Tode zurechtfrisiert worden und teilweise gar nicht echt. Er, Lang, hätte auf Seiten Brechts gestanden und ihn auch gegen die unrechtmäßigen Ansprüche Wexleys, der später die volle Autorschaft an dem Drehbuch geltend machte, verteidigt. Aber der rohe Hohn folgender Bemerkungen zu den Vorgängen um den Film kann eigentlich nur aus Brechts Feder stammen:

29. 6. 42
bemerkenswert ein term, der immer wieder auftaucht, wenn die logik eines vorgangs oder fortgangs zu diskutieren wäre; »das akzeptiert das publikum«. den mastermind der untergrundbewegung, der sich hinter einem fenstervorhang versteckt, wenn die gestapo haussuchung hält, akzeptiert das publikum, auch aus kleiderschränken fallende kommissarleichen. auch »geheime« volksversammlungen zur zeit des naziterrors, derlei »kauft« lang, interessant auch, daß er weit mehr an überraschungen interessiert ist als an spannungen.

5. 7. 42
während ich die story diktiere, verhandelt oben im studio lang mit den geldleuten. wie in einem propagandafilm dringen herunter die ziffern und todwunden aufschreie: 300 000 $ – 8%.

»I can't do it«. ich ziehe mit der sekretärin hinaus, in den garten. kanonendonner vom meer her …

Hans Adalbert Schlettow
als »Hagen von Tronje«
in *Die Nibelungen*
(1923/24) von Fritz Lang

Fritz Lang (1970)

Als Brecht dann noch die Agenturphotos der zur Verfügung stehenden Darsteller in die Hand bekam, war es ganz aus: »visagen wie aus dem programmheft des ulmer stadttheaters.« (27. 7. 42)

Natürlich habe ich Sympathie für Brechts Empfindungen und finde es auch unerhört, daß man ihm die Hauptarbeit an dem Drehbuch nicht honoriert hat, aber er hatte wenig Einblick in die Praxis des Filmemachens: wie statisch, wie langweilig eine Aneinanderreihung von Volksszenen aus einem totalen Blickwinkel wirken würde, wenn sie nicht ab und zu durch intimere Szenen und Nahaufnahmen unterbrochen werden; wie wichtig es ist, auch scheinbar triviale Unterhaltungen zu zeigen, wie den Streit der Heldin mit ihrer Tante über die Tiefe ihres Ausschnitts am Hochzeitsnachthemd, damit die tödliche Bedrohung, in die das Brautpaar durch die Schergen Hitlers gerät, nachher ein um so größeres Entsetzen verbreitet ...

Lang war ein Pragmatiker, er wußte genau, wie weit er Brechts Ideen folgen konnte, ohne gegen den Widerstand seines Produzenten und die Gesetze des optischen Erfassens seitens des Publikums anzurennen. Dabei opferte er nicht den Wahrheitsgehalt seines Films. Für ihn zählte die Macht der Tatsachen. Die politischen Ereignisse werden in all ihrer Vielfalt gezeigt, und seine distanzierte Darstellungsweise läßt es sogar zu, schillernde Lichter auf die Masse der Prager Resistenzler zu werfen, deren Kampf er sich zur eigenen Sache gemacht hatte – Lang zeigt, wie sie sich in einen gefährlichen Mob verwandeln kann, im Augenblick, als der Verdacht aufkommt, die Heldin sei vielleicht eine Verräterin.

Brechts Tragik im Land der kulturlosen Kalifornier springt in die Augen, aber ich sage, daß Fritz Lang, der Große Fritz Lang, bei dessen Filmpremieren in den zwanziger Jahren ganz Berlin Kopf gestanden hatte, die eigentlich traurige Figur dort war, ein einsamer Kämpfer mit Augenklappe, wie sein Hagen von Tronje in dem großen Nibelungenepos.

Fritz Lang war ein schwieriger Mensch ..., so könnte ich jeden Menschen beschreiben, mit dem ich ein Leben lang befreundet war: Louise Brooks ist ein schwieriger Mensch, Henri Langlois war ein schwieriger Mensch ..., und schwierige Menschen machen sich viele Feinde. Ich dachte in meinen Freundschaften nicht an das, was ich davon profitieren könnte, ich half, wo ich konnte, und wenn ich merkte, daß der andere unfähig war, auf gleiche Weise zu geben, war ich nicht beleidigt, denn mir war die gemeinsame Sache wichtiger, und die gemeinsame Sache war der Film – vielleicht sollte ich lieber sagen, die gemeinsame Krankheit, denn eine ansteckendere und länger anhaltende Seuche kenne ich nicht. Wie Engerlinge haben wir unser Leben unter der Erde verbracht, im Dunkeln, um nur dann und wann hervorzukriechen zur hastigen Nahrungsaufnahme; und je mehr wir wühlten unter der Erde, desto gieriger wurden wir nach Film. Ich habe vor allem Filme gesehen, und Fritz Lang mußte Filme machen, deswegen ließ er sich auch in Hollywood auf immer und immer wiederkehrende Kompromisse ein, wenn man ihm sein Drehbuch veränderte, die Drehzeit verkürzte, Schauspieler vorschrieb, die er nicht wollte, Schnitte auferlegte, die tief in die lebendige Haut gingen – die Hauptsache war, daß er Filme drehen konnte. Und er wurde so geschickt in der Manipulation des Apparates, daß er sich trotz aller Kompromisse treu blieb und nicht Sachen zu machen brauchte, die er hinterher verleugnen mußte. Einmal hat er sein eigenes Set aus dem Atelier klauen müssen, um eine Brückenszene im Nebel zu drehen, die ihm von der Finanzabteilung nicht bewilligt worden war.

Ich lernte Fritz Lang durch meine Arbeit am ›Film-Kurier‹ kennen, als er schon der erfolgreichste deutsche Regisseur der Ufa war, und Filme wie *Die Nibelungen* und die ersten zwei Teile des *Dr. Mabuse* bereits zur Filmgeschichte gehörten. Die ersten privaten Informationen über ihn gab mir mein Kollege, Hans Feld, der nicht viel hielt von dem Charakter dieses »Zeitgenossen«.

Lang war eine komplexe Natur. Egoistisch, unsensibel anderen gegenüber, protzig, aber letztlich schüchtern und unsicher. (...) Die Legende, daß *Mabuses Testament* Hitlers Wahnsinn anprangere, ist keineswegs bewiesen und scheint Zeitgenossen höchst unwahrscheinlich, besonders denen, die ihn persönlich kannten.[20]

Die üble Geschichte um den Selbstmord seiner ersten Frau hat Feld ihm angekreidet, denn Lang war nicht gerade zimperlich mit der alten Liebe, wenn er eine neue gefunden hatte. So hatte diese arme Frau, die übrigens sehr schön gewesen sein soll, eines Tages Fritz Lang mit seiner Drehbuchautorin, die ihrerseits mit Langs Hauptdarsteller Rudolf Klein-Rogge verheiratet war, beim Liebeln auf dem häuslichen Sofa ertappt, ist auf ihr Zimmer gegangen und hat sich erschossen. Dabei gab es zwei merkwürdige Umstände: Aus Eitelkeit, weil sie eine makellose Brust hatte, hat die junge Frau sich die Kugel nicht in die linke Brust gegeben, sondern in die Mitte, aber sie ist trotzdem gestorben, weil ihr Herz zufällig in der Mitte saß. Die zweite Merkwürdigkeit war, daß Lang und Thea von Harbou sich vor Gericht rechtfertigen mußten wegen unterlassener Hilfeleistung, weil angeblich zuviel Zeit verstrichen war zwischen dem Selbstmord und der Benachrichtigung der Polizei. Von diesem Tag an hat Fritz Lang stets Buch geführt über sein Tun und Lassen und auch seine Gäste gezwungen, jeden Anruf, jeden Besuch und jeden Ausgang schriftlich festzuhalten. Ich habe das, wenn ich bei ihm in Beverley Hills war, auch machen müssen, habe aber, unordentlich wie ich bin, die Notizbücher verloren oder weggeworfen; nur von Fritz selbst habe ich einen Briefblock aufbewahrt, auf dem er meinen Aufenthalt im März 1966 in seinem »Hügelhaus« skizziert hat. Es ist ein trauriges Dokument (siehe S. 115).

Als Lang nach einer sehr erfolgreichen Zusammenarbeit mit Thea von Harbou, in der seine bekanntesten deutschen Filme wie *Die Nibelungen*, *Spione*, *Frau im Mond*, *Dr. Mabuse* und *M* entstanden waren, Gerda Maurus, die aparte Hauptdarstellerin aus *Frau im Mond*, in seinem Haus neben Thea von Harbou einquartierte, war mein Freund Feld innerlich fertig mit diesem Menschen. Er schrieb zwar immer noch positive Kritiken, schimpfte aber wie ein Rohrspatz auf Lang, wollte privat nichts mehr mit ihm zu tun haben und wandte sich ganz Eisenstein zu, der seit

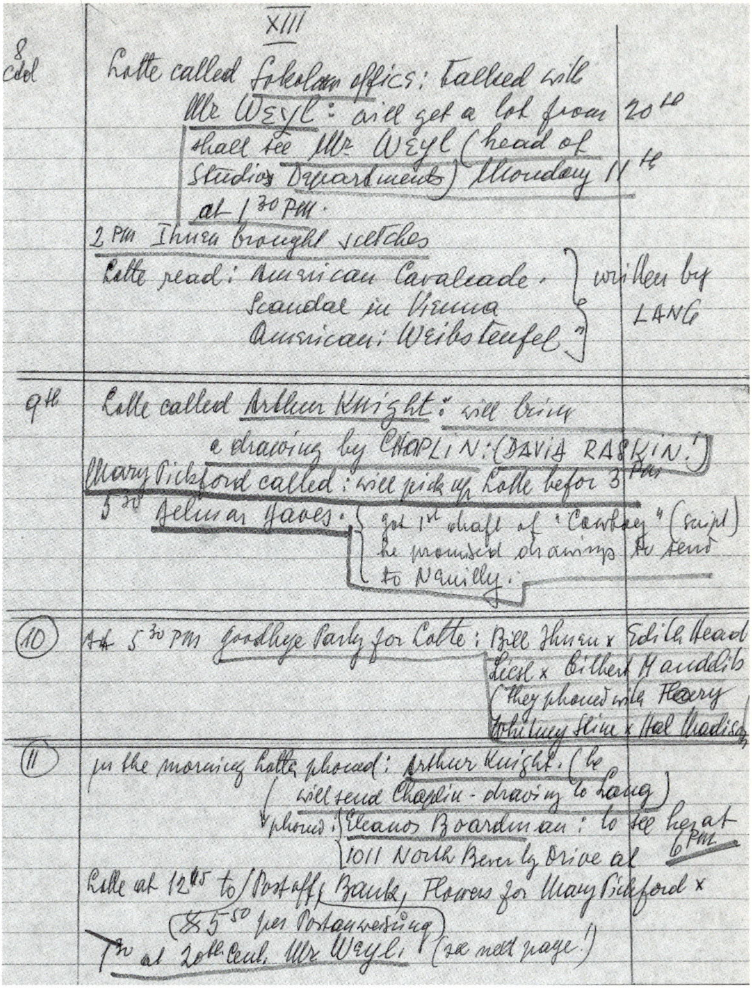
XIII

8 Okt — Lotte called Sokolow office: talked with Mr Weyl: will get a lot from 20th
shall see Mr Weyl (head of Studio Department) Monday 11th at 1:30 PM.
2 PM Ihnen brought sketches
Lotte read: American Cavalcade. / Scandal in Vienna / American: Weibsteufel — written by LANG

9th — Lotte called Arthur Knight: will bring a drawing by CHAPLIN: (DAVID RASKIN.)
Mary Pickford called: will pick up Lotte befor 3 PM
5:30 Gelman Javes: got 1st draft of "Cowboy" (script) he promised drawings to send to Neuilly.

(10) — At 5:30 PM Goodbye Party for Lotte: Bill Ihnen x Edith Head, Liesl x Gilbert Mandelik (they phoned with Henry Whitney Stine x Hal Madison)

(11) — In the morning Lotte phoned: Arthur Knight (he will send Chaplin-drawing to Lang)
phoned: Eleanor Boardman: to see her at 1011 North Beverly Drive at 6 PM
Lotte at 12:15 to Postoffice, Bank, Flowers for Mary Pickford x ($5.50 per Postanweisung)
1 PM at 20th Cent. Mr Weyl. (see next page!)

dem Riesenerfolg des *Panzerkreuzer Potemkin* häufiger Gast in Berlin war.

Ich ließ mich von diesen Geschichten nicht so beeindrucken – die erste war geschehen, bevor ich Lang kannte, und die zweite Sache mit der Harbou ging mir nicht so nahe, weil sie eine recht hartgesottene und mir irgendwie unangenehme Person war, die

Langs Filmen so einen Touch »Deutsche Hausfrau« gab – zu tüchtig hier, zu sentimental dort. Ihr reinstes Küchenrezept war das Skript zu *Metropolis.* Aber jetzt meckere ich schon wieder über die Harbou, und dabei hat mich Fritz immer und immer wieder in seinen Briefen verwarnt, ich solle nicht so emotional sein, schließlich hätte »die Harbou« auch Peter Lorres ergreifende Verteidigungsrede in *M* geschrieben, und zwar ohne seine Hilfe. Aber wenn ich diese Abneigung schon nicht in meinem Buch über Fritz Langs Filme zu laut werden lassen durfte, so will ich es wenigstens in meinem persönlichsten Buch einmal tun dürfen. Und wie hat die Dame sich auch weiterhin entpuppt? Sie hat Lang mitten in seinem *Testament des Doktor Mabuse* sitzen lassen, in einem Augenblick, als gerade dem Produzenten das Geld ausgegangen war, und hat sich einen Inder angelacht, den sie bei einer Freundin Marlene Dietrichs, die einen Salon führte, kennengelernt hatte. Ganz stolz war sie auf ihren Inder, der, wie sie gleich betonte, ein »echter Arier« wäre. Thea war Feuer und Flamme für die nationalsozialistische Bewegung. Sie blieb es auch, als der Krieg schon längst vorbei war, und wir uns in den fünfziger Jahren wiedersahen. Das wiederum fand ich ganz beeindruckend, weil sie es offen zugab. Beim Berliner Filmball trug sie ein Kleid, auf das alle Provinzen gedruckt waren, die Deutschland einmal hatte. »Frau von Harbou«, sagte ich zu ihr, »Sie haben aber viele Provinzen verloren!«

Als Fritz Lang nach Amerika auswanderte, ist Gerda Maurus, von der er andeutete, sie sei die einzige Frau gewesen, die er wirklich geliebt habe, nicht mitgegangen. Statt dessen tauchte Lily Latte auf, eine Frau, die den Mann bei einem Fest aufs Korn genommen und geschworen hatte, »den schnappe ich mir«, die seine Begleiterin und Sekretärin im Exil wurde und sehr viel Wert legte auf den »Accent aigu« über dem »e« – Latté. Sie unterdrückte Fritz auf eine so feine Weise, daß ich es bis kurz vor seinem Tode gar nicht merkte, bis Lang mir einmal in verschwörerischem Ton zuflüsterte: »Du, ich muß dir was von Lily Latté erzählen ...« Aber er hat es nie getan, und ich habe ihn nicht dazu gedrängt.

Trotz meiner Vertrautheit mit Fritz Lang hätte ich mich nie in seine Gefühle oder Geheimnisse eingeschlichen, die er nicht freiwillig offenbarte. Aber ich bin sicher, daß er in den letzten schweren Leidensjahren, als vergessenes Überbleibsel einer zurückliegenden goldenen Epoche, die menschlichen Irrtümer, die er begangen haben mag, abgebüßt hat. Ich selbst habe ihn als treuen, zuverlässigen und gerechten Freund erlebt, der sich ständig mit moralischen Fragen auseinandersetzte, die er in seinen Filmen aufgriff und zu so unlösbaren Knoten verwickelte, daß er den Zuschauer zwang, Stellung zu beziehen.

Lang war ein gewissenhafter Zeitungsleser. Alles Informationsmaterial, was ihm unter die Finger kam, wurde abgeklopft nach seinem humanistischen Gehalt. Aus Zeitungsnotizen holte er sich Anregungen zu seinen Filmen. In Langs Arbeitszimmer lag ein dicker brauner Briefumschlag, vollgefüllt mit Zeitungsausschnitten, auf dem er außen in seiner klaren Handschrift »Ethics and Violence« (Ethik und Gewalt) geschrieben hatte. Howard Vernon* erzählte mir, daß er kurz vor Langs Tod noch eine große Aussprache mit ihm hatte über Homosexualität. Howard hatte ihm von einem Freund erzählt, zu dem er ein ganz besonderes Verhältnis hatte, das durch monatelange Trennung und andere Liebhaber nicht hatte berührt werden können. Fritz Lang, der große Frauenverehrer bis ins hohe Alter, konnte den Gefühlen seines homosexuellen Freundes nicht folgen und wollte sie doch verstehen lernen.

Das Gespräch muß ihm nachgegangen sein. Als Howard kurz nach Langs Tod zufällig einen Blick auf seinen Schreibtisch warf, lag da immer noch der braune Umschlag, aber er hatte eine Überschrift mehr bekommen: »Ethics, Violence, and Homosexuality«.

Fritz Lang setzte sich intensiv mit der Tagespolitik auseinander. Er erlitt politische Dummheit, die notwendigerweise mit menschlicher Grausamkeit einhergeht, als persönlichen Angriff. Der Schrecken vor der zunehmenden Gewalttätigkeit auf unserem Planeten hat ihm die letzten Jahre vergällt.

Fritz hatte sich damals in Berlin, genau wie ich, zu den »Linken« gezählt, und ich glaube ihm, so sehr Hans Feld mich auch vom Gegenteil überzeugen möchte, daß er in seinem *Testament des Doktor Mabuse*, dem letzten Film, den er in Deutschland vor dem Kriege drehte, bewußt Nazi-Parolen und Nazi-Mentalität aufgriff, ohne Rücksicht darauf zu nehmen, ob es ihn selbst vielleicht gefährden könnte. Lang war zwar ein Halbgott bei der

* Darsteller des Gauners in *Die 1000 Augen des Dr. Mabuse.* (M.G.)

Ufa – Publikum und Presse lagen ihm zu Füßen –, aber durch seine politische Einstellung, und vor allem durch seine Herkunft – seine Mutter war eine Schlesinger – war Fritz Lang verwundbar. *Metropolis* und *Die Nibelungen* hatten Hitler sehr gefallen, aber nach der Vorführung des *Testamentes* kam es zu einem mehr als betretenen Schweigen, das von Goebbels Sohn mit dem begeisterten Ausruf unterbrochen wurde: »Der Film ist knorke!« – »Halt's Maul«, herrschte ihn sein Vater an.

Ich stand zu der Zeit, als der Film gedreht wurde, im Oktober '32, schon so gut mit Lang, daß er mich eines Nachts anrief und sagte: »Wir drehen eine Szene im Wald, wenn Sie zuschauen wollen, schicke ich Ihnen den schwarzen Mercedes.« Von der Ufa hatte der »Große Meister« diesen berühmten schwarzen Mercedes mit Chauffeur zur ständigen Verfügung. Auch bei den Dreharbeiten zu *M* hatte er mich einmal so feudal abholen lassen. Aus dem nächtlichen Erlebnis machte ich einen langen Artikel für meinen ›Film-Kurier‹, den ich im Mai 1933, sechs Wochen nach meiner Flucht, für eine französische Zeitung noch einmal benutzte, als ich als völlig unbekannte Person in Paris wieder von vorn anfangen mußte und froh war, irgend etwas Gedrucktes von mir erscheinen zu sehen:

Ein Wald wird ummontiert –
Fritz Lang beginnt zu drehen

Erster Ateliertag bei Lang: vielmehr es ist kein Tag, sondern eine Nacht und es ist kein Atelier, in dem er dreht, er filmt im freien Gelände.

Die Anfahrt schon hat etwas von einem wohlbedachten, in allen Einzelheiten abgewogenen Fritz-Lang-Plan. Durch eine verschrobene kleine Stadt geht es, in der in grotesker Inkongruenz neben braven Kleinbürgerhäuschen ein paar Großstadtbauten das nahe Berlin vortäuschen wollen. Über Brükken fährt man, in einem klaren Nachtdunkel schimmert breit die Havel, lichterbesteckt. Und ein weites Gelände mit verlassenen, gespenstig aufragenden Fabrikgebäuden tut sich auf.

Ehemals wurde hier Munition hergestellt, Löwenberg, der hier einst noch in Friedenszeiten Wache schob, hat sich an den Platz erinnert, für Langs *Testament des Dr. Mabuse,* dem Nero-Film. Und Fritz Lang ist mit ihm hier herausgewandert, hat in seiner immer wachen, aufspürenden Art das ganze Gelände durchpürscht in langer intensiver Vorarbeit.

Praktikabel an Praktikabel

Diese Vorarbeit als Basis zum Werk ist es, die man bei einer Lang-Aufnahme immer eindringlich spürt. Wie das Manuskript der Thea von Harbou bis ins letzte durchdacht, durchfeilt, immer wieder gewandelt worden ist, so formt sich dieser Schöpferische den Raum für seinen Filmvorgang.

Seit drei Wochen ist hier gebaut worden – ein Wald wurde ummontiert. Carl Vollbrecht und Hasler, die für die Bauten Sorgenden, schufen mit dem Oberbeleuchter Walter Schulz einen Wald von Gerüsten, der sich in phantastischer Realität dem wirklichen Wald einfügt. Überall wachsen Praktikabel auf, riesige Aufheller tragen sie und gigantisch mit einem Heer von Leitern ragt über allem einschneidend die Beleuchterbrücke empor, dicht besetzt mit vielen Tausendern.

Lang schaut verliebt zu diesem Monstergerüst empor – schade, meint er, daß er diese Brücke nicht im Film zeigen kann, daß sie nur Mittel zum Zweck bleibt.

Durch den Wald strömt das Licht, im Umkreis flammen auf Kommando die Lampen auf – Siebenhunderter, Fünfhunderter. Mit den Beleuchtern verständigt eine Lautsprecheranlage, so weit sind sie von einander entfernt, daß ein Megaphon, das auch in Tätigkeit, nicht ausreicht.

30000 Kabelmeter schlängeln sich

Wie gewaltige Urwaldwurzeln, wie Schlangen verstrickt liegen die Kabel überall, schlängeln sich durch das Gras, den modrigen Waldboden, als wären auch sie ein Teil von ihm – 30000 Meter sind hier gebraucht worden. »140 Aufheller sind in Tätigkeit – die anderen Ateliers werden schön fluchen«, meint lächelnd Rathge, der Aufnahmeleiter.

Ein Wald wird umgebaut: Von einer Telegraphenstange hängt abgeschnitten ein Gewirr von Leitungen in die Luft – man hat sie unterirdisch legen müssen, umführen müssen, weil dieses ganze Gelände umgebaut wurde.

Lichter streuen, silbrig treten Blattgewinde an Ästen hervor, es leuchten Stämme auf, Gräser trifft ein Glanz. Das Malerauge Langs umfaßt das alles voll Glück: »Immer habe ich mir gewünscht, einen Wald nachts zu drehen, so ganz ausgeleuchtet – das hat noch keiner gemacht.«

Aber noch wird dieser Wald nicht gedreht. Er wandelt sich zu dem wandernden Birnam-Wald von Dunsinan des Macbeth: Abgehauene Bäume werden in Massen einhergeschleppt, durch das ganze Gelände scheinen sie zu wandeln wie die Praktikabel, die ein Wort von einem Platz zum andern pflanzt. Holzunterlagen tragen diese Bäume und sie werden aufs neue in die Erde eingegraben, dorthin wo ihr Schöpfer Lang es befiehlt. Selber greift Lang mit an, er holt sich ein paar Stauden, pflanzt sie dort ein, wo er sie braucht. Und helle langfasrige Gräser werden einzeln gesteckt.

Lang übersieht sein Werk und siehe, es scheint ihm noch nicht gut, noch wird umgestellt, umgebaut mit diesem lebendigen Material der Natur, seine Hand formt im Schaffungswillen die Landschaft. Und dann fährt er auf der Holzschienenbahn mit der Fahrkamera Fritz Arno Wagners die Strecke ab, die ganze Zeit scharf visierend, immer noch verbessernd, sein Auge kriecht hinein in das Auge der Apparatur.

Und es kommt aus vollem Herzen: »Schade, daß da noch immer eine Inkongruenz besteht zwischen Mensch und Kamera, man müßte noch seitlich ein paar Augen haben.«

Die Fahrkamera bereit

Dann das Proben: Bereghi, vor Jahren einst bei Reinhardt in Berlin jugendlicher Held, taucht auf, Gustav Dießls ragende Gestalt, Otto Wernicke, der hier wieder seinen Kriminalkommissar aus *M* spielt und neben ihnen die Doppelgänger der französischen Version Maurice Roland, Maurice Maillot, Jim Gerald.

Wieder wird die letzte Durchdringung gesucht, immer wieder und wieder wird geprobt, die Viertelstunden gehen hin. Immer wieder springt Lang vor, zeigt genau, wie er jede Wendung haben will, jedes Aufblicken. Sein Auge sieht alles, jedes Markieren erspäht er, jede Änderung weist er nach. Die Einstellung wird immer wieder durchgefeilt, man kann die Male nicht zählen, die Dießl und Wernicke sich durch den Wald pürschen müssen, um an einer Lichtung suchend stehen zu bleiben und bei einem fernen Motorgeräusch wild zur Verfolgung fortzustürzen.

Dießl und Wernicke sind fast ohne Atem, über ihre ungeschminkten Gesichter rinnt der Schweiß, »so will ich euch haben« nickt Lang begeistert. (Ungeschminkt die Gesichter – der französische Darsteller der Dießl-Rolle nur wurde von Höhensonne gebräunt, um Dießls natürliche Farbe zu bekommen.)

In Schweiß sind alle von der Arbeit, aber alle sind auch beglückt bei dieser Arbeit. Alle, jeder Beleuchter schleppt sich ab, müht sich ab. Und irgendwo erzählt einer: »Da haben wir den Wernicke abgeholt von der Volksbühne, Mensch, wie den alle beneiden, daß er beim Lang filmen kann.«

Der große Augenblick

Lang und Wagner debattieren eifrig, abwechselnd klettert jeder von ihnen auf den Visiersitz der Fahrkamera, indes der andere daneben hängt beim Kameramann Vash. Als einen Triumphwagen der Arbeit zieht alles diese Fahrkamera hinüber und herüber. – Dießl und Wernicke pürschen sich unermüdlich durch das Dickicht, während neben den Kameraschienen ein paar stehen mit dichtbehängten Zweigen, die sie vor die fahrende Kamera zu führen haben, damit die Zweige noch ins Bildfeld hängen. Lang hat auch hier immer wieder zu richten. »Kinders, wie hängt ihr die Zweige herein.« Aber bei den kurzen Pausen zwischen den Proben, wenn Dießl und Wernikke auf ein Aufatmen herüberkommen, hat er für jeden wieder ein vergnügliches, neckendes Wort, um im nächsten Augenblick sich wieder in die Arbeit zu verbeißen.

Die Aufheller zischen auf: es wird nach den mitternächtlichen Stunden der Probe gedreht. Aber auch hier dreht Lang nicht etwa zweimal die Einstellung so herunter und dann ists gut. Immer wieder fährt mit dem auf einmal abstoppenden, die Einstellung wieder neu anpackenden Fritz Lang die Fahrkamera die Strecke ab; nach sechs Malen, findet Lang, daß eventuell eine Aufnahme »geworden« sein mag.

Fritz Arno Wagner hockt auf dem Kamerasitz, fanatisch seiner Arbeit hingegeben, jener erlesene Kameramann, den ein Fritz Lang haben muß. Und hier in seinem Eingehen auf die Lang-Intentionen vollzieht sich die Einheit der Konzeption, die das Werk braucht.

Film-Kurier vom 3. Oktober 1932

Als ich 1952 zum ersten Mal nach dem Krieg wieder nach Berlin kam, wo ich einige Kameraleute und Filmarchitekten, die ich von früher her kannte, aufsuchen wollte, nahm ich mir ein Taxi zu der Wohnung von Emil Hasler. Ich fühlte, wie mich der Fahrer immer verstohlen von der Seite ansah. Dann sagte er plötzlich: »Entschuldigen Sie, man hat mir am Hotel gesagt, Sie sind Fräulein Escoffier aus Paris, aber Sie sind doch nicht Französin? Wie heißen Sie wirklich?«

»Escoffier«, war meine Antwort, das war mein Deckname während des Krieges, und so nannte ich mich noch lange nachher.

»Escoffier«, murmelte der Taxifahrer, »und ich hätte schwören können, Sie sind Fräulein Doktor Eisner vom Film-Kurier, die ich nächtlicherweise mit dem Ufa-Wagen zu Fritz Langs Dreharbeiten kutschieren mußte.«

Da war das doch der ehemalige Ufa-Chauffeur, zu dem ich ins Taxi gestiegen bin ...

Ja, und dann ging es los: Das waren noch Zeiten, Glanzzeiten des deutschen Films, paradiesische Zeiten für Filmschöpfer, die Berge und Bäume versetzen konnten, wenn sie es befahlen. Heute kann man sich kaum mehr vorstellen, welch eine vordringliche Rolle der Film im öffentlichen Leben Berlins während der zwanziger und frühen dreißiger Jahre gespielt hat. Zwar hatten der Erste Weltkrieg und die darauffolgende Wirtschafts- und Währungskrise, die bis 1924, bis zur Stabilisierung der Reichsmark andauerte, die Entwicklung der Filmindustrie gehemmt, aber es war auch während der schwersten Zeiten bei der Bevölkerung immer der Wunsch nach Zerstreuung und Ablenkung wach. Man ging ins Kino, um dem grauen Alltag zu entkommen. Die leichte Muse war Trumpf, die Zuschauerzahlen wuchsen ständig, es wurden laufend Kinos gebaut. 1917, noch während des Krieges, wurde die Universum-Film AG (Ufa) aus der Taufe gehoben, die zunächst zu staatlichen Propagandazwecken diente, sich aber schnell zum größten Filmkonzern Deutschlands entwickelte, der den deutschen Qualitätsfilm weltberühmt machte. Die Ufa fungierte als Produktions- und Verleihfirma, baute darüber hinaus eine mächtige Kinokette im ganzen Reich auf und erwarb in Neubabelsberg bei Potsdam ein riesiges Terrain, wo sie ihre Ateliers errichtete. Zwischen 1925 und 1927 wurden so viele Großkinos in Deutschland erbaut, daß die Zahl der Sitzplätze sich um 325000 vermehrte. Und diese Großkinos, die man mit Recht Paläste nannte, faßten zwischen ein- und zweitausendfünfhundert Zuschauer. 1928 hatte Berlin fünfzehn Uraufführungstheater, wo die glänzenden Filmpremieren vor einem erlauchten Publikum, den Star-Kritikern, und mit großer Orchesterbegleitung stattfanden. Von diesen fünfzehn »Palästen« gehörten sechs der Ufa, drei der EMELKA, dem zweitwichtigsten Konzern, und die übrigen der Südfilm-AG, der TERRA und drei unabhängigen Firmen. Die staatlich subventionierte Ufa, deren größter Aktionär die Deutsche Bank war, blieb der stabilste Faktor der deutschen Filmindustrie bis zum Ende der Nazi-Ära. Alle übrigen Firmen erlitten ein wechselvolles Schicksal, über das man ein separates Buch schreiben könnte.

Nach einer Statistik des ›Film-Kurier‹ vom 18. August 1928 war »Film-Berlin« bei 4000000 Einwohnern einer der wichtigsten Arbeitgeber der Stadt: Es beschäftigte 12500 Arbeitnehmer, die direkt beim Film angestellt waren, darunter vierhundert Regisseure aus dem In- und Ausland. Es wurden im Deutschen Reich zweihundert Filme pro Jahr produziert, in der heutigen Bundesrepublik sind es knapp sechzig. Natürlich war ein Großteil dieser Filme Schund. Wir fallen zu leicht in den Fehler zu meinen, »Die Goldenen Zwanziger Jahre« hätten nur den großen klassischen Stummfilm hervorgebracht. Das ist ein grober Irrtum. Die Filme von Pabst, Murnau, Lang, Lubitsch, Dupont, Leni und Wiene waren Diamanten in einem großen Steinbruch. Ich brauche mir nur die Titel der gängigen Produktionen ins Gedächtnis zurückzurufen, und jedes weitere Wort wird überflüssig: *Harry Piel: Sein Größter Bluff, Priscillas Fahrt ins Glück, Peter der Matrose, Das Brot der Straße, Wolgamädchen* (nach Motiven des bekannten Wolgaliedes: »Deine Augen sind so tief wie die Wolga«), *Gefahren der Brautzeit* usw. Sogenannte Sitten-

oder Aufklärungsfilme, die unter der wissenschaftlichen Beratung von Sanitätsrat Dr. Soundso entstanden und in Wirklichkeit verkappte Porno-Filme waren, schossen wie Pilze aus dem Boden. Daneben blühte die im übrigen meist sehr professionell gemachte, aber stinklangweilige Kulturfilmproduktion: *Das Wiesenschaumkraut, Das Leben der Schwarzdrossel, Intimes aus dem Mäusereich, Mein und Dein im Tierreich* usw. ...

Die allgemeine Mediokrität des deutschen Films wurde nicht geringer durch die frühe Abwanderung deutscher Spitzenregisseure nach Hollywood, lange bevor der Exodus aus Nazi-Deutschland begann. Lubitsch verließ Deutschland 1923, seine monumentalen historischen Ausstattungsfilme *Anna Boleyn* und *Madame Dubarry* hatten großen Erfolg im Ausland gehabt; ihm folgte Friedrich Wilhelm Murnau, dessen Film *Der Letzte Mann* besonders durch seine revolutionäre Kameratechnik bei den Amerikanern Eindruck gemacht hatte. Paul Leni – *Das Wachsfigurenkabinett* – ging, andere zog es nur zeitweise nach Hollywood, sie kamen wieder, wie Max Reinhardt und Ludwig Berger. Es blieben die beiden großen Rivalen, Lang und Pabst. Wenn ich Lang gegenüber Pabst erwähnte, sagte er: »Wie können Sie nur diesen entsetzlichen Pabst mögen«, und wenn ich Pabst gegenüber Fritz Lang erwähnte: »Wie können Sie nur diesen schrecklichen Lang frequentieren.« Es gab keinen Zusammenhalt unter den deutschen Regisseuren. Jeder braute sein eigenes Süpplein und sah mit großem Mißtrauen, was der andere machte. Bei Fritz Lang trieb dieser »mauvaise foi«, ein französischer Ausdruck, der das vorweggenommene schlechte Urteil am besten umschreibt, seltsame Blüten. Ich ging einmal mit ihm in eine private Vorführung von Murnaus *Sunrise,* als er schon in den Vereinigten Staaten arbeitete und Murnau dreißig Jahre tot war. Kaum flackerte das erste Bild auf, als Lang auch schon laut räsonierte: »Ich habe ja schon immer gewußt, daß dieser Murnau nichts taugt.« – »Aber Fritz«, sagte ich, »Murnau ist der Größte.« Das ärgerte ihn noch mehr, denn er wollte doch selbst der Größte sein. So hörte er nicht auf, lauthals auf den Film zu schimpfen. Mir war das wegen der anderen Leute schrecklich peinlich. Schließlich rief ich ganz autoritär: »Fritz, jetzt halt endlich dein Maul!«

Aber in den Augen seiner Berliner Zeitgenossen war Fritz Lang sicherlich der Größte. Seine Filme enthielten alles, was ein

Brigitte Helm als »Maria«
in *Metropolis* (1926) von Fritz Lang

Abel Gance

Publikum sich wünschen konnte: Spannung, Neuartigkeit in der Thematik, Spektakel, Detailfreude, hohe Professionalität und eine hervorragende Besetzung.

Wer bei Fritz Lang eine Hauptrolle spielen durfte, wurde automatisch zum Star. Er hatte ein Faible für das weibliche Geschlecht und vermutete selbst in dem unbedarftesten weiblichen Wesen endlose Horizonte des Entzückens. Brigitte Helm, die unbekannte Mysteriöse mit den halbgeöffneten, tiefgründigen Augen, wurde in ihrer Rolle der »Maria« in *Metropolis* über Nacht zum Star. Ein Filmangebot jagte das andere, es gab lange Hofberichte über sie in den Tageszeitungen, Nachmittage lang hielt sie Sitzung, um den Autogrammwünschen aller in sie verliebten Berliner nachzukommen. Als ich sie eines Tages beschnüffelte, um zu sehen, welch Geistes Kind sie wäre, vertraute sie mir mit verlegenem Lächeln an, ihre ganze Filmkarriere wäre ihr wurscht, sie wäre viel lieber Hausfrau, würden kochen, Kinder großziehen und den Mann versorgen. Später hat sie all das auch getan. Neulich kam Howard Vernon, einer von Langs wenigen Vertrauten seiner letzten Jahre, zu mir mit einer köstlichen

Helm-Anekdote: Brigitte Helm, die Fritz Lang sehr verehrte, wollte ihn gern ihrer Mutter vorstellen. Es traf sich, daß sie alle drei bei »Horcher« – dem feinsten Eßlokal in Berlin – zu Mittag aßen. Die Schauspielerin nahm ihre Mutter unter den Arm, führte sie zu Langs Tisch und sagte: »Mama, darf ich dir den größten europäischen Regisseur vorstellen?« – »Oh«, sagte die Mutter, »Herr Abel Gance, es freut mich außerordentlich, Ihre Bekanntschaft zu machen!« Abel Gances künstlerisches und technisches Wunderwerk *Napoleon*, das damals in voller Länge in den großen Lichtspielhäusern auf drei Leinwänden gleichzeitig lief, machte gerade seinen Siegeszug durch ganz Europa. Fritz Lang lachte übrigens herzlich über diesen Fauxpas, denn sein Humor war stärker als die gekränkte Eitelkeit. Eine Fritz-Lang-Premiere im großen Ufa-Palast am Zoo war ein Staatsereignis. Alles, was Rang und Namen hatte, fand sich dazu ein. Unser Berichterstatter für den ›Film-Kurier‹ schrieb bei der Uraufführung von *Frau im Mond*:

Zweitausend Menschen folgten teilnehmend und ehrlich begeistert dem Schauspiel auf der Leinwand. Bei der Abfahrt der Mondrakete rasender Beifall. Endlose Ovationen am Schluß (...)

Ein illustres Publikum. Der amerikanische Botschafter – Köpfe der Politik und Wirtschaft, des Reiches und der Regierungen – der gesamte in Berlin anwesende Aufsichtsrat der Ufa, u.a.: Dr. von Strauß; Kommerzienrat Mamroth; Bankier Bodenheimer; Generaldirektor Dr. Thorndike; Geheimrat Dr. Hugenberg; Kommerzienrat von Wassermann usw.

(...) Natürlich die gesamte Presse und das geistige Berlin gleichfalls vertreten. Viele Führer und Künstler der Industrie ... 1000 Sterne auf der Straße.

Die Fassade des Ufa-Palastes am Zoo hat sich für die Weltpremiere in einen reich mit Sternen gespickten Himmel verwandelt. Nach Entwürfen Rudi Felds haben die Ufa-Leute in angestrengter Arbeit in wenigen Stunden eine gewaltige Wand mit etwa 1000 Lämpchen bestückt, die zum Teil (!)* flimmern.

Der rechte Nebeneingang zeigt eine gewaltige Erdkugel, die plastisch ausgebildet ist und auf der westlichen Küste Südamerikas eine famos gemachte Wolkenkratzer-Großstadt zeigt, deren Bauten von innen erleuchtet sind. Diese Stadt ist aber so als Krater gebaut, daß eine blitzblanke Rakete aus ihr herausschießen und später wieder zurücksausen kann. Sie läuft zuerst rasch schräg nach oben und verschwindet hinter einem Transparent, kommt dann ebenso zurück.

* Ausrufezeichen von M.G.

Das Transparent ist der Titel des Films, *Frau im Mond*, der riesig groß und plastisch über dem Hauptportal steht.

Über dem Eingang steht noch einmal in blauem Neonlicht der Titel: EIN FILM VON FRITZ LANG.

Film-Kurier vom 16. Oktober 1929

Lang war also der König der Filmpaläste und der absolute Herrscher im Atelier. Sein Befehl galt, seine Mitarbeiter respektierten ihn, denn in dem Bemühen um Detailgenauigkeit und wirklichkeitsgetreue Darstellung war Lang selbst sein unermüdlichster Arbeiter. Er hätte am liebsten alles selbst gemacht, wenn ihm tausend Hände gewachsen wären. Manchmal verbrachte er Nächte im Studio, um über ein bestimmtes technisches Problem zu grübeln. Dann konnte es vorkommen, daß man ihn am Morgen beim Rasieren zwischen Kamera und Kulissenteilen überraschte. Paßte ihm das Make-Up eines Darstellers nicht, so griff er selbst zum Schminktopf und probierte so lange, bis das Gesicht aussah, wie er es haben wollte. Der Kameramann Fritz Arno Wagner war für ihn sein verlängerter Arm. Wagner war wohl der variabelste und begabteste unter den großen Kameraleuten der zwanziger Jahre. Er stellte sich auf Langs Arbeitsfanatismus, das Ausgeklügelte seiner statischen Bilder, genauso ein wie auf die mobile Kameraführung bei Pabst, die der inneren Bewegung der Menschen nachspürte. Wagner hat mir viel über seine Kamera-Arbeit, die er mit Begeisterung machte, erzählt. Von ihm habe ich am meisten für meine filmhistorischen Bücher gelernt, er war ein geduldiger Lehrer, denn Geduld mußte er mit mir haben, war ich doch ein totaler technischer Idiot. In meinem Buch über Fritz Lang, das jetzt auch in deutscher Sprache erscheint, berichte ich detailliert über seine sorgfältige Arbeitsweise, den Willen, nichts dem Zufall zu überlassen, und bis zum letzten Schnitt alles zu überwachen.

Nach dem Krieg nahm ich mit Fritz Arno Wagner, der die Zeit heil überstanden hatte und weiter als Kameramann arbeitete, wieder Verbindung auf, und als Fritz Lang von Arthur Brauner das Angebot bekam, die zwei Indienfilme *Das Indische Grabmal* und *Der Tiger von Eschnapur* zu drehen, redete ich ihm zu, er solle Fritz Arno Wagner als Kameramann nehmen. Aber Brauner hatte jemand anderen im Auge, der viel weniger geeignet war – Richard Angst, ein Mann, der in den zwanziger Jahren ein

Spezialist für Bergfilme gewesen war und sich nicht so sehr für Studio-Arbeit eignete.

Lang mußte sich, da er zu jener Zeit froh sein konnte, überhaupt einen Produzenten zu finden, dem Willen Brauners unterordnen.

Aus Enttäuschung über die Nachricht, daß aus der Wiederaufnahme einer Zusammenarbeit mit Fritz Lang nichts wurde, hat Wagner dann eine x-beliebige Arbeit bei der Bavaria angenommen, in deren Verlauf er von einem Lastwagen fiel und sich das Genick brach. »Fritz«, habe ich gesagt, »hättest du nur den Wagner genommen, dann wäre er jetzt nicht tot!«

Mit Angst verstand sich Lang überhaupt nicht. Die Fremdheit zwischen den beiden erreichte einen Punkt, an dem Fritz mich anrief und flehte: »Komm! Ich brauche dich.« Und als ich ihn bei den Dreharbeiten besuchte, hörte ich, wie er zu seinem Assistenten sagte: »Bitte sagen Sie dem Kameramann, er möchte diese Szene mit der 24er Optik drehen.«

Jeder, der sich für Fritz Lang und seine Filme interessiert, hat wohl einmal von dem legendären Gespräch unter vier Augen zwischen ihm und Joseph Goebbels gehört. Lang selbst, der sich sonst über sein Privatleben vollkommen ausschwieg, weil es, wie er meinte, mit seinen Filmen nichts zu tun hätte, erzählte mit Vorliebe diese Geschichte und schmückte sie jedesmal ein bißchen mehr aus. Daran, daß diese Unterredung stattgefunden hat, gibt es wohl keinen Zweifel, aber Lang hat wahrscheinlich die Gefahr, in der er zu schweben meinte, leicht übertrieben, denn er stilisierte sich nachträglich gern zum politisch Verfolgten und Märtyrer des Nazismus. Auch bezweifelt mein Freund Feld, daß ihm damals tatsächlich von Goebbels die Übernahme der Ufa angetragen wurde, da die hohen Posten in der Filmgesellschaft vornehmlich mit Militärs besetzt wurden. Ein seriöser Kandidat soll der deutsch-nationale Korvettenkapitän aus dem Ersten Weltkrieg, von Stapenhorst, gewesen sein, der Produzent bei der Ufa war, aber das auch nur so lange, bis er durch eine unbedachte Äußerung einem nationalsozialistischen Untergebenen gegenüber ins Fettnäpfchen trat und sich aus Deutschland verdrücken mußte. Wie dem auch sei, Fritz Lang hatte eine lange Unterredung, die nach seinen Worten um zwei Uhr nachmittags in Goebbels' Arbeitszimmer angesetzt war, und in deren Verlauf Goebbels erklärte, wie sehr »sein Führer« von den Filmen *Me-*

tropolis und *Die Nibelungen* angetan wäre, und daß er Lang zum »Führer des deutschen Films« machen wolle.

Goebbels liebte es, sich sprechen zu hören, er redete und redete, der kleine Mann an dem großen Schreibtisch, und Fritz saß auf Kohlen ihm gegenüber. Er hatte einen demütigenden Spießrutenlauf durch lange Gänge und leere Hallen mit »Heil-Hitler« schreienden Ordnungshütern hinter sich, war also schon weichgeklopft, als er endlich aufgefordert wurde, sich dem Reichspropagandaminister Auge in Auge gegenüber zu setzen. Und was für Augen das waren! Ich habe einmal in der Oper zufällig neben Goebbels gesessen, als er noch Gauleiter von Berlin war, da habe ich diese Schlangenaugen, die diabolische Präsenz dieses hochintelligenten Menschen physisch gespürt ...

Während Lang in die kalten Augen starrte, überlegte er fieberhaft, wie er sich aus der Affäre ziehen könnte, denn er wollte sich nicht vor den Karren der Nazis spannen lassen, so weit ging seine Schwäche für das Germanische nicht. Lieber würde er Deutschland sofort den Rücken kehren. Dann und wann sah er auf die Uhr an der Staatskanzlei gegenüber, deren Zeiger erbarmungslos weiterrückten. Als es vier war, wußte er mit sinkendem Herzen, daß er nicht mehr auf die Bank konnte, um sein ganzes Geld abzuheben und zu türmen. Er hielt Goebbels mit seiner Antwort hin, er würde sich die Sache durch den Kopf gehen lassen und sich in kürzester Frist wieder bei ihm melden.

Dann ging er durch die leeren Gänge und die vielen Türen des Propagandaministeriums mit den vielen salutierenden SS-Leuten hinaus auf die Straße, nahm sich ein Taxi nach Haus, packte seine Koffer, raffte allen Schmuck und alles Bargeld, was er da hatte, zusammen und nahm den Nachtzug nach Paris.

In Paris hatte er schon Verbindung mit Erich Pommer, dem ehemals wichtigsten Produzenten der Ufa, dem der deutsche Film vor allem seinen guten Ruf im Ausland verdankte. Pommer hatte Lang, den gebürtigen Österreicher, nach Berlin geholt und ihm die ersten Regie-Chancen gegeben, nachdem er sich als Drehbuchautor versucht hatte. Als Fritz Lang dann mit dem *Testament des Dr. Mabuse* in finanzielle Schwierigkeiten geraten war, ermöglichte es ihm Pommer, der '32 schon in Paris war, den Film dort auf seine Kosten fertigzustellen.

Außerdem war ich, als Fritz ankam, auch schon ein Jahr in Paris, wo ich, obwohl ich mich in ärgsten Existenznöten befand, ihm doch ein wenig praktische Hilfe geben konnte. Lang hatte die Chance, gleich einen französischen Film machen zu können: *Liliom*, der im Milieu der Flohmärkte und Luna-Parks spielte. Ich führte ihn überall in Paris herum, zu allen »Puces« (Flohmärkten) und Jahrmärkten, zu allen bunten und malerischen Flecken, die ich kannte.

Mit der Sprache hatte Fritz keine Schwierigkeiten. Er war schon frühzeitig aus seinem Wiener Elternhaus ausgerissen, war in der Weltgeschichte herumgereist und hatte auch geraume Zeit in Paris zugebracht, wo er hoffte, Anregungen für seine Malerei zu finden.

Die Hauptrolle in *Liliom* spielte Charles Boyer, ein sehr guter Schauspieler, der zu seiner Zeit sehr bekannt war. Zu ihm knüpfte mir das Schicksal, wie in hundert anderen Fällen, eine kleine persönliche Verbindung: Als ich unbekannt und unter falschem Namen in Figeac, einer kleinen, mittelfranzösischen Stadt, als Köchin an einer Mädchenschule ein halbes Jahr lang gefrorene

Antonin Artaud in *La Passion de Jeanne d'Arc* (1927) von Carl Theodor Dreyer

Kartoffeln geschält und begriffsstutzigen Kindern Latein- und Englischsstunden gegeben hatte, landete ich in einem friedlicheren Hafen bei der alten Madame Guitard, die, wie sich bei unseren angeregten abendlichen Unterhaltungen herausstellte, die Lehrerin von Charles Boyer gewesen ist.

Ein anderes Kuriosum an *Liliom* war die Mitarbeit des surrealistischen Schriftstellers Antonin Artaud, der wegen seiner feinen Gesichtszüge und seines ekstatischen Ausdrucks schon von Carl Theodor Dreyer als Mönch in dem *Johanna*-Film eingesetzt worden war. Als ich *Liliom* das erste Mal im Kino sah, fiel mir wieder die besondere Ausstrahlung dieses exzentrischen Dichters auf, der eine kleine Rolle als Straßenmusikant spielte. Im Zusammenhang mit meinem Buch über Fritz Lang schrieb ich dem Regisseur, als ich gerade das *Liliom*-Kapitel verfaßte: »Wie bist Du damals eigentlich auf das Gesicht des Surrealisten Antonin Artaud gekommen?« Fritz schrieb zurück: »Ich hatte keine Ahnung, daß ich einen bekannten Dichter als Kleindarsteller benutzt habe. Mir fiel nur sein schönes Gesicht auf, er hatte sich unter vielen anderen als Statist angeboten, da nahm ich ihn.«

Liliom, ein Film, den Lang besonders liebte, fand bei den Franzosen damals keinen Anklang. Sie rieben sich an dem komischen Ende des Stückes, das als »Drame Psychologique« begann und plötzlich in ein burleskes Genre überwechselte, wenn der tote Held, mit Flügeln versehen, vom Himmel wieder zum Himmel aufschwebt. Das war mit dem cartesianischen Geist der Franzosen nicht vereinbar.

Nach dieser Enttäuschung nahm Lang dann 1934 das Angebot von MGM an, bei ihnen als Regisseur zu arbeiten.

Zwölf Jahre vergingen, bis ich wieder Verbindung mit ihm aufnahm. Sein erster Brief nach dem Krieg erreichte mich am 18. März 1946. Ich habe ihn aufbewahrt.

Ein paar Jahre danach, als Henri Langlois ihn zum ersten Mal als Ehrengast in die Cinémathèque Française einlud, sahen wir uns wieder. Da erst begann unsere eigentliche Freundschaft.

Valeska Gert, Tänzerin und Schauspielerin

Wenn ich gesagt habe, daß all meine engeren Freunde schwierig waren, so muß ich diese Behauptung ein wenig einschränken und betonen, daß ich mit »schwierig« niemals »Ichbesessenheit« gemeint habe ... Menschen, die nur von sich reden, kann ich gar nicht vertragen. Deshalb konnte ich auch mit der Person, ohne die man sich die zwanziger Jahre in Berlin gar nicht vorstellen kann, keine Freundschaft schließen ... Sie war eine Einzelgängerin, ein Paradiesvogel unter den Weibern – die Grotesk-Tänzerin Valeska Gert. Getroffen habe ich sie bei einem der großen Kostümbälle, wo sie mit Else Lasker-Schüler, die so schön dichtete und zeichnete, zusammen war. Valeska machte auf den ersten Blick einen ordinären Eindruck, aber in ihren Ausdruckstänzen schimmerte auch Zartheit und Grazie durch. Ich hielt sie für eine große Schauspielerin. In den wenigen Rollen, die sie bei Pabst, Renoir und Galeen spielte, war ihre starke Leinwandpräsenz körperlich spürbar. Deshalb habe ich es immer bedauert und auch in meinen Kritiken geäußert, daß sie so wenig Filmangebote bekam:

Die Tänzerin Valeska Gert, die nicht nur Tänzerin ist – man sah sie in der *Freudlosen Gasse* als schmierig betuliche Kupplerin mit ein paar Schulterbewegungen, mit einem Verziehen des Mundes, eine unheimliche Wirklichkeit gestalten. Man sah sie als zurückhaltend sorgende Zoé neben Nana.

Damals glaubte man, sie von nun an öfter zu sehen zu bekommen, weil seltene Möglichkeiten vom Grotesken bis zum Tragischen in ihr liegen; weil ihr jeder mimische Ausdruck gegeben ist, jede Bewegung ihres Körpers spricht.

Man hat sie aber weiter nicht gesehen. Nur gehört, daß sie jetzt einmal wieder eine kleine Rolle in der *Alraune* spielt. Kann der Film sie nicht brauchen? Gibt es so wenig Rollen für sie? Man sehe einmal bei Balzac nach. Oder bei Zola, bei Edgar Allan Poe und E.T.A. Hoffmann. Ich glaube, man fände Rollen für sie. Will man nicht endlich neue Wege gehen? Weil die alten zu ausgetreten sind. Es würde sich lohnen. –

Film-Kurier vom 14. Januar 1928

Da sie so überaus häßlich war, gab man Valeska Gert keine Hauptrollen, obwohl sie mit ihrer sinnlichen Ausstrahlung und ihrer schillernden Körpersprache die Einbildung des Zuschauers dahin hätte beeinflussen können, daß er sie als anziehend oder begehrenswert empfand, wenn auch nicht als schön.

Als sie älter wurde, stilisierte Valeska Gert geradezu ihre Häßlichkeit. Sie schrieb in einem ihrer Bücher über sich selbst, daß ein Mädchen an ihr vorbei ging und seine Mutter fragte: »Ist das ein Affe?«

Ich bin klein und habe einen Vogelkopf. Die Haare sind halb schwarz, halb weiß. Ich färbe sie. Sie sind zart und fein wie bei einem Baby. Meine Stirn ist rund, ziemlich glatt, nur über der Nase stehen zwei steile, senkrechte Falten. Die Nase ist flach, am Ende eine Rundung. »Kartoffelnase« nannte man sie früher. Die Backenknochen sitzen hoch, stehen vor, darunter bilden sich zwei Löcher, auf ihnen knittern dünne Risse, kreuz und quer. Der Mund ist gut geformt, aber an den Rändern haben sich senkrechte Falten gebildet. Der Hals ist glatt – vielleicht, weil ich bis vor kurzem flach, ohne Kissen geschlafen habe.

Die Schultern sind gerade und knabenhaft, der Busen apfelförmig, er hängt. Der Bauch ist breit, weiblich und fleischig, aber nicht dick. Der Po ist nicht mehr, was er war. Er ist flacher. Der Rücken männlich, kein Gramm Fleisch zu viel. Schenkel und Knie sind gut geformt, die Haut seidig, Beine muskulös, zu kurz. Die Fesseln sind schmal, Handgelenke noch schmaler; sie können zu einem zwölfjährigen Mädchen gehören. Füße zart, sehr beweglich, etwas außer Façon geraten, sehr elastisch. Die linke Hand hat fast keine Falten, die rechte ist breit, weil ich viel gearbeitet habe. Haut zart, Fingernägel schmal und edel.

Ich habe dunkelbraune Augen, weniger Wimpern als früher. Habe ich gut geschlafen, sind sie blank. Klebe ich künstliche Wimpern an und färbe die Lippen rot, bin ich für manche Menschen attraktiv, obwohl ich uralt bin.[21]

Was sollte ich dieser eingehenden Selbstdarstellung noch hinzufügen, vielleicht, daß man sich erzählte, das einzig Schöne an Valeska Gert sei ihr Busen gewesen, der noch bis ins hohe Alter glatt und weiß blieb ... Als Valeska starb, wußte niemand, wie alt sie wirklich war. Ich habe immer gedacht, sie sei jünger als ich gewesen, aber anscheinend hatte sie sich um etliche Jahre jünger gemacht und war bei ihrem Tod schon weit in den Neunzigern.

Obwohl sie in ihren Büchern immer wieder betont, sehr asketisch gelebt zu haben, um sich nur für ihren Beruf zu bewahren, hatte Valeska Gert in Wirklichkeit nicht wenige Liebhaber neben ihrem jeweiligen Ehemann, für die sie auch, wenn es sein mußte, auf die Straße ging. Ihr erster Mann kam aus einer vornehmen, reichen Berliner Familie. Es war ein guter Freund meines Bruders, Helmut von Krause, ein feiner, eher femininer Mensch, der

Valeska Gert als »Tante Praskovia« in *Der Fangschuß* (1976) von Volker Schlöndorff

die größte Privatsammlung auserlesener Parfums hatte. Ein merkwürdiges Gespann war das.

Ich habe Valeskas Schicksal eigentlich nur von weitem beobachtet, da sie sich ja, außer für sich selbst, für nichts interessierte. – Kunst verabscheute sie, allein das Wort war ihr zuwider. Wenn sie ins Theater ging, war es nur, um festzustellen, daß sie es besser gemacht hätte – was vielleicht in vielen Fällen stimmte. Ins Kino ging sie auch selten, aber da hatte sie Instinkt. Sie mochte Erich von Stroheim, der damals nur geschmäht wurde, weil er auch so ein unglaublicher Exzentriker war, und sie verehrte Sergej Eisenstein, für den sie 1930 eine erste kleine »Autobiographie« schrieb: ›Mein Weg‹. In einer späteren Autobiographie befindet sich eine ausführlichere Schilderung der Begegnung zwischen Valeska Gert und Eisenstein:

Ich fuhr nach Paris, um dort den berühmten russischen Regisseur Sergej Michailovitsch Eisenstein zu treffen. Wir waren voneinander fasziniert. In Mary Seton's Eisenstein-Biographie, erschienen 1952 im Bodley-Verlag London, findet sich diese Beschreibung unserer Begegnung:

»In Valeska Gert, Berliner Tänzerin, entdeckte er ein Kaleidoskop von Sinnlichkeit, Humor und Leidenschaft. Als Künstler verband Sergej Eisenstein und Valeska Gert eine große Affinität. Für beide war das Panorama der Welt eine Mischung von Komik und Tragik. Sie fand ihre Inspiration in der realen Welt, beide mußten revolutionär sein, in allem, was sie schufen. (...)

Ihr Tanzen faszinierte Sergej Michailovitsch. Diese Frau, die zwischen Häßlichkeit und Schönheit schwankte, je nachdem wie ihre Stimmung war, war für ihn ein Symbol physischer Anziehungskraft von beinahe lähmender Intensität. (...)

Sie machte einen großen Fehler: Sie gab ihm das Gefühl, daß er nur eine neue Erfahrung für sie sei. Er aber wollte Zuneigung mit ihr teilen. So wandte er sich neuen Dingen zu. Valeska Gert aber blieb in seinem Kopf, denn die Leidenschaft, die sie in ihm geweckt hatte, brachte ihn einen Schritt näher ans Leben.«[22]

Soweit mir bekannt ist, war Eisenstein nicht nur schüchtern mit Frauen, sondern tief gestört. Mit seiner Frau Pera, die ich gut kannte und die mir nach dem Krieg, als ihr Mann schon tot war, und ich sie in Moskau besuchte, viel von Sergej erzählt hat, hatte er nie sexuelle Beziehungen. Er lebte seine erotischen Phantasien in Zeichnungen aus – eine ganze Sammlung hatte er davon. Es ist seltsam, weil er doch so männlich aussah. Wenn wir von Eisenstein sprachen, hieß er immer nur »Der Löwenkopf« ...

Valeska Gert mußte sich auf dem Höhepunkt ihrer tänzerischen Karriere, wie so viele jüdische Künstlerinnen, von Deutschland absetzen. Sie hatte zwar noch holterdiepolter einen arischen Homosexuellen geheiratet, als Hitler die Macht ergriff, fühlte sich aber trotzdem nicht sicher.

Jedenfalls ging sie nach Amerika, und ich verlor sie aus den Augen, bis sie irgendwann nach dem Krieg in Paris, bei uns in der Cinémathèque, wieder auftauchte. Sie drehte gerade einen Film mit einem unbekannten, jungen französischen Regisseur, der leider sehr schlecht wurde, *La Bonne Dame* von Pierre Philippe, 1968.

Henri Langlois liebte Valeskas Farbigkeit, ihre Vitalität, ihre völlige Hingebung an den Tanz – er liebte alles, was mit dem klassischen deutschen Stummfilm zu tun hatte. So kam er auf die Idee, Valeska, die damals immer noch all ihre selbsterfundenen Tänze in den Beinen hatte, auch immer noch erpicht darauf war, Publikum zu erobern, zu filmen.

Valeska war in allen Himmeln, verausgabte sich total vor Henris Kamera, wartete – und da wird die Geschichte traurig – auf Wunder, die nie eintraten; Henri verkramte das Material. Soviel ich weiß, hat er den Film nie geschnitten, die Büchsen verschwanden in dem gefräßigen Bauch der Cinémathèque, sie wurden verdaut und nie mehr ausgespieen.

Valeska fragte immer wieder, wenn sie in Paris war: »Was ist aus dem Film geworden?« Sie schrieb und rief an: »Was ist aus meinem Film geworden?« Es war zum Verzweifeln. Schließlich hat sie noch eine späte Genugtuung gehabt, als Volker Schlöndorff ihr eine Rolle in dem Film *Der Fangschuß* gab und außerdem noch einen Dokumentarfilm mit ihr drehte, in dem sie all ihre berühmten Nummern aus den zwanziger Jahren noch einmal nachtanzen konnte. Das muß ihr sehr gut getan haben. Es war bei den neuen deutschen Regisseuren in den sechziger und siebziger Jahren ein klar erkennbarer Wunsch vorhanden, wieder an die klassische Filmgeschichte anzuknüpfen, man stöberte alte Stars von damals auf und erinnerte sich an berühmte Filmstoffe. So drehte Werner Herzog, in Anlehnung an Murnaus berühmten Film, einen neuen *Nosferatu.* Er hatte sich den Valeska-Gert-Film von Schlöndorff angesehen, der ihn so beeindruckte, daß er sofort nach Kampen fuhr, um ihr eine Rolle in seinem Film anzutragen. »In ihren Verzerrungen«, meinte Herzog, sei sie »mit dem Ungebührlichen der Natur im Einklang.« Sie gingen in die richtige Richtung.

Genau das brauchte er für die groteske Rolle des Renfield in *Nosferatu*, einer Figur, die verzweifelt mit dem Bösen Verbindung aufzunehmen versucht, weil sie nur in seinem Dunstkreis mit sich eins sein kann. Leider ist es zu dieser Zusammenarbeit nicht mehr gekommen. Valeska Gert starb ein paar Wochen vor dem Beginn der Dreharbeiten.

Das größte filmische Ereignis der zwanziger Jahre, darüber sind sich wohl alle alten Berliner einig, war die Aufführung von S.M. Eisensteins *Panzerkreuzer Potemkin.* Der Film war 1925 entstanden, kam aber erst ein Jahr später unter großen Schwierigkeiten in Berlin zur Aufführung. Der revolutionäre Explosivstoff dieses Films war so gefürchtet, daß die meisten Regierungen der westeuropäischen Staaten massiven Aufruhr, wenn nicht gar ein Übergreifen der kommunistischen Bewegung auf ihre Länder für möglich hielten. Selbst die großen und weit entfernten USA hatten Angst vor den »Russenfilmen«, die mit der Begründung beschlagnahmt wurden, daß sie »den Grundsätzen der Regierung der Vereinigten Staaten zuwiderliefen«. Zwischen 1926 und 1932 wurden *Potemkin*, *Die Erde*, *Die Mutter*, *Zehn Tage, die die Welt erschütterten* und *Sturm über Asien* von der Zensur verboten, teilweise freigegeben, wieder verboten oder gar gekürzt und verschnitten. Politisch engagierte Kinobesitzer entblödeten sich auch nicht, selbst zur Schere zu greifen, um den Zuschauer vor gefährlichen Einflüssen zu bewahren. Aber die Presse hatte wenigstens eine große Gelegenheit, den Film im Ganzen zu sehen: bei seiner ersten Aufführung im »Alhambra-Theater« am Kurfürstendamm. Mein Freund Hans Richter konnte sich noch in allen Einzelheiten dieser aufregenden Premiere erinnern. Er schrieb in seinem Buch ›Köpfe und Hinterköpfe‹:

Schon nach den ersten zwanzig Minuten waren die Gemüter der Berliner (nach einer verlorenen Revolution, einer gewonnenen Inflation, nach Märschen und Putschen) in Siedehitze geraten. Das war ja ihre eigene, allerdings verpfuschte Revolution, die sie da sahen. Dieses madige Fleisch, das war ja ihre Kriegsnahrung, diese Kosaken, das waren ja ihre Reichswehr, ihr *Noske* und die verschiedenen Sturmtrupps.

Den Polizisten wurde es in ihrer Abschreckungsuniform ungemütlich. (...) Das Stöhnen im Saal, mit dem das Publikum hörbar und kollektiv an den Vorgängen auf der Leinwand teilnahm, als wäre es dort selbst, enthielt die Drohung unmittelbar bevorstehenden Aufruhrs ... den zu verhindern die uniformierten Diener der neuen Deutschen Republik aufgestellt worden waren.

Als aber dann am Schluß des Films die rebellierenden Matrosen mit ihrem Schiff tatsächlich (und den Tatsachen entsprechend) entkamen, siegten, sich

Sergej Michajlowitsch Eisenstein, der »Löwenkopf«

mit der ganzen Schwarzmeer-Flotte verbündeten, da entlud sich das um alles betrogene Publikum in einer Orgie von Zustimmung, mit frenetischem Geschrei, Gebrüll und Applaus. Kein Polizist der Welt hätte da eine Chance gehabt. Und kein deutscher Polizist war mehr da, die Orgie zu dämpfen. Sie wären in Stücke gerissen worden. Lange vorher schon hatten sie sich ganz vorsichtig aus dem Staube gemacht. Sie waren sich offenbar nicht nur ihrer Ohnmacht bewußt geworden, sondern mögen von den Anklagen des Films selbst betroffen worden sein, erweckt zu einem Schuldbewußtsein, das sie als »Obrigkeit« wohl nie vorher in ihrem Leben gefühlt hatten. Sie mögen auch gemerkt haben, daß sich die gegen die Kosaken aufgespeicherte Massenwut gegen sie wenden könnte. Also besser verschwinden![23]

Es dämmerte den Politikern damals ganz allmählich, was für ein durchschlagendes Propagandamittel das Medium Film sein konnte, wenn der zündende Funke im Volk da war. Leider haben die Sozialdemokraten, die schon genauso kleinbürgerlich waren wie sie es heute sind, sich diese Erkenntnis nicht zunutze gemacht, um ihre Partei in der kritischen Phase, vor den Wahlen 1932, zu stärken. Ich habe sogar einmal bei einer Parteiversammlung einen Vortrag über die Effektivität des Films zu Propagandazwekken gehalten. Hinterher hat mir der Parteivorsitzende wohlwollend auf die Schulter geklopft und gemeint: »Das hört sich ja alles recht einleuchtend an, was sie da vorbringen, Fräulein Doktor, aber die Partei hat kein Geld.«

Die nationalsozialistische Partei hatte es dann, das Geld, und ein jeder weiß, was für einen macht- und wirkungsvollen Kampf Goebbels mit seinem alle modernen Medien umfassenden Apparat geführt hat.

Wir waren durch Eisensteins Film alle wie elektrisiert. Er schlug bei uns ein in einer Zeit, als man schon wieder alle Hoffnungen auf ein befreiendes Lüftchen im eigenen Lande aufgegeben hatte und mit Resignation feststellen mußte, daß unsere soziale Demokratie, die mit der Novemberrevolution so vielversprechend begonnen hatte, in den alten reaktionären Trott verfallen war. Zwar hatten wir kein Kaiserreich mehr, aber die altehrwürdige Bürokratie war von der neuen Regierung übernommen worden. Es staubte. Ich war regelrecht eingeschlafen, hatte die leidige Politik in eine Ecke gestellt und mich in das Kulturleben Berlins gestürzt. Wir hatten ja sowieso mit unseren Manifesten, Protesten, unseren Ligen für dies und Tribünen für das keinen Einfluß auf die Politik ... aber plötzlich wurde uns *Potemkin* vor den Latz geknallt, und da spürten wir Aufwind. Vielleicht war eine Revolution in Deutschland doch noch möglich?

Von nun an gaben wir dem russischen Film und den russischen Belangen einen großen Raum in unserer Zeitung. Die Russen hatten einen eigenen Filmverleih für Deutschland gegründet, die Deutsch-Russische-Film-Allianz AG – Derussa – die ihre Filme vertrieb und auch nach Co-Produktionen Ausschau hielt. In ihrem Fahrwasser kamen immer häufiger russische Filmdelegationen nach Berlin, die mit großer Begeisterung empfangen wurden. Eisenstein wurde herumgereicht wie ein kostbares Juwel. Es kamen Dovjenko, Pudowkin, Kuleschow, Alexandrow – ein Mitarbeiter Eisensteins – Wertow und viele andere.

Es war auch nicht nur die revolutionäre Kraft ihrer Filme, die uns begeisterte, sondern die Art der Bilder, die Köpfe der Menschen in den Filmen, Menschen, die keine glatten Darsteller waren, sondern ungeschminkte Wesen von der Straße. Pudowkin sagte einmal: »Was soll ich mir einen Filmschauspieler holen, der einen siebzigjährigen Mann spielt und nur eine Stunde Zeit hat, sich auf seine Rolle vorzubereiten, da nehme ich doch lieber einen siebzigjährigen Greis, der siebzig Jahre Zeit hatte, sich auf seine Rolle vorzubereiten.«

Wir hatten bis dahin nur Schauspieler gesehen, die bis an die Zehenspitzen hinunter geschminkt waren. Sogar die Männer hatten melancholische Lidschatten und mondsüchtig bleich geschminkte Gesichter. Sehe man sich doch einmal einen Film wie *Metropolis* an. Da sind selbst die Arbeiter geschminkt wie der »Somnambule«. Aber der sterbende Bauer in *Die Erde* ist ein Bauer. Er stirbt auch wie ein Bauer, draußen, unter seinen Apfelbäumen. Bevor er von der Welt Abschied nimmt, beißt er noch einmal herzhaft in einen Apfel – dann stirbt er in Frieden. Dieser Bauer hat ein Gesicht, die Menschen auf der Leinwand hatten plötzlich alle Gesichter, aus den Runzeln, aus den zerfurchten Händen sprang uns das Leben an.

Dazu kam die ungewöhnliche Montagetechnik der Russen, die sich viel mehr auf die fortlaufende rhythmische Bewegung des Films selbst als auf den chronologischen Handlungsverlauf konzentrierten und so, von dem theatermäßigen Abfilmen der Personen Abstand nehmend, das Medium Film ganz neu entdeckten.

Das klingt für uns heute banal, zumal es ja auch einzelne westliche Regisseure gab, die schon filmisch und nicht mehr theatermäßig arbeiteten (Stroheim, Pabst, Lubitsch usw.). Aber wir hatten den fundamentalen Unterschied zwischen Film und Theater nie so klar demonstriert bekommen wie mit diesen revolutionären russischen Filmen …

Wie wenig Bestand die Erkenntnisse dann hatten, merkt man, wenn man sich frühe Tonfilme anschaut und feststellen muß, daß mit dem Aufkommen des Tons sich wieder die alten Fehler einschleichen: Man nimmt sich Darsteller vom Theater, die vor der Kamera ihren Text deklamieren. Für die russischen Regisseure war die Natur das Material, und der Mensch war nur ein Bestandteil der Natur, nicht mehr und nicht weniger.

Ich war natürlich sehr gespannt darauf, Eisenstein kennenzulernen. Hans Feld, der damals die langen Artikel über ihn schrieb, freundete sich sehr mit ihm an. Eisenstein war ein großer Leser. Das erste, was er tat, wenn er nach Berlin kam, war, die Buchläden zu durchstöbern. Feld beriet ihn oder besorgte ihm die Bücher, wenn er selbst keine Zeit hatte. Bei einem Besuch von Eisenstein 1928, als er gerade seinen Film *Zehn Tage, die die Welt erschütterten* gedreht hatte, lernte ich ihn dann kennen. Er war mit Pudowkin zusammen gekommen. Eisenstein beeindruckte mich durch seine unheimliche Belesenheit, seine Sprachbegabung – er wechselte mühelos von einer europäischen Sprache zur anderen über – und durch seinen Witz. Er konnte sehr geistreich erzählen, war dadurch aber etwas einschüchternd. Ich hielt mich lieber an Pudowkin, der leichter zugänglich war und weniger monologisch veranlagt.

Mit Eisenstein hatte ich meine erste ausführliche Unterhaltung, in deren Verlauf er mir Dinge andeutete, von denen ich keine Ahnung hatte, als er 1932 von Mexiko, wo er einen Film gemacht hatte, über Berlin, zurück nach Moskau ging. Zum ersten Male ahnte ich, daß unter Stalin die Revolution anfing, totalitäre Züge anzunehmen. Was Eisenstein betraf, der noch dazu den Nachteil hatte, Jude zu sein – Judenpogrome und Antisemitismus waren in Rußland kaum überwunden –, so hatte er für ein Jahr Auslandsurlaub bewilligt bekommen, war in Hollywood gewesen, wo er aber kein Projekt auf die Beine stellen konnte und war schließlich in Mexiko gelandet. Dort drehte er einen langen Film, den ein linksorientierter amerikanischer Schriftsteller, Upton Sinclair, ihm vorfinanziert hatte.

Eisenstein schwärmte von den Aufnahmen in Mexiko und zeigte mir einige Standphotos, die einen wunderbaren Film versprachen. Ich war natürlich ganz versessen auf diese Photos – am liebsten hätte ich sie gleich behalten, aber Eisenstein sagte mir: »Ich schicke Ihnen einen Satz, wenn ich den Film fertig geschnitten habe.« Er nahm an, Upton Sinclair würde ihm sein Material, das in den USA geblieben war, nach Rußland schicken. Denn Stalin hatte Eisenstein befohlen, sofort in sein Land zurückzukehren, so daß er keine Zeit mehr hatte, seinen Film gleich an Ort und Stelle fertigzustellen.

Eisenstein war niedergeschlagen, er sprach von dem Druck, der von staatlicher Seite auf ihn ausgeübt wurde – daß er längst nicht mehr machen könnte, was er wollte, da er »die ideologische Linie der russischen Tagespolitik nicht mehr einhielte«. Man kreidete ihm an, daß er ein Individualist war und ein Genie. Ich merkte, daß er eigentlich nicht nach Moskau zurück wollte. Später am Abend kam er dann noch mit Hans Feld zusammen. Sie trafen sich im Hotel am Steinplatz, wo sie die ganze Nacht über nach Lösungen für Eisensteins Zukunft suchten. Zwei Stockwerke über ihnen saß der Führer der NSDAP!

Eisenstein wollte nicht zum Exilrussen werden. Er war überzeugter Kommunist, seine Familie lebte in Rußland, seine Wurzeln waren dort.

Am nächsten Morgen fuhr er nach Moskau zurück. Ich habe ihn nie wieder gesehen. Als Hitler die Macht übernahm, bot Eisenstein Hans Feld (der auch Jude war) brieflich eine Zuflucht in Rußland an, aber inzwischen hatte man schon durch andere Bekannte, die desillusioniert zurückkamen, von den Schikanen und Säuberungen gehört, die die kommunistische Partei unter Stalin sich besonders an den »Edelkommunisten« zuschulden kommen ließ. Es war auch bezeichnend, daß wenige überzeugte deutsche Kommunisten wirklich den Fluchtweg nach Moskau nahmen. Die meisten unserer Freunde stellten Asylanträge für Amerika, siehe Brecht und Weigel. Brechts Mitarbeiterin, die Schauspielerin Carola Neher, Frau des Bühnenarchitekten Caspar Neher, war eine der wenigen, die noch fest an die russische Revolution glaubte. Diesen Glauben mußte sie mit dem Leben bezahlen. Sie wurde mit ihrer Mutter zusammen, wie Tausende ihresgleichen, von Stalin ermordet.

Jeder, der sich für Eisensteins Filmographie interessiert, weiß über das traurige Schicksal seines Mexiko-Films Bescheid. Upton Sinclair, der fürchtete, das investierte Geld nicht zurückzubekommen, behielt das Material ein und verkaufte es stückweise. Mehrere Eisenstein-Kenner (Jay Leyda, Mary Seton, Grigorij Alexandrow) haben versucht, aus den mühsam wieder zusammengesuchten Bruchstücken etwas zu konstruieren, was Eisensteins Idee entsprochen hätte. Das wäre der letzte Film gewesen, den der große Russe hätte frei gestalten können. Nach seiner Rückkehr wurde ihm das Handwerk derart erschwert, daß er sich regelrecht zu Tode grämte, wie mir Pera Eisenstein erzählte. »Fast alle russischen Regisseure sterben bei uns an Herzinfarkt«, sagte sie. Das System töte sie.

Potemkin rangiert heute noch unter den zehn besten Filmen aller Zeiten. Das haben Rundfragen bei Kritikern und Filmfans immer wieder gezeigt.

Der revolutionäre Schwung der russischen Filmschaffenden schlug bei uns solche Wellen, daß auch wir uns wieder auf unsere politische Sendung besannen. Durch den *Panzerkreuzer Potemkin* wurde uns schmerzlich bewußt, daß wir im November 1919, als derselbe revolutionäre Elan da war, unsere Chance verpaßt hatten. Gegen Ende der zwanziger Jahre besann man sich zurück auf diese kurze Zeit der schöpferischen Möglichkeiten in unserem Staate, man fing an, die Revolution, die keine war, zu glorifizieren. Ein großer Film à la Eisenstein über den 9. November spukte in den Köpfen der Produzenten. Willy Haas sollte das Drehbuch schreiben. Er äußerte sich dazu in unserem Blatt:

> … der 9. November ist und bleibt ein großer Tag in der deutschen Geschichte, in der Weltgeschichte. Es war in diesen ersten Novembertagen ein ungeheurer Seelenaufschwung da, ein ungeheurer Willen zur reinen Abrechnung, ein ungeheurer ursprünglicher Freiheitsdurst, ein ungeheures menschliches Gerechtigkeitsgefühl … Der 9. November ist zum Symbol geworden, genauso wie die Rebellion auf dem Panzerkreuzer Potemkin zu einem historischen Symbol geworden ist. Und wie diese Rebellion, soll auch der 9. November ein filmisches Denkmal bekommen.
>
> *Film-Kurier vom 11. Juli 1928*

Der Novemberfilm war plötzlich in aller Munde. Ich machte ihn auch zum Gegenstand eines Gespräches mit Ernst Toller, das ich für meine Zeitung führen sollte. An dieses Interview kann ich mich deshalb noch so lebhaft erinnern, weil Toller in sprachlicher Hochform war und ein paar saftige Anwürfe gegen die Weimarer Republik herausließ. Ich war zufrieden, meine ausführlichen Notizen beulten sich dick in meiner Handtasche – ein gutes Gefühl für einen Journalisten. Da bat Toller: »Könnten Sie mir wohl Ihr Manuskript zeigen, bevor Sie es veröffentlichen?« – »Aber natürlich, Herr Toller«, sagte ich. Ich ging wieder zu ihm, als mein Artikel fertig war. Er las ihn durch. Ich merkte, wie er um die Nasenspitze bleich wurde. »Ich hätte nicht gedacht, daß Sie so ein ausgezeichnetes Gedächtnis haben«, brachte er schließlich heraus. »So können wir den Text nicht veröffentlichen. Ich war schon einmal wegen meiner politischen Einstellung im Gefängnis, ein zweites Mal würde ich nicht überstehen.« Und dann nahm er den Stift und strich das Interview so zusammen, daß kaum mehr etwas übrigblieb. Von der Kritik an der Regierung schimmerte im letzten Satz noch eine Andeutung durch: »Die Tragödie der Zerrissenheit der Massen, die den Gegnern ihre verlorene Macht wiedergeben konnte ...«

Trotz dieser Enttäuschungen habe ich mich bei ähnlichen Gelegenheiten genauso verhalten. Ich wollte ja den Menschen mit meiner Veröffentlichung nicht schaden, sondern nutzen.

Mit André Gide war es noch radikaler. Wieder hatte ich Gelegenheit, ein ganz besonderes Interview zu machen – Gide war doch einer meiner literarischen Helden – und es kam nicht allzu oft vor, daß ich große Dichter persönlich sprechen konnte. Auf mir blieben so Dinge wie »Ballnacht in Hollywood« oder der Kommentar zum Totensonntag hängen ...

Als ich also André Gide gegenüberstand, hat er wohl in meinem Gesicht einen Zug Menschlichkeit entdeckt, wo er sich einen Journalistengeier erwartet hatte. »Mademoiselle Eisner«, sagte er, »wäre es sehr schlimm, wenn ich Ihnen keine Fragen beantwortete? Ich bin so müde von den vielen Interviews.« – »Aber natürlich, Monsieur Gide«, sagte ich. »Ich möchte nicht, daß Sie sich zwingen müssen. Dann gibt es eben einen Artikel weniger über Sie. Tant pis!«

Er war sehr erleichtert, bat mich aber, darüber hinaus noch etwas für ihn zu tun. Da er immer Interesse an aufregenden »faits divers« hatte und von dem »Mordprozeß Krantz« gehört hatte, bat er mich, alle Zeitungsausschnitte über diesen Prozeß zu sammeln und ihm nach Paris zu schicken. Das tat ich – es war wirklich ein interessanter Prozeß, den Gide wohl einmal für einen Roman verwenden wollte. Der Angeklagte war ein sensibler, feiner Mensch, den ich später zufällig wiedertraf. Er lebte als Schriftsteller unter einem anderen Namen (Noth) und hatte, soweit ich mich erinnern kann, mildernde Umstände bekommen. Ich schickte Gide also alles, was ich gesammelt hatte, und er schrieb mir einen langen Dankesbrief zurück. Diesen habe ich, wie viele meiner unersetzlichen Dokumente, verloren. Der Film über den 9. November, den die EMELKA, eine Firma, die in den späten zwanziger Jahren in finanzielle Schwierigkeiten geriet und staatliche Unterstützung brauchte, produzieren wollte, wurde nicht gedreht, nachdem die deutsche Regierung ihr »Desinteresse« an diesem Film erklärt hatte.

Mit der künstlerischen Freiheit ging es ab 1928 allmählich den Bach hinunter. Filmzensur hatte es schon immer gegeben, aber jetzt häuften sich die Fälle, in denen ein Film, der politisch unbequem war, als moralisch oder sittlich anstößig oder die öffentliche Ordnung gefährdend angesehen wurde.

Bei der Wiederaufführung von *Potemkin* in Berlin überwachten zwei Reichswehrbeamte die Eingänge des Tauentzien-Palastes und hinderten jeden Reichswehrsoldaten, der sich den Film ansehen wollte, am Eintreten. Film galt überhaupt mehr und mehr als »Afterkunst« und selbstverständlich als »jugendgefährdend«. Das Land Bayern, immer schon reaktionärste aller deutschen Provinzen, leistete sich die tollsten Zensur-Delikte. Einmal kam es sogar vor, daß Schulkinder, die am Sonntagnachmittag ins Kino gegangen waren, um einen völlig harmlosen Film anzusehen, am nächsten Tag von ihrem Lehrer sechs Stockhiebe bekamen und die Drohung, wenn sie das nächste Mal bei diesem schändlichen Treiben erwischt würden, gäbe es dieselbe Ration auf den Hintern.

Das Tagebuch einer Verlorenen wurde von der Oberprüfstelle im ganzen mit der Begründung verboten, es sei »entsittlichend und verrohend«. Theaterbesitzer taten sich allerorten als Filmbearbeiter hervor – uns blieb nichts übrig, als zu protestieren. Noch gab es die Pressefreiheit. Die nutzten wir in unserer Zeitung aus, um uns, sobald uns wieder ein »Zensur-Delikt« bekannt wurde, lauthals darüber zu empören. Zum 10. Jahrestag der Republik schrieben wir: »Die Amtsstellen verhindern, so weit es in ihren Kräften steht, den Fortschritt. Auch in der Republik. Wir leben in einer Polizei-Republik.«

Rückblickend ist es erschreckend, wie schnell der auf humanistisch-demokratischen Prinzipien aufgebaute deutsche Staat in die Barbarei verfiel, aber noch alarmierender scheint mir, daß man so wenig aus diesen schrecklichen historischen Ereignissen gelernt hat. Ich bin alt genug geworden, um schon wieder in demselben Land, das einmal mein Heimatland war, dieselben bösen Zeichen aufkommen zu sehen. Ist es nicht ein Unding, daß ein Innenminister gleichzeitig für die Polizei und für die Filmpolitik verantwortlich ist, daß er sich zum Führer des »guten Geschmacks« aufwirft, der keine Ahnung von dem Metier hat und sicher kaum ins Kino geht. Welcher deutsche Spitzenpolitiker geht wohl ins Kino? Das Schlimme ist, daß diese militanten Kleinbürger noch meinen, Gutes zu wirken – die moralische Volksgesundheit wiederherzustellen.

Unter dem jetzigen Innenminister würde ein so anarchisch starker Film wie *Auch Zwerge haben klein angefangen*, der in demselben Geist geschaffen wurde wie ehemals Martin Lampls Theaterstück *Revolte im Erziehungshaus*, nicht mehr staatlich gefördert und prämiiert werden. Als 1929 der vergleichsweise harmlosere Film *Revolte* herausgebracht werden sollte, wurde er gleich beschlagnahmt und von der Zensur verboten. So weit ist es in der Bundesrepublik noch nicht, aber Zensur ist so etwas Schleichendes, und wenn sie nicht so hochgeputscht wird wie im Falle meines Freundes Herbert Achternbusch, etwas durchaus Unspektakuläres, darum aber um so gefährlicher.

Fritz Lang hat nach dem Krieg, während der reaktionärsten Epoche der jüngsten amerikanischen Geschichte, einen Vortrag über die Freiheit der Leinwand gehalten, der so einfach, klar und einleuchtend ist, daß ich mir die Suche nach Worten sparen kann:

Ich glaube nicht an Zensur. Mit welchem Recht diktiert irgendeine Gruppe von Leuten, was die Mehrheit sehen oder lesen soll? Solche Versuche, ob sie von Mehrheiten oder Minderheiten veranstaltet werden, dem Volk ein bestimmtes Denkmuster aufzuzwingen, führen nur zu allgemeiner Ignoranz und Mißverständnissen und zu Unglück, das alle betrifft, sowohl die selbsternannten »Belehrer« als auch die falsch belehrte Öffentlichkeit. – So zeigt es der Zusammenbruch der militaristischen Regimes in Nazi-Deutschland und Japan. Freie Diskussion, scharfer Streit und weitverbreitete Zirkulation von Information sind das Lebensblut der Demokratie. – Und das sind keine Dinge, die wir als gegeben hinnehmen dürfen. Wir müssen uns ständig davor hüten, unsere Freiheit und Privilegien anderen zur Wahrung zu übergeben. Keine Gruppe, und sei sie auch noch so unparteiisch, kann uns selbst das Denken abnehmen. Der englische Historiker Lord Acton hat einmal gesagt: »Alle Macht korrumpiert und absolute Macht korrumpiert absolut.« (...)

Nur durch das Aufzeigen neuer Ideen kann unsere Zivilisation sich weiterentwickeln. Die Zensur verwirft ihrer Natur nach das Ungewohnte. Zensoren spielen ein sicheres Spiel, und im Namen von Gesetz und Ordnung und »Moral« verwerfen sie neue Ideen, die sie als »subversiv« bezeichnen. (...)

Zensur von Büchern, Theaterstücken oder Filmen ist niemals wirksam, um soziale Mißstände zu beseitigen, außer im negativen Sinne. Sie kann in gewissen Grenzen und für kurze Zeit die Verbreitung von Ideen, die bei den Unreifen, den Analphabeten und Verantwortungslosen gefährliche oder ungesunde Reaktionen hervorrufen könnte, verhindern. Jedoch man muß betonen, daß die Menschen derartige Ideen nicht allein im Filmtheater vermittelt bekommen; sie sind ihnen im täglichen Leben ständig ausgesetzt. Vorzugeben, daß solche Ideen nicht existieren und ihnen eine ehrliche Behandlung auf der Leinwand zu versagen, heißt, die Menschen wie Kinder zu behandeln und sie daran zu hindern, Reife zu entwickeln. Man braucht nur etwas zu tabuisieren und schon weckt man ein ungesundes Interesse, das gar nicht aufkommen würde, wenn die Dinge aufgezeigt und verarbeitet würden. Aber vielleicht ist es der Zweck der Zensur, die Öffentlichkeit in einem Zustand der Unreife zu halten, damit sie umso leichter beeinflußt und gegängelt werden kann.[24]

Die Theaterleute waren damals zunächst noch nicht so unmittelbar von der Zensur betroffen wie die Cineasten, sie hatten noch ein wenig länger Narrenfreiheit, aber das nützte bald nur mehr wenig, da ein großer Teil der bekannten Häuser in finanzielle Bedrängnis geriet und schließen mußte. Das Volkstheater, an dem Erwin Piscator seine avantgardistischen politischen Stücke inszeniert hatte, ging ein; die Republikoper machte ihre Tore dicht; die Reinhardt-Bühnen schlitterten in die Krise. Das Schauspielhaus mußte 1932 schließen. – Auch das Bauhaus, stolzes Aushängeschild der modernen bildenden Künste, wurde dichtgemacht. Unsere liberale Gesellschaftsordnung zerbröckelte im Zuge der politischen Polarisierung inmitten der Weltwirtschaftskrise. Unter dem neuen Reichskanzler Brüning wurde die Filmzensur im Frühjahr 1930 nochmals verschärft. Man machte sich dabei zunutze, daß der Film inzwischen auf Ton umgerüstet hatte, um für dieses neue Medium noch schärfere Kontrollen einzuführen. Das Urteil über Gut und Böse lag bei irgendeinem Oberregierungsrat, also wieder bei einem Funktionär statt einem Fachmann. Die Spio (Spitzenorganisation der deutschen Filmindustrie) und die Dacho (Dachorganisation der Filmschaffenden) unter der Führung von Lupu Pick, Regisseur und Schauspieler, erhoben Einspruch beim Reich gegen die Verschärfung der Zensurbestimmungen – ohne Erfolg. Inzwischen waren wir so weit gekommen, daß der wunderschöne Film *Die Erde* wegen Verletzung des religiösen Gefühls im Ganzen verboten wurde. In dem Film wird ein kleines Kind ohne christliche Zeremonie beerdigt.

Die Einfuhr ausländischer Filme wurde drastisch eingeschränkt. Co-Produktionen mit Frankreich, England oder Rußland genehmigte man nur noch in Ausnahmefällen, und dabei war besonders der deutsch-französische Austausch so fruchtbar gewesen. Ich erinnere mich noch an die Entstehung von Jacques

Feyders schönstem Film *Thérèse Raquin*, der in der Staakener Zeppelinhalle gedreht wurde, mit Gina Manès und dem deutsch-jüdischen Schauspieler Wolfgang Zilzer in den Hauptrollen. Es war einer meiner Lieblingsfilme. Wir hatten ihn auch vor dem Krieg in der Sammlung der Cinémathèque. Aber als die Nazis Paris besetzten, wurde er geklaut. Ich habe nach dem Krieg vergeblich versucht, ihn im ostdeutschen Filmarchiv oder bei Gosfilm zu entdecken. Wahrscheinlich waren die Nazis so scharf auf den Film, weil er sie des Titels wegen auf eine falsche Fährte lockte. Er hieß auf deutsch: *Thérèse Raquin oder Du sollst nicht ehebrechen.* Vielleicht ist er zu Privatvorführungen bei Hitler und Goebbels gelandet, die ja für dieses Medium ein besonderes »Faible« hatten.

Die Medienkämpfe gingen im ganzen Reich in Handgreiflichkeiten über. Theateraufführungen und Filmprojektionen wurden durch radikale Gruppen gestört, Theaterbesitzer gezwungen zu schließen, um die öffentliche Ordnung nicht zu gefährden. Schlägereien in und vor Kinos waren an der Tagesordnung, Stinkbomben wurden geworfen, wenn einmal endlich wieder ein guter Film zur Aufführung kommen sollte; und ich sagte mir in allem dann: *Jetzt gerade.* Ich werde so lange die Freiheit verteidigen, bis man mich aus meiner Zeitung hinauswirft. Mit jedem Artikel, den ich schrieb, propagierte ich meine liberale, allem Neuen, Revolutionären aufgeschlossene Grundhaltung – und sei es auch ein noch so bescheidener Beitrag. Selbst die Oper wollte ich damals revolutionieren! Ich trat der Liga für Menschenrechte bei, die bei dem Film *Giftgas* nach Peter Martin Lampls Stück ›Giftgas über Berlin‹ Pate gestanden hatte. Bevor dieser Film auch verboten wurde, schrieb ich noch eine lange, positive Kritik im ›Film-Kurier‹.

Von da an hatten die Nazis, die ja schon Krieg im Sinne hatten, als sie erst eine Handvoll Männer zählten, mich auf dem Kieker. 1932 hatte ich noch einmal Gelegenheit, auf die Gefahr eines der barbarischsten aller modernen Kriegsmittel hinzuweisen, im Zusammenhang mit einem populären Film von Harry Piel, dem Publikumsliebling der zwanziger Jahre, einem Film, von dem ich annahm, daß ihn breite Schichten sehen würden. Ich benutzte die Popularität des Helden für meine Anti-Kriegs-Propaganda:

Mit dem Unterhaltungsfilm, dem der tausend Abenteuer, erfaßt er auch diejenigen, die nie in einen Anti-Kriegsfilm gehen würden und denen einmal der Kriegsgreuel hinter den Fronten vor Augen geführt werden kann. Und das ist bekanntlich weit wichtiger, als das eigene Lager noch einmal zu überzeugen.

Daraufhin erschien im ›Völkischen Beobachter‹ ein Hetzartikel gegen unser Blatt, noch ohne Namensnennung:

ACHTUNG!

Mißbrauch des Sensationsfilms zu pazifistischer Propaganda! Harry Piel als »Geheimagent« für Antigaswerbung.

Der deutsche Mensch hat es satt, sich weiterhin im Film mit utopischen Völkerverbrüderungstendenzen und anderen Fragwürdigkeiten anschmieren zu lassen und empfindet alle diese Versuche als Herabsetzung seiner Person und seiner deutschen Ehre. (...)

In einer schwatzhaften Auslassung plaudert der Film-Kurier gegen seine sonst übliche Verschweigungstaktik folgende höchst aufschlußreiche Geständnisse aus der (Filmjuden) Schule:

»In den Unterhaltungsfilm Piels kommt diesmal etwas Neues. Die Spannung ist nicht um ihrer selbst willen da, es ist keine Jagd um Sensationen allein, obschon der gewiegte Kinomann Piel die Freude an dem Nervenspiel niemals verleugnet. Wenn er die Wendung findet, jene überraschende, die immer wieder aus dem Gehetzten den Jäger macht, ist sie heute zielbewußt auf eine Gegenkriegspropaganda gerichtet.«

Ein wertvolles Geständnis, das vom »eigenen Lager«. Daß der F.K. zu diesem Lager gehört, bezweifelten wir nie. Die entschlüpfte Selbstentlarvung dürfte aber vom Standpunkt der wünschenswerten Klarheit und zweckdienlichen offenen Scheidung der Geister nur zu begrüßen sein.

Völkischer Beobachter vom 27. Februar 1932

Wenig später, als sich durch Intrigenspiel und politische Feigheit innerhalb unserer Redaktion sowohl der Chefredakteur aus seiner eigenen Zeitung herauskatapultierte als auch Hans Feld gegangen wurde, war ich plötzlich allein verantwortlich für die Weiterführung des politischen Kampfes. Von da an kamen direkte und namentliche Angriffe der Nazis gegen mich, deren schärfster wohl in jedem ausführlichen Interview, das ich in meinem Leben geben mußte, aufgetaucht ist. Der ›Völkische Beobachter‹ schrieb: »Wenn Köpfe rollen, so wird dieser Kopf rollen.« Von da an wußte ich endgültig, daß meines Bleibens in diesem Land nicht mehr lange sein würde. Wie ungeheuerlich die Macht Hitlers auf die Bevölkerung war, wurde mir klar, als eine alte Dame aus Potsdam zu mir sagte: »Adolf Hitler liebe ich mehr als Jesus Christus.«

Die Querelen in unserer Redaktion waren nur zum Teil politischer Natur. Es ging leider auch um private Eifersüchteleien. Mein Chef, Ernst Jäger, stellte mir nach. Ich aber, in meiner Naivität, merkte nichts davon. Er dachte anscheinend – aber das erfuhr ich erst viel später durch Jäger selbst –, daß ich mit Hans Feld ein Verhältnis hätte – eine Lächerlichkeit, wenn man uns beide kannte. Erstens war er verheiratet, er liebte seine Frau, mit der er heute noch in London zufrieden lebt, und zweitens waren wir nichts als die besten Freunde. Unser Verhältnis war völlig frei von erotischen Spannungen. Das hätte ein aufmerksamer Mensch eigentlich spüren müssen. Ganz abgesehen davon war Jäger auch verheiratet. Er hatte eine jüdische Frau. Nie und nimmer hätte ich diese Verbindung zerstören wollen. Als ich nicht auf seine Avancen einging, kehrte sich seine Liebe in Wut um. (Siehe Joseph und Potiphars Weib!) Er suchte einen Grund, mich zu feuern. Als er keinen fand, *erfand* er selbst einen. Er verfaßte einen haarsträubenden Artikel, den er unter meinem Namen veröffentlichte. Aufgrund dieses Machwerks wollte er mich dann entlassen. Ich war so baff, daß mir im Augenblick gar nichts mehr zu meiner Verteidigung einfiel. Da kam mir von unerwarteter Seite Hilfe: Die Sekretärin von Ernst Jäger fand in einer Ablage seines Büros das Beweisstück, aus dem eindeutig hervorging, daß er selbst den Artikel verfaßt hatte. Das war für ihn natürlich noch peinlicher. Von da an sann er darauf, Hans Feld hinauszuekeln. Und das gelang Jäger durch die folgende Geschichte:

Feld, der unser Spezialist für die Russenfilme war, schrieb einen positiven Artikel über *Der Weg ins Leben*, ein Film über die »besprizorni«.* Er diktierte seine Kritik der Sekretärin gleich nach der Pressevorführung in die Maschine. Sowie eine Seite fertig war, ging ein Bote damit in die Druckerei. Normalerweise hatte man dann schon die Druckfahnen in der Hand, wenn die letzte Seite fertig war. Es mußte ja alles schnell gehen, weil die Zeitung mittags herauskam. Aber an diesem Mittag bekam Hans

* Film von Nikolai Ekk über die Erziehung der »besprizorni«, der durch die russische Revolution verwaisten und verwahrlosten Jugendlichen. (M.G.)

Feld keine Fahnen, sondern statt dessen einen Anruf vom Chefredakteur: »Hafchen« (so wurde er bei uns genannt), »ich muß die Kritik ändern, die geht so nicht.« Da sagte Feld: »Entschuldigen Sie, ich habe immer geschrieben, was ich für richtig hielt. Was Sie dazu denken, interessiert mich nicht. Entweder die Kritik bleibt, so wie ich sie geschrieben habe, oder Sie lassen meinen Namen weg.« Da sagte Jäger: »Ich glaube, ich habe das Recht zu ändern.« – »Das werden wir ja sehen«, meinte Hans Feld. »Wir können das ja öffentlich in der ›Weltbühne‹ oder im ›Tagebuch‹ diskutieren.« Darauf kam betretenes Schweigen, und dann: »Gut, die Kritik bleibt.«

Als er zum Umbruch ging, fand Feld einen Zettel vom Chefredakteur vor: »Bitte zweispaltigen Kasten neben Ihrer Kritik freilassen.«

Er ließ einen zweispaltigen Kasten frei, und wenig später entdeckte ich das ruchlose Geschehen. Ich rannte zu Hans Feld und fragte ihn: »Haben Sie den Artikel gelesen, der auf der zweiten Seite neben Ihrer Kritik erscheint? Da steht genau das Gegenteil von dem drin, was Sie geschrieben haben – daß deutsche Menschen so einen Film nicht akzeptieren können. Das können Sie doch nicht drucken.«

»Natürlich kann ich«, sagte Hafchen. »Ich kann doch dem Chefredakteur nicht verweigern, daß er seine Meinung äußert.« Der hieß übrigens seit dem Vorfall mit meinem-seinem Artikel bei uns nur noch der »Lügenpeter«. »Wenn er sich blamieren will, dann ist das seine eigene Angelegenheit.«

Als Ernst Jäger dann zum Wintersport nach St. Moritz abgefahren war, bekam Hans Feld seine Kündigung. Das war für ihn nicht gerade angenehm, denn er hatte eine Frau und ein kleines Kind und bei der hohen Arbeitslosenrate vorerst wenig Hoffnung, eine neue Stelle zu finden. Für mich war es ein großer Verlust, einen Kollegen einzubüßen, der am gleichen Strang gezogen hatte wie ich. Als ich zum ›Film-Kurier‹ stieß, war Ernst Jäger noch »bekennender Jungsozialist«, scheinbar ganz auf unserer Linie. Sobald er aber die Entwicklung roch, die Deutschland in der vorhitlerischen Ära nahm, hängte er sein Mäntelchen nach dem Wind, ließ sich von seiner jüdischen Frau scheiden und arisieren, um sich bei den Nazis anzubiedern. Zum Glück gelang diese Kehrtwendung nicht. Sie brachte ihm nur seinerseits eine Kündigung von unserem Herausgeber ein. So war von dem alten

Team nur noch Herr Herzberg übrig, den ich herzlich dumm fand. Der überdauerte alles, auch die Übernahme unseres Blattes durch die SA.

Ab Frühjahr 32 war ich Umbruchredakteurin und Chefkritikerin beim ›Film-Kurier‹, eine Stellung, die ich, so gut es ging, nutzte, um aktiv in die Filmpolitik einzugreifen. Statt einen Boten in die Druckerei zu schicken, nahm ich selbst die Druckplatten in Empfang, überflog schnell die zur Veröffentlichung bereiten Artikel, und wenn ich einen nazifreundlichen entdeckte – was gar nicht so einfach war, weil die Platten natürlich spiegelschriftlich gesetzt waren – warf ich sie auf dem Weg vom Setzer zum Drucker in den Papierkorb. Aber das ging nur an solchen Tagen, wenn mir wohlgesonnene Arbeiter an den Maschinen standen.

Wir saßen alle auf dem Pulverfaß; deshalb hatten Hans Feld und ich schon längst angefangen, den Inhalt des väterlichen Weinkellers, den ich geerbt hatte, systematisch auszutrinken. Die erlesenen Bassermann-Jordan-Weine sollten den ungeschlachten SA-Leuten nicht in die Hände fallen. Ich hatte auch schon meinen Bruder auf die bevorstehende Flucht vorbereitet, aber der glaubte noch immer nicht an Gefahr: »Ach was«, meinte er, »mit dieser Judenhetze sind wir doch nicht gemeint.« Ich warnte ihn eindringlich und prophezeite: »Du wirst eines Tages froh sein, wenn Du Dein nacktes Leben retten kannst. Ich möchte wenigstens noch einen großen Koffer mitnehmen, wenn ich abhaue.«

Auf dem Pulverfaß 1932–1933
Die letzten guten Filme

Es dauerte noch ein gutes Jahr, bis für mich die Stunde Null schlug. Bis zum letzten Augenblick arbeitete ich an meiner Zeitung. Ich schickte das Weichhirn Herzberg in alle schlechten Filme und ging selbst in die wenigen guten, die es noch gab; denn nicht nur hatte sich mit dem blindwütigen, von unmenschlichem Rassenhaß getriebenen Vorgehen der Politiker, mit der Verjagung von hervorragenden jüdischen Regisseuren und Schauspielern, das Niveau der Filme verschlechtert, sondern überhaupt war seit dem Wechsel zum Tonfilm ein deutlicher Qualitätsverlust festzustellen. Der technische Zugewinn durch die Tonplatte brachte einen künstlerischen Rückschritt um zehn Jahre. Die universale stumme Filmkunst fiel zurück in Provinztheatergebaren, die Folgen des Turmbaus zu Babel machten sich aufs Neue unangenehm bemerkbar. Aber es herrschte nicht nur Sprachverwirrung, sondern auch Patentverwirrung in der Branche. Alle großen internationalen Elektrofirmen brachten eigene Tonfilmsysteme auf den Markt, so daß die Kinobesitzer jahrelang nicht wußten, welche Abspielapparatur sie sich anschaffen sollten, damit sie die größten Chancen hatten, wettbewerbsfähig zu bleiben. Bei unserer Zeitung entspann sich ein langwieriger Disput für und wider den Tonfilm, der 1928 begann und 1932, mit der Vereinheitlichung des Patentes, langsam abklang. Wir Redakteure machten uns über die eigene Entwicklung lustig. Mit dem ›Film-Kurier‹ hatte es 1919 angefangen, dann kam der ›Ton-Kurier‹ und schließlich der ›Zensur-Kurier‹. Es herrschte lange Zeit sowohl bei den Verleihern als auch bei Regisseuren und Schauspielern die Meinung, der Tonfilm würde sich zwar als populäres Medium durchsetzen, aber der »künstlerisch wertvolle« Stummfilm würde daneben immer bestehen bleiben. Leute wie Chaplin, Fairbanks und Pickford, der Kern der United-Artists-Gruppe, weigerten sich strikt, die neue Technik in ihr Programm einzubeziehen. Chaplin schrieb:

Des Films Wesen ist Schweigen.

Ich vertrage im Film keine eingeschalteten Dialogszenen oder farbige Bilder, und mir dünkt, daß wir im Theater bereits eine vollkommene dreidimensionale Kunstform besitzen. Wenn man dem Film Stücke mit Dialogen bringt, wird der Sprechfilm ein bloßer Theaterersatz, anstatt eine Kunst für sich zu bleiben.

Meine persönliche Wirkung auf das Publikum ist sicherlich auf einem gewissen mimischen und pantomimischen Talent aufgebaut. Ich kam nicht gleich einer Unzahl anderer Filmschauspieler vom literarischen Theater zum Film. Mit Ausnahme eines kurzen Auftretens an einer Londoner Bühne als Laufjunge in „Sherlock Holmes“ stammt all mein Können, mein gesamtes schauspielerisches Training, das ich zum Film brachte, aus meiner Lehrzeit bei der Truppe Fred Karnos.

Bei dieser Truppe waren alle Traditionen der Pantomime bewahrt geblieben. Akrobatik, Tricks, tragisches Lachen, erschütternde Melancholie, Sketsch, Jonglierkunst, alles zusammengefaßt, abgedämpft und vereint zu dieser unvergleichlichen Version des englischen Kabaretts. Fahrraddiebe, Billardspieler, Betrunkene, die torkelnd heimkehren, Boxunterricht, das Leben hinter der Szene einer Music Hall, der Sänger, der zum Singen ansetzt und nie beginnt, der Zauberer dessen Tricks nie gelingen und so fort, alles mit jener unerschütterlichen Ruhe gespielt, die nie verfehlt, beim Publikum Heiterkeit zu erregen.

Es kann keine bessere Schule für den Mimen des Films geben, denn die Essenz des Kinos ist — Schweigen.

Ich spreche in meinem Film niemals und verwende nur äußerst sparsam Textzeilen.

Nun ist der Sprechfilm geboren worden, aber ich habe nicht den Eindruck, als würde meine Stimme einen besonderen Gewinn für eine meiner Komödien bedeuten. Sie würde im Gegenteil alle von mir geschaffenen Illusionen zerstören, die des armen, kleinen Kerls, der unfreiwillig komisch wirkt und keine wirkliche lebende Gestalt, sondern nichts als ein heiterer Einfall, eine komische Unwirklichkeit ist.

Solange meine stummen Komödien dem Publikum zu einem vergnügten Abend verhelfen, gebe ich mich vollständig zufrieden.

Charles Spencer Chaplin.

Film-Kurier vom 1. Januar 1930

Auch ich stand dem Tonfilm zunächst skeptisch gegenüber. Filme wie *The Jazz-Singer*, eine Vertonung von Al Johnsons Welterfolg *The Singing Fool*, waren nicht dazu gemacht, mich eines Besseren zu belehren. Auch gab es gerade unter den letzten Stummfilmen einige so besondere Kunstwerke, die eine solch eigene, intensive Atmosphäre verbreiteten, wie man sie bei dem geschwätzigen Tonfilm kaum spüren kann.

Murnaus Südsee-Film *Tabu*, über den ich damals in Berlin die Kritik schrieb, war so eine von den letzten Stummfilmperlen. Das war überhaupt der Film, der mich am meisten geprägt hat. Murnau war schuld, daß ich mich vom Theater löste und ganz dem Film zuwandte. Ich habe diese Filmkritik, von der Hans Feld meint, es sei die erotischste Kritik, die ich je geschrieben hätte und die ich auch heute noch gut finde, aufbewahrt, sie hat alle Stationen meines bewegten Lebens überstanden, reichlich ramponiert zwar, aber gerade noch leserlich:

Tabu

Ufa-Pavillon am Nollendorfplatz

Murnaus letzter Film ist ein Werk voll von den Molltönen des *Aloha Oé*, ist – in der nachträglichen Ausdeutung einer Geschickserfüllung – erfüllt von der tiefschmerzlichen Süße des Vergangenen: er, der Schöpfer, ist nicht mehr, und das Paradies, das er vorzauberte, ist seit langem schon verloren.

Denn jene glücklichen Inseln Van Zantens hat ja auch ein Murnau nicht mehr vorgefunden. Tragischstes Moment, wenn er sein seliges Eiland mit der verjazzten, verschnapsten, industrialisierten Perlenfischer-Insel kontrastieren will.

Ach, wir wissen es längst – so rummelplatzbetriebsam sehen heute alle die Inseln aus, der Weiße hat diesen braunen Menschenkindern seine Zivilisation gebracht, mitsamt der Bibel, dem Branntwein, der Lues, der Lepra und dem Fabrik-Kattun.

Doch Murnau will zurück zur Natur, ihm ist dafür eine Traumlandschaft gegeben, mit dem Schmelz ihrer Meere, dem Duft ihrer Blüten, mit den sanften Hügeln und den Kokospalmen.

Auch die Menschen findet er, die er herausschält aus der entstellenden Europäertracht, und sie sind herrlich wie am ersten Tag; sie können sich immer noch bewegen, sie können noch stolz und federnd den Fischspeer schleudern und hinabtauchen, junge braune Götter mit Griechenkörpern.

Eine Apotheose des Fleisches bietet Murnau, ihm sind Feste und Kanufahrten nur ein Vorwand, diese Jünglings-Leiber zu zeigen. Er schwelgt und mit ihm schwelgt die Kamera Floyd Crosbys, wenn ein weißer Segler auftaucht in diesen sonnentrunkenen Meeren, dessen Farbigkeit man noch ahnt im Schwarzweißbild; wenn ein Segel sich zu schimmernder Seide aufzurollen scheint und plötzlich wie reife Trauben dunkle Insulanerleiber im Takelwerk hängen.

Oder: wenn schmale, helle, langgestreckte Kanus fischgleich durch die klaren Wasser schneiden.

Über den Vielen vergißt man fast die Einzelnen, man vergißt, wie sollte es anders sein, beinahe die Liebesgeschichte. Flahertys Murnau-Story wird zu einer zarten Melodie, die gelegentlich durchklingt, wie ferne Figuren in einer Landschaft auftauchen als Staffage, die willkommen ist.

Es ist eine einfache Geschichte, die alte wie sie immer neu bleibt, die Flaherty und Murnau erzählen. Von Liebe, Verzichten-Sollen, von dem bösen Bann des Tabu und vom Liebestod.

Das erzählen sie ohne Verniedlichung, ohne zu vereuropäisieren. Was mitunter weicher geworden ist, abweichend von der Linie, scheint auf Murnaus Teil zu gehen.

Tabu bleibt Erzählung, bleibt Epos, und es soll so sein; denn Murnau will gar nicht dramatisieren, sondern ein Adagio auskosten.

Was sonst Stilbruch wäre, wird hier zum Gewinn: in jedem von uns steckt eine Jack-London-Sehnsucht nach den Inseln der Seligen, wir sind glücklich, träumen zu dürfen.

Ein Tonfilm ist dieses Murnauwerk nicht geworden, ebenso wenig, wie es *Weiße Schatten* waren. Ein Stummfilm ist es, in dem Gesang für Augenblicke aufsteigt, durch den der Schrei des Muschelhorns schneidet.

Bewußt greifen Murnau und Flaherty zu den Hilfsmitteln des stummen Films. Statt des Titels soll der Filmbrief erklären: der Kapitän muß in sein Logbuch eintragen, der Policeman es registrieren und das Liebespaar – es schnitt es gern in alle Rinden ein.

Höhepunkt stummer Kunst: das Finale in seiner optischen Vollendung, wenn der Jüngling kampfmüde, schweigend in den Wellen versinkt und visionengetragen das weiße Segel am Horizont schwindet.

So singt die Südsee ihr ewiges Lied. – –

Heute tanzt Reri, des Films Heldin, die Halbblütige mit dem Europäernamen des weißen Vaters, am Broadway. Im Film wandelt Murnau sie zurück zur sanften Eingeborenen, nur selten spürt man, daß es für sie nur Atavismus bedeutet.

Schön ist sie nicht einmal; wie die seltsam kurzbeinigen Inselmädchen alle verlieren gegen diese Jünglinge; aber sie hat Charme, wenn sie in seltenen Augenblicken lächeln kann.

Naturnäher ist Matahi, Murnaus Held, voll von tierhafter Anmut. Jede Stellung, Bronzeleib eines jungen Kriegers, ist ungestellt, einmalig; wie ein anderer Musik besitzt, ist ihm Körperausdruck gegeben.

Matahi in Trauer zeigt die schmerzverlorenen Glieder eines Michelangelo-Sklaven, Matahis Lächeln wiegt den lächelnden Leutnant Chevalier auf, bei weitem. –

Und Matahi tanzt auch nicht am Broadway; er soll, heißt es, irgendwo weitertauchen nach Perlenmuscheln, und Kokosmilch trinken. Hoffen wir es, damit er kein auf Paradies geschminkter Star wird.

Hitu aber, der Alte, der aufrecht mit der selbstverständlichen Würde seines Volkes einherwandelt und einmal wie eine gespenstische Ahnfrau durch die Mitte ab in die stille Klause geht, ist recht kamerabewußt. Und er wird sicher schon in dem Kino von Papete sich seinen Film angesehen haben.

Jenes alte Problem Kulturfilm – Spielfilm steht kaum zur Diskussion. Murnau ist nicht auf eine Expedition gegangen, um gewissenhaft zu registrieren und die Sitten der Völkerschaften durch die Wissenschaftsbrille zu observieren.

Ein Künstler zog aus, mit der alten Europäersehnsucht nach Sonne und Schönheit. Er hat sie gefunden, sie sich zurechtgeformt nach seinem Willen und uns einen Abglanz gegeben.

Darum lieben wir Menschen des Nordens diesen südseeverzauberten Film.

Film-Kurier vom 28. August 1931

Dieser Film ist auch schuld, daß ich mich im Exil, intensiver noch als in Deutschland, mit dem deutschen Stummfilm beschäftigte, und nach meinem Buch ›Die Dämonische Leinwand‹ auch noch eine ausführliche Murnau-Monographie schrieb.

Ein besonderer Tonfilm, der mir aus meiner letzten Berliner Zeit noch positiv in Erinnerung geblieben ist, war Leontine Sagans *Mädchen in Uniform*, ein völlig untheatralischer Film, mit echten Mädchengesichtern, die ganz natürlich aussahen.

Herta Thiele, die jetzt in Ostberlin lebt, eine tapfere Frau – sie hat sich als junges Ding schon gegen die Mitwirkung an nationalsozialistischen Filmen gewehrt und Berufsverbot bekommen – schickte mir neulich eine Sammlung von zeitgenössischen Kritiken dieses Films, in dem sie einen Pensionatszögling spielt, der in seine Lehrerin verliebt ist. Ich war erschrocken, als ich meine eigene Kritik von damals wiederlas. Typisch für meine Misogynie ist der Anfang meines Artikels:

> Das fast Unglaubliche, hier wird's Ereignis: ein Film, in dem nur Frauen agieren, packt, weil dieser Film alle angeht, weil er ein menschliches Thema sozial ausschöpft.
>
> *Film-Kurier vom 28. November 1931*

Bei Sätzen wie »Karl Froelichs Gesinnung zum künstlerischen Gehalt, sein Wille zur vollendeten Form dringt überall durch« wird mir ganz schlecht. Ich konnte eben den Zeitstil auch nicht ganz verleugnen. Die Ernüchterung durch die kommenden schrecklichen Exil- und Kriegsjahre stand mir noch bevor.

Die Menschheit teilt sich

Ich habe versucht, für alles Menschliche Verständnis aufzubringen. Nie hat mich jemand mit schockierenden Geständnissen dazu gebracht, meinen Humor oder meine Toleranz zu verlieren. Mit einer Ausnahme: Ich begreife nicht, wie man Nationalsozialist werden konnte. Es ist nicht meine Absicht, hier noch einmal die Schrecken der Nazi-Zeit wachzurufen, die mich direkt ja gar nicht so hart getroffen haben wie andere Menschen; ich will nur klar aussprechen, daß ich die Menschheit seit jener Zeit in zwei Kategorien einteile: Der war Nazi, der war nicht Nazi – Entschuldigungen perlen an mir ab. Wer seine Karriere höher wertete als seine Humanität, war für mich erledigt.

Ein kleines versöhnliches Wort, aber auch erst in allerletzter Stunde, habe ich für die unverwüstliche Leni Riefenstahl gefunden, als man mich für Radio Europe I interviewte und nach ihr fragte. Ich kannte Leni schon eine ganze Weile als Schauspielerin. Sie spielte mit Vorliebe bei gewagten Bergfilmen mit, die mit strapazenreichen Expeditionen verbunden waren. Da bewies sie Mut, das machte mir Eindruck. Einmal kam sie zu mir in die Redaktion und kreiste immer so unruhig um meinen Schreibtisch herum. »Na Leni, was ist denn?« fragte ich. »Lotte«, sagte sie, »ich möchte dich zum Tee einladen.« Mir schwante nichts Gutes. »Ich würde dich so gern mit einem reizenden Menschen bekanntmachen.« – »Wer ist denn dieser reizende Mann, Leni?« – »Adolf Hitler«, antwortete sie. »Diesen schrecklichen Menschen will ich nicht sehen«, war meine Antwort. Zwar hatte ich damals noch keine Ahnung, daß Hitler die Macht im Staate an sich reißen könnte, aber ich wußte genug über ihn, um ihm aus dem Wege zu gehen. »Ach komm«, schmeichelte Leni, »Hitler ist so charmant, du wirst sehen.« – »Nein ist nein, Leni«, sagte ich. Wäre ich nur mitgegangen – ach, wäre ich nur mitgegangen, hätte ich ein Revolverchen in meine Handtasche gesteckt und diesen Kerl in aller Gemütlichkeit umgelegt oder Arsen in seinen Tee gestreut. Dann hätte ich die Weltgeschichte verändert, ich wäre die Jeanne d'Arc der Moderne geworden, wäre ins Gefängnis gekommen und heldenhaft gestorben.

Aber ich wollte leben. Irgendwie habe ich immer das Gefühl

gehabt, ich müßte weiterleben, um etwas zu schaffen. Es waren meine Bücher, die noch ungeschrieben waren, die hätte ich als Jeanne d'Arc nicht schreiben können.

Das Volk wollte ja so unbedingt einen Führer; hätte ich Hitler erledigt, wäre ein Goebbels oder ein Himmler an seine Stelle getreten.

Leni Riefenstahls Freundschaft mit Hitler gab ihrem beruflichen Ehrgeiz Flügel, denn irgendwo in ihrer Schauspielkarriere muß sie gespürt haben, daß sie noch zu ganz anderen Dingen fähig war. Vielleicht hat sie den Grundstein zu ihrer Regisseurlaufbahn gelegt, als sie sich mit einer unfertigen Kopie des Filmes *Die weiße Hölle vom Piz Palü* in Frankreich wiederfand, kein Wort Französisch sprach und keinen Doktor Fanck und keinen G.W. Pabst zur Seite hatte, der den Film für die öffentliche Vorführung hätte bearbeiten können. Da mietete sie selbst einen Schneideraum, nahm sich eine Cutterin und schnitt mit ihr den Film so, wie sie es für richtig hielt. Er wurde in dieser Version ein großer Erfolg in Frankreich. Hitler gab Leni dann die Chance, eine der »führenden« deutschen Filmschaffenden zu werden. Sie füllte genau die Stelle aus, die Fritz Lang mit seiner Flucht freigelassen hatte. Hitler gab ihr das große Geld und die großen Kameraleute und Techniker. Sie konnte sich auf die Routiniers der Ufa

Von links nach rechts: Dinah Grace, Willy Fritsch, Leni Riefenstahl, Adolf Hitler

verlassen. Ich bin nicht begeistert von ihren Filmen, die ich natürlich erst lange nach dem Krieg zu sehen bekam, aber es soll ja die junge Generation in Amerika diese Schinken wieder hochjubeln und Leni auf einen Ehrensockel stellen.

Es gibt zwei Dinge, die diese Frau auszeichnen: Einmal, daß sie körpermutig und unglaublich zäh ist. Sie läuft noch Ski, geht allein in die Wüste und taucht in der Südsee mit über achtzig Jahren – und zweitens, daß sie trotz ihrer nationalsozialistischen Verblendung während Hitlers Terrorherrschaft Menschen beschützt hat, die sonst vielleicht umgekommen wären.

Mindestens für einen solchen Fall kann ich mich verbürgen: Wie wir alle wissen, störte es Hitler und Goebbels wenig, wenn ihre persönlichen Favoriten Juden oder Halbjuden waren, da sie ja in ihrer Omnipotenz selbst bestimmen konnten, wer Jude war und wer nicht. Leni Riefenstahl war also in ihren Augen keine Halbjüdin, aber irgendwo, vielleicht in der Kniekehle, hat sie noch ein Gefühl dafür gehabt, daß einige jüdische Filmleute aus ihrem Bekanntenkreis gefährdet sein könnten.

Robert Herlth, einer der gesuchtesten Filmarchitekten der Zeit, der mit Murnau zusammengearbeitet hatte, war mit einer russischen Jüdin verheiratet. Ich war damals schon mit den Herlths befreundet und knüpfte nach dem Krieg die Verbindung wieder an. Zwischen Manja Herlth und mir entspann sich ein reger Briefwechsel. Es ging meistens um die Arbeit ihres Mannes in Zusammenhang mit meinem Murnau-Buch. Aber wir erzählten natürlich auch, was uns während der Nazi-Zeit passiert war. Manja berichtete folgendes: Eines Tages – ihr Mann arbeitete gerade in den Bavaria-Studios – klingelt es an ihrer Haustür. Sie macht auf, da steht eine Gestapo-Beamtin vor der Tür. »Sarah«, sagt sie, »nimm deine Papiere und komm mit.« Sie bringt Manja Herlth in ein Büro, läßt sich ihren Ausweis zeigen, Manja steht da, in der Gewißheit, ohne ihren Mann noch einmal sehen zu können, in irgendeinem Lager zu verschwinden. Die Beamtin besieht sich ihren Personalausweis, vergleicht ihn dann mit den Akten in ihrem Archiv und wird plötzlich ganz freundlich: »Ach entschuldigen Sie, Frau Herlth, ich habe nicht gewußt, daß Sie hohe Protektion haben. Das hätten Sie mir doch gleich sagen müssen. Es ist mir furchtbar peinlich.« Manja Herlth verstand kein Wort: »Wieso hohe Protektion?« – »Ja wissen Sie denn nicht, daß Fräulein Riefenstahl ein gutes Wort für Sie eingelegt hat?« Von da an wurde Manja nicht mehr belästigt, weil sie offiziell zur »persona grata« erklärt worden war. Nur ihre Tochter wurde noch in der Schule schikaniert. Sie mußte, weil sie eine jüdische Mutter hatte, hinten auf der letzten Bank für sich alleine sitzen.

Leni Riefenstahl war von Anfang an Feuer und Flamme für den Nationalsozialismus gewesen, genauso wie Thea von Harbou. Aber es gab auch viele, die als Kommunisten anfingen und als Nazis endeten. Das berühmteste Beispiel ist Gustaf Gründgens, dessen chamäleonartiges Verhalten Klaus Mann in seinem nicht besonders guten Roman ›Mephisto‹ beschrieben hat. Ich kannte Gründgens sehr gut. Mit Paul Medina ging ich oft abends in die Schwulenkneipen von Berlin, wo Gründgens aus- und einging. Gustaf Gründgens war ein neues Gesicht am Theater. Mit dem Aufkommen des Tonfilms erschien er auch immer öfter als neuer, zwielichtiger Typ auf der Leinwand. Ich unterstützte ihn anfangs mit meinen Kritiken, weil ich erkannte, daß er Talent hatte. Aber als er seine erste Mephisto-Interpretation auf der Bühne zum besten gab, war ich entsetzt. Das war schon die Clownerie, die er später in dem kitschigen Faust-Film verewigte. Der wunderbare Mephisto von Paul Wegener war mir noch zu präsent, als daß ich diese Mätzchen und Effekthascherei ungerührt hätte schlucken können. Nach meiner Ansicht muß der Mephisto charmant und bestrickend sein, damit man ihm seine Verführungskünste glaubt, aber dieser Gründgens war nur ein mittelmäßiger, eingebildeter, fieser Provinzcharge. Nachträglich sehe ich, warum er in der Hitlerzeit eine so steile Karriere machte: Er spielte genau das Schmierentheater mit, das die Nazibonzen dem Volk vormachten. Jedenfalls schrieb ich wahrheitsgemäß eine schlechte Kritik, worauf Gründgens nicht mehr mit mir sprach.

Durch einen komischen Zufall traf ich ihn nach meiner Flucht in irgendeiner Pariser Kneipe wieder. Er war peinlich berührt. Ich aber dachte mir im Stillen: Denk an, er versucht doch auch, im Ausland Fuß zu fassen, aber bei den Franzosen kam Gründgens gar nicht an, so daß er sich, genau wie Pabst, lieber an die Nazis verkaufte, als im Ausland noch einmal mühselig von vorn zu beginnen.

Auch Heinrich George, den ich seit seiner Rolle im *Blauen Boll* von Barlach als Schauspieler sehr schätzte, ging diesen enttäuschenden Weg vom Kommunisten zum Nationalsozialisten. Er war eine weiche, sentimentale Natur, konnte aber auch sehr jähzornig werden. Sein Personal bekam das zu spüren. Einmal mußte George sich vor dem Arbeitsgericht rechtfertigen, weil er seinen Chaffeur in den Bauch getreten hatte. Der Chaffeur sagte aus, er verstünde nicht, wieso sein Herr, der auf dem Theater immer die getretenen und geschlagenen Proletarier spielte und den Zuschauern Tränen des Mitleids entlockte, nach draußen auf die Straße gehen könnte und seinerseits seinem Angestellten einen Tritt versetzen ...

So habe ich immer gefragt: Wie hat sich der verhalten, was hat jener gemacht, und wenn ich wußte, daß sich einer von meinen alten Bekannten nicht astrein verhalten hat, bin ich ungern zu ihm gegangen. Werner Krauss, einer der wandlungsfähigsten und modernsten Darsteller, der sowohl auf der Bühne als auch auf der Leinwand zu Hause war, hat leider auch nicht die Charakterstärke besessen, Deutschland den Rücken zu kehren oder wenig-

Von links nach rechts: Heinrich George, Christina Söderbaum, Veit Harlan

stens die schlimmsten Filmangebote abzulehnen. Ihn wollte ich eigentlich nicht wiedersehen, aber Henri Langlois überredete mich, daß ich ihm für sein Museum ein paar Requisiten oder Kostüme abbetteln sollte. Und Henris Aufträge erfüllte ich, wenn es irgendwie ging. Werner Krauss war in seiner Argumentation und in seinem ganzen Auftreten bezwingend. »Wenn ein Vollblutschauspieler sechs große Rollen auf einmal angeboten bekommt«, sagte er, »und darunter ist ein *Jud Süß*, dann beißt er an.« Was sollte ich da noch sagen?

Hans Albers dagegen, der Matrose vom Dienst, der Harry Liedtke in der Gunst des Publikums ablöste, nahm keine Rollen an, die ihm nicht paßten. Er wollte nichts mit den nazistischen »Kulturträgern« zu tun haben, die ihn wegen seiner Beliebtheit umwarben. Er war der große blonde, germanische Held mit den treuen wasserblauen Augen, aber er hatte Charakter. Wenn immer er wußte, daß Hitler, Göring oder Goebbels im Anzuge waren, ihn im Atelier besuchen oder zu einer Festveranstaltung einladen wollten, sagte er: »Dann muß der Hans Albers auf sein Gut gehen«, und verschwand.

Der große Theaterschauspieler und Träger des Ifflandringes, Albert Bassermann, dem wir schon als Kinder am Innenhof der Kammerspiele aufgelauert hatten, entschloß sich noch als alter Mann, sein Land zu verlassen, weil er eine jüdische Frau hatte. Else Schiff war auch Schauspielerin, leider eine schlechte, aber das hat Bassermann sein Lebtag nicht gemerkt. Er war so in seine Frau verliebt, daß er sich weigerte, ein Stück ohne sie zu spielen und nach der Aufführung zu all seinen Bekannten sagte: »War meine Frau nicht wieder wunderbar?« Ich hatte, wenn er mir diese Frage stellte, natürlich nicht das Herz, ihm zu widersprechen, er war ein Mann mit so einer vornehmen Gesinnung, daß auch die hartgesottensten Kritiker ihn nicht kränken mochten.

Soweit ich mich erinnern kann, hatten die Bassermanns auch ein geistig behindertes Kind zu Hause, was sie auf besondere Weise miteinander verband – all das waren keine guten Voraussetzungen, um den Konkurrenzkampf in den USA aufzunehmen, aber es war seltsam, auch in Hollywood hatte man Respekt vor dem alten Künstler und gab ihm, wenn es ging, kleine Rollen, damit er sich über Wasser halten konnte. Ich war einmal bei den Bassermanns zum Tee eingeladen. Da hat er mir schmunzelnd erzählt, daß er und seine Frau ein Haustelefon hätten, über das er sie immer anriefe, wenn er Sehnsucht nach ihr hätte. Da fragte er dann: »Else, bin ich dir genehm?«

Einige von meinen Freunden habe ich in dieser schweren Zeit ganz aus den Augen verloren, so zum Beispiel den jungen Dichter Armin T. Wegner, der mir meine ersten journalistischen Arbeiten verschafft hatte. Vor zwei Jahren erfuhr ich, anläßlich der Verleihung des Käutner-Preises der Stadt Düsseldorf an mich, durch das dortige Heine-Institut etwas über Wegners Verbleib. Er hatte sich in der Nazizeit mutig verhalten, hatte sogar einen offenen Brief an Hitler geschrieben, in dem er ihm unter die Nase rieb, daß Deutschland seine blühende Kultur vor allem den Juden zu verdanken habe, denjenigen Künstlern und Intellektuellen, die er im Begriffe sei, zu vertreiben und zu vernichten. Auf diesen Brief hin kam Wegner ins Konzentrationslager, überlebte jedoch und ging zuerst nach Israel, wo er sich aber nicht hat einleben können, und hat sich schließlich in Italien niedergelassen.

Es gab viele Juden, die nicht die Courage hatten, noch einmal neu anzufangen, denen es aber gelang, sich »arisieren« zu lassen. Man mußte behaupten, ein uneheliches Kind zu sein, väterlicherseits also arisches Blut zu haben, dann brauchte man noch ein wenig Glück oder »Protektion«. Auch Hans Felds neuer Arbeitgeber bei der Produktionsgesellschaft AAFA, Erich Engel, der von der Schauspielerin Jenny Jugo protegiert wurde, machte das so.

Feld selbst hatte einen dramatischen Abgang, von dem er mir später brieflich berichtete, als ich in Paris und er in Prag lebte. Wir sind zur gleichen Zeit geflüchtet. Feld war nach seinem Rausschmiß aus dem ›Film-Kurier‹ glücklich gewesen, ein Angebot von der AAFA zu bekommen, als Produzent in dem Programm von 1932/33 mitzuarbeiten. Die Firma erstrebte damals ein höheres Niveau. Beinahe wäre ihm dieser Job noch durch die Lappen gegangen, obwohl er fest zugesagt hatte, denn der saubere Lügenpeter hatte hinter seinem Rücken bei der Verwaltung angerufen und behauptet, Hans Feld wäre noch beim ›Film-Kurier‹ tätig. Aber glücklicherweise kam eine Rückfrage, bei der sich diese Schurkerei aufklärte. Das neue Filmprogramm wurde also entworfen, kam aber gar nicht mehr zur Ausführung, weil ab 30. März 1933 nicht nur die Filmprogramme über den Haufen geworfen wurden ...

Ende März bekam Feld einen Anruf seiner ehemaligen Sekretärin: »Sehen Sie zu, daß Sie fortkommen, ich habe erfahren, daß

Sie morgen abgeholt werden sollen!« Daraufhin rief Feld bei seinen alten Eltern an: »Morgen fahren wir alle zusammen nach Prag.« Das war die nächste Grenze. Der Vater, der ein 101-prozentiger Deutscher war, genauso wie meiner, sagte am anderen Ende: »Kommt nicht in Frage, wir bleiben hier!« Die Mutter und der Sohn fuhren dazwischen: »Du kommst mit!« Feld hängte ein. Er wußte, daß er gewonnen hatte. Da er ein höflicher Mensch war, ging er am nächsten Morgen noch rasch zu Alfred Weiner, unserem Verleger, um sich zu verabschieden, fand ihn jedoch in Tränen aufgelöst vor. Die SA hatte gerade das Blatt beschlagnahmt. Ehe Hans Feld noch begriff, was das hieß, hörte er die schweren SA-Stiefel schon die Haupttreppe hinaufsteigen. Er floh die Hintertreppe hinunter – es war wie in einem Krimi.

Unterwegs zur Bank überflog er den Zettel, den ihm die Sekretärin eben noch zugesteckt hatte. Da stand eine Nachricht von seiner Frau: »Wir können unseren Sohn nicht mitnehmen, er hat keinen Paß.« Feld zog seinen eigenen Paß aus der Tasche, der vierjährige Sohn stand nicht mit darauf. Statt zur Bank eilte er zum 152. Polizeirevier in Wilmersdorf und erzählte dort eine märchenhafte Geschichte, er müßte dringend zu einem Kongreß nach Prag und wollte seine Frau und seinen Sohn mitnehmen, um gleich anschließend dort Urlaub zu machen. Da sagte der Wachtmeister: »Denn muß ick mal den Leutnant sprechen. Der hat aber jetzt Mittagspause. Lassen se det man hier!« Er nahm den Paß und verschwand. Nach einer Minute kam er wieder und sagte: »Er hat unterzeechnet. Und die Jrenzen sind ooch noch heute frei, und jüdische Herrschaften werden nich belästigt.«

Das war der letzte Zug, der durchkam. Von da ab wurden die Juden herausgeholt, verprügelt, verschleppt oder nach Dresden ins Braune Haus gebracht, gefoltert und wieder zurückgeschickt. Da saß Feld mit seiner fünfköpfigen Familie im Zug nach Prag – der kleine Sohn glühte vor Fieber, er hatte die Masern. Das Geld langte für einen Tag. Jeder hatte einen Zehnmarkschein in der Tasche. Tschechisch konnte keiner in der Familie Feld sprechen, auf dem Bahnhof regnete es, als sie abends in Prag ankamen. So fing für meinen Kollegen die Emigration an.

Ich war etwas besser darauf vorbereitet, versuchte aber vergeblich, meine Familie auf die bevorstehende Flucht einzustimmen. Paula und Fritz wollten nichts davon wissen. Fritz war im Geschäft unentbehrlich, seine alten Onkels dachten nicht an Verpflanzung und konnten sich auch nicht vorstellen, daß man sie belangen würde. Meine Schwägerin war derart unerschrocken und robust, ich nannte sie immer »die Walküre«, weil sie, ehe sie meinen Bruder traf, Wagner-Sängerin werden wollte, was ihrer Statur und Natur sehr entgegen kam. Bei ihr hatte man das Gefühl, sie würde sich vor dem Gestapo-Mann aufpflanzen, wie auf einer imaginären Bühne, die Hände in die Hüften stemmen und ihm was pfeifen. Aber Paula mußte wenigstens einsehen, daß ich, die ich meinen »rollenden Kopf« Schwarz auf Weiß vorzeigen konnte, mich nach Hitlers Machtergreifung verdrücken mußte. Sie versprach mir, sobald ich mich in Paris eingelebt hätte, meine Möbel und meine Bücher und alles, was nicht in meinen Schrankkoffer paßte, nachzuschicken.

Mutter mußte mir versprechen, sobald es brenzlig würde, gleichfalls eine Fahrkarte nach Paris zu lösen, denn ihre Lieblingstochter Stefanie wohnte seit gut einem Jahr dort und konnte ihr Schutz bieten. Bei mir war es nicht der familiäre Grund, der mich bewog, nach Frankreich auszuwandern; im Gegenteil, möchte ich sagen, denn die Liebe zu meiner Schwester hielt sich, wie ich schon angedeutet habe, in Grenzen.

Ich nahm schweren Abschied von meiner kleinen Wohnung, in der ich mich so wohlgefühlt hatte, und von meinem Hausmädchen, das jeden Abend auf mich gewartet hatte, wenn ich spät aus dem Theater heimkam, um mir noch ein paar leckere Sachen vorzusetzen. Jeden Morgen, bevor ich wegging, habe ich zu ihr gesagt: »Bitte bleiben Sie nicht meinetwegen auf, stellen Sie mir einfach etwas zu essen hin.« Aber sie hat immer auf mich gewartet. Wir wußten beide, daß wir uns nicht wiedersehen würden; weinend sagte sie mir noch, bevor ich die Tür hinter mir schloß: »Ich werde bestimmt keine Stelle annehmen, nach Ihnen. Ich habe ein bißchen gespart und mache in meinem Heimatdorf einen Süßwarenladen auf.«

So löste ich am 30. März 1933 abends eine Zugfahrkarte erster Klasse mit Schlafwagen nach Paris. Meinen Schwager hatte ich telephonisch gebeten, mich abzuholen wegen meines schweren Koffers. Als ich im Morgengrauen am Gare du Nord ausstieg, begrüßte Eugène mich mit den Worten:

»Na Lotte, willst du in Paris Ferien machen?«

Ich antwortete: »Das werden lange Ferien werden.«

Sie haben genau fünfzig Jahre gedauert.

Die langen Ferien der Lotte H. Eisner

Nachbar Frankreich

Am letzten Tag vor meinem Aufbruch in ein anderes Leben hatte ich soviel zu tun gehabt, daß ich gar nicht zur Besinnung kam. Man hatte mich zu Hause angerufen, ich solle nicht in die Redaktion kommen, da der ›Film-Kurier‹ gerade von den Nazis beschlagnahmt worden sei. Ich rief bei Weiner an, der sich seinerseits entschlossen hatte, mit seiner Frau und den beiden Töchtern nach Paris zu gehen, denn seine Frau war Französin. Er selbst kam aus Prag. Die Familie hatte Beziehungen zum französischen Konsulat, so daß sie mir innerhalb von zwei Stunden ein Visum besorgen konnte. Das brauchte man damals schon. – Unter Pétain, kurz vor Ausbruch des Krieges, wurde es noch weit schwieriger, nach Frankreich auszuwandern.

Im Zug dachte ich über meinen entscheidenden Schritt nach. Ich wußte, daß es hart sein würde, sich in einer neuen Kultur einzuleben, denn ich war immerhin siebenunddreißig Jahre alt, aber Frankreich hatte mich dennoch immer geistig angezogen – in diesem Land waren die Menschenrechte geboren worden, es war das Land von meinem Lieblingsdichter Stendhal, von Voltaire, Verlaine und Villon. Ich hegte die Hoffnung, mir dort einen kleinen Raum zu erkämpfen, aber vor allen Dingen wollte ich leben, *trotzdem.* Auf meinem ex libris steht ein griechisches *Trotzdem* – das war meine Devise.

Ich hatte in mir die Gewißheit, daß ich noch etwas schaffen müßte, daß mein Vater die Hand über mich halten würde, was auch immer geschähe. Der »Vater im Himmel«, das war *mein* Vater, er war mein Schutzengel, daran glaubte ich fest.

Bei meiner Schwester hielt ich es jedoch kaum vierzehn Tage aus. Sie war noch ekelhafter als sonst, weil sie in anderen Umständen war, und ich sagte mir: nichts wie weg hier, ins nächste Loch, was sich auftut. Ein langjähriger Freund der Familie, Edouard Roditi, besorgte mir ein billiges Zimmer, in der Rue des Dardanelles 5, im selben Haus, in dem auch er wohnte. Es war ein elendes dunkles Quartier mit einer Kochgelegenheit auf dem Korridor. Da machte ich mir allabendlich meine »pots au feu«, meine Gemüsesuppen mit Brühwürfeln statt Fleischeinlage. Es gab ein Bündel Suppengemüse für einen Franc auf dem Markt.

Schnell war das Geld, das ich mitgebracht hatte, aufgebraucht. Auf meine französische Familie konnte ich und wollte ich nicht rechnen, obwohl mein Schwager Direktor bei der Ölgesellschaft Shell war und genug verdiente.

Die Freundschaft mit der Familie Roditi ging bis auf Edouards Großvater zurück, der mit meinem Vater befreundet war. Seine Mutter war Französin, väterlicherseits hatte er amerikanisch-jüdisches Blut und war amerikanischer Staatsbürger.

Edouard war überzeugter Jude und kannte die einflußreichen Pariser Glaubensgenossen, die meist sephardischer Herkunft waren. Für die galten wir, die wir aus Deutschland kamen, als Ostjuden. Wir wurden von ihnen genauso herablassend behandelt, wie wir die eigentlichen Ostjuden aus Polen und Rußland behandelt hatten. Jetzt bekam ich es am eigenen Leibe zu spüren, was es heißt, einer »minderwertigen« Rasse anzugehören.

Ich mußte in einer reichen jüdischen Familie den Kindern, die nicht gerade helle waren, Nachhilfestunden in Englisch und Latein geben. Als die Eltern dann in den Wintersport fuhren, saß ich da ohne Geld, denn sie hatten mich vorher nicht bezahlt, und ich war zu vornehm, sie daran zu erinnern. Bei ihrer Rückkehr, als ich ganz vorsichtig fragte, ob sie mir jetzt mein Gehalt zahlen könnten, fragte die Dame ganz pikiert: »Haben wir Ihnen nicht das Geld schon gegeben?« Ich antwortete entrüstet: »Aber Madame, ich würde doch nicht zweimal darum bitten!«

Bei denen blieb ich nicht lange. Danach war ich eine Zeitlang Telephonistin und Sekretärin bei einem Rechtsanwalt, aber da fühlte ich mich auch nicht wohl in meiner Haut – ich bin eine lausige Typistin. Ich kann einfach keine Seite ohne Fehler tippen, und schnell genug geht es auch nicht. Beim ›Film-Kurier‹ hatten wir doch Sekretärinnen gehabt, die das Diktat aufnahmen.

Was habe ich dann noch gemacht?

O ja, ich habe Kinder spazierengeführt, habe in den Sommerferien bei der Duftwasser-Familie Javel in Fontainebleau Gouvernante gespielt, wo ich die erste Zeit trotz ihres Reichtums schlecht zu essen bekam, aber eines Tages reiste die Schwiegermama von Madame Javel an, mit einer Köchin. Sie kam sofort zu mir und sagte gerade heraus: »Ich bin Jüdin, ich liebe es, großzügig zu kochen, und da ich weiß, daß meine Schwiegertochter geizig ist, habe ich meine Köchin gleich mitgebracht. Von nun an bekommen Sie gut zu essen.«

Und so war es dann auch. Aber der Sommer war schnell zu Ende. Danach gab ich einer jungen Dame, die Lily hieß und griechischer Abstammung war, Deutschstunden, doch sie heiratete bald einen englischen Lord und ging als Lady Crosfield nach London, wo sie später, als meine Schwägerin auch auswandern mußte, bei ihr die Stunden fortsetzte.

Die erste Arbeit, die mir Spaß machte und auch eher auf meiner Linie war, bekam ich durch einen protestantischen Buchhändler, der in der Rue de Seine wohnte. Er wollte seinen Doktor in Kunstgeschichte machen, konnte aber das Geschäft nicht im Stich lassen, um zu recherchieren. So ging ich in die Bibliothèque Nationale und suchte alles Material über die deutschen Fürstenhöfe des 18. Jahrhunderts für ihn heraus. Das war ja mein Gebiet. Ich übersetzte gleich alles für ihn ins Französische.

So hangelte ich mich von einem Job zum anderen. Zeitweilig arbeitete ich auch mit einer französischen Übersetzerin zusammen, die bei Gallimard deutsche Bücher ins Französische übersetzen mußte. Sie konnte kein Wort Deutsch, dafür aber um so besser Französisch. Ob es Kleist war oder Goethe, Buber oder Thomas Mann, es wurde alles in ein gleichklingendes wunderbares Französisch übertragen. Unterschiede im Stil machte sie nicht. Von da an habe ich keinen Übersetzern mehr über den Weg getraut, und auch bei meinen eigenen Büchern, so lang es ging, die fremdsprachigen Versionen überwacht. Nur bei der englischen Ausgabe meines Fritz-Lang-Buches hatte ich keine Möglichkeit, Einfluß zu nehmen. Das Resultat ist dann auch, gelinde gesagt, eine Katastrophe geworden. Und ich bin froh, daß jetzt wenigstens die deutsche und französische Ausgabe ordentlich werden. Am liebsten wäre ich natürlich wieder in meinen eigenen Beruf eingestiegen. Aber da ich in Paris nicht bekannt war, mußte ich wieder ganz von vorn anfangen, Kontakte zu knüpfen. Meinen ersten Artikel vermittelte mir mein Schwager, sechs Wochen nach meiner Ankunft.

Ich schrieb im ›L'Intransigeant‹ über die Dreharbeiten am *Testament des Dr. Mabuse* – eine gekürzte Fassung der ›Film-Kurier‹ Version. Hans Feld hatte sich inzwischen in der Tschechoslowakei, in der ja viele deutschstämmige Menschen lebten, ein kleines Arbeitsfeld aufgebaut. Er gab eine Monatszeitschrift für Theater heraus, die ›Die Kritik‹ hieß, und ernannte mich zu seinem Pariser Korrespondenten. Außerdem vermittelte er mir Beiträge für die antifaschistische ›Internationale Filmschau‹, so daß ich zwar nicht viel verdiente, aber meine grüne Journalistenkarte fürs Kino und meine rote Theaterkarte bekam, mich also auf dem laufenden halten konnte, ohne meine Billets zahlen zu müssen.

Als ich dann durch eine jüdische Freundin, Annie Levi, bei der pharmazeutischen Firma Ciba noch eine gut bezahlte Arbeit bekam, die sie eigentlich machen sollte, konnte ich es mir leisten, in ein besseres Quartier zu ziehen. Es war im 17. Arrondissement, an der Porte d'Asnière, in einem Neubau. Die Wohnung war groß genug, daß ich meine Berliner Möbel und die Bibliothek unterbringen konnte. So schrieb ich an meine Schwägerin, sie möchte mir meine Sachen nachschicken. Das war damals noch möglich. Ich erinnere mich, wie wütend ich war, als Paula mir brieflich mitteilte, sie hätte all meinen Kram gepackt, aber die alten Korsetts hätte sie weggeschmissen – die hätten wahrhaftig ausgedient. Ich in meiner Sparsamkeit fand, sie hätte sich eine unerhörte Freiheit herausgenommen. Später haben wir uns darüber kaputtgelacht.

So ganz allmählich lebte ich mich also ein, hatte aber wenig Zeit, mich um Freundschaften zu bemühen. Edouard Roditi lud mich öfter zu seinen privaten Parties ein und machte mich mit einigen seiner französischen Schriftsteller- und Künstler-Freunden bekannt, und ich stellte ihm meine Berliner Freunde vor, die sich inzwischen auch in Paris niedergelassen hatten. Durch mich lernte er Slatan Dudow und den Filmmusiker Josef Kosma kennen, die beiden hatten in Berlin mit Brecht zusammengearbeitet. Paul Medina, unser ehemaliger französischer Korrespondent, der auch Jude war und immer schon mit einem Bein in Paris gelebt hatte, war mit seiner Frau, einer ungarischen Geigerin, ganz in die französische Metropole gezogen. Mit seiner Kokserei war es aus – er wurde noch ein braver Familienvater.

Mit Edouard ging ich auch einmal zu André Gide, der sich noch an mich erinnerte. Er war sehr freundlich zu mir und lud mich ein, ihn öfter zu besuchen, aber vor lauter Arbeit, die wenig einbrachte, kam ich nicht dazu. Die Artikel für Ciba waren ganz lustig. Die pharmazeutische Zeitschrift hatte einige Kulturseiten, auf denen Schriftsteller und Journalisten über historische Persönlichkeiten schrieben. Ich suchte zum Beispiel alles über die Ärzte und Krankheiten Ludwig XIV. heraus, da ich sowieso schon Dauergast in der Bibliothèque Nationale war, und fand auch die dazugehörigen zeitgenössischen Illustrationen. Das war eigentlich illegal, denn Annie schrieb ihren Namen unter die Sachen – ich war nur ihr ghost-writer. Diese Arbeit habe ich sogar nach dem Krieg in der Mittagspause weitergemacht, als ich schon bei der Cinémathèque Française angestellt war, aber immer noch zu wenig Geld verdiente, um durchzukommen.

Die ersten Jahre in Paris waren sehr hart für mich, vor allem seelisch – das Hungern machte mir weniger aus, aber das Land entsprach so gar nicht meinen Träumen von der Französischen Revolution und den Menschenrechten. Nicht nur galten wir bei unseren eigenen Volksgenossen als Ostjuden – die Franzosen selbst behandelten uns als feindliche Ausländer, als »Méthèques«. Auf der Präfektur wurden wir wie Dreck behandelt, und viele Ausländer wurden wieder zurückgeschickt, wenn sie keine Beziehungen oder kein Geld in Frankreich hatten. Der öffentliche Widerstand gegen Hitler schien anfangs in der Bevölkerung sehr groß. Daher war ich um so schockierter, daß sich während der deutschen Besatzung so viele Kollaborateure fanden.

Ein Jahr ging mit Gelegenheitsarbeiten und viel innerlicher Bitternis dahin. Mein Bild von den Franzosen hat der Wirklichkeit nicht standgehalten. Noch heute, da ich längst Französin bin und hier länger lebe, als ich je in Deutschland gelebt habe, behandelt man mich als »Méthèque«, weil ich meinen Berliner Akzent beibehalten habe. Als wir klein waren, achteten die Lehrer noch nicht so auf die richtige Aussprache wie heute.

In dem Haus, wo ich jetzt schon dreiundzwanzig Jahre wohne, mußte ich mich beschimpfen lassen, weil ich einmal aus Versehen, da ich schlechte Augen habe, einen Brief aufgemacht habe, der an eine andere Mieterin gerichtet war. Die Concierge hatte ihn fälschlicherweise bei mir abgeliefert. Da hat die andere Mieterin ein großes Gezeter angefangen, das mit der Bemerkung endete: » ... und nicht einmal Französin!« ...

Deshalb, und nur deshalb, wollte ich gern, so schnell es ging, das Kreuz der Ehrenlegion von dem französischen Staat haben, damit ich es auf meinem Rockaufschlag tragen kann – allen feindlichen Nachbarn zum Trotz, denn ich bin eine bessere Französin als sie.

Lotte Eisner, George Langlois und der französische Kultusminister Jack Lang bei der Verleihung der Ehrenlegion an Lotte Eisner in Paris (1983)

1934 hatte ich die entscheidende Begegnung meines Lebens. Ich hatte in der ›Cinématographie Française‹ eine Notiz über zwei junge Franzosen gelesen, die alte Stummfilme vor der Vernichtung retteten und dachte mir, das könnte ein interessanter Artikel für die ›Internationale Filmschau‹ werden. So setzte ich mich mit den beiden jungen Männern, es waren Henri Langlois und Georges Franju, in Verbindung, um ein Interview zu machen. Unser Treffpunkt war das Café Wepler an der Place Clichy, wo später der Gaumont-Palast hingebaut wurde. Als Erkennungszeichen hatten wir jeder ein Exemplar der ›Cinématographie Française‹ unter den Arm geklemmt.

Henri Langlois war zwanzig Jahre alt, sehr schlank, mit dunklen orientalischen Augen, die in dem schmalen Gesicht besonders auffielen. Die beiden gefielen mir vom ersten Augenblick an, weil sie *die* Begeisterung hatten. Franju sah übrigens schon genauso aus wie heute*, während Henri ja entsetzlich dick geworden ist durch die fette Küche seiner Lebensgefährtin Mary Meerson und seine besessene Gourmandise.

Georges Franju hatte Plakatentwürfe für Filme gemacht, bevor er mit Henri Langlois zusammentraf und die beiden sich in die Idee hineinsteigerten, eine Cinémathèque Française zu gründen. Er hatte nicht so wie Henri das Talent, seinen Enthusiasmus auf andere Menschen zu übertragen. Deswegen schickte er immer seinen Freund vor, wenn es um einen Bittgang bei einflußreichen Filmleuten ging. So hatte er den Herausgeber der ›Cinématographie Française‹, Paul Auguste Harlé, derart von seinem Vorhaben überzeugt, daß er ihm, obwohl Henri noch ein halber Pennäler war, die enorme Summe von fünfhundert Francs zur Verfügung stellte, um bei den Kinos, die längst auf Ton umgerüstet hatten, alte Stummfilme aufzukaufen. Er bekam sie für weniger als nichts, aber es wurde auch höchste Zeit, die Filme zu retten, denn sie wurden allerorten eingestampft und in Nagellack und Schuhwichse verwandelt, oder man isolierte das wenige Silber, das in diesen brennbaren Silbernitratkopien enthalten war. Henri

* Georges Franju starb am 5. November 1987 in Paris. (M. G.)

Henri Langlois und Georges Franju (1936)

sah sich auch bei Trödlern und auf Flohmärkten um, er sammelte nebenbei noch Broschüren, Plakate, Photos, Dekors, Manuskripte, alte Apparate und Schattenspiele – kurz, alles, was mit der Geschichte des Films zu tun hatte, die man im Zuge des technischen Fortschritts zu vergessen schien. Mit den fünfhundert Francs kaufte er sich den Grundstock seiner heutigen Sammlung. Da waren schon Langs *Nibelungen* dabei, die russischen Stummfilme und *Das Kabinett des Dr. Caligari*, ein Film, den Henri besonders liebte.

Die alten Kopien, die zum Teil in einem desolaten Zustand waren, weil sie in feuchten Kellerräumen gelagert worden waren, hob er in der berühmten Badewanne der elterlichen Wohnung auf, ohne daran zu denken, wie gefährlich dieses leicht entzündliche Material in einem Badezimmer mit offenem Gasbadeofen sein konnte. Glücklicherweise ist nie etwas passiert, aber im Stillen dachte ich mir, die vierköpfige Familie Langlois scheint es mit der Sauberkeit nicht sehr genau zu nehmen, denn die Badewanne war für lange Zeiten blockiert. Das andere Material sammelte sich pêle-mêle in alten Koffern an, in denen ich, wenn ich Zeit hatte, so gut es ging, Ordnung zu schaffen suchte. Ich ließ mich von den beiden jungen Leuten auch animieren, meinerseits bei Trödlern, Kinobesitzern und Flohmärkten herumzuschnüffeln, und manches Mal fand ich etwas, da hatte ich auch ein glückliches Händchen.

Im fünften Stock des Marignan Building, auf den Champs Elysées, bekam Langlois einen Raum mit siebzig Sitzplätzen, den er in einen kleinen Kinosaal verwandelte. Dort führte er seine alten Filme vor. Es quetschten sich aber jedesmal bis zu neunzig Personen hinein, denn dieser originelle »Cercle Du Cinéma« war sehr beliebt: Cocteau, Sartre, Simone de Beauvoir, Simone Signoret und auch ausländische Freunde von Langlois, wie Cavalcanti, Comencini und Lattuada waren regelmäßige Besucher des Clubs. Mutter Langlois verkaufte die Tickets und wies die Plätze an. Sie stand ihrem verrückten Sohn tapfer zur Seite, während der Vater und der Bruder sich ganz von ihm abkehrten.

»Der taugt nichts und wird nichts«, sagte Vater Langlois, ein typisch französischer Bürger, der der Action Française angehörte, einmal zu mir, als ich bei Henri zu Hause war. Es wurmte ihn, daß sein Sohn kein Abitur gemacht hatte. Das war in einer vornehmen Diplomatenfamilie ein Skandal. Ich widersprach ihm jedesmal heftig, wenn er über Henri schimpfte.

»Monsieur Langlois«, sagte ich, »ich weiß, daß Sie unrecht haben. Ihr Henri wird einmal ein ganz bedeutender Mann werden.« Das spürte ich, wie ich es immer gespürt habe, wenn jemand eine ungewöhnliche Begabung hatte, die nur noch nicht für andere sichtbar war.

Mit Henris verpatztem Abitur war es allerdings etwas merkwürdig zugegangen. Er war ein sehr gescheiter und belesener Mensch, der das Examen wahrscheinlich ohne viel Mühe geschafft hätte, aber er verbrachte die meiste Zeit im Kino und hatte am Tag des »Bac« keine Zeit, sich der Prüfung zu unterziehen, weil er drei Filme hintereinander anschauen mußte. Vom vielen Filmesehen hatte er schon ganz verbrannte Augen. Als er dann nach Hause kam und die Eltern fragten, wie die Prüfung gegangen wäre, mußte er bekennen, daß er sie gar nicht gemacht hatte, aber er sagte: »Ich brauche kein Abitur zu machen, denn meine Zukunft ist der Film, und einstmals werden auf der Universität Doktorarbeiten über Buster Keaton geschrieben werden und der Film ein anerkanntes wissenschaftliches Fach sein.«

Genauso ist es gekommen. Henri Langlois wurde auch ohne Universitätskarriere zum Professor für Film ernannt und lehrte in Nanterre, an der Sorbonne und Montréal. Seine Vorlesungen waren sehr beliebt wegen ihrer Lebendigkeit. Langlois hatte es nicht nötig, sich schriftlich vorzubereiten. Er zeigte Filme und redete dann spontan darüber, und wer ihn einmal gehört hat, wird das nie in seinem Leben vergessen. Es ist ein Jammer, daß so wenige von seinen Diskursen schriftlich fixiert worden sind. Er hat ein ganzes Buch über den französischen Film geschrieben, das bis heute, nachdem er längst tot ist, kein Mensch je zu Gesicht bekommen hat. Mary Meerson hält das Manuskript zurück, und Marie Epstein hat eine Kopie, die sie auch nicht herausrückt, aus Angst, Mary könnte es ihr übelnehmen. Ich habe öfters zu Marie gesagt, die heute noch zweimal die Woche in die Cinémathèque kommt, um alte Filmkopien zu restaurieren, obwohl sie auch über achtzig ist:

»Marie«, habe ich gesagt, »wir leben nicht ewig, wir müssen jetzt endlich die Karten auf den Tisch legen und zeigen, was wir haben, damit das Material über Henri und die Cinémathèque der Allgemeinheit zur Verfügung steht und nicht vor lauter Geheimniskrämerei verlorengeht.« Aber die beiden Maries sind dickköpfig; was will man da machen?

Das krasse Gegenstück zu Henri war Jean Mitry, der andere Filmprofessor, der auf seine Universitätslaufbahn große Stücke hielt und auf seinen autodidaktischen Kollegen sein Leben lang ein wenig verächtlich herunterblickte. Anfangs verehrte Henri ihn sehr, weil er ihn als Autorität betrachtete und sich durch seinen Zuspruch in seinen Zukunftsvisionen ermutigt fühlte. Nach Henri Langlois Tod behauptete Mitry sogar, *er* hätte die Idee der Cinémathèque Française in die Welt gesetzt, aber das ist Unsinn, weil in den ersten Jahren nur Langlois, Franju und ich da waren. Im Ausland gab es schon das British Film Institute, die American Film Library im Museum of Modern Art und das Reichsfilmarchiv der Nazis, das von einem Militär geführt wurde, einem gewissen Major Haensel, der immer schrie. Wir nahmen mit den ausländischen Filmmuseen Kontakt auf, um Kopien auszutauschen und zu vervollständigen und gründeten die Fédération Internationale des Archives de Films (FIAF), deren Vorsitzender Henri Langlois wurde. Für den geliebten Film verhandelte Henri sogar mit den Nazis, die ihm abgrundtief verhaßt waren, aber er schlug wiederholte Einladungen des Major Haensel, nach Berlin zu kommen, aus.

»Ich warte solange mit meinem Besuch«, sagte er frech zu dem Offizier, »bis Deutschland von den Nationalsozialisten befreit ist.«

Auch später nahm Henri nie ein Blatt vor den Mund, aber es wurde ihm nicht zum Verhängnis, weil man ihn schlicht für verrückt hielt und außerdem auf seine Bereitwilligkeit angewiesen war, um auf die Spur von seltenen Filmen zu kommen. Die Nazis verhinderten sogar, daß Henri in den Krieg ziehen mußte, er war kurzzeitig eingezogen worden. Ein Freund, der ihn den Kasernenhof fegen sah, sagte: »Als ich Henri in Uniform sah, da wußte ich, daß wir den Krieg verlieren würden.« – Aber Major Haensel brauchte ihn an seinem Platz, der Cinémathèque, die zwar noch keine Räumlichkeiten hatte, aber schon eine interessante Kollektion.

Sonntags, wenn ich nicht arbeiten mußte, und der Bewegungsdrang mich aus der Stadt heraustrieb, schleppte ich Henri mit seinem Freund Valerio Jahier, der für die Coopération Internationale arbeitete, italienischer Abstammung war, aber ein sehr schönes Französisch schrieb, in das Vallée de Chevreuse. Ich wollte wieder ein wenig Grün zu Gesicht bekommen. Henri haßte das Laufen: »Ich verstehe das nicht«, sagte er immer, »daß ihr unbedingt dieses dumme Grün ansehen müßt.« Aber der Arme ging doch brav mit.

Ich hatte Valerio sehr gern. Er paßte in den Reigen meiner »schönen Männer«. Nur hatte er Zeiten, in denen er intensiv den Tod suchte, obwohl er nicht im eigentlichen Sinne depressiv war. Er wollte den Tod kosten. Valerios Frau, Alicia, ging nicht mit auf unsere Spaziergänge. Das war Henri und mir nicht unangenehm, denn wir konnten sie nicht gut leiden. Jahier begab sich bei Marie Bonaparte, einer bekannten Psychiaterin, in Behandlung, doch sie konnte ihm auch nicht helfen. Eines Tages brachte er sich um. Ich traf Marie Bonaparte auf dem Friedhof, wo es uns beide hingetrieben hatte, und da sagte sie mir, daß sie den Selbstmord nicht hatte verhindern können. So hörten unsere Spaziergänge auf.

Allmählich freundete ich mich mit einigen Nachbarn in meiner Straße an. Es war eine ganz angenehme Gegend. Meine Wohnung lag im dritten Stock eines Neubaus, von dem aus ich sogar den Blick auf ein paar Bäume hatte, was mir in meiner jetzigen Wohnung so sehr fehlt, seitdem sie total zugebaut worden ist. Darum habe ich mir das Grün nach innen geholt. Ganz ohne Pflanzen kann ich nicht sein.

Dadurch, daß meine geschäftige Schwägerin mir meine Sachen geschickt hatte, bekam ich auch wieder Mut, ein paar Leute einzuladen. Ich verkehrte mit dem Kreis um Langlois, in dem sehr viele Ausländer waren. Langlois liebte, genau wie ich, das Völkergemisch. Wir fühlten uns wie Weltbürger und verstanden die Engherzigkeit vieler Franzosen nicht, die alle Ausländer schief ansahen.

Die erste Frau, in die Henri sich verliebte, war Italienerin, Giulia Veronesi. Sie half ihm bei seiner Arbeit. Giulia war ein großartiges Stück. Als Slatan Dudow in Frankreich wegen kommunistischer Umtriebe im Gefängnis saß, half sie, ihn zu befreien und ihn zu unseren antifaschistischen Freunden Comencini und Lattuada nach Italien zu bringen. Henri war damals noch sehr schüchtern. Er wagte sich nicht recht an Giulia heran, so daß die Beziehung platonisch blieb. Etwas später verliebte er sich noch heftiger in Jean Renoirs Frau, die aparte Tänzerin Catherine Hessling, die von ihrem Mann getrennt lebte. Mit Catherine und ihrer brasilianischen Freundin Dido Freire war ich in dieser Zeit sehr eng befreundet. Noch am 14. Juli '39, kurz vor dem Kriegsausbruch, saßen Catherine und ich zusammen auf ihrem Balkon und blickten voll düsterer Vorahnungen auf die Truppenparade herab. Wir sahen, daß Frankreich auf diesen Krieg nicht vorbereitet war.

Dido und Catherine wohnten zusammen, sie führten ein wildes Leben. Zur Zeit, als Langlois sich in Catherine verliebte, war sie gerade mit einem Schwarzen liiert. Die Freundinnen schnüffelten Äther und klauten zum Spaß in Kaufhäusern, aber Dido wollte später von diesen Jugendsünden nichts mehr wissen. Sie leugnete mir und Renoir gegenüber alles ab. Catherine war da viel freier.

Sie hatte sich von Renoir getrennt, weil er, als er durch seine ersten Filme, in denen seine Frau die Hauptrolle gespielt hatte *(Nana, Madame Bovary* etc.), bekannt geworden war, berühmtere Schauspielerinnen einsetzte, um mehr Geld locker machen zu können. Das nahm sie ihm übel. Sie konzentrierte sich wieder ganz auf ihre Anfänge als Tänzerin und trat in großen Revuen auf. Ich habe Catherine einmal in einer Nacktrevue gesehen, wo sie als Blickfang in der Mitte der Bühne ein langes, hochgeschlossenes schwarzes Kleid trug, zu dem die rotblonden, reichen Haare einen reizvollen Kontrast bildeten. Ich hätte gern gehabt, daß aus Langlois' Liebe zu ihr eine echte Beziehung geworden wäre, aber trotz meiner Ermutigungen wurde nichts daraus. Es hat noch nie gutgetan, wenn ich mich im »Match-Making« versucht habe.

Mit Schrecken denke ich noch daran, wie ich eine lesbische Frau, von der ich nicht wußte, daß sie in mich verliebt war, in die Arme eines Mannes trieb, der mich heiraten wollte. Die beiden sind sehr unglücklich geworden, sie hat sich umgebracht, und ich fühlte, daß es meine Schuld war. Aber was Dido dann mit ihrer Freundin Catherine aufführte, war noch schlimmer als mein mißglückter Versuch, Langlois und Catherine zusammenzubringen.

Werner Krauss und Catherine Hessling in *Nana* (1926) von Jean Renoir

Eines Tages sagte sie zu mir: »Lotte, mir tut es leid, daß Jean und Catherine zerstritten sind. Die beiden gehören zusammen. Ich will versuchen, sie wieder miteinander zu versöhnen.«

Renoir bereitete zu der Zeit gerade seinen Film *Tosca* vor, den er in Rom drehen wollte. Da ging Dido als sein Script-Girl mit. Sie versprach mir, immer Berichte zu schicken, wie diese Sache voranging, und tat es anfangs auch. Ich bekam mehrere Postkarten aus Italien, aber plötzlich trat eine Pause in der Korrespondenz ein. Ich muß sagen, daß ich schon seit einiger Zeit ein komisches Gefühl gehabt hatte. Das nächste, was ich hörte, war, daß Dido Freire und Jean Renoir geheiratet hatten, und zwar ohne Wissen und Einverständnis von Catherine. Catherine kam weinend zu mir. Sie verstand nicht, wie ihr mitgespielt worden war. Ich fragte: »Sag, Catherine, seid ihr damals kirchlich getraut worden oder nicht?« – »Aber nein«, wehrte sie empört ab, »das hätte der alte Renoir nie erlaubt.« – »Dann«, folgerte ich weiter, »kann ich mir denken, was passiert ist: Die beiden haben in San Remo die Ehe einseitig auflösen lassen und haben sich in der Kirche trauen lassen.«

Denn Dido war kreuzkatholisch. In Frankreich verursachte diese Geschichte einen großen Skandal. Renoir wurde in Abwesenheit wegen Bigamie verurteilt. Er konnte sein Land für lange Zeit nicht betreten und setzte sich nach Hollywood ab, wo er die Kriegsjahre über blieb und ein direkter Nachbar von Fritz Lang wurde.

Ich stand ganz auf Catherines Seite, obwohl ich Renoir sehr gern hatte, aber dann verlor ich sie aus den Augen, als Mary Meerson – die stärker in der Eifersucht war als in der Liebe – im Kreis Langlois' auftauchte. Sie vertrieb zunächst Giulia Veronesi und konzentrierte sich dann auf Catherine Hessling, indem sie Langlois' Aberglauben schlau auszunutzen wußte. Mary, die auch in ihren blühendsten Jahren, in denen sie Malern und Photographen Modell gestanden hatte (Kokoschka, Man Ray), schon zur Fülligkeit neigte, fing an, dick zu werden. Sie hatte aber, wie ich, einen Schuhfimmel. Wir kauften uns beide sehr gern schicke Schuhe. Eines Tages bemerkte Catherine ein Paar elegante neue Pumps an ihren Füßen und sagte in harmloser Bewunderung zu Mary: »Mary, was haben Sie heute für schöne Schuhe an!«

Als Mary später auf die Straße ging, rissen ihre Schuhe in der Mitte auseinander. Da sagte sie zu Henri: »Catherine ist eine

Hexe, sie hat den bösen Blick. Sie war eifersüchtig auf meine neuen Schuhe, da hat sie gemacht, daß sie platzen.« Dabei waren Marys Füße nur zu dick für das zarte Leder, aber Langlois hörte auf sie. Er hatte Angst vor ihr. Da Catherine wirklich eine starke Ausstrahlung hatte, eine schwierige und ungewöhnliche Frau war, ließ Henri sich einreden, daß sie eine Hexe wäre und hörte auf, sie zu sehen. Ich fand mich aus Bequemlichkeit mit der absurden Situation ab. Jetzt tut es mir leid, daß ich nicht offen zu Catherine gehalten habe. Ich hatte auch nicht die konsequente Haltung von Alberto Cavalcanti, der, als er die Geschichte von Didos sogenanntem »Versöhnungsversuch« hörte, alle Beziehungen zu Renoir abbrach. Ich habe Dido und Jean nach dem Kriege, als ich zu Fritz Lang nach Beverly Hills kam, besucht. Bei ihnen vergaß man die Nähe Hollywoods. Sie hatten sich mit ihrem gastfreundlichen Haus, in dem man gleich mit französischem Landwein und Käse herzlich bewirtet wurde, und der Blick nicht wußte, ob er an Didos fein gepflegtem Garten oder an den kostbaren kleinen Renoir-Gemälden, die die Wände belebten, hängenbleiben sollte, ein Stück der »Douce France« mitgenommen. Ich konnte Dido und Jean nicht länger böse sein.

Dido hielt Renoir auch die Treue, als er anfing zu kränkeln, geistig und körperlich abzubauen, bis er im Rollstuhl saß, wie sein Vater, der im Alter so gelähmt war, daß man ihm die Pinsel an die Finger binden mußte, damit er malen konnte. Zum Schluß war Jean Renoir geistig umnachtet, das hat Dido alles mitgemacht.

Wenn ich an Jean Renoirs Filme denke, steht mir immer das bekannte Bild des kleinen Jean mit den langen rötlichen Locken, die ihm so mädchenhaft über die Schulter fallen, vor Augen. Im Gegensatz dazu sein fester Ausdruck und die gesunden roten Wangen. Etwas von diesem Kontrast finde ich in Jeans Filmen wieder: einen Zug zum Poetisch-Romantischen, und einen, der in die andere Richtung treibt – in die rohe Wirklichkeit. Er hat mir einmal, als er sich gerade mit seinem Filmprojekt *La Marseillaise* beschäftigte, den Anfang des Films erzählt, so wie er ihn gern realisiert hätte:

Zwei Fischer stehen auf einer Seine-Brücke unterhalb von Paris und unterhalten sich. Auf einmal treiben viele tote Leiber den Fluß hinunter. Da sagt der eine Fischer zum anderen: Es muß etwas in Paris lossein.

Das war die schonungslos drastische Seite Renoirs. Er hat dann leider dem Produzenten gegenüber die Konzession eines milderen Anfangs machen müssen. Die romantische, impressionistische Seite sieht man in *Une Partie de Campagne*, wo er in seinen Schwarzweiß-Nuancen ganz den sanften weichen Farbtönen seines Vaters folgt. Ich habe diesen Film am Todestag von Gérard Philipe gesehen, für mich ein doppelt trauriger Tag, weil am selben Abend unser guter Freund und Ehrenpräsident der Cinémathèque, der Filmregisseur Jean Grémillon, starb. Ich war so niedergeschlagen, daß ich keine Lust mehr hatte, den Renoirfilm einzuführen. Aber es war niemand anderes da, Jean Renoir mußte dem Publikum vorgestellt und gebührend begrüßt werden. Schließlich gab ich, auf Marys Drängen hin, nach. Als ich diesen Film dann zum ersten Mal sah, war ich auf einmal ganz glücklich und vergaß meinen Kummer. Ich ging nach der Vorführung zu Jean Renoir und bedankte mich: »Jean, das war ein heidnisch-schöner Film.« Er lachte und meinte, das wäre das beste Kompliment, das er je für einen seiner Filme bekommen hätte.

Lotte Eisner und Jean Renoir kurz vor Renoirs Tod 1979

In Deutschland wuchsen unterdessen die beiden Söhne meines Bruders, Herbert und Stefan, heran. Herbert, der Älteste, wurde des öfteren aufgefordert, in die Hitler-Jugend einzutreten. Offenbar sah man ihm seine jüdische Herkunft nicht an. Der Junge konnte nicht in Berlin bleiben, er war zu sehr gefährdet. Deshalb schickten seine Eltern ihn nach England in eine gute Boarding-School. Er war naturwissenschaftlich begabt, hatte aber auch die literarischen Neigungen seines Vaters.

Wenig später mußte Fritz auch seinen Jüngsten hergeben. Das war mein Lieblingsneffe. Stefan kam nach Paris in ein Internat. Auch er wurde ein sehr guter Schüler. Fünfzehn Jahre war er alt, als er von daheim fortging. Für meinen Bruder bedeutete es eine große finanzielle Belastung, die Ausbildung für zwei Söhne zu bezahlen, denn die Nazis handhabten ihre Steuern so, daß ein Jude, der seine Kinder auf eine private Schule schickte, den gleichen Betrag, den er für das Schulgeld zahlte, noch einmal als Ausgleichszahlung an den Staat abgeben mußte. »Hilfe und Aufbau« nannte man das. Stefan lebte sich schnell in Paris ein. Nur mit meiner unzugänglichen Schwester kam er ebenso wenig zurecht wie ich. Und da gab es das Problem der großen Ferien. Steffi wollte ihn nicht aufnehmen: »Er kann doch im Internat bleiben«, meinte sie. Ich sagte: »Das kommt nicht in Frage, dann nehme ich ihn zu mir. Zwar habe ich kein zweites Bett, aber dann muß er eben auf einer Matratze auf dem Fußboden schlafen.«

Das machte Stefan nichts aus. Wir hatten beide den gleichen Humor. Nur waschen mochte der Knabe sich nicht. »Ach, Tante Lotte«, sagte Stefan am Morgen, »das heiße Wasser ist doch sehr teuer.« – »Wir scheuen keine Kosten«, war meine Entgegenung. Natürlich hatte der Bursche auch einen gesunden Appetit. Er mochte furchtbar gern Hartkäse mit Senf. Auch da war er besorgt, es könnte mich zuviel kosten, denn er sah ja, wie knapp ich es hatte. Aber seinen geliebten Käse, den sollte er haben. Stefan wurde der Liebling meiner Straße. Durch ihn lernte ich all meine weiblichen Nachbarn kennen, die ich des öfteren ermahnen mußte: »Meine Damen, Etienne ist doch erst fünfzehn!«

Die Gewohnheit, bei mir abzusteigen, wenn er in Paris war, hat sich bei Stefan gehalten, bis er ein gesetzter Herr mit drei Töchtern war. Er muß so um die fünfzig Jahre alt gewesen sein, als er eines Abends bei mir anrief mit Verzweiflung in der Stimme: »Ich bin in Paris und war gerade im Theater. Jetzt habe ich mir ein Taxi genommen, um ein Hotel zu suchen, und fahre schon drei Stunden in der Stadt herum. Es ist alles besetzt. Kann ich zu dir kommen?«

»Selbstverständlich, mein Junge«, sagte ich, »aber du weißt, bei mir mußt du auf dem Boden schlafen.« Am Morgen hat er dann scherzhaft zu mir gesagt: »Aber diesmal hat mir doch der Rücken ein bißchen wehgetan, von dem harten Fußboden.«

Fünf Jahre darauf starb Stefan an einer Krebsgeschwulst, die im Rücken saß. Der erste Schmerz auf meinem Fußboden muß der Anfang der heimtückischen Krankheit gewesen sein. Keiner, dem Stefan nahegestanden hatte, konnte diesen unsinnigen Tod jemals verwinden.

Ab und zu ging ich in den letzten Jahren vor Ausbruch des Krieges mit Henri und seinen Freunden ins »Café du Dôme« oder »La Rotonde«. Henri liebte damals schon die Süßigkeiten. Oftmals kam er, der Nachtvogel, auch um zwei Uhr morgens zu mir mit einem Riesenkuchenpaket. »Aber Henri«, sagte ich, »wie sollen wir das alles essen?«

»Mach dir keine Sorgen«, war die Antwort. »Das schaffe ich schon.« Und dann fraß er zehn Stück Torte, und ich zwei. Er hatte ein Abonnement beim Konditor um die Ecke von der Rue Troyon. Und die Mutter zahlte am letzten des Monats die angefallene Rechnung. Aber trotz der Nascherei war Henri vorerst noch schlank wie eine Tanne. Irgendwann in diesen Jahren packte mich das Heimweh, ob ich wollte oder nicht ... Ich las meinen geliebten Kleist, E. T. A. Hoffmann, Achim von Arnim und sah mehr deutsche Filme als je früher in Berlin. Es ärgerte mich, daß ich die Filmgeschichte nicht bewußter mitgemacht hatte, wenn Henri von all den Schätzen sprach, die er für sein zukünftiges Museum sammeln wollte, denn ich war ja ein- und ausgegangen bei den deutschen Bühnenbildnern und hätte mir Reichtümer an Sets, Requisiten, Entwürfen und Photos sichern können, aber mir war nie der Gedanke gekommen, daß diese Dinge einmal von historischer Bedeutung sein oder gar verlorengehen könnten. Deshalb führte mich nach dem Krieg eine meiner ersten Reisen im Auftrag der Cinémathèque Française nach Berlin, um dort zu retten, was noch zu retten war. Da überwand ich sogar meine Abneigung, den deutschen Boden so kurz nach der Barbarei wieder zu betreten.

Vorerst saß ich jedoch in Frankreich. Meine Muttersprache entglitt mir immer mehr. Ich wollte sie festhalten, ich schrieb einen Roman. Drei Jahre schrieb ich daran, doch er mißriet mir. Wohl wußte ich, Bilder entstehen zu lassen, so wie ich es auch bei meinen filmhistorischen Büchern versucht habe, aber die Sprache ging mir aus. Meine Menschen redeten Worte, die nicht mein eigen waren. Auf jeder der dreihundert Manuskriptseiten, die ich mir abgerungen habe, fehlt der Biß. Darum bin ich heute froh, daß die Übersetzerin, die mein Buch ins Französische übertragen wollte, Besseres zu tun hatte und ›Das Verbrechen in Durville‹ nicht veröffentlicht wurde. Ich bin lieber eine gute Kritikerin als eine schlechte Schriftstellerin. Das sage ich ohne Bedauern. Und dabei waren die Themen dieses Romans: Zusammenstoß zweier Rassen und Kulturen, Unverständnis zwischen der Eltern- und Kindergeneration, Action Française gegen Front Populaire, Pubertät und Homo-Erotik, damals wie heute noch aktuell. Wie kommt ein gutmütiger Schwarzer, dessen Bestes man nur gewollt hat, ja dem man sogar neue Schuhe und ein Fahrrad gekauft hat, dazu, seine gütige weiße Herrin zu erstechen, und nicht nur einmal, sondern zwanzigmal zu erstechen? – Ein Rätsel.

Ich hatte diese Schauergeschichte, die um 1935 die französische Provinz erschütterte, im ›Paris Soir‹ gelesen und mir Gedanken gemacht, was wohl in dem Senegalesen Temba vorgegangen sein mochte. Um ihn herum versuchte ich, eine kleine Stadt mit ihren teils lächerlichen, teils bemitleidenswerten Typen lebendig zu machen. Aber mein Liebling, mein Held, das war der sechzehnjährige Marc Borel, dessen Name bewußt an Stendhals Julien Sorel anklingt. Er trägt als junger Mann die Hoffnung auf Freiheit, Ausbruch und Kampf. Er allein wird es schaffen, sich aus dem stickigen Kleinstadtmilieu zu lösen, anstatt einer Karikatur vielleicht einmal ein Mensch zu werden.

Es tut mir leid, daß der mittelmäßige Roman, den ich nicht mehr imstande bin, wiederzulesen, erhalten blieb, während meine beste Novelle, ›Hedda‹, verbrannt wurde. Sie fiel mit kostbaren surrealistischen Skizzen und Gedichten, die Henri Langlois mir geschenkt hatte, der Raserei einer bornierten französischen Hausfrau zum Opfer, die meinte, alles was ich an Schriftlichem bei ihr aufbewahrt hatte, aus Furcht vor einer Nazi-Razzia verbrennen zu müssen. Das war in Montpellier mitten im Krieg.

1937 wurde Österreich besetzt und dann die Tschechei. Hans Feld mußte weiterfliehen. Er ging mit seiner Familie nach London. Wir korrespondierten weiter, und ich schickte ihm, nachdem er dort einigermaßen Fuß gefaßt hatte, Beiträge für die ›World Film News‹, eine Zeitschrift, die bald wieder einging. Das war Felds letzte journalistische Tätigkeit. Danach verdiente er sein Geld mit Konservenbüchsen – Tomato-Ketchup oder ähnlichem. Jetzt, mit achtzig Jahren, hat man ihn als wichtige Persönlichkeit des Films wiederentdeckt und zurück auf die alte Fährte gebracht.

Letztes Jahr veröffentlichte Hans Feld einen Essay über die jüdischen Filmleute in den zwanziger Jahren: ›Publications of the Leo Baeck Institute Year Book XXVII – 1982‹.

Er hat ein viel besseres Gedächtnis behalten als ich und schnurrt die Namen, Daten und Ereignisse nur so herunter. Ich tue mich da seit einiger Zeit viel härter. Darum habe ich mich auch damit abgefunden, nicht eine komplette Autobiographie zu schreiben, sondern nur Memoiren – Erinnertes. Ich erinnere mich oder ich erinnere mich nicht ... je mehr ich versuche, die Lücken zu schließen, desto weniger wollen sie sich füllen. Auch das neuerliche Auswendiglernen von Heine-Gedichten, um das Gedächtnis zu stärken, hat nichts genützt. Was soll man machen?

Was ich meinem Bruder vor meiner Flucht aus Berlin prophezeite, geschah: Eines Abends, im Jahr 1938, als mein ganzes Zimmer voller Party-Gäste war, die schon den ersten Grad der Heiterkeit überschritten hatten, stand Fritz an meiner Tür, todmüde, den Blick mit Unverständnis auf mein Kanapee gerichtet, auf dem sich ein lachender schwarzer Bildhauer aus Jamaica räkelte. Da wollte der müde, vertriebene Bruder sich doch hinlegen und nur noch die Augen schließen und nicht mehr denken müssen!

Ich versuchte, sobald es ging, die Gesellschaft aufzulösen, um mich dem armen Fritz widmen zu können. Was war geschehen? Am Tag zuvor hatte ein junger Angestellter unseres Geschäfts, Sohn des Bezirkspolizisten, zu meinem Bruder gesagt: »Fahren Sie nicht nach Haus, ich habe Sie auf der schwarzen Liste meines Vaters gesehen. Sie sollen heute abgeholt werden.«

Fritz versteckte sich den Tag über auf dem Hängeboden einer

Tante seiner Frau. Paula raffte unterdes ein paar notwendige Sachen für ihn zusammen. Paß und Visum für Frankreich und England hatte er ja Gott sei Dank durch seinen Beruf ständig parat, und als die Luft rein war, beschaffte der Polizistensohn ihm ein offizielles Nazi-Auto zum Flughafen, dem unterwegs dauernd salutiert wurde, weil man im Fond einen wichtigen SS-Mann vermutete. Fritz gelangte ohne Zwischenfall in die kleine Maschine nach Paris, hob ab, fühlte sich in Sicherheit, aber da kehrte der Pilot wieder um. Jetzt war mein Bruder sich sicher, der Betrug sei entdeckt worden, und er würde wieder herausgeholt. Doch es gab nur einen leichten Maschinenschaden, der behoben werden konnte.

Wir berieten also, was aus ihm und seiner Familie werden sollte. Ich sah schon, daß Hitler vor Frankreich nicht haltmachen würde und redete Fritz zu, nach England zu gehen, weil da wenigstens ein kleines Meer zwischen ihm und den Nazis läge. Außerdem hatte sein Ältester sich dort schon eingelebt, und Stefan konnte auch mit nach England gehen. So geschah es.

Paula hatte die Gelassenheit, noch in Berlin zu bleiben und seelenruhig den ganzen Hausrat, und vor allem die riesengroße Bibliothek meines Bruders zusammenzupacken. Wie sie das alles geschafft hat, ist mir ein Rätsel. Auf jeden Fall wurden die Sachen in einem Container per Schiff nach Dover gebracht. Erst als das letzte Stück verladen war, reiste meine Schwägerin meinem Bruder nach. Sie muß große Schwierigkeiten bei der Immigration gehabt haben, weil man sie trotz der Tatsache, daß ihr Mann in London lebte, nicht ins Land lassen wollte. Aber Paula schafft alles, was sie will, so auch dieses. Für kurze Zeit war die Familie wieder in Sicherheit beisammen. Von dem Geld, was sie hinüberretten konnten, mieteten sie ein Häuschen. Im Sommer 1939 habe ich sie dort besucht. Das war nicht nur der Sommer vor Ausbruch des Zweiten Weltkrieges, das war auch der Sommer, in dem ich die legendäre Mary Meerson zum ersten Mal sah. Cavalcanti, der auch gerade in London war, stellte sie mir vor. Danach hörte ich erst 1942 in den schwärmerischsten Tönen wieder von ihr durch Henri Langlois, der mich in meinem Rattennest Figeac heimlich besuchte.

Ich wäre gerne bei meinem Bruder und meiner Schwägerin in England geblieben, denn daß der Krieg kommen mußte, war unausweichlich, und in die Kampfkraft und Standfestigkeit der Franzosen hatte ich kein Vertrauen. Doch da meine Angehörigen sich selbst erst in London einleben mußten, rieten sie mir dringend ab. Besonders Paula wollte mich wieder loswerden. Sie sah nur Komplikationen. Arbeiten könnten weibliche deutsche Flüchtlinge da nichts, außer sie verdingten sich als Hausmädchen, und man fürchtete sich vor Internierungen, die bei Ausbruch des Krieges tatsächlich durchgeführt wurden.

Eine lustige Kleinigkeit aus diesen unruhigen Tagen, die typisch ist für die englische Mentalität, ist mir noch im Gedächtnis geblieben: Im Hinblick auf die schweren Zeiten hatten die englischen Hausfrauen heftig gehamstert. Die Läden waren leergekauft. Da erschien ein Aufruf in der Zeitung, Hamsterkäufe seien unpatriotisch und schwächten die Wirtschaft, die Bevölkerung sei gemahnt, die angehäuften Waren wieder zurückzubringen. Daraufhin trugen die Menschen ihre Einkäufe brav wieder in die Geschäfte.

Als ich noch mitten im Überlegen war, was aus mir werden sollte, bekam ich einen Anruf vom französischen Konsulat, wir befänden uns im Kriegszustand mit Deutschland und es gäbe nur noch ein Schiff, um mich zurück nach Frankreich zu bringen. Das nahm ich. Als mein Schwager Eugène mich wiedersah, rief er: »Bist du verrückt, wiederzukommen? In England warst du viel sicherer. Die Deutschen werden uns hier überrennen, und dann bist du verloren.« Ich zuckte mit den Achseln. Hier wie dort war ich unerwünscht. Aber dann wurde mir bewußt, daß da jemand fehlte in der Wohnung meines Schwagers. »Wo ist Mutter?« fragte ich, Böses ahnend. »Die ist zurück nach Berlin gegangen«, war die kühle Antwort. »Wie habt ihr das zulassen können, sie wird uns verschleppt werden!« rief ich empört. Meine Mutter hatte mir noch vor meiner Abreise nach England fest versprechen müssen, sich nicht vom Fleck zu rühren, bis ich zurück wäre, denn sie hatte Steffi gegenüber verlauten lassen, daß sie aus Berlin ein paar Sachen für ihre Enkelkinder holen wollte. Und jetzt war sie doch abgefahren, und meine Schwester und mein Schwager hatten sie gehen lassen. Eugène machte noch einige schwächliche Vesuche, sie zurückzuholen, denn er war ja ein einflußreicher Mann – Generaldirektor bei der Shell und höherer Offizier. Aber Mutter blieb in Berlin. Ein wenig war sie auch für die schlechte Stimmung im Haus meiner Schwester mitverantwortlich gewesen, weil sie sich mit Steffis flämischen Schwiegereltern nicht verstand und immer Partei für ihre eigene Familie ergriff. Die alte Wohnung in der Kaiserallee hatte Mutter aufgegeben, als sie zu Steffi zog. Bei ihrer Rückkehr kam sie im Haus einer Tante von Lilli Palmer unter und stand noch in Verbindung mit unserem belgischen Kindermädchen, Mademoiselle Ringas, das meine Schwester großgezogen hatte. Alles andere, was mit ihr geschah, erfuhr ich erst genauer lange nach dem Krieg, durch meinen alten Archäologieprofessor von Lücken, von dem ich sicher war, daß er kein Nazi gewesen ist, ja sogar einen jüdischen Arzt unter Lebensgefahr bei sich versteckt gehalten hatte. Das genaue Datum von Mutters Deportation weiß ich nicht mehr, aber die verschlüsselte Nachricht erreichte mich, als ich selbst im Jahre 1940 von den Franzosen interniert worden war.

Jetzt war also der »drôle de guerre« ausgebrochen. Abends gab es Fliegeralarm. Die Bewohner des Appartementhauses, in dem ich wohnte, versammelten sich im Keller. Wenn die Entwarnung kam, lud ich alle zu einer Tasse heißer Schokolade bei mir ein. Mein Schwager, der sich trotz allem um mein Schicksal bekümmerte, versuchte eine Scheinheirat mit einem Franzosen zu organisieren. Auch Edouard Roditi hatte mir schon angeboten, mir durch einen Ehekontrakt die amerikanische Staatsbürgerschaft zu verschaffen, jedoch es war zu spät. Offensichtliche Notheiraten wurden bei der französischen Präfektur nicht mehr anerkannt.

Ich war Volljüdin, Deutsche und ledig und blieb auf mich selbst angewiesen. Im Mai 1940 kam dann der Befehl der Polizeipräfektur von Paris, alle deutschen Frauen hätten sich im Vélodrome d'Hiver mit einem Handgepäck einzufinden. Ich rief Eugène an und fragte ihn, was ich machen sollte. »Geh' hin«, riet er mir. »Verstecken kannst du dich nicht in Paris. Wenn du dem Befehl nicht Folge leistest, wirst du eingesperrt.«

Ich ging also hin, das heißt, meine Freundin Annie Levi, die mit einem Franzosen verheiratet war, brachte mich in ihrem Auto hinaus, und da sich dort alles, was deutsch war, versammelt hatte, »Nazissen« wie Jüdinnen, schrieen die schaulustigen Franzosen mir zu, weil ich aus einem vornehmen Auto stieg: »Die hat der Hitler gut bezahlt.«

Da wurde ich also mit zweihundertfünfzig anderen Frauen abgeliefert. Wir mußten auf dem blanken Fußboden in der Zirkusarena schlafen. Ich hatte es etwas besser, weil eine gute Bekannte, die aus der berühmten Rothschild-Familie stammte, Nadine de Rothschild, mir einen Schlafsack mitgegeben hatte. Am schlimmsten war der Luftmangel im Raum und die Hysterie der Weiber. Meine eingefleischte Mysogynie ist vor allem auf diese eine Woche mit zweihundertfünfzig hysterischen Weibern zurückzuführen, die mich gleich zu ihrer Führerin erkoren hatten, weil ich kalt blieb. In Krisenzeiten war ich immer kalt. Ich ging von Weib zu Weib, tröstete und beruhigte, wo ich konnte, hielt sogar ein junges Mädchen, das ihren Freund verloren hatte, vom Selbstmord ab – eine Mühe, für die sie mir später, als wir uns zufällig wiedertrafen, dankbar war und mich ihrerseits aus dem Schlamassel zog. Nachts gab es wieder Fliegeralarm. Da kreischte das Frauenheer auf. Ich redete mir die Kehle wund, um denen klarzumachen, daß über dem Vél d'Hiver sicher keine Bomben abgeworfen würden – aber vergebens. Eine Woche verbrachten wir in diesem Hexenkessel, dann wurden wir in den Zug (Holzklasse) Richtung Süden verfrachtet. Es war ein heißer Mai. Stundenlang bummelten wir durch Frankreich, bekamen als einzige Nahrung Ölsardinen, die uns einen höllischen Durst machten. Als wir am Bahnhof in Dax anhielten, wo uns ein paar Pfadfinder Wasser anboten, mischten sich Leute vom Roten Kreuz ein: »Gebt denen nichts zu trinken, das ist die fünfte Kolonne Hitlers.«

Seitdem halte ich nichts mehr vom Roten Kreuz. Ich wunderte mich nicht, daß auch viele Care-Pakete der Amis, die an Privatpersonen adressiert waren, beim Roten Kreuz landeten. So gebe ich nur noch Geld für die Heilsarmee und für meine lieben Rothäute.

Nach endloser Fahrt näherten wir uns dem Rand der Pyrenäen. Die Landschaft lag so schön da im Frühling. Alles war noch frisch und grün – ein intensiver Blick – danach kam die Düsternis, das Konzentrationslager Gurs bei Pau. Reihen um Reihen von Holzbaracken, wo das Auge hinreichte.

Gurs war für die spanischen Widerstandskämpfer angelegt worden. Es war gar nicht dafür eingerichtet, Tausende von deutschen Frauen und Männern aufzunehmen. Wir mußten zu sechzig Frauen in einer Baracke hausen, im berüchtigten Block J (Jude). Es gab allerdings auch einige Nicht-Jüdinnen unter uns. Die einzelnen Blocks waren durch bewachte Stacheldrahtzäune voneinander getrennt, durch die sich ein reges Hin- und Her-Gehandel- und Getändel entwickelte. Der Fußboden war ganz mit Matratzen ausgelegt, Schränke oder sonstige Möbel für unsere wenige Habe gab es nicht. Was man hatte, wurde sowieso bald geklaut. Das war auch gleichgültig. Es gab nur einen Gedanken: Nichts wie 'raus hier, so schnell es geht.

Wir hatten einen schlimmen französischen Kommandanten, der auf ein Flugzeug sparte, will sagen, uns soviel vom Essen abzog, daß wir halb verhungerten. Die Ernährung (!) war so saumäßig, daß ich innerhalb von ein paar Wochen vier Zähne verlor und solche Entzündungen hatte, daß man mich in einen anderen Block zum Zahnarzt bringen mußte. Ich wurde eskortiert von zwei französischen Soldaten mit aufgepflanzten Bajonetten, weil ich so gemeingefährlich war. Aber das alles war nichts gegen ein Bild, das ich auf dem Gang zum Zahnarzt sah und nie mehr loswurde: In einer Stacheldrahtumzäunung, ganz für sich, hockte ein Spanier ohne Arme und Beine. Das verzieh ich den Franzosen nicht, das war *ihr* Werk. Noch gab es keine deutschen Soldaten in Gurs. Ein französischer Wachsoldat flüsterte mir auf dem Weg zu: »Madame, ich muß Ihnen sagen, ich schäme mich für meine Landsleute.«

Das Waschen draußen an den fünf Wasserhähnen für fünfhundert Frauen war eine Zumutung. Wir mußten uns entweder vor den neugierigen Blicken der Bewacher entblößen oder auf eine gründliche Waschung verzichten. Die Aufseherinnen benahmen sich ekelhaft. Eine Frau, die auch schon in Deutschland im Lager gewesen war, sagte mir, da seien die Umstände noch nicht so menschenunwürdig gewesen. So verschieden sind die Eindrücke. Wiederum eine andere Dame, mit der ich nach dem Krieg auf dem Weg zu einem Filmfestival in einem Zugabteil saß, und die auch in Gurs war, sah ihre Erlebnisse rückblickend wie einen munteren Aufenthalt in einem Ferienlager. Sie benutzte die Worte »Gurs« und »reizend« in einem Satz.

Mein Gott, dieser Schlamm vor der Tür! Bis über die Knöchel

Alte Frau im Konzentrationslager Gurs, in dem auch Lotte Eisner interniert war.

blieb man darin stecken, wenn man einmal frische Luft schöpfen wollte, und ich war doch so an das Laufen gewöhnt. Es gibt nicht sehr viele Photos von dem Lager, aber das mit der alten Frau, die im Schlamm steht, ist wohl eins der denkwürdigsten. Daß es eine Frau ist, muß man erst nachlesen, so dürr ist sie.

Ich setzte alle Hebel in Bewegung, meinen Schwager, von dem ich wußte, daß er der leitende Offizier der Garnison Montpellier war, zu veranlassen, mich herauszuholen, aber die Briefe, die ich ihm schrieb, blieben bei unserem Lagerkommandanten hängen. Er beförderte sie nicht weiter. So mußte ich mir etwas anderes einfallen lassen. Kompliziert wurde meine Lage noch durch ein Myom im Unterleib, das mir starke Schmerzen und Blutungen verursachte. In Friedenszeiten ist das eine harmlose Sache, aber ich hatte nicht einmal Watte, um den Blutfluß einzudämmen.

In unserer Barackengemeinschaft ging es seltsam zu: Am hysterischsten führten sich die verwöhnten Bürgerstöchter auf. Sie blieben gleich ganz auf ihren Lagern liegen, auf denen man von Mücken geplagt und von Ratten überrannt wurde. Dagegen waren die Pariser Huren sehr aktiv und hilfsbereit. Sie fingen Händel mit den Spaniern an, organisierten Lebensmittel und zeigten sich menschlicher als alle anderen. Es kam zur einhelligen Empörung, als der Kommandant noch weitere sechzig Frauen bei uns einquartieren wollte. Er meinte unverdrossen: »Dann legen Sie sich eben übereinander.« Da blieben wir hart. Das konnte er mit uns nicht machen. In der Baracke nebenan entdeckte ich zwei alte Bekannte: Dita Parlo, die Schauspielerin (Hauptdarstellerin in *L'Atalante* von Jean Vigo), die sich beruflich in Frankreich aufgehalten und so wie alle anderen Deutschen mit einkassiert worden war, und Betty Stern, Marlene Dietrichs Busenfreundin mit den Pudellöckchen, in deren Salon in Berlin aufgenommen zu werden eine so hohe Ehre gewesen war. Alle berühmten Schauspieler und Regisseure sind einmal durch ihr spießiges Wohnzimmer gelaufen, in dem der Ehemann neben anderem Nippes herumstand. Aber Betty wußte durch ihre komische, ungehemmte Art die wichtigen Leute miteinander bekannt zu machen, so daß so mancher Film, so manches Engagement bei ihr den Anfang nahm. Dieses soziale und organisatorische Talent benutzte sie, nachdem sie entlassen worden war, um in Paris eine Schauspieleragentur aufzumachen. Wie sie mit ihrer Tochter aus dem Lager herausgekommen ist, weiß ich nicht. Ich vermied es auch, soweit es ging, mit ihr zu sprechen, weil sie mir schlichtweg zu ordinär war. Es hat keiner je ein lächerlicheres Französisch gesprochen als sie. Ich kenne Leute, die sie extra angerufen haben, um sich über ihre Aussprache zu amüsieren. Sie hat auch nach jahrelangem Aufenthalt in Frankreich nichts dazugelernt, aber auf manche Männer wirkte ihre komische Art anziehend. Einer ihrer glühendsten Verehrer war der Graf von Tichowitz, deutscher Kulturattaché während der Besatzungszeit. Ich schätzte ihn sehr, weil er sich anständig benahm, seinen Landsleuten half, wo es ging, und niemanden an die Nazis preisgab. Er rettete wertvolle alte Gemälde vor Görings habgierigem Zugriff. Seine Geschichte hat tragisch geendet. Von Tichowitz kehrte nach Deutschland zurück, bekleidete eine angesehene Position in Bonn-Bad Godesberg, heiratete, obwohl er homosexuell war, seine Cousine und wollte in seiner freien Zeit seine Erlebnisse aufschreiben. Ich hatte den Eindruck, er wäre zur Ruhe gekommen. Da bekam ich plötzlich einen Anruf seiner Sekretärin, daß der Graf von Tichowitz sich umgebracht hätte. Was mag da geschehen sein?

Um in Gurs einigermaßen fit zu bleiben, hielt ich mich so wenig wie möglich auf meiner Matratze in der fensterlosen Baracke auf, sondern ging, sowie das Wetter es erlaubte, immer um den Block herum. Da war die Aussicht auf die Pyrenäen in der Ferne. Daran hielt ich mich fest. Manchmal verirrte sich eine Tomate in die Suppe, Fleisch nie. Das holte sich der Küchendienst und verzehrte es dann vor aller Augen in der Baracke.

Ab und zu erschien der Kommandant mit der Reitpeitsche in der einen und einer Tafel Schokolade in der anderen Hand, suchte sich ein hübsches Mädchen aus unseren Reihen, schwang bedeutungsvoll das Folterinstrument vor dem verstörten Weibsbild, das er sich erkoren hatte, bis es folgsam mitging. Wenn es zurückkam, hatte es Schokolade im Bauch. Eines Tages kam eine deutsche Kommission, um sich nicht-jüdische Frauen herauszusuchen, die nach Deutschland zurückgeschickt werden sollten. Bei denen biederte Dita Parlo sich an. Sekt trank sie mit ihnen. Mich fragte sie: »Die Deutschen wollen, daß ich mit ihnen gehe. Sie versprechen, daß ich als Künstlerin öffentlich geehrt werden soll. Was raten Sie mir?« Ich antwortete barsch: »In diesen Zeiten muß jeder selbst wissen, was er zu tun hat«, und kehrte ihr den Rücken.

Jetzt wußte ich, daß ich so schnell wie möglich entweichen mußte, bis mehr Deutsche kamen, womöglich das Lager übernahmen und uns in deutsche Konzentrationslager deportierten. Ich sagte meiner Ärztin, die selbst jüdische Internierte war, Bescheid, daß ich versuchen würde, zu fliehen, und bat sie, mir ein Attest zu schreiben, daß ich wegen meiner Unterernährung und der heftigen Blutungen nicht haftfähig sei. Sie half mir bereitwillig, und ich fragte sie, ob sie nicht auch versuchen wolle, aus Gurs herauszukommen. Aber sie wollte nicht an sich denken, weil sie sich für ihre Patienten verantwortlich fühlte. Sie blieb, bis die Deutschen kamen und sie nach Auschwitz brachten.

Eines Nachts, als die Wache sich von unserer Einzäunung ein wenig entfernt hatte, kroch ich durch den Stacheldrahtzaun in das benachbarte Îlot (Block), das von einem angenehmeren Leutnant geleitet wurde. Ich erklärte ihm meine Lage, erzählte von meinen verwandtschaftlichen Beziehungen zu dem Kommandanten von Montpellier, Monsieur van der Meersch, und erklärte, daß ich schon in Deutschland auf der schwarzen Liste der Nazis gestanden hätte. Ich wollte meinen Kopf noch nicht »rollen« sehen. Der Offizier ließ mich anstandslos gehen. Ich marschierte am nächsten Morgen nach Pau, obwohl es einen

Lastwagentransport gab. Dort kaufte ich mir von meinem letzten zusammengekratzten Geld eine Fahrkarte Dritter Klasse nach Montpellier, aber als ich in der Stadt ankam, war mein Schwager fort. Er war auf der Suche nach seiner Frau, die Paris fluchtartig verlassen hatte, nachdem ihr Erstgeborener, Karel, einem deutschen Soldaten »Sale Boche« an den Kopf geworfen hatte. Eugéne hatte für mich eine Nachricht hinterlassen, in der er mir eine befreundete Familie in Montpellier empfahl, und in dem Briefumschlag steckten auch noch zweihundert Francs.

Als erstes lieferte ich mich im Armenhospital ein, um das Myom entfernen zu lassen. Die Auskratzung wurde ohne Betäubung vorgenommen, weil kein Geld für eine Anästhesie vorhanden war. Wieder waren die Dirnen, die in dem großen, gemeinsamen Krankensaal lagen, die anständigsten unter den Weibern.

Als ich auch das überstanden hatte, bezog ich ein Dachkämmerchen bei den großbürgerlichen Freunden meines Schwagers, das mir nur sehr widerwillig abgetreten wurde. Aber es war himmlisch, wieder ein richtiges Bett mit weißen Leintüchern zu haben, eigene vier Wände – wenn sie auch schräg waren. Nachts war die Dachluke wegen der Fliegerangriffe verdunkelt. Da schimmerte das blauschwarze Mondlicht hinein. Ich mußte mich ob meines Akzents als Tschechin ausgeben. Mein Mobiliar, die Bibliothek und die Papiere, die mein Schwager fünf Tage vor Einmarsch der Deutschen in Paris sichergestellt und nach Montpellier gebracht hatte, waren auf dem Dachboden des Hauses untergebracht. Trotzdem war meine Lage äußerst angestrengt: Montpellier war auch durch die Deutschen bedroht. Einen falschen Ausweis hatte ich noch nicht, arbeiten durfte ich als Ausländerin auch nicht, konnte also kein Geld verdienen, und die zweihundert Francs schmolzen schnell dahin. Ich brauchte irgendeine Legitimation meiner Existenz, um auf freiem Fuß zu bleiben. So schrieb ich mich endlich mit der großzügigen Hilfe der dortigen Professoren ein zweites Mal in meinem Leben an der Universität als Studentin ein, mit meinem Doktortitel in der Tasche. Dieses Mal studierte ich Literatur. Ich las und las, um meinen knurrenden Magen zu vergessen. Gern wäre ich auch ins Kino gegangen. Es wurde sogar einmal mein geliebtes *Tabu* gegeben, aber ich traute mich wegen der Polizei-Razzien nicht hinein. Von den Ereignissen an der Front erfuhr man auch wenig. Im Kino hätte ich wenigstens die deutschen Wochenschauen gegen den Strich anschauen können, um mir ein wenig Information zu holen. Ich war von allem abgeschnitten. Das war hart, weil ich so tatkräftig und lebendig war. Ab und zu besuchte mich Henri Langlois, der als einziger wußte, wo ich steckte. Er reiste von mir zu Josef Kosma, der sich in Nizza versteckt hielt und von Kosma zu Trauner, dem bekannten Filmausstatter. Henri riet mir dringend, bald einen gefälschten Personalausweis zu besorgen. Einmal brachte er mir ein bißchen Geld mit, das er durch den Verkauf meines letzten Schmuckstückes, eines Brillantringes, locker gemacht hatte. Ich ließ ihm die Hälfte des Erlöses, weil er selbst nichts hatte.

Die Dringlichkeit, mir auf irgendeine Weise falsche Papiere zu beschaffen, wurde mir bei einer Kontrolle durch die französische Polizei bewußt, bei der ich zwar nicht einkassiert wurde, aber befragt, wann ich nach Frankreich emigriert sei. Ich sagte 1933, aber man glaubte mir nicht. Das war sehr gefährlich, denn diejenigen Deutschen, die erst ab '36 nach Frankreich gekommen waren, hatten kein Asylrecht und wurden in ihr Land zurückgeschickt. Ich sagte natürlich, daß man meine Daten bei der Präfektur in Paris nachsehen könnte, da wäre eindeutig festgehalten, daß ich schon im März '33 eingewandert sei, aber ich war nicht sicher, daß die örtlichen Behörden sich die Mühe machen würden, die Angaben nachzuprüfen. Der Zufall half mir, meine Probleme neu anzupacken. Ich sitze in der Universitätsbibliothek über meinen Gide gebeugt, als mich plötzlich jemand bei der Schulter packt und ruft: »Lotte Eisner, was machen Sie denn hier?« Ich schaue überrascht auf und sehe Hans Georg Pflaum, einen alten Familienfreund aus dem Grunewald, dessen Mutter einen musikalischen Salon geführt hatte, in dem ich oft Klemperer und Kleiber habe musizieren hören. »Ich komme aus dem Konzentrationslager Gurs und habe gerade meine letzte Gemüsesuppe gegessen«, sagte ich. Da meinte er: »Komm mit mir nach Haus. Ich wohne mit meiner Frau außerhalb von Montpellier. Sie kocht sehr gut. Ich habe die Tochter eines österreichischen Oberst geheiratet. Sie ist fabelhaft.« (Er war Jude – sie Katholikin). Die Pflaums wohnten in einem Gartenhaus bei rechtschaffenen Leuten und bewirteten mich reichlich. Ich konnte seit langen Monaten zum ersten Mal meinen Hunger stillen. Frau Pflaum riet mir, ich sollte mich an den örtlichen Rabbi um Hilfe wenden, denn sie bekämen durch ihn auch eine Subvention, obwohl sie katholisch sei. Ich war bedenklich, war ich doch in meinem Herzen eine gottlose Protestantin geblieben. Sie sagte: »Das macht nichts, gehen Sie hin, je eher, desto besser.« Im Warteraum wurde ich sofort auf Jiddisch angesprochen. Ich verstand ein wenig, weil ich mich mit Mittelhochdeutsch beschäftigt hatte.

Aber nach einer halben Stunde in diesem Wartesaal wollte mir alles so befremdlich erscheinen, daß ich mich fragte: »Was machst du hier?« und zur Tür ging. Als ich auf der Straße stand, fiel mir eine Frau in den Arm. »Mon Dieu, que je suis heureuse de vous voir!« Ich stutzte. »Erkennen Sie mich nicht? Ich bin die junge Frau vom Vél d'Hiver, der Sie geholfen haben!« Da war es, das neurotische Mädchen, das ich vor dem Selbstmord bewahrt hatte. Ich hatte an ihrer Lagerstatt gesessen, ihre Hand gehalten und wie ein lieber Doktor gesagt: »Alles wird wieder gut«, und offenbar war es gut geworden. Ich erzählte ihr die Sache mit dem Rabbi, worauf sie mir gleich ins Wort fiel und sagte: »Ich bin befreundet mit dem Sohn eines evangelischen Pfarrers. Den werden wir um Hilfe bitten.« Sie nahm mich sofort mit zu dem Pastor, einem lieben Menschen, der mir seine Unterstützung zusagte. Durch ihn bekam ich etwas Geld und vor allem die Empfehlung an einen Amtskollegen, der mir dann weiterhalf, als ich Montpellier verlassen mußte. Es sah einen Augenblick wieder etwas rosiger für mich aus. Pflaums besorgten mir ein luftiges Zimmer bei ihrer eigenen Hauswirtin. Es gab richtige große Fenster, die man zum Garten hin aufmachen konnte. Da waren Bäume und Blumen, die Luft roch gut. In Gurs stand ja kilometerweit kein einziger Baum.

Ab und zu gab es eine Razzia der Polizei, die im Auftrag der Deutschen nach versteckten Juden suchte. Das sprach sich vorher herum. Da floh ich durch das Hinterfenster zu meinem Nachbarn, einem alten Bäcker, der alles gelesen hatte, alles wußte. Er war zweiundsiebzig Jahre alt. Ich hatte lange Gespräche mit ihm über Geschichte und Literatur, nur bei der Geographie konnte ich gar nicht mitreden. Orte, die ich nicht selbst bereist habe, weiß ich auf dem Atlas nicht zu finden. »Wenn immer Sie in Gefahr sind«, sagte der Bäcker, »kommen Sie 'rüber. Da ist ein Zimmer für Sie bereit.« Das ging eine Weile so weiter, bis ich Besuch von einem Bekannten bekam, der durch Henri wußte, wo ich steckte.

»Lotte, ich bin mit meiner Frau in Marseille und weiß, wie man sich einen falschen Ausweis beschaffen kann. Lassen Sie mich das machen. Ich habe Beziehungen zu jemandem vom englischen Geheimdienst.«

Da ließ ich ein Photo machen, gab ihm ein falsches Geburtsdatum und einen falschen Namen an: Caroline irgendwas, ich weiß nicht mehr, und eines Tages erhielt ich einen Brief, in dem stand, wie in einem Kriminalroman: »Finden Sie sich an dem und dem Tag zu der und der Stunde am Bahnhof, am Zug Nr. soundsoviel ein.« Ich ging zu dem Zug. Da strich jemand an mir vorbei und ließ etwas in meine Hand gleiten. Das war mein gefälschter Ausweis. Ich zeigte ihn meinem Bäcker, der ihn mit seinem eigenen verglich und feststellen mußte, daß eine bestimmte gestempelte Marke fehlte. Ich schrieb an meinen Bekannten in Marseille:

»Ich brauche noch eine besondere Briefmarke für meine Kollektion.« Er schrieb mir zurück: »Die Marke ist leider nicht mehr erhältlich, da der Freund abgereist ist.«

Der Bäcker, mit seinem Sinn fürs Dramatische, nahm seinen Spaten und vergrub den schlechten Personalausweis einen Klafter tief im Garten. »Damit er nicht in falsche Hände kommt«, meinte er. Aber es gab auch jemand in Montpellier selbst, der angeblich falsche Ausweise fabrizierte. Das war die Tochter des französischen Joyce-Übersetzers Louis Gillet, die ich in Paris kennengelernt hatte. Sie machte kein Geheimnis aus ihrem Geschäft und ging sofort auf das Wesentliche zu. »Welchen Namen möchten Sie haben?« Dieses Mal wählte ich »Louise«, weil ich dann auf meinen Wäschestücken nicht zuviele Buchstaben ausbessern mußte, und »Escoffier« als Nachnamen, da ich dieses Wort aus Mérimées Roman *Carmen* kannte. Es heißt »töten« in der Zigeunersprache. Da dachte ich an mein Rattendasein und meine Mutter, die von den Nazis verschleppt worden war. Daß es einen Monsieur Escoffier gegeben hat, der die Pfirsich-Melba erfand, hörte ich, als ich selbst Köchin geworden war.

Kaum hielt ich den einigermaßen gut gefälschten Ausweis in der Hand, der mich zur Elsässerin machte – denn meinen starken Akzent mußte ich ja irgendwie erklären – kam ein Brandbrief von Henri. »Verlassen Sie Montpellier, so schnell es geht, die Deutschen kommen.« – »Diable«, denke ich mir, »ich weiß zwar nicht, wohin ich gehen soll, aber ich werde vorher noch ein Bad nehmen.« Bei uns im Haus gab es nämlich kein Badezimmer. So ging ich einmal die Woche in die Stadt zu einem öffentlichen Bad.

Ich stehe an der Kasse mit meinem Billet in der Hand, drehe mich um – da bin ich umringt von deutschen Soldaten, die zu demselben Behufe hergekommen sind. Schneller bin ich noch nie ungewaschen auf die Straße gegangen. Was tun? Henri hatte mir

geraten, mich in einem Dorf zu verstecken. Ich ging zurück zu Eugènes Freunden, denen ich den Rest meiner Sachen anvertraute, nahm nur einen Handkoffer mit und fragte, ob sie nicht in der Nähe jemanden wüßten, bei dem ich unterkriechen könnte. Sie gaben mir eine Adresse. Ich weiß nur noch, daß es Winter war, an den Ort kann ich mich nicht mehr erinnern. Die Bekannte war eine sehr nette Modistin, die öffentlich in meiner Gegenwart die Juden in Schutz nahm, obwohl sie nicht einmal wußte, daß ich Jüdin war. Das nahm mich für sie ein. In einem Restaurant hatte jemand auf meine Rasse geschimpft, und da sagte sie, was sie an Kultur besäße, hätte sie von einer jüdischen Familie gelernt – ihr Vater hätte bei den Rothschilds gearbeitet. Mir wurde es ganz warm ums Herz, weil ich an meine gute Nadine de Rothschild dachte, die mir die erste schwere Zeit in Paris durch ihre Hilfsbereitschaft leichter gemacht hatte. Sie ahnte damals noch nicht, daß auch sie harten Zeiten entgegenging ...

Ich habe der Schneiderin nichts über mich gesagt, aber sie muß doch geahnt haben, daß ich in Gefahr war. Sie nahm mich mit zu einer Zigeunerin, einer Wahrsagerin, die mir aus der Hand lesen sollte. Obwohl ich nicht zahlen konnte, ging die Zigeunerin milde mit mir um. Ich weiß noch genau, was sie gesagt hat: »Sie werden in großer Gefahr schweben, aber die wird vorübergehen. Sie überstehen den schrecklichen Krieg und die Besatzungszeit ohne Schaden, und eines Tages werden Sie berühmt sein.« Ich lachte und dankte ihr. »Ich hoffe, daß alles so geschehen wird, wie Sie sagen.«

Ich wußte immer noch nicht, wo ich mich mit meiner neuen Identität niederlassen sollte. Da kam ein Brief des evangelischen Pastors aus Montpellier, den ich um Rat gefragt hatte. Er empfahl mich an seinen Kollegen in Rodez, dem nächsten größeren Ort in der Gegend. Ich schrieb dem Pastor Exbrayat. Eine Zugverbindung dorthin gab es nicht mehr, die Verkehrsmittel waren wegen starker Schneefälle ausgefallen. So kam der Pastor zu Fuß durch den Schnee zu mir, um mir seine Hilfe anzubieten. Als erstes wollte er meinen gefälschten Ausweis sehen. »Gar nicht schlecht«, meinte er, »besser als die, die ich mache. Aber ich werde Ihnen außerdem noch eine Lebensmittel- und eine Kleiderkarte besorgen, und dann beraten wir, wo Sie sich niederlassen.«

Ich erzählte ihm von Henri Langlois und der Cinémathèque. Darauf lud er mich zusammen mit Henri, der seinen Besuch bei mir angekündigt hatte, nach Rodez ein. Die Reise war etwas riskant, weil in Rodez auch schon die Deutschen einmarschiert waren, aber man ließ mich ungeschoren. Henri hatte wieder eine neue Idee.

Er erzählte mir, daß er in aller Eile einen Haufen Filmkopien aus Angst vor Beschlagnahmung in einem alten Schloß bei Figeac ausgelagert habe, aber es sei alles durcheinander, und er brauche jemanden, der die Dosen durchsähe, ordnete und ordentlich versteckte. Ob ich das machen wollte, ich könnte in dem Schloß wohnen. Die Besitzerin sei zwar politisch nicht ganz vertrauenswürdig, stünde aber wenigstens halbwegs auf der Seite der Résistance. Ich sagte sofort zu, aber es dauerte noch vier Wochen, bis ich unter meinem neuen Namen Escoffier die Erlaubnis bekam, mich im Schloß Béduer einzunisten. Solange wohnte ich in einem alten Hotel aus dem 15. Jahrhundert in Figeac. Da war es sehr primitiv. Statt einem Wasserklosett gab es nur ein Loch im Boden, doch es war schön, in so einem alten Gemäuer zu wohnen. Die nächsten zwei, drei Monate verbrachte ich in dem Schloß, allein mit den Ratten und einem Stapel verrosteter Filmbüchsen, die ich alle öffnen mußte, um zu sehen, was sie enthielten. Dabei brachen mir die Fingernägel ab. Es war sehr kalt, aber ich wagte nicht, mir ein Feuer zu machen, aus Angst, meine feuergefährlichen Filme könnten das Brennen anfangen. Es waren einige deutsche Filme dabei, Russenfilme und vor allem *Der Große Diktator,* der natürlich nicht in die Hände der Nazis fallen durfte. Bei den deutschen Filmen, die ich zum Teil kannte, schrieb ich den Inhalt und die technischen Angaben auf, bis mir eines Tages die Tinte ausging. Da mußte ich sieben Kilometer bis Figeac laufen, um mir neue Tinte zu besorgen. Der Schnee reichte mir bis zu den Oberschenkeln. Es war ein harter Winter, aber nicht schreiben zu können war härter. Als ich mit den Sortier- und Registrierungsarbeiten fertig war, versteckte ich die Filmkopien in den »Oubliettes« des Schlosses. Dann war ich wieder ohne Beschäftigung. Was sollten die Leute von dieser mysteriösen Mademoiselle Escoffier denken, die da ganz allein im Château hauste und von der man nicht wußte, was sie trieb. Ich schrieb wieder an Monsieur Exbrayat, ob er nicht eine Arbeit für mich wüßte. Er bot mir eine Stelle als Köchin in einem Mädcheninternat in Figeac an. Das wäre das einzige, was er für mich hätte.

Mit der Direktorin der Schule war er bekannt. Zähneknirschend sagte ich zu. In dem Internat mußte ich mit den Mädchen im großen Schlafsaal übernachten, morgens um halb sechs den Ofen schüren, was nicht leicht war, denn das verdammte Ding zog so schlecht, und dann Berge von eiskalten Kartoffeln schälen. Das Zugemüs wimmelte von Borkenkäfern. Meine Küchenhilfe war katholisch. Wenn immer es ans Kartoffelschälen ging, sagte sie schnell: »Ich muß zur Messe!« und war verschwunden. Ich fragte die Direktorin, ob wir nicht die Kartoffeln mit Schale kochen könnten, es wäre viel leichter, sie hinterher zu pellen, und außerdem blieben die Vitamine unter der Schale erhalten, aber davon wollte die nichts wissen. Sie liebte mich nicht, einmal, weil sie in mir eine Gefahr sah, zum anderen, weil ich ihr Vorhaltungen gemacht hatte, als sie eine große Sendung Schokolade für sich behielt, die für die Schulkinder gedacht war. Ich arbeitete von morgens früh bis abends spät. Wenn ich nicht kochte oder putzte, gab ich den größeren Mädchen Nachhilfestunden in Latein und Englisch. Nur sonntags hatte ich zwei freie Stunden. In unserer Schule hielt die protestantische Minorität des Ortes ihre Andachten. Die verschiedenen Konfessionen in Figeac blieben streng von einander getrennt. Ihr Verhalten zueinander hatte noch etwas von der Wut der frühen Glaubenskriege. Durch die sonntäglichen Besucher lernte ich Madame Guitard, meine zweite Mutter, kennen. Sie hatte in ihrem Haus am Stadtrand zwei französische Lehrerinnen von meiner Schule und eine spanische Widerstandskämpferin untergebracht, die ihr im Haushalt half. Diese Spanierin wollte bei mir Englischstunden nehmen im Austausch für Spanischunterricht. Ich willigte ein, obwohl meine zwei Freistunden in der Woche damit nun auch besetzt waren. Das Spanische fiel mir ungemein schwer, weil es dem Italienischen so verwandt ist, daß jedesmal, wenn ich den Mund öffnen wollte, um etwas Spanisches zu sagen, ein italienisches Wort herauskam. Wir beschränkten uns darauf, Literatur zu lesen, denn mit dem Verstehen tat ich mich leichter. Wir haben es sogar im Laufe der Zeit bis zu Cervantes gebracht, der mir mit meinen Lateinkenntnissen keine großen Schwierigkeiten machte.

Es kam zum Klappen mit meiner Schulleiterin, als sie mir ein paar Hasen vor die Küchentür werfen ließ, mit dem Befehl: »Schlachten Sie das!« – »Ich töte keine Tiere, Madame«, sagte ich. »Das Schlachten und Ausnehmen gehört zu Ihren Pflichten«, war die Antwort. »Töten Sie sie doch selbst!« Sie fand jemanden, der die blutige Arbeit tat, aber ich kündigte meine Stelle, mit dem Vorsatz, mich bei einer Tante des Filmhistorikers Georges Sadoul, den ich durch Henri Langlois kennengelernt hatte, einzumieten. Sie wohnte gleich neben Madame Guitard. In eine andere Stadt zu fahren, traute ich mich nicht, weil ich mir der Qualität meines gefälschten Ausweises nicht ganz sicher war und Angst vor Kontrollen in den Zügen hatte. Zu meinem Ärger habe ich gehört, daß acht Tage nach meiner überstürzten Abreise von Montpellier die dortigen Behörden offiziell falsche Ausweise mit einwandfreien Stempeln für Bürger, die sich verstecken mußten, ausstellten. – Zu spät für mich ...

Ich blieb also in Figeac. Mit meinem leichten Koffer in der Hand verließ ich zum letzten Mal den großen Mädchenschlafsaal und machte mich auf den Weg zu Madame Guitard, um ihr zu erzählen, daß ich meinen Dienst quittiert hatte. Sie sagte mir, sie wäre erleichtert, denn die Direktorin wäre eine linientreue Pétainistin und hätte nur aus Rücksicht auf den Pfarrer solange stillgehalten.

»Aber Sie gehen mir nicht zu dieser bigotten Tante von Sadoul, Sie bleiben bei mir. Ich habe noch ein sehr schönes Zimmer frei, das können Sie haben, ohne Miete zu zahlen. Nur habe ich, wie Sie wissen, nichts zu essen.«

Ich war sehr froh, denn erstens hätte ich bei Sadouls Tante zahlen müssen und zweitens wußte ich, daß sie sich der Existenz ihres Neffen, der ja Kommunist war, schämte. An dem Tag, als Georges mich als Mademoiselle Escoffier, Köchin der Mädchenschule, besuchte, wäre Tantchen am liebsten ins nächste Erdloch gekrochen. Bald darauf mußte Georges auch untertauchen. Kommunistisch zu sein in jener Zeit war lebensgefährlich. Damit nicht genug – er heiratete auch noch eine Jüdin (Ruta Sadoul).

Die Besatzung des Hauses Guitard war sehr angenehm. Bald ahnte ich auch, weswegen sie ihre Einquartierung persönlich aussuchte, statt zu warten, bis man ihr offiziell jemanden ins Nest setzte. Es gab nämlich ein paar Abende in der Woche, an denen sie uns vier Weiber früh ins Bett schickte mit den Worten: »Mädels, heut' geht ihr mal früh schlafen, ich habe zu tun.« Und dann hörte ich irgendwo im Hause Stimmengemurmel. Manchmal meinte ich auch, ein paar englische Brocken aufzuschnappen. Da wurde es mir klar, daß sie bei sich ein Zentrum der Résistance aufgebaut hatte. Wie ich dann erfuhr, handelte es sich um englische Fallschirmspringer, die sie aufnahm, und spanische Maquisarden, die sich der französischen Résistance angeschlossen hatten. Der Ort war zweigeteilt. Man konnte sagen, daß etwa die Häfte der Einwohner Anhänger der Vichy-Regierung, und die andere Hälfte Maquisarden waren. Madame Guitard selbst kam aus der »Haute Bourgeoisie« von Souillac und bezeichnete sich als »Republikanerin des Ancien Régime«. Ihre Familie war katholisch, sie hielt aber nichts von der Kirche. Wenn wir sonntags morgens die Menschen auf dem Weg zur Kirche, die schräg gegenüber an dem großen Marktplatz lag, an unserem Fenster vorbeischreiten sahen, zeigte sie auf die einzelnen, die sie alle kannte: »Der da, mit seiner Frau, hat einen großen Steuerbetrug auf dem Kerbholz, die da hat ihre Mutter ins Grab gebracht, der ist seiner Frau weggelaufen, als sie ihn am nötigsten brauchte, aber das alles ist fromm und rennt zur Kirche.«

Da Madame Guitard nichts zu kochen hatte, ging ich entweder bei den Bauern hamstern oder aß in dem einzigen Restaurant am Platz von dem wenigen Geld, das ich mir aus meiner Tätigkeit als Köchin gespart und dem, was die Cinémathèque mir geschickt hatte. Ich hatte zwar auch die gefälschten Lebensmittelkarten, wollte sie aber nicht zu oft benutzen, damit nicht etwa bei einer Kontrolle der Betrug entdeckt würde. Außerdem *gab* es kaum noch etwas zu essen. Manchmal wurde ich eingeladen. Im Restaurant hatte ich einen netten und begabten Radierer mit seiner Frau kennengelernt. Die Frau kam aus Bordeaux. An und für sich ist es gleich, ob jemand aus Bordeaux kommt oder sonst woher. Ich erwähne das nur, weil mir noch nie etwas Gutes aus Bordeaux gekommen ist, außer dem Wein.

Aber zunächst war ich froh, mich einmal wieder über schönere Dinge als Kartoffelschalen unterhalten zu können. In der bildenden Kunst hatte ich einen guten Blick und kannte mich aus. Es kam so weit, daß der Radierer sein Töchterchen zu mir herüberschickte, um mir auszurichten, sein Vater könne nicht weitermachen an seinem Bild, ohne vorher mein Urteil gehört zu haben. »Viens, tante Coco« (von Escoffier), sagte die Kleine und zog mich förmlich mit.

Als ich erfuhr, daß der Radierer bei sich zu Hause ein kleines jüdisches Mädchen aufgenommen hatte, das unter falschem Namen auf die Schule ging, nahm ich innerlich meinen Hut vor ihm ab. Aber dann geschah etwas, was mich, besonders jedoch meine Vizemutter, bedenklich stimmte. Ich war einmal wieder sonntags bei der Familie des Radierers zum Tee eingeladen. Es wurden mir noch andere Gäste vorgestellt, darunter ein französischer Graf: der Comte Depuy Ségur, der ein feinsinniger und kunstverständiger Herr schien. Ich war natürlich Louise Escoffier, die Elsässerin. Für meine Identität in Figeac hatte Madame Guitard vorgesorgt, indem sie überall herumerzählte, wie gut sie mit dem alten Escoffier, meinem Großvater, befreundet gewesen wäre. Das tat sie, obwohl ich mich über meine wirkliche Herkunft auch ihr gegenüber ausgeschwiegen hatte.

Es war eine sehr angeregte Teerunde. Ich kam ganz erfüllt nach Hause und erzählte von meiner neuen Bekanntschaft. »Seien Sie vorsichtig mit diesen Leuten«, warnte mich Madame Guitard. »Ich traue ihnen nicht. Versuchen Sie, die Verbindung ein wenig einschlafen zu lassen.«

Das war nun sehr schwierig nach dem regen Hin und Her, aber kurz darauf wurde mir klar, warum ich mich zurückziehen mußte. In einer Nacht wurde der Graf von französischen Widerstandskämpfern aus dem Ort erschossen. Ich hatte mit dem ranghöchsten französischen Gestapo-Mann Tee getrunken! Nach seinem

Tod sorgte die deutschstämmige Mutter des Grafen dafür, daß Figeac von den Deutschen besetzt wurde. Sie schlugen ihr Hauptquartier vor meiner Nase auf, in der Jungenschule gegenüber. Eine Kanone wurde auf den großen Platz gerollt. Nachts vor dem Einschlafen hörte ich, wenn ich überhaupt schlafen konnte, die schweren Tritte der deutschen Soldatenstiefel, dann ein Huschen, ein Schleichen – die Maquisards. Sie griffen das Hauptquartier der Deutschen im Schutze der Dunkelheit an. Es gab wilde Gefechte. Unsere Rolläden hielten wir von da an nachts fest verschlossen.

Bevor die deutschen Soldaten kamen, war ich viel in den Wäldern um Figeac spazieren gegangen. Das war jetzt vorbei. Man hörte von Vergewaltigungen, von Mord, und die deutschen Soldaten hatten zum großen Teil gelbe, mongolische Gesichter. Es waren übergelaufene asiatische Sowjetbürger, die man in deutsche Uniformen gesteckt hatte – grotesker Anblick! An ihnen mußte ich jeden Mittag unbeirrt vorbeischlendern, wenn ich in mein Restaurant zum Essen ging. Manchmal wurden auch Razzien nach versteckten Juden gemacht.

Eines Nachts meine ich mit Schrecken, jetzt erwischt es auch mich – denn ich hatte vergessen zu verdunkeln – höre ein Militärauto, das vor unserem Haus hält und sehe die grellen Scheinwerfer das Zimmer absuchen. »Vater unser ...«, bete ich, aber da entfernen sich die Stimmen schon. Die Suche galt dem Nachbarhaus, in dem bis zum Vortage Juden gewohnt hatten, die aber glücklicherweise rechtzeitig geflohen waren.

Mit dem jüdischen Mädchen aber, bei dem Radierer, ging es schlecht aus. Die Frau aus Bordeaux, aus der Stadt, die harte Frauen hervorbringt, wollte das Risiko nicht mehr auf sich nehmen. Sie sagte: »Ich schicke das Kind zurück zu seiner Mutter in Marseille.« Eine Woche nach seiner Rückkehr wurde das Kind mit seiner Mutter von der Gestapo aufgegriffen und deportiert.

»Madame«, konnte ich mich nicht enthalten, ihr zu sagen, »das wird Ihnen übel bekommen.« – »Ach was«, meinte sie, »Sie sind viel zu großzügig mit den Juden, Mademoiselle Escoffier. Ich hatte keine Lust mehr, mich wegen einer kleinen Jüdin in Gefahr zu bringen. Das ist diese korrupte Rasse nicht wert.«

»Wer von uns beiden ist hier die Jüdin«, dachte ich ingrimmig. Für mich selbst kam wieder ein schwüler Moment, kaum daß ich ob des nächtlichen Besuches aufgeatmet hatte, als es hieß: Alle

Lebensmittel- und Kleiderkarten sind zur Kontrolle in Rodez abzugeben. Ein höherer deutscher Offizier sammelte sie ein und sollte sie auf die Präfektur nach Rodez bringen. Offensichtlich wollte er eine Vergnügungstour daraus machen, weil er seine Maitresse mitnahm. Auf dem Weg wurden die beiden von dem Maquis überfallen und getötet, die Lebensmittelkarten wurden verbrannt, so daß alle Bürger neue Karten brauchten, und die waren natürlich echt! Da mußte ich an die Prophezeiung der Zigeunerin denken ...

Aber es war doch eine Schreckenszeit, die sicher den Grundstein zu meiner jetzigen Herzkrankheit gelegt hat. Die größte Prüfung stand mir noch bevor:

Es war der 2. Mai 1944. Das weiß ich noch genau, obwohl ich sonst keine Daten behalten kann. Die Männer wurden alle auf die Präfektur beordert. Es ging holterdipolter, einige kamen noch in ihren Pantoffeln. Die Frauen mußten zu Hause in ihren Zimmern bleiben. Dann wurde jeder einzelne Mann vernommen und zwar vor den anderen. Wenn die Deutschen herausbekamen, daß einer dem Maquis angehörte, wurde er nach Bergen-Belsen geschickt – wenn die Männer jedoch leugneten, also öffentlich zugaben, zu den Kollaborateuren zu gehören, wurden sie hinterher von den Widerstandskämpfern umgebracht. Da steckte so mancher in der Zwickmühle. Der Hohn der Geschichte wollte es, daß das größte Schwein am Platz, der reiche Schuhhändler, von dem jedermann wußte, daß er ein Kollaborateur war, sich nicht öffentlich dazu bekennen mochte und als »Maquis« nach Bergen-Belsen ins Konzentrationslager gebracht wurde.

Im ganzen kamen nur zweihundertdreißig von achthundertneunzig Männern mit dem Leben davon. Leider wurde auch mein freundlicher Zahnarzt umgebracht, dem ich den Rest meines desolaten Gebisses anvertraut hatte.

Meine Verwünschung der Frau aus Bordeaux ging auch nur allzu bald in Erfüllung: Ihr Mann wurde verschleppt und ermordet. – Und dann, als es Abend war, sortierte man die Frauen. Ich saß im Dunkeln und dachte nichts. Da hielt ein Auto, es klopfte an die Tür. Ich rief »Entrez!« Zwei einfache deutsche Soldaten standen da. Sie fürchteten sich genauso wie ich. Ihre mißtrauischen Blicke wanderten zwischen Kleiderschrank, Bett und Klavier hin und her. Offensichtlich vermuteten sie unter dem Klavierdeckel einen Revolver. Bei ihrem Eintritt hatte der eine auf

Pfälzisch oder Schwäbisch »Lischt!« geschrieen. Ich reagierte nicht, weil ich Französin war. Da fand er selber den Lichtknopf, und ich sagte: »Ah, lumière!«

»Papiere!« Das war eindeutig. Sie beobachteten mich scharf, als ich in meiner Handtasche herumwühlte. Das war der Augenblick der Wahrheit. Diesmal kam ich weiter in meinem Vaterunser. Nach jeder Zeile sprach ich im Innern ein *»Pereant«* – mögen sie verrekken! Sie sollten nicht zu lange auf den Ausweis schauen, nicht zu lange. Da fiel mir die Arbeitsbescheinigung der Cinémathèque ein, die ich eilfertig hervorzog: »Je travaille pour la Cinémathèque Française.« Dann deutete ich auf den Vichy-Stempel. Das lenkte die beiden tumben Pfälzer von dem falschen Ausweis ab.

Gott sei Dank hat mich nie jemand gebeten, elsässisch zu sprechen. Das hätte mich natürlich verraten. Aber soweit dachten diese beiden Burschen nicht. Endlich gingen sie. Es war eine Ewigkeit vergangen. Madame Guitard stürzte, kaum, daß die beiden draußen waren, schreckensbleich in mein Zimmer: »Warum hat es bei Ihnen so lange gedauert? Ich fürchtete schon das Schlimmste.«

»Madame Guitard«, sagte ich, »es tut mir leid, daß ich Sie mit in Gefahr bringe, und ich muß Ihnen sagen, daß ich gar nicht Escoffier heiße und auch nicht Elsässerin bin. Ich stehe auf der schwarzen Liste der Nazis, aber was noch schlimmer ist: Ich bin Jüdin.«

»Um so besser«, war die Antwort. »Sie meinen doch nicht, daß ich nichts gewußt hätte. Als ich Sie mit Ihren Lateinischkenntnissen und Ihrer umfassenden Bildung als Köchin an der Schule entdeckte, dachte ich mir mein Teil. Und eines kann ich Ihnen versichern: Ich liebe die Juden.«

Das aus dem Munde einer Französin versöhnte mich mit vielem, was ich gelitten hatte. Trotz ihrer Freundlichkeit wollte ich nicht bleiben, um die gute alte Dame nicht noch mehr in Gefahr zu bringen. »Ich schließe mich der Résistance an« – aber davon wollte sie nichts wissen. »Sie bleiben hier«, befahl sie kurz und mütterlich, »Sie haben eine schlimme Mandelentzündung. Krank lasse ich Sie nicht gehen. Wenn wir sterben müssen, dann gemeinsam.«

So blieb ich bis zum Ende des Krieges. Wir hörten regelmäßig das englische Radio und waren über den Fortgang unserer Befreiung bestens informiert. Den Apparat steckten wir beim Zuhören unter das Kopfkissen.

Am 15. August 1944 landeten die Alliierten an der Mittelmeerküste, aber unsere Soldaten in Figeac waren schon im Juli verschwunden. Zum Nationalfeiertag war keine deutsche Uniform mehr zu erblicken. Wir hängten die französische Fahne aus dem Fenster und frohlockten. Aber es war noch lange hin, bis ich wieder nach Paris zurückgehen konnte. In der Schule gegenüber zogen wieder Knaben ein. Ich fing an, mich zu langweilen. Morgens sah ich die Kinder mit ihren Schultaschen vor dem Fenster vorbeilaufen. Einmal rannte eine ganze Horde schreiend davon. Ich öffnete das Fenster und hörte zu meinem unermeßlichen Schrecken: »Les Allemands, les Allemands!« – »Die Deutschen kommen wieder!« Überall hingen noch französische Fahnen aus den Fenstern. Wir waren uns zu sicher gewesen.

Aber bei nahem besehen, waren es andere Deutsche, die da kamen. Sie warfen furchtsame Blicke um sich und klauten Fahrräder, um sich radelnd über die spanische Grenze abzusetzen. Ihnen war klar, daß der Krieg für sie verloren war. Da retteten sie geschwind ihre Haut. Ich blieb auf Anraten von Madame Guitard noch bis 1945 in Figeac, weil keine regelmäßigen Züge nach Paris verkehrten, und ich auf ein Lebenszeichen von Henri Langlois warten sollte.

Es war ein Freudentag, als er kam, um mich abzuholen. Madame hatte ihm zu Ehren einen selbstgemachten Nußlikör aufgefahren, aber Henri hat nie Alkohol angerührt. Dafür griff er bei der Torte um so hastiger zu. Zu dritt waren sie gekommen, Henri und seine beiden Gehilfen Roger und Charlot, die sich um den Transport der im Schloß Béduer versteckten Filmkopien kümmern sollten.

Meine Wohnung an der Porte d'Asnière hatte ich durch den Krieg verloren. Die Stimmung in Paris war immer noch antijüdisch. Daran konnte der Abzug der Deutschen nichts ändern. Meine Wohnungssuche wurde zum Spießrutenlauf. Ich wollte auf gar keinen Fall bei Antisemiten wohnen, so wund war ich noch. Schließlich fand ich etwas Bescheidenes bei der ehemaligen Gouvernante von Nadine de Rothschild, in der Rue Brey. Es war nicht weit von den Champs Elysées und ganz nah bei der Rue

Troyon, wo die Langlois wohnten. Heißes Wasser hatte ich nicht, mochte aber auf mein tägliches Bad nicht verzichten. So kaufte ich mir eine große Gummibadewanne, machte mir in der Küche Wasser heiß und badete wie im Mittelalter. Meine Reinlichkeit hat mir einmal den Kommentar von Mary Meerson, die sich ungern wusch, eingetragen: »Lotte, comme vous êtes coquette!«

Meine gutmütige Vermieterin sah äußerlich ganz vornehm aus, nahm es aber mit der Sauberkeit auch nicht genau. Sie erzählte von mir: »Ich habe eine sehr nette und ordentliche Untermieterin, nur verbraucht sie zuviel heißes Wasser.«

Von Nadine wußte sie zu berichten, daß die Tatsache, mit einem französischen Botschafter verheiratet zu sein, sie nach der Besetzung von Paris auch nicht mehr vor dem Zugriff der Deutschen schützte. Sie hätte sich während einer Razzia einen ganzen Tag im Kleiderschrank verstecken müssen, wobei ihr, als sie abends herauskroch, die Beine bis zur Hüfte eingeschlafen waren.

Nach ihrer Rückkehr fand Nadine all ihre Besitztümer unbeschädigt und wohlverwahrt bei der Gouvernante wieder. Das kann ich von meinen paar Sachen, die ich aus Deutschland hinübergebracht hatte, nicht sagen. Als ich bei der Admiralsfamilie in Montpellier wieder auftauchte, konnte ich in den Gesichtern lesen: »Merde, jetzt ist diese verfluchte Jüdin doch nicht vor die Hunde gegangen.« Aus meinen Büchergestellen hatten sie Puppenstuben für die Kinder gemacht – die Vorhänge waren zerschnitten und zu Kleidern verarbeitet worden, das alte Sèvres-Porzellan, das aus meiner Familie stammte, wollten sie gar nicht erst herausrücken, das gehörte ihnen. Den Gegenbeweis konnte ich nicht antreten, weil es zufällig französisches Porzellan war. Meine Bücher fand ich vermodert und verschimmelt auf dem Speicher wieder. Ich dachte mir zuerst, die kannst du alle wegschmeißen, aber dann habe ich sie durch trockene Lagerung doch retten können. Nur die schweren Wohnzimmermöbel konnten die guten Leute nicht als ihre deklarieren, die bekam ich mit bösen Blicken zurück. Meine Papiere, Novellen, deutschen Briefe und die Gedichte mit den Zeichnungen von Henri – alles war verbrannt. Ich versuchte, meine Schwester einzuschalten, die härter war als ich. Aber auch sie konnte bei den Leuten nichts ausrichten. Bei einem Prozeß hätte nur Aussage gegen Aussage gestanden: Eine alleinstehende deutsche Jüdin gegen eine Admiralstochter aus dem französischen Großbürgertum, es war aussichtslos. Diese wohlanständigen Leute – Serein hießen sie – hatten noch die Nerven, meinen Schwager zu bitten, ihrem Sohn durch seine Beziehungen bei der neuen Regierung eine Stellung zu verschaffen. Dagegen habe ich strikt protestiert.

Mit dem Rest meines Hausrats konnte ich in der Kammer der Rue Brey wenig anfangen. So brachte ich die Sachen zunächst einmal in ein Möbellager. Auch für die siebzehn Bücherkisten war kein Platz. Wenn ich arbeiten wollte, hatte ich Erlaubnis, mich im Salon an den Tisch zu setzen. Meine Diät bestand weiterhin aus Gemüsesuppen, die ich mir auf einem Primuskocher zubereitete. Als ich mit Henri, Charlot und Roger in Paris angekommen war, sagte mir Langlois herzlich: »Votre place est chez nous, maintenant.« Das Wort habe ich ernstgenommen, denn in dem Lande Frankreich war ich hart gefallen, an mein Vaterland mochte ich gar nicht denken, doch die Cinémathèque sollte meine neue Heimat werden. Bevor ich ernstlich mit der Arbeit anfing, setzte ich alle Hebel in Bewegung, um etwas über das Schicksal meiner Mutter herauszubekommen. Die letzte Nachricht hatte ich 1942 erhalten, als ich noch in Montpellier war. Da war sie in Theresienstadt. Innerhalb der Familie tauschten wir verschlüsselte Nachrichten aus: »Mutter verreist« – oder so ähnlich.

Danach hielt mich mein Schwager auf dem laufenden. Mein

Lotte Eisner und Henri Langlois nach 1945

ältester Neffe Herbert hat kürzlich eine Botschaft von mir aus jener Zeit wiedergefunden:

1. Sept. 1942 (Montpellier)
Lieber Fritz,
Vielen Dank für die 2000 frs., die die Quäker mir übermittelt haben. Die kamen zur rechten Zeit, denn Eugène hatte mir nichts geschickt. Schickt mir noch etwas, sobald es möglich ist. Es kann gut sein, daß ich verreise, um Mutter zu besuchen, und es ist immer gut, während eines Aufenthalts über ein bißchen Geld zu verfügen. Wie geht es Euch allen? Ich denke viel an Euch und bin sicher, daß ihr auch an mich denkt. Habt ihr an Edouard geschrieben? Ich fürchte, daß er für Lo* nichts tun kann. Grüßt alle Freunde, besonders auch Alice.

Henri wird versuchen, Lo zu helfen, wenn möglich. Umarmt die beiden Jungen für mich. Marguerite** geht es laut Eugène gut.

Ich umarme euch alle herzlich,
Charlotte

Zurück in Paris, verlangte ich von meiner Schwester Mutters letzte Botschaft. Steffi hatte sie nicht mehr. Sie war verloren oder als nicht wichtig befunden und weggeworfen worden. Auf meine bitteren Vorwürfe hin meinte sie:

»Reg dich nicht so auf, Theresienstadt war gar nicht so schlimm.«

»Ich wünschte, Du wärest statt Mutter nach Theresienstadt verschleppt worden. Dann wäre aus Dir vielleicht noch ein Mensch geworden«, entgegnete ich.

Danach wandte ich mich an Gottfried von Lücken. Er zog für mich in Theresienstadt Erkundigungen ein und bekam heraus, daß meine Mutter noch im Jahre 1942, im Alter von sechsundsiebzig Jahren gestorben ist, aber eines »natürlichen« Todes. Der Gang zur Gaskammer ist ihr erspart geblieben.

Die Familie meines Bruders in England ist gottlob heil durch den Krieg gekommen. Fritz wurde mit seinen beiden Söhnen zusammen auf der Isle of Man interniert. Paula war froh, daß der Jüngste, mein lustiger Stefan, nicht von den anderen getrennt wurde. Er war ja noch nicht einmal erwachsen, während Herbert schon Dozent für Physik war. Die drei machten sich, soweit die Umstände es erlaubten, ein vergnügtes Leben. Sie mußten zu dritt in einem Bett schlafen. Währenddessen kümmerte Paula sich um

* Lo = Lotte (M. G.)
** Marguerite = Lottes Mutter (M. G.)

Arbeit. Jetzt kam es ihr zugute, daß ihr strenger Vater, obwohl er sehr reich war, sie nicht verweichlicht hatte. Sie bekam eine Stelle als Vertreterin in einer Stoffabrik, die Patchwork-Sachen, Kinderkleider, Röcke und andere Konfektion herstellte und mit der Zeit immer besser florierte. Paula reiste für die Firma herum und verdiente ganz gut dabei. Wie in Frankreich konnte man die Waren im Krieg nur auf Marken beziehen. Es war ein kompletter Neuanfang für Paula, denn auf die Geschäftsbeziehungen mit Berlin konnte sie sich nicht mehr berufen. Die Berliner Firma war von den Nazis übernommen worden. Meinem Onkel Viktor wurde kein Haar gekrümmt. Er starb kurz nach dem Kriege an Altersschwäche, Hermann war schon früher gestorben.

Aber Paulas geistig etwas zurückgebliebener Bruder, der kein Visum für das Ausland bekommen konnte, weil ihm das obligate Gesundheitszeugnis, das man zur Einreise in ein fremdes Land vorweisen mußte, nicht ausgestellt worden wäre, wurde von den Nazis ermordet.

Meine Cousine Ina Münzer ging als einzige aus der Familie nach Israel, wo sie Bäuerin wurde. Lucie war durch ihre zweite Heirat schon lange in Italien gelandet. Ihre Tochter, Mariana Ciconi, hat gleich nach dem Krieg versucht, mich aufzuspüren, hat mich aber in Paris nicht gefunden, weil ich noch etwa zehn Jahre unter meinem französischen Decknamen Escoffier lebte. Ich hatte mich in dieser Identität eingerichtet. Deutsche war man nicht mehr gern nach dem Holocaust. Und als ich 1953 das erste Mal wieder zurückfuhr in meine alte Heimat, fühlte ich mich auch wohler, als Französin aufzutreten. Später löste sich allmählich die Verkrampfung: Aus Escoffier wurde Eisner-Escoffier und schließlich wieder Eisner. Einmal bekam ich sogar einen Brief mit der Anrede: Dear Miss Eisnoffier! – Es gab zu viele Menschen, die mich unter meinem deutschen Namen kannten oder wiedererkannten.

Paula war der Gedanke, daß ihr Jüngster mit lauter erwachsenen Männern interniert war, nicht angenehm. Es bedrückte sie auch, daß er nicht einmal die Schule fertiggemacht hatte. In dieser Zeit der Not taten sich die Quäker in England als besondere Philanthropen hervor. Durch die Vermittlung eines Quäker-Pfarrers gelang es Paula, Stefan aus dem Lager herauszubekommen. Doch mußte der Geistliche bei der Polizei für ihn bürgen und versprechen, daß er ihn bei sich aufnähme, da die Mutter eine Feindin und somit ein unsicheres Subjekt sei. Das hielten sie acht Tage durch. Dann sprach der Quäker wieder bei der Polizei vor und versicherte, daß er die Mutter des Kindes für verläßlich befunden habe. Von da an durfte Stefan bei Paula bleiben. Aber er hatte in das Erwachsenenleben hineingerochen – unter anderem hatten die Internierten aus eigener Kraft eine provisorische Universität aufgebaut, so daß der Junge der Schule entwachsen war. Die tüchtige Paula organisierte Privatlehrer, die ihn zum Abitur führten. Danach studierte er Metallurgie. Sein Praktikum mußte er in einer Maschinenfabrik machen, die Flugzeuge und Bomben herstellte. Herbert meldete sich, damit er entlassen wurde, freiwillig beim Militär. Er wollte gegen die Faschisten kämpfen. Man schickte ihn nach Indien. Dort schrieb er eines seiner raren, aber sehr schönen Prosastücke, ›A Letter To My Bearer‹, das vom ›New Statesman‹ abgedruckt wurde. Die Novelle, die stark an Kipling erinnert, beschreibt das Schicksal eines armen indischen Dieners, der bei einem englischen Kolonialherrn angestellt ist. Herbert ist schweigsam geworden. Er hat sich ganz in seine Naturwissenschaft zurückgezogen, spricht nicht mehr von der Vergangenheit und schreibt weniger, als ich es mir wünsche. Von Physik verstehe ich doch nichts, aber seine Texte verschaffen mir Zugang zu ihm. Jetzt hat es den Anschein, als würde seine jüngste Tochter Harriet, die mir in vielem ähnlich ist, die literarische Laufbahn einschlagen. Sie schreibt geistreiche Briefe und will einmal Journalistin werden. Ihr Bruder Tom hat die Musikalität der Großmutter geerbt. Er ist Berufsgeiger geworden, da er als einziger in der Familie in den theoretischen Fächern nicht so gut mitkam. Im Augenblick treibt Tom sich irgendwo in Skandinavien in einem Orchester herum. Er hat sich einen langen Geißbart wachsen lassen, der urkomisch aussieht. Ich hasse doch Bärte! Als er mit dieser Zierde zu mir kam, habe ich ihn gefragt: »Tom, wenn du Geige spielst, trägst du dann deinen Bart unter oder über der Geige?«

Herberts Frau Gisela hat beide Eltern und einen Bruder im Konzentrationslager verloren. Sie konnte mit ihrem anderen Bruder gerettet werden und ist von Quäkern in England erzogen worden. Auch sie hat einen Strich unter ihrer Vergangenheit gemacht, weil sie zu schmerzlich war, um jemals verarbeitet zu werden. Ihren Kindern hat sie nichts von Deutschland erzählt. Zu Hause wurde Englisch gesprochen, außer wenn die Eltern vor den Kindern ein Geheimnis hatten. Viele deutsche Emigranten haben so reagiert, daß sie ihre Sprache, die ihnen verhaßt geworden war, verleugneten und selbst untereinander lieber ein schlechtes Pidgin-Englisch oder -Französisch sprachen. Bei mir war es ein Gebot des Überlebens gewesen, mein Deutsch so schnell wie möglich zu verdrängen.

Als ich dann in der Cinémathèque das erste Mal wieder mit Deutschen zu tun hatte, mußte ich mühsam nach Worten suchen. Es kam ein ärmliches »petit-nègre« heraus. Lesen und verstehen konnte ich natürlich noch, das Sprechen hatte ich mir abgewöhnt. Ich weiß noch genau, wie mir vor den ersten Kontakten mit Menschen aus Deutschland grauste. Einmal kam ein großer blonder Regisseur vom Typ »Herrenmensch« in unser Büro. Ihn sehen und meine Hände hinter dem Rücken verstecken war eins. Bei näherer Bekanntschaft stellte sich heraus, daß es ein junger Filmer aus Israel war.

Das hat mir wieder gezeigt, wie willkürlich die Einteilung in Juden und Arier ist. Wenn einer nicht gerade Cohn oder Levi heißt, oder die oft zitierte krumme Judennase im Gesicht trägt, weiß ich nicht, ob ich einen Juden oder einen Nicht-Juden vor mir habe. Eine Freundin schickte mir kürzlich eine makabere Witzsammlung aus der Zeit, als jeder Deutsche seine arische Abstammung beweisen mußte, dieser Forderung aber teilweise völlig ratlos gegenüberstand, weil er gar nicht wußte, was »arisch« bedeuten sollte. So schrieb einer an das Zehlendorfer Küsteramt:

Ich hab die Arier im Konversationslexikon gesucht. Die wohnen in Asien. Da haben wir keine Verwandtschaft. Wir stammen aus Prenzlau.

Oder:

Ich bin agrarischer Herkunft, was ich zu bescheinigen bitte.

Das Suchen nach Großmüttern und -vätern wuchs sich zur Not aus:

Helfen Sie mir bitte zu meiner arischen Großmutter. Sie muß sich dort im Kirchenbuch befinden.

Oder:

Ich quäle mich nun schon seit Jahren mit der Geburt meines Großvaters. Wollen Sie mich bitte dabei unterstützen.[25]

Die ersten Jahre in der Cinémathèque 7, Avenue de Messine (1945–1955)

In den fünf Jahren meiner Abwesenheit hatte sich die Cinémathèque Française, wie sie seit 1936 offiziell genannt wurde, enorm entwickelt. Henri hatte es von Anfang an verstanden, die wichtigen Leute mit schierem Glauben auf seine Seite zu ziehen. Mit Paul Auguste Harlé, dem ersten, der den jungen Henri ernstnahm, war der Ball ins Rollen gekommen. Durch seine Vermittlung lernte Henri den Inhaber der Produktionsfirma Albatros kennen, Alexandre Kamenka, der die schönsten französischen Klassiker in seinem Besitz hatte und sie Henri überließ. Das waren die Filme von L'Herbier, Abel Gance, Jean Epstein, René Clair, Marcel Carné, Jacques Feyder, Germaine Dulac und die russische Schule. Germaine Dulac hatte als erste die Idee, der Cinémathèque einen offiziellen Status zu geben durch eine internationale Vereinigung der schon bestehenden Filmarchive. Die Gründung der FIAF berechtigte die Cinémathèque in den Augen der Regierung, Büroräume und eine bescheidene Subvention zu beantragen. Durch Madame Suzie Borel und Yvonne Dornès, die beide eine offizielle Funktion in der Regierung hatten, wurden Henri die Wege zum Filmaustausch mit seinen ausländischen Partnern in England, Deutschland und Amerika geebnet. Er konnte seine Kopien per diplomatischem Kurier kostenlos schikken, ja Madame Dornès half ihm sogar, als Paris von den Nazis besetzt wurde, die gefährdeten anti-faschistischen Hollywoodfilme, die Russenfilme und was sonst noch an Schätzen da war, die Henri besonders am Herzen lagen, in einem gepanzerten Wagen in die Provinz zu karren. Das waren die Filmbüchsen, an denen ich mir die Fingernägel ausgerissen habe. Inwieweit diese Filme tatsächlich gefährdet waren, kann heute keiner so recht beurteilen. Es ist auch nicht sicher, ob Henri nicht vielleicht noch mehr geheime Depots irgendwo in alten Scheunen, Champignon-Züchtereien oder bei Freunden angelegt hat. Wäre ich zum Beispiel dahingerafft worden, bevor ich Henri die Stelle angeben konnte, wo ich die Kopien versteckt hatte, wie hätte er sie nach dem Krieg wiederfinden sollen? Bei dem alten Schauspieler Michel Simon hat er auch ein Häuflein Filme versteckt gehabt. Das war aber schon nach dem Krieg, und ich weiß nicht mehr zu sagen, wie er dazu kam. Eines Tages fiel es mir siedendheiß wieder ein:

»Henri, was passiert, wenn Michel plötzlich stirbt und sein Haushalt aufgelöst wird? So wie es mit Germaine Krüll gegangen ist, die im Hause eines verstorbenen Freundes ihre ganzen Negative eingebüßt hat.«

Aber Henri hatte die Manie des Mysteriums: Es war immer ein Grund da, sich oder seine Schätze bedroht zu fühlen. Wenn es aber keinen gab, erfand er einen, damit er seine Kostbarkeiten wieder einmal an geheimnisvollen Orten verscharren konnte. Henris erstes Filmdepot vor dem Krieg hatte einen würdigen und zuverlässigen Konservator: Mein Vorgänger war niemand anderes als der Pionier des phantastischen Films, Georges Méliès, der sich als alter Mann in ein Heim für Filmschaffende im Schloß von Orly zurückgezogen und sich sehr für die Idee einer Cinémathèque und eines Filmmuseums erwärmt hatte. Mit seiner Hilfe wurde die erste Raumnot behoben, denn Henri und Franju sammelten und sammelten alte Filme. Viele Kinobesitzer und Kopierwerke waren froh, daß ihre Regale für neue Filmkopien frei wurden und luden bei den beiden besessenen Sammlern tonnenweise alte verrostete Stummfilmbüchsen ab, die gesichert und fachmännisch gelagert werden mußten. Unser Appetit auf Celluloid überstieg bei weitem die Kapazität der Räumlichkeiten, die uns zur Verfügung standen.

Da kam Georges Méliès auf die Idee, den alten Pferdestall im Schloßpark als Lagerraum zu benutzen. Méliès selbst wurde mit der Überwachung und dem großen rostigen Schlüssel zu dem Depot betraut. Das ging eine Zeitlang gut, bis die Deutschen kamen und Henri einen Teil der Filme auslagern, den Rest aber der Besatzungsregierung in Paris überlassen mußte. Das Reichsfilmarchiv übernahm die Leitung der FIAF, und Henri verlor einen Teil seines Schatzes zeitweise aus den Augen. Die Filme wurden während seines kurzen Dienstes in der Kaserne der deutschen Armee zur Verfügung gestellt. Als Henri zurückkam, war nichts mehr da. Er hatte große Angst, daß man die Filme nach Gebrauch vernichten würde, aber durch einen glücklichen Zufall entdeckten Henri und Germaine Dulac, als sie im Auftrag der Deutschen nach Dulac-Filmen suchen mußten, den größten Teil der Filme in einem kleinen Theater gegenüber von Langlois'

Wohnung wieder. Der Angestellte, der die Filme hüten mußte, wußte nichts damit anzufangen. Er war froh, sie dem rechtmäßigen Besitzer wieder zustellen zu können.

Henri benutzte seine offizielle Stellung während der Besatzungszeit, um so viele Filme wie möglich zu retten und seinen Freunden, die zum Teil untertauchen mußten, zum Teil auch in der Résistance arbeiteten, zu helfen. Gleich nach der Befreiung bekam die Cinémathèque, die dem Informationsministerium unterstellt wurde, zum ersten Mal eigene Räume zur Verfügung in der Avenue de Messine 7. Sie wurde vom Staat subventioniert, aber nicht verstaatlicht, ein entscheidender Faktor, den Langlois wieder und wieder betonte, denn staatliche Institutionen besitzen weder anarchischen noch innovatorischen Geist und verwechseln Poesie mit Unordnung. In dem neuen Haus war Platz für eine Bibliothek, in der wir internationale Filmbücher, Zeitungen und alte Zeitschriften horteten und den interessierten Lesern zugänglich machten, eine Phototheк mit raren Stand- und Arbeitsphotos, einen Vorführraum mit neunzig Sitzplätzen, der ständig überfüllt war, und in dem wir jeden Tag drei verschiedene Filme zeigten.

1948 erfüllte sich auch Henris Traum, ein Filmmuseum zu eröffnen. Es war wohl klein und entsprach nicht dem Reichtum an alten Apparaturen und Plakaten, Manuskripten, Dekors und Kostümen, die wir inzwischen angesammelt hatten, aber es atmete schon die typische Langloissche Atmosphäre: Seine Sorge war es, die Ausstellungsstücke mit Leben zu erfüllen, kein technisches Museum zu schaffen, in dem Dutzende von alten Kameras nebeneinander aufgereiht waren, wie Soldaten beim Appell, säuberlich mit Etiketten versehen – nein. Er wußte, wie man die verschiedensten Objekte zu einer reizvollen Farben- und Formen-Symphonie zusammenstellen konnte. Unter seinen Händen mischten sich technische Apparaturen mit glitzernden Roben, Programmen und Dekors zu einer lebendigen Epoche. Mit spanischen Wänden, Nischen, Tapetentüren, Bögen und geheimnisvollen, nur schummrig beleuchteten Ecken erfand er seine eigene labyrinthische Architektur, in der man sich verlor, um immer neue Kostbarkeiten zu entdecken.

Als Langlois 1972 das jetzige Museum im Palais de Chaillot schuf, hat ein junger unbekannter ungarischer Dokumentarfilmer einen Kurzfilm über ihn gemacht, in dem man sehen kann,

Schaukasten im Musée du Cinéma Henri Langlois in Paris

wie die toten Dinge unter Langlois' Fingern anfangen zu leben und welche Wollust es ihm bereitete, die Falten einer Robe von Asta Nielsen oder Louise Brooks zu ordnen.

Langlois hatte ganz eigene Vorstellungen über die Aufgaben eines Filmmuseums. An erster Stelle stand für ihn die Bereicherung der Sammlung. Dann erst kam das Problem der Konservierung.

Es ist mir bewußt geworden, daß der Erfolg der Cinémathèque Française darin liegt, daß ich dem Problem der Kollektion immer den Vorrang gegenüber dem Problem der Konservierung gegeben habe. Wenn Filme so wie Gemälde durch die Händler selbst geschützt würden, wäre das nicht der Fall. Aber noch 25 Jahre nach der Gründung der Cinémathèque sind zwei Drittel der Filmproduktion in Gefahr, vernichtet zu werden. Man muß zunächst retten, um dann zu erhalten, was gerettet ist. Ich würde immer eine Kinemathek vorziehen, die all ihre Anstrengungen und ihren Kredit dafür einsetzt,

Filme und Dokumente vor der Mülltonne zu retten, anstatt ihre Energie und ihr Budget mit ordnen, sortieren, klassifizieren zu erschöpfen. Das soll nicht heißen, daß ich nicht für sachgemäße Aufbewahrung der geretteten Sachen bin, aber wenn man eine so geringe Subvention zur Verfügung hat wie wir, muß ich eben eine Wahl treffen. Wenn man soviele Kostbarkeiten wie möglich angesammelt hat, ist es später immer noch Zeit, ihnen ein Etikett aufzukleben. Ganz primitiv ausgedrückt: Wenn ich zwei Angestellte hätte, würde ich sammeln *und* konservieren.

Aber das ist nicht mein einziges Erfolgsprinzip. Nach meiner Auffassung ist die Ausstellung, die Zur-Schau-Stellung der angesammelten Dokumente von großer Bedeutung. Durch Propaganda, Attraktion und Prestige stellen wir einen Kontakt mit der Außenwelt her. Die Filme, die wir haben, müssen sooft wie möglich gezeigt werden, damit sie leben, und die Schätze des Museums werden in den verschiedensten Ausstellungen durch alle Welt getragen und so vielen Menschen wie möglich zugänglich gemacht. Wenn dabei Sachen verloren gehen, und das kommt immer wieder vor, ist es bedauerlich, aber kein Grund, die Geschichte des Films in Panzerschränke zu sperren. Ich bin kein Film-Heide!

Nach unserer Ausstellung im Musée de L'Art Moderne – »60 Jahre Film«, sind unbekannte Menschen zu uns gekommen und haben uns unbekannte Reichtümer gebracht, die sie unserem Museum mit Stolz anvertraut haben. Sammeln, zeigen, konservieren, ausstellen, das ist die Hierarchie der Aufgaben einer Kinemathek.[26]

Als ich auf einer meiner unzähligen Reisen für die Cinémathèque Française die Witwe des bekannten deutschen Stummfilmregisseurs Paul Leni *(Das Wachsfigurenkabinett)* traf, sagte sie zu mir: »Wie schade, daß ich Sie nicht früher kennengelernt habe, dann hätte ich Ihnen die Entwürfe meines verstorbenen Mannes gegeben, und Sie hätten sie auf vielen Ausstellungen gezeigt. In dem Archiv, wo sie jetzt stecken, bleiben sie im Schrank.«

In der gleichen Art, wie Henri Langlois Kostüme mit Programmen, Plakate mit Apparaten verquickte, machte er es auch mit seinen Kinoprogrammen. Jeden Tag stellte er seine eigenen, handgeschriebenen Programme zusammen, was aber nicht bedeutete, daß er sich wirklich an die Reihenfolge hielt. Er mischte alte Klassiker mit Avant-Garde-Filmen, zeigte, obwohl er französisch untertitelte Kopien hatte, plötzlich einen indischen Film in der bengalischen Originalfassung, damit die Bilder nicht durch den intellektuellen Vorgang des Titellesens abgeschwächt wurden. Die Filme sollten wie Menschen behandelt werden, sie sollten laufen und frische Luft atmen, statt in klimatisierten Katakomben zu lagern. Langlois hätte seine Filme am liebsten in Häuser gesteckt wie lebende Menschen. »Wenn es Krieg gibt, wo bleibt dann die Klimaanlage?« fragte er.

In den ersten Nachkriegsjahren hatten wir ein wunderbares Publikum in der Avenue de Messine. Es waren vor allen Dingen sehr junge Leute, die zu uns kamen, die ausgehungert waren nach geistiger Anregung und sich vollsogen mit ungewöhnlichen Bildern. Wir mußten bei jeder Vorstellung Dutzende wieder zurückschicken, weil unser Saal so klein war. Zwar kümmerte sich bei uns keiner um die feuerpolizeilichen Bestimmungen, daß nur so viele Menschen hineingelassen werden durften, wie Sitzplätze vorhanden waren – wir ließen immer mindestens zwanzig Personen mehr ein, die sich auf Treppen und Fußboden niederließen, aber trotzdem reichte der Platz nicht aus. Häufig mußten Langlois und ich die Wogen glätten, wenn das Volk nicht zur Ruhe kam, und versuchen, möglichst viele in den Saal hineinzuquetschen. Dabei hatten wir natürlich unsere Lieblinge: begeisterte junge Zuschauer, die in alle drei Vorstellungen kamen, so wie

Godard oder Truffaut, fanden immer ein Plätzchen. François Truffaut, der in seiner Schulzeit genau wie Henri ein notorischer Schwänzer war, weil er dauernd ins Kino rennen mußte, war mein »poulet«.

Ich sagte immer: »Der kleine Truffaut hat ganz vorn noch Platz, wenn er sich auf die Erde hockt.« Unser damaliges Publikum bildete den Kern der französischen Nouvelle Vague. Ohne die Vorführungen in der Cinémathèque Française wären er und Leute wie Louis Malle, Volker Schlöndorff, Jean-Luc Godard, Claude Chabrol und wie sie alle heißen, nur »Kaschperln« geworden. Das fortwährende Sehen von guten und schlechten Filmstreifen einer sechzigjährigen, reichen Geschichte schärfte ihren Blick und veränderte ihre Sehweise. Über Nacht wurden sie selbst zu Filmschöpfern. Langlois unterschied übrigens bei Filmen gar nicht zwischen gut oder schlecht. Werturteile waren für ihn völlig relativ. Er sammelte alles und fand alles gleich wichtig, »denn«, so argumentierte er, »ein Film, den wir heute mittelmäßig oder kitschig finden, wird in zehn bis zwanzig Jahren bedeutsam, weil er Zeitgeschichte lebendig macht oder Stilisierungsformen bringt, die uns plötzlich interessant erscheinen«.

Wie wurde Jean Renoirs Film *Nana* von seinen Zeitgenossen geschmäht, und dabei sind wir uns heute einig, daß gerade dieser Film ein Meisterwerk ist. Die ersten fünfzehn Jahre meiner Arbeit an der Cinémathèque Française waren eigentlich die schön-

Lotte Eisner und François Truffaut um 1970

sten. Ich hatte trotz der Entbehrungen des Krieges eine ungeheure Energie angesammelt, hätte Bäume ausreißen können, war selten krank, trug, obwohl ich achtzehn Jahre älter war als Monsieur Langlois, ihm, wenn wir auf Reisen waren, die schweren Filmkopien hinterher, denn er pflegte zu sagen: »Lotte, Sie sind viel stärker als ich.« Ich packte an, ich blühte auf. Mein offizieller Status in der Cinémathèque war »Conservatrice en Chef«, also Chef-Kurator, aber im Grunde war ich »La Bonne à tout faire« – ein Mädchen für alles. Ich sammelte, ich archivierte, ich korrespondierte, ich repräsentierte, wenn Henri nicht abkömmlich war. Ich sah Filme, gab Einführungen, hielt Vorträge, half bei den Ausstellungen und begleitete Henri zu den Sitzungen der FIAF. Uns schlug keine Stunde. Henri hatte keinerlei Zeitbegriff, er war die Seele des Hauses, und die war allgegenwärtig. Er nahm als selbstverständlich an, daß seine Mitarbeiter genausoviel arbeiteten wie er. Wenn man sich um zwei Uhr nachts, dann doch ein wenig angemüdet, nach Hause schleichen wollte, rief er von seinem Schreibtisch aus: »Lotte«, oder »Yvonne, würden Sie bitte ein Diktat aufnehmen?« Und dann zog man seinen Mantel wieder aus. Manchmal machte ich ihm Vorhaltungen, wenn er um vier Uhr nachts einen Regisseur aus dem Bett klingeln wollte, um ihm ein Programm für seine nächste Retrospektive vorzuschlagen: »Henri«, sagte ich, »überleg doch, in Amerika ist jetzt Nacht, Jean schläft.«

Er gab vor, nicht gehört zu haben, weil er nicht begreifen konnte, daß andere Menschen nicht unbedingt von dem gleichen Dämon besessen waren wie er. Ich war es, und deshalb bin ich auch all die Jahre hindurch dageblieben, habe gespurt, habe mich oft auch klein gemacht, damit Henri leuchten konnte, und habe apportiert.

»Je suis votre chien qui apporte«, sagte ich immer zu ihm, und er gab in leutseligen Stunden zu, wenn nicht gerade ein Journalist zugegen war, der es hätte veröffentlichen können: »Lotte, Sie haben zwei Drittel unseres Museums herangeschleppt.« Wahrhaftig, das habe ich, und es war eine Freude. Dabei kam mir manchmal, über meine Erfahrungen in Archäologie, Kunst- und Filmgeschichte hinaus, eine Art Intuition zu Hilfe.

Henri hatte mich, als wir die Ausstellung »Sechzig Jahre Film« vorbereiteten, gebeten, französische Filmarchitekten und Dekorateure aufzusuchen und sie um einen Beitrag zu bitten. Er rief mir, als ich schon halb aus der Tür war, noch nach: »Zu Max

Douy geh' bitte zuletzt, das ist am wenigsten schwierig, weil wir befreundet sind.« Aus irgendeiner perversen Regung heraus tat ich genau das Gegenteil: Ich ging zuerst zu Max Douy, der eine große Sammlung seiner Arbeiten für Grémillon, Renoir, Autant-Lara, Becker und Clouzot bei sich zu Hause hatte. Irgendwie habe ich sein Herz erweicht, daß er mir seine besten Stücke anvertraut hat. Ich nahm die wertvollen Sachen gleich mit in ein Taxi und fuhr zum Musée de l'Art Moderne. Am nächsten Morgen klingelt bei mir das Telefon, und ein Freund von Max Douy ruft an: »Stellen Sie sich vor, bei Max Douy war in der Nacht ein Feuer, seine ganzen Dekors und Skizzen sind verbrannt.« Douy war so dankbar, daß ich am Vortage die besten Sachen gerettet hatte – er vermachte sie auf der Stelle endgültig der Cinémathèque Française.

Die Ausstellung »Sechzig Jahre Film« war eine unserer schönsten und umfangreichsten. Henri und ich arbeiteten mit soviel Eifer daran, daß wir uns nicht einmal die Zeit nahmen, zum Schlafen nach Hause zu gehen. Wenn wir müde wurden, rollten wir uns einfach in die dicken Teppiche ein, die überall im Museum herumlagen, und rümpfelten* für ein paar Stunden. Als alle Vorbereitungen fertig waren, kam ein Amerikaner zu uns und fragte: »How much?«

In den fünfziger Jahren kam plötzlich ein alter Mann vom Montmartre herunter zu mir, den ich nie vorher gesehen hatte. Er hatte eine ganze Sammlung von Tickets und Kinoprogrammen aus der Zeit der Brüder Lumière. »Ich wollte 1906 eine Cinémathèque gründen«, erzählte er. »Wissen Sie, ich war einer der ersten, der die Lumière-Vorstellungen im Jahre 1895 besuchte, und ich sagte damals zu Louis: ›Sie sind der Gutenberg unserer Zeit. Bald werden die Menschen keine Bücher mehr lesen, sondern Ihre bewegten Bilder ansehen.‹ Louis Lumière antwortete, so wie er es auch Méliès gegenüber getan hat: ›Meine Kinematographie hat keine Zukunft.‹ Aber ich habe ihm nicht geglaubt und habe von da an all seine Programme, Plakate und Eintrittskarten gesammelt. Hier sind sie. Ich wollte das bei Ihnen abliefern, bevor ich abkratze.«

Ich habe den alten Herrn in Montmartre besucht, und da stellte sich heraus, daß er im Geburtshaus von Jean Renoir wohnte. Jean

* Neuschöpfung meiner Nichte Harriet für »Schlafen und Schnarchen«.

war entzückt, als ich ihn eines Tages mit hinauf nahm, zu dem schönen, fast ländlich anmutenden Haus am Place du Tertre.

Eine andere kleine Sternstunde war mein Gang zu dem russischen Filmarchitekten André Andrejew, den ich schon durch Brecht aus meiner Berliner Zeit kannte. Er teilte mir so nebenbei mit, daß sein Kammerdiener (vornehme alte Russen hatten, selbst wenn sie Hungers sterben mußten, immer noch einen Kammerdiener) während der Okkupation, als ihm die Kohle ausging, die großen sperrigen Sets als Heizmaterial verwendet hatte. »Aber André«, sagte ich in hellem Entsetzen, »wie konnte er nur, du bist Filmgeschichte!«

Ich bat ihn, trotzdem noch einmal im Keller und auf dem Dachboden nachzusehen, ob vielleicht etwas übriggeblieben wäre. Wenig später rief er mich an: »Ich habe dreiundachtzig alte Entwürfe gefunden. Willst du sie haben?« Ich warf mich ins nächste Taxi und fand Set-Designs für Robert Wienes *Raskolnikoff* (1923), Pabsts *Dreigroschenoper* (1932) und viele andere aus der deutschen Stummfilmzeit.

Langlois hatte eine Vorliebe für Lubitsch, die ich nicht teilte. Das wußte er, aber es wurmte ihn, daß wir keine Entwürfe von Professor Stern zu Lubitschs deutschen Filmen hatten. »Wie wäre es, wenn Sie sich darum kümmerten?« meinte Henri. Ich hatte keine Ahnung, wo ich Ernst Stern auftreiben sollte. Durch den Krieg hatte es ja wahre Völkerwanderungen unter den Intellektuellen und Künstlern gegeben, aber wieder kam mir ein glücklicher Zufall zu Hilfe. Ich war für ein paar Tage nach London gefahren, um meinen Bruder zu besuchen. Da erwähnt meine Schwägerin so nebenbei: »Du, stell dir vor, ich habe neulich den alten Professor Stern von der Reinhardt-Bühne auf einer Party getroffen.« Ich wälzte sofort das Londoner Telefonbuch, aber nach langem Herumfragen stellte es sich heraus, daß Professor Stern inzwischen gestorben war. »Dann muß es eine Witwe geben«, dachte ich mir. Die gab es auch, aber sie lag im Sterben. »Verdammt, dann muß es ein Kind geben«, dachte ich mir, und nach vielem Herumtelefonieren – diese Suche artete manchmal in kriminalistische Tätigkeit aus – fand ich eine verheiratete Tochter: Mrs. Hopkins. Durch ihren Mann, der ein bekannter Übersetzer war, bin ich auf ihre Spur gekommen. Die Tochter von Stern war sehr zuvorkommend. Sie hatte eine bedeutende Sammlung von den Skizzen ihres Vaters und war bereit, sie mir billig zu verkaufen, denn es war nicht immer so, daß wir die Sachen einfach geschenkt bekamen. Meistens mußte ich zähe Preisverhandlungen aufnehmen, weil wir ein sehr niedriges Budget hatten. Aber in diesem Falle hatte ich Glück. Ich bekam sogar ein persönliches Geschenk, einen Entwurf zu Lubitschs letztem deutschen Film von 1922, *Die Flamme*, der leider verlorengegangen ist. Ich habe nur einmal im ostdeutschen Filmarchiv ein Fragment dieses Filmes gesehen, aus dem ich entnommen habe, daß es der schönste deutsche Lubitsch gewesen sein muß. Darum habe ich das Geschenk, eine feine Farbskizze mit mehreren Szenen und dem Konterfei der Pola Negri, gerahmt und in Ehren gehalten. Jedesmal, wenn Henri mich zu Hause besuchte und sein verlangender Blick auf die gerahmte Skizze fiel, sagte er: »Lotte, dieser Entwurf gehört eigentlich in die Cinémathèque.« Es war wie ein Ritual. Meine Antwort war immer dieselbe: »Nein, Henri, das war ein persönliches Geschenk, und ich mußte versprechen, es zu behalten. Nach meinem Tode geht es natürlich an Ihre Cinémathèque.« Aber hélas, Henri, der Jüngere, ist vor mir gestorben.

Alte Apparate zu sammeln, war kurz nach dem Krieg noch leicht. Ich machte die ganzen Trödelmärkte, Antiquitätengeschäfte und obskuren Boutiquen in Paris unsicher, und wenn ich anläßlich eines Vortrags in der Provinz war, suchte ich auch dort. Einige Trödler wußten mit den alten Filmkameras und Projektoren gar nichts anzufangen. Sie gaben sie spottbillig ab. Das änderte sich erst, als wir unsere ersten großen Ausstellungen in Lausanne, Brüssel und Paris gemacht hatten. Da allmählich bekamen die Händler eine Vorstellung von dem Wert ihres Trödels. Aber auch hierbei hatte ich einmal noch großes Glück. Ich ging auf einen Flohmarkt, wo Möbel aus dem 19. Jahrhundert verkauft wurden, und fand bei einem Stand ein Praxinoskop von Reynaud, ein äußerst rares Stück. Der Händler hielt es für ein Kinderspielzeug, war froh, es loszuwerden, und verkaufte es mir für hundertfünfzig Francs. Es war mehr als zehnmal soviel wert.

Die ersten alten Filmbücher bekamen wir an den Bücherständen entlang der Seine, aber das hörte auch schnell auf. Inzwischen gibt es mehrere Spezialgeschäfte für Filmbücher – von den Preisen ganz zu schweigen, die in die Höhe geschnellt sind.

Ich erinnere mich, daß ich an einem schönen Sommertag zu Langlois sagte: »Henri, ich habe so Lufthunger, die Sonne scheint, ich muß mich bewegen. Vielleicht finde ich beim Spazieren ein oder das andere Buch für das Museum. Ich werde mich nach den Memoiren von Robertson umsehen.« Langlois tippte sich an die Stirn und sagte: »Die finden Sie nie, und wenn es noch ein Exemplar im Handel gibt, dann würde das ein Vermögen kosten.« Aber ich blieb unbeirrt von seiner Skepsis. »Wir werden sehen!« Das Buch von Robertson aus der Zeit der französischen Revolution war mit seinem wunderschönen Kupferstich einer Geisterszene, die von einer Laterna Magica produziert wird, eine Rarität für uns. Wir hatten uns das Buch immer von der Bibliothèque Nationale leihen müssen, wenn wir Ausstellungen über die Vorformen des Kinos machten. Ich schlenderte also zuerst an der Seine entlang, dann ging ich in die kleinen Buchläden des Quartier Latin und der Beaux Arts. Um nicht zuviel Zeit zu verlieren, öffnete ich nur die Ladentür und fragte gleich auf der Schwelle nach dem Buch. Zweiunddreißig Buchhändler schüttelten verneinend den Kopf. Der zweiunddreißigste machte sogar noch seinen Mund auf: »Oh, das ist sehr selten, das werden Sie kaum finden.« Ich ging zum dreiunddreißigsten. »Die Memoiren von Robertson, ja, die habe ich, aber es fehlen die Bilder mit den Fesselballons.« – »Oh, wie schade«, sagte ich mit dem tiefsten Ausdruck der Enttäuschung. »Aber Sie können es mir ja trotzdem mal zeigen.« Der Händler brachte das kostbare Buch in seinem Originaleinband aus dem 18. Jahrhundert und den einwandfrei erhaltenen Stichen. »Es ist ein Jammer, daß die Ballons fehlen«, sagte ich in traurigem Ton zu dem Mann. Der war ganz meiner Meinung und machte mir deshalb einen so niedrigen Preis, daß ich glaubte, zu träumen. Ich rannte mit meinem Schatz in die Cinémathèque. In Langlois' Büro angekommen, setzte ich meine gleichgültigste Miene auf, sagte ihm, daß mein Spaziergang sehr erfrischend gewesen wäre, und in einem Nebensatz: »Apropos, hier sind die Memoiren von Robertson.«

Doch es gab auch manche Rückschläge und Enttäuschungen. Anläßlich meines Besuches bei Fritz Lang im März 1955 in Beverly Hills bemühte ich mich sehr um die Bereicherung unseres Museums, weil die Gelegenheit besonders günstig war, denn die großen Ateliers fingen an, abzubauen und zu verkommen. Es gab allenthalben Auktionen und Ausverkäufe. Henri hatte mich gebeten, nach Dekors von Lothar Mendes' Filmen zu fahnden. Ich hatte schon die Adresse herausgefunden, wo seine Sachen gelagert sein sollten, aber als ich dort ankam, sagte man mir, gerade am Abend zuvor hätte man die großen, sperrigen Kulissenteile, die viel zu viel Platz wegnahmen, verbrannt. Ich war um einen Tag zu spät gekommen.

Bevor wir die Räumlichkeiten in der Avenue de Messine und die staatlichen Subventionen hatten, ist uns einmal eine ganze Sammlung alter Filmapparaturen durch die Lappen gegangen. Es handelte sich um die private Cromer-Sammlung, die zuerst dem Louvre angeboten, dort aber als uninteressant abgetan wurde und schließlich nach Amerika ging. Das war für Henri schrecklich und wohl mit ein Grund, daß er von da an alles und alles kaufte, selbst wenn er kein Geld hatte. Zur Not zog er es von seinen Versicherungsbeiträgen ab oder blieb die Elektrizitätsrechnung schuldig. Dann saß er zwar eine Zeitlang zu Hause im Dunkeln, aber er hatte wieder einen Schatz gerettet.

Am schmerzlichsten waren die Verluste bei der Suche nach verschollenen Filmen. Wie habe ich nach Murnaus zweitem Hollywoodfilm *Die Vier Teufel* gesucht, von dem Kenneth Anger vier Standphotos besaß, die mich in meinem Entdeckungsfieber bestärkten. Den Leuten bei der Fox, die den Film produziert haben, bin ich tagelang auf die Nerven gefallen, habe sie belagert, sie sollten in ihren »Vaults« nachschauen. Als ich dann wirklich einen Anruf bekam: »Wir haben *Die Vier Teufel* gefunden« und voller Vorfreude herbeieilte, stellte sich beim näheren Hinsehen heraus, daß es ein Film von einem skandinavischen Regisseur war, der dieselbe literarische Vorlage von Bang benutzt hatte wie Murnau.

Jeder, der sich einmal mit dem verstümmelten Werk von Erich von Stroheim beschäftigt hat, kennt die Leidensgeschichte seines Films *Greed.* Inzwischen gibt es ganze Bücher nur über diesen Film, der ursprünglich acht Stunden lang war, dann aber gekürzt und wieder gekürzt wurde, bis gerade noch zwei Stunden davon übrigblieben. Was man jetzt noch sehen kann, ist eine Serie von ungewöhnlichen, aber fast zusammenhanglosen Bildern, wie die Momentaufnahmen eines großen Photographen. Außerdem ist ein Buch mit Standphotos von den gesamten Filmaufnahmen erhalten. Man kann erahnen, daß es einer der größten Filme aller Zeiten gewesen sein muß – etwa von der Bedeutung eines Griffith-Films, wie *The Birth of a Nation,* aber noch kantiger. Ich habe jedenfalls immer eine besondere Vorliebe für Stroheim gehabt, die sich noch vertiefte, als ich ihn persönlich kennenlernte. Wann immer ich die Gelegenheit hatte, in alten Archiven in Amerika herumzustöbern, fahndete ich auch nach den verlorengegangenen Filmbüchsen von *Greed.* Eines Tages erhielt Henri ein Telegramm aus Amerika: Ein gewisser John Houseman hätte die vollständige Fassung des Films kürzlich gesehen. (Es gab einige Privatleute und Journalisten, die die erste Version in einer Privatvorführung gesehen hatten.) Ich ging sofort der Spur nach und schickte dem Herrn ein Telegramm. Er telegraphierte zurück: »Wenn ich die vollständige Fassung zu Gesicht bekommen hätte, hätte ich sie Ihnen geschenkt!«

1962 klärte sich dann der Tod dieses großen Werkes auf: Bei MGM war ausgemistet worden. Man brauchte Platz für neue Filme, alte Negative wurden eingeschmolzen. Eine Reihe obskurer Büchsen mit der Aufschrift »McTeague«, einem Titel, den niemand kannte, fielen auch der Vernichtung anheim. Irgendein Mensch mit etwas mehr Verstand, der ein Schnipsel von dem übriggebliebenen Celluloid in die Hand bekam, stellte fest, daß es sich um die vollständige Fassung von Stroheims *Greed* gehandelt haben mußte, die im Kopierwerk unter dem Arbeitstitel *Mc Teague* gelagert war. (Nach dem Roman ›McTeague‹ von Frank Norris.)

Der Gedanke, daß acht Stunden Film eines Giganten der Filmgeschichte all die Zeit unerkannt herumgelegen hatten, während wir verzweifelt danach suchten, und dann aus lauter Dummheit für ewig vernichtet worden waren, machte uns halb wahnsinnig. Henri Langlois hatte, schon kurz nachdem ich ihn kennenlernte, zu mir gesagt: »Einer meiner Träume ist es, Erich von Stroheims verstümmelte Filme wieder so zu vervollständigen, daß er sie selbst schneiden kann«, denn man hatte ihm, genau wie Fritz Lang, nie erlaubt, seine Filme selbst zu bearbeiten. Unselige Hände hatten seine Werke bis zur Unkenntlichkeit zermetzelt. Doch damals hatte Henri noch kein Geld, um nach Amerika zu reisen und bei Universal und MGM nachzusehen, was von den herausgeschnittenen Szenen der Stroheim-Filme übriggeblieben war. Mitte der dreißiger Jahre, als Stroheim sich, zutiefst verwundet durch seine vernichtenden Erfahrungen in Hollywood, nach Frankreich abgesetzt hatte, lernte ich ihn kennen.

Er lud ein paar Journalisten zu einem Cocktail ein, ich war die einzige Frau unter ihnen. Ich war innerlich sehr aufgeregt, den mythischen Stroheim, der schon im Berlin der zwanziger Jahre Schlagzeilen gemacht hatte, leibhaftig vor mir zu sehen. Er sah genauso aus wie in seinen Filmen, schien seine militärisch-chevalreske Allüre bewußt auf die Wirklichkeit zu übertragen und wendete sich dann auch in seiner Rolle als »Connaisseur des femmes« sofort mir zu. Auf die Fragen der Journalisten antwortete er, mich nicht aus den Augen lassend, in einer Weise, die mich schockieren sollte. Die ausgesuchtesten erotischen Perversitäten und Delikatessen entkamen seinen Lippen, alles in der Bemühung, die einzige Frau im Raum zum Erröten zu bringen. Dies gelang ihm jedoch nicht, da ich, im Gegenteil, völlig von seinem amüsanten Monolog gebannt, in höchster Spannung zuhörte. »Hollywood hat mich k.o. geschlagen«, sagte er damals zu mir, »und davon bin ich immer noch groggy.«

»Prosit«, sagte ich, und dann tranken wir viel Whisky.

Von da an hatten wir ein besonderes Verständnis füreinander.

Erich von Stroheim in *Il Gran Gabbo* (1930) von James Cruze

Was von Stroheims Filmen noch übrig war, hat Henri in der Cinémathèque über den Krieg gerettet. Stroheim selbst hatte seine, im wahrsten Sinne des Wortes »fertiggemachten« Filme niemals zu Gesicht bekommen. Jetzt konnte er sie in unserem kleinen Vorführraum ansehen. Ich saß neben ihm, als wir ihm *Foolish Wives* und *The Wedding March* zeigten. Er hatte die herausgeschnittenen Szenen noch genau im Kopf und demonstrierte während der laufenden Vorführung seine fehlenden Bewegungen. »Hier bin ich auf den Spiegel zugegangen und habe mir einen Pickel ausgedrückt«, sagte er, »und das ist wichtig, weil man durch diese kleine Geste gleich die Ekelhaftigkeit des Verführers spürt. An der Stelle habe ich mich, nachdem ich aus dem Bett aufgestanden war, rasiert. Die Einstellung war notwendig, um zu zeigen, wie kalt und unerbittlich ich noch war, bevor Mitzi *(Wedding March)* mich von Grund auf veränderte.«

Auf diese Weise kommentierte Stroheim seine verschnittenen Meisterwerke, und ich könnte mich heute noch selbst ohrfeigen, daß ich damals kein Magnetophon dabeigehabt habe. Beim *Hochzeitsmarsch* mußten wir nach einigen Minuten abbrechen, weil Stroheim den Film unerträglich langweilig fand. »Aber Herr von Stroheim«, sagte ich, »was für ein Sakrileg!« – »In welcher Geschwindigkeit lassen Sie ihn laufen?« fragte er. »In sechzehn

Bildern pro Sekunde natürlich«, antwortete ich. »Es ist doch ein Stummfilm!« »Deshalb«, rief Stroheim, »das ist ja ganz falsch. Ich habe damals (1927) schon auf vierundzwanzig Bildern gedreht, weil es eine Originalmusik auf Platten dazu gab.«

Wir fingen noch einmal von vorn in der richtigen Geschwindigkeit an, und siehe da, der Film gewann seine ursprüngliche Grazie zurück. Auf einmal hörte ich, wie Stroheim zu seiner Frau, Denise Vernac, gewandt, zischte: »Son of a bitch!« Es war bei der Liebesszene unter den blühenden Apfelbäumen. »Sie meinen Josef von Sternberg?« sagte ich laut. (Einer von den Schnittern, die den Film zusammengestutzt hatten). »Er zumindest hätte Ihren Film respektieren müssen.« – »This woman knows everything«, sagte Stroheim zu Denise.

Der übelwollende Bearbeiter, eifersüchtig auf seinen großen Landsmann, hatte das tête à tête der Liebenden auf ganz lächerliche und arhythmische Weise mit Zwischenschnitten unterbrochen. Mal tauchte ein kleiner Vogel auf, ein anderes Mal eine Eule ... Der zweite Teil des Films, *The Honeymoon,* war eine noch größere Enttäuschung für Stroheim. Ursprünglich wollte er einen drei- bis vierstündigen Film machen wie *Les Enfants du Paradis* oder *The Birth of a Nation,* mit einer Pause in der Mitte, aber der zweite Teil war in Amerika gar nicht aufgeführt worden, und er glaubte ihn verloren. So war der Mann außer sich vor Freude, als wir ihm mitteilten, wir hätten *The Honeymoon* in unserem Besitz. Als wir den Film zusammen ansahen, mußten wir feststellen, daß es sich um einen Zusammenschnitt des ersten Teils mit ein paar Szenen des zweiten Teils handelte. Das war hart.

Doch das Schlimmste stand uns noch bevor: *Greed.* Mary Meerson, Henri Langlois und ich waren dabei, wie dem großen Stroheim die Tränen über die Wangen liefen, als er seine Filmleiche sah. Von zweiundvierzig Rollen waren noch ganze zehn übriggeblieben. Wir boten Stroheim unseren Schneideraum in der Cinémathèque und unsere ausgezeichnete Cutterin Renée Lichtig als Mitarbeiterin an, damit er seine Filme, so gut es ging, reparieren konnte. Es gelang ihm, bei amerikanischen Freunden die Musikplatten zu seinem *Hochzeitsmarsch* aufzutreiben und damit eine eigene Tonfassung seines Filmes herzustellen. Er arbeitete Tag und Nacht mit der aufopfernden Hilfe seiner Frau, und es war eine Lust, ihm zuzusehen. Etwas von seiner alten wütenden Schaffensfreude hatte sich wieder eingestellt. Sogar die Hintergrundgeräusche machte er selbst. Bei der Szene vor dem Stephansdom ahmte er das Pferdegetrappel mit einem einfachen Trommeln seiner Finger täuschend nach. Die Musik setzte der Meister so ein, daß sie den dämonischen Zusammenbruch der k. u. k.-Militärtradition unterstreicht; sie läßt die latente Gewalttätigkeit der Bilder hervorbrechen durch einen sehr fein angelegten Kontrapunkt, der manchmal seinen teuflischen Zweck in bösem Wohlklang zu verstecken scheint.

Bis zum Abend der ersten Aufführung seiner eigenen Fassung des *Wedding March* arbeitete Stroheim noch wie besessen. Wir hörten vom Saal her schon das Murmeln des Publikums, da waren die letzten Meter zusammengeklebt. Aber plötzlich überkam Stroheim die Furcht. »Man wird meinen Film auslachen«, sagte er. »Ich traue mich nicht, ihn zu zeigen.« – »Aber Herr von Stroheim«, sagte ich, »niemand wird über Ihren Film lachen, außer bei Stellen, wo Sie ein Gelächter haben wollen.« – »Nein, ich kann den Film nicht zeigen.« – »Herr von Stroheim«, sagte ich, »man geht in Ihren Film wie in eine Kathedrale«, und zog ihn mit die Treppen hinunter, in den Saal. Er wurde mit brausendem Beifall begrüßt.

»Vielleicht haben Sie recht«, murmelte er, als das Licht ausging. Es war eine der schönsten Stunden meiner Laufbahn an der Cinémathèque. Die neugezogene Kopie hatte wie durch ein Wunder all ihre ursprüngliche Leuchtkraft, ihre Nuancierung in der Lichtgebung zurückgewonnen. Der vollgepackte Saal tobte. So hatten wir mit wenigen Mitteln einem Gedemütigten seine Würde wiedergeben können. Wenn wir das Geld gehabt hätten, wären wir die ersten gewesen, Erich von Stroheim einen Film zu produzieren, da kein französischer Produzent das Wagnis eingehen wollte, diesen »verschwenderischen« Regisseur zu beschäftigen. Er stand in dem Ruf, das Geld mit vollen Händen zum Fenster hinauszuwerfen und Tausende von Metern unnützes Material zu drehen. Deshalb hat man ihm in Hollywood die Filme, bevor sie fertiggedreht waren, aus der Hand genommen. Dabei schöpfte er nur aus dem Vollen seiner Phantasie, und wir wären heute glücklich, wenn wir die sogenannten »verschwendeten« Meter hätten, denn Stroheim war ein disziplinierter Arbeiter, der die Szenen zwar oft wiederholte, aber dann so perfekt und ohne überflüssige Einstellungswechsel durchzog, daß man die Szenen so hätte montieren können, wie sie gedreht worden waren, und dann wären Stunden um Stunden von seinen grandiosen Visionen vor unseren Augen erstanden. Es lag ein Fluch auf diesem Mann. Die mittelmäßige, kleinbürgerliche Mentalität bei Geldgebern und Publikum stieß sich an ihm wie an einem Felsen, der mit unerbittlicher Härte alles überschaute.

Aus purem Haß zerstückelten die amerikanischen Konformisten sein Werk, in dem sie sich selbst nicht wiedererkennen wollten. Auch in Deutschland hatte man bei seiner Erstaufführung auf die ätzende Sozialkritik in *Greed,* die sich auf die schweinisch-schlemmenden deutschen Emigranten bezog, mit Empörung reagiert und die Vorführung des Films abgebrochen. Von dem wunderbaren Film aus seiner ersten Schaffensperiode, *The Merry Widow,* der noch einigermaßen erhalten ist, hielt MGM es für nötig, ein seichtes Remake zu machen, eine Vaudeville-Fassung von Lubitsch. Stroheim mußte erleben, daß ihm, als er ein paar Freunden seinen Film zeigen wollte und bei MGM um eine Kopie bat, der Lubitsch ausgehändigt wurde statt seiner eigenen Version. Selbst über Erich von Stroheims Tod schien der Fluch der Vernichtung noch hinauszureichen. Wir hatten durch die leidige »Affaire Langlois«, in deren Verlauf Henri zeitweilig seines Postens enthoben wurde, ein wenig die Übersicht über unsere Filmkopien verloren. Da Henri nicht wollte, daß der Staat seine Filme beschlagnahmte, verteilte er sie wieder in privaten Depots. Eines dieser nicht gerade sachgemäß angelegten Depots brannte durch eine Nachlässigkeit ab. Es enthielt die einzig vorhandene Fassung von Stroheims *The Honeymoon.*

Kurz vor seinem Tode besuchte ich Erich von Stroheim mit Henri Langlois zusammen in seinem Château de Maurepas, wo er mit Denise Vernac, einer Schauspielerin, die ihre eigene Karriere ganz dem überlegenen Genie eines exzentrischen Mannes untergeordnet hatte, in einer feudalen Scheinwelt lebte. Seit Jahren steckte Stroheim tief in Schulden, ohne es zu ahnen. Denise schirmte ihn vor den Gläubigern ab, damit er seinen weißen, chromblitzenden Cadillac, seine Hausmädchen, seinen Kammerdiener, seine Köchin und die phantastischen Intérieurs seines Schlosses behalten konnte. Das Arbeitszimmer sah aus wie das Dekor zu einem seiner Filme. Säbel mit verzierten Griffen hingen an den Wänden, vor dem hochpolierten, riesigen Schreibtisch stand kein Stuhl, sondern ein bestickter Pferdesattel mit

Steigbügeln, und auf dem Schreibtisch prangte ein feingerahmtes Photo von Erich von Stroheim als jungem Kadetten in weißer Uniform. Nun weiß heute jeder, daß dieser adelige Offiziersanwärter aus Wien niemals beim Militär, sondern Sohn eines einfachen jüdischen Hutmachers war. Aber er spielte seine Rolle so perfekt, ähnelte so wenig einem Emporkömmling oder Schwindler, daß man ihm seine Legende lassen sollte. Ich jedenfalls habe sie ihm immer geglaubt, auch wenn alle Tatsachen dagegen zu sprechen scheinen.

Der Anlaß unseres Besuches war dieses Mal nicht ein Kramen in Stroheims Drehbüchern und Skizzen, sondern die Verleihung der Ehrenlegion durch den französischen Staat. René Clair sollte das Ritterkreuz überreichen, aber Langlois und ich kamen ein wenig vor der Feier, weil wir Stroheim gern noch allein sprechen wollten. Er war schon halbgelähmt durch seine bösartige Krankheit, lag aber in einem prachtvollen, schwarzseidenen Schlafrock mit dem berühmten weißen Stehkragen, den er auch in *La Grande Illusion* getragen hatte, auf einem mit rotem Sammet ausgeschlagenen Paradebett und begrüßte uns huldvoll. Zur mir sagte er: »Ihre Artikel über mich sind die einzigen, die Verständnis zeigen.« Und dann vollführte er mit seiner nicht gelähmten Hand den militärischen Gruß und sagte: »Je vous salue, Madame.« Ich antwortete ihm, daß es für mich eine große Ehre wäre, von Erich von Stroheim ein Salut zu bekommen, worauf er langsam seinen armen Kopf umdrehte und meinte: »Ich bin froh, daß Ihr Artikel kein Nachruf geworden ist.«[27]

Zwei Monate später, am 13. Mai 1957, starb Erich von Stroheim. Ich konnte nicht zu seiner Beerdigung kommen, aber Henri Langlois berichtete mir von dem großen Ereignis. Es war feierlich-burlesk, kurz: stroheimesk zugegangen. Als der lange, prachtvolle Trauerzug sich auf die Kirche zubewegte, schien der tote Stroheim noch einmal aus dem Sarg heraus Regie zu führen: eine wilde Kuhherde durchbrach die Abgrenzung der Weide und mischte sich unter die Trauernden.

Die erste Ausstellung der Cinémathèque fand 1945 in Lausanne statt. Sie war noch klein und bescheiden im Vergleich mit den großen Ausstellungen in Paris, London, New York und Ostberlin, aber ich hatte zum ersten Mal Gelegenheit, Henri Langlois' Talent als Dekorateur zu beobachten. Es war so, als würden die Dinge, die er anfaßte, ihm zuflüstern, an welchen Platz sie gehörten. Das Chaos von Kostümen, Apparaten, Drehbüchern, Photos, Plakaten und Programmen, in dem wir knöcheltief wateten, schlichtete er mit schlafwandlerischer Sicherheit, ohne ein Detail aus dem Gedächtnis zu verlieren. Er bewegte sich in dem Durcheinander ohne Hast und ohne falsche Bewegung – damals noch ein schlanker, graziöser junger Mensch, von dem L'Herbier gesagt hatte, er sei ein »byzantinischer Erzengel«. Ich ging ihm zur Hand, gleichzeitig teilnehmend und beobachtend.

Henri Langlois (1968)

Langlois' spätere Leibesfülle, die jedes Jahr an Umfang gewann, gerade so wie unsere Filmsammlung, nahm ihm nichts von der Behendigkeit. Was man von Heinrich George sagte, traf auch auf ihn zu: Henri Langlois war ein »mozärtlicher Elefant«.

Lausanne war übrigens mein erster Auslandsaufenthalt nach dem Krieg in einem Land, das nichts entbehrt, aber viel dazugewonnen hatte. Die Läden waren voll mit Köstlichkeiten, die unsere hungrigen Augen schon zehn Jahre nicht gesehen hatten. So nutzte ich, da sich trotz aller Hingabe an die Sache ein paar irdische Gelüste in mir regten, die Gelegenheit, ordentlich einzukaufen: Kaffee, Schokolade, Kleider und vor allem schicke Schuhe. Ich schleppte einen schweren Koffer zum Zoll, in dem ein Durcheinander von Filmsachen und meinen Einkäufen herrschte. Die Dame vor mir wurde gründlich untersucht. Mit Schrecken beobachtete ich, daß sie jedes Stück, das sie gekauft hatte, verzollen mußte. Was sollte ich nur machen, ich hatte doch kein Geld mehr ... Als der Beamte meinen Kofferdeckel zurückschlug und die Plakate und Photos sah, fragte er mich: »Arbeiten Sie beim Film?« Ich bejahte und erzählte schnell von unserer Ausstellung. Da war er so abgelenkt, daß er mich ohne Durchsuchung gehen ließ.

Von da an jagte eine Auslandsreise die andere. Wir zeigten unsere Schätze in aller Welt und vermehrten sie nach Kräften. Das einzig Unangenehme für mich war, daß ich keinen französischen Paß hatte, also jedesmal bei der Polizeipräfektur ein Ausreisevisum beantragen mußte. Es gab so eine lappige grüne Karte, die immer einen Stempel mehr aufgedrückt bekam. Wie schnell sie vollgestempelt war, kann man sich denken, wenn man diese Aufstellung meiner Reisen zwischen 1945 und 1957 ansieht:

CINÉMATHÈQUE FRANÇAISE

Wir bescheinigen, daß Mademoiselle Lotte Eisner für ihre Arbeit an der Cinémathèque in den folgenden Ländern war:
1945: Schweiz (Internationales Filmfestival)
1946: Belgien (Trickfilm-Ausstellung)
England (Bereicherung des Museums)
1947: Österreich (Ausstellung der Cinémathèque in Wien)
Belgien (Ausstellung ›Die Geburt des französischen Films‹)
1951: England (Besuch beim British Film Institute)

1952: Italien (Filmfestival von Venedig)
Holland (Kongreß der FIAF)
1954: Italien (in der Kurzfilmjury des Festivals von Venedig)
Österreich (Filmwoche)
Schweiz (Festival des Films von morgen, Basel)
Deutschland (Vorträge über Film)
1955: Italien (Festival von Venedig)
Holland und Dänemark (Vorbereitung einer Ausstellung ›60 Jahre Kino‹)
Polen (Kongreß der FIAF)
1956: Vier Reisen nach London für eine Filmausstellung von der Cinémathèque und dem British Film Institute
Italien (Festival von Venedig)
Jugoslawien (Kongreß der FIAF)
Belgien (Vorträge über das Kino)
1957: Deutschland (Berlin und Baden-Baden)
Tschechoslowakei (Vorbereitung einer Trickfilm-Ausstellung)
Italien (Mailand, Besuch in Filmateliers)

Die grüne Karte mußte immer wieder verlängert werden, ein Stück nach dem anderen wurde angeklebt, bis ein netter Beamter mir eines Tages sagte: »Wie lange wollen Sie noch diesen Bandwurm in der Handtasche tragen? Lassen Sie sich doch endlich naturalisieren.« Da hatte er recht. Ich übergab das Problem meinem Schwager, der inzwischen Bürgermeister von Neuilly geworden war, aber es dauerte Jahre, bis ich endlich meine französische Staatsbürgerschaft hatte, weil – wie sich nach langem Drängen bei der Behörde endlich herausstellte – in meiner Personalakte stand, ich hätte in demselben Schloß gewohnt, wo sich ein berüchtigter Kollaborateur aufgehalten hätte. Aber das war vor meiner Zeit. Ich hatte doch ganz allein im Schloß Béduer gehaust. Schließlich erreichte Eugène, daß man mir diesen Passus aus der Akte strich. Dann hatte ich meinen Paß und konnte von heute auf morgen losreisen.

Eine unserer denkwürdigsten, aber auch schwierigsten Ausstellungen war die in Ostberlin (1958). Wir arbeiteten mit dem ostdeutschen Filmarchiv zusammen, das damals schon von Wolfgang Klaue geleitet wurde, der uns sehr behilflich war. Das Problem war der Ausstellungsort. Man hatte uns das Zeughaus zur Verfügung gestellt, ein herrlicher Barockbau von Schlüter, der jedoch im Krieg völlig ausgebombt worden war. Die Außenmauern standen noch – das war alles. Innen sahen die nackten Ziegelsteine durch die Wände. Ich war vorausgefahren, um Langlois'

Arbeit vorzubereiten, telephonierte aber täglich mit ihm, damit er auf dem laufenden blieb. Am meisten Kopfzerbrechen machten mir die kahlen Wände und das Arrangement der Kostüme in den Vitrinen. Die Arbeiter hatten die Kleider wie preußische Soldaten nebeneinander aufgereiht, so daß sie mir »Achtung!« entgegenzuschreien schienen, wenn ich vorbeiging. Ich klagte Henri mein Leid und fragte den ostdeutschen Ausstellungsleiter so beiläufig, indem ich auf die Glasvitrinen deutete: »Sagen Sie, wissen Sie nicht zufällig einen schwulen Dekorateur, der ein bißchen Phantasie in diese Dinge bringen kann?« Die Sekretärin, die dabeistand, war empört, Frau Dr. Eisner das Wort »schwul« aussprechen zu hören. Sie verzog sich mit mißbilligenden Blicken in ihr Büro.

Am nächsten Morgen kam dann Langlois angereist und ging stracks mit mir in das Zeughaus. »Ich weiß gar nicht, was Sie wollen«, sagte er, indem er auf die Vitrinen deutete, »die Sachen sind doch wunderbar arrangiert!« Ich glaubte zu träumen: Über Nacht mußte ein Wunder geschehen sein. Die Kostüme hingen plötzlich so da, als hätte Langlois selbst Hand angelegt. Verwundert fragte ich den jungen Ausstellungsleiter: »Was haben Sie denn mit den Kostümen gemacht?« – »Ich habe Ihren Rat befolgt«, antwortete er verschmitzt. »Ich habe alle verfügbaren Dekorateure zusammengetrommelt und habe sie gefragt: ›Wer von Ihnen ist homosexuell, ich habe einen guten Auftrag für Sie.‹ Da haben sich zwei gemeldet.«

Dieser Vorfall muß irgendwie durchgesickert sein, denn nach der Ausstellung, die übrigens ein großer Erfolg wurde, verhaftete man den jungen Mann. Die Tatsache, daß er dem chinesischen Film zuviel Raum gegeben hatte, wurde ihm außerdem noch angekreidet. Mein Gewissen beruhigte sich etwas, als ich hörte, daß er sich nach Westberlin absetzen konnte, bevor er seine Haftstrafe antreten mußte.

Bei dieser Ausstellung im Zeughaus habe ich Henri das erste und einzige Mal Deutsch sprechen hören. Er nahm sich der nackten Wände an und ließ sie mit großen Plakaten und auf Riesenformat vergrößerten Photos verdecken. Unter seiner Leitung bevölkerten sich die Wände. Er dirigierte ein Heer von ostdeutschen Arbeitern, die auf langen Leitern standen. Auf einmal hörte ich, wie Henri kommandierte: »Höha!« oder »Tiefa!«.

»Was ist das, Henri?« fragte ich.

»Das ist Deutsch«, sagte er stolz.

»Aber nein, das ist Berlinerisch!« rief ich. »Es heißt nicht ›höha‹ und ›tiefa‹, sondern ›höher‹ und ›tiefer‹.«

Über Henri Langlois könnte man Bücher schreiben und über die Geschichte der Cinémathèque auch, aber er scheint in den Köpfen seiner Mitarbeiter und Freunde noch gegenwärtig zu sein, so daß sich nach seinem Tode (13. Januar 1977) ein fast betretenes Schweigen um ihn gelegt hat.* Langlois war zu seinen Lebzeiten schon zum Mythos geworden, und so scheint es niemanden zu geben, der sich an diese monumentale Aufgabe heranwagt. Es heißt, sein Bruder Georges bereite eine Biographie vor, aber ich kann mir nicht denken, wie ein Mensch, der Zeit seines Lebens dem großen Werk seines Bruders gleichgültig gegenübergestanden hat, nach seinem Tode eine leidenschaftliche Beziehung zu ihm entwickeln könnte. Selbst ich, die ich fast täglich um ihn war, habe keine Worte, um seine ungewöhnliche Ausstrahlung zu beschreiben. Leute, die mich von ihm haben sprechen hören, wie mein alter Mitarbeiter Hans Feld zum Beispiel, behaupten, ich sei in Langlois verliebt gewesen und hätte ihm deswegen dreißig Jahre lang gedient. Das ist eine sehr einfache Erklärung, obwohl es eine merkwürdige Liebesbeziehung gewesen sein müßte, denn als wir uns trafen, war Langlois zwanzig und ich achtunddreißig Jahre alt, aber man sagt ja den Menschen nach, daß jede Art von undenkbarer Beziehung möglich sei. Man mag denken, was man will, ich kann nur sagen, daß ich die ganzen Jahre für Langlois gearbeitet habe, weil ich für ihn eine durch nichts erschütterbare Freundschaft empfand, die getragen wurde durch meine Liebe zum Film. Statt einander zu lieben, hatten wir eine gemeinsame Liebe. In den Kriegsjahren ist Henri mein treuester Freund gewesen. Er hat sich selbst in Gefahr gebracht, um mir zu helfen, als er die gefälschte Arbeitsgenehmigung für mich besorgte; denn Stempel und Briefkopf waren zwar echt, aber er hatte beides aus dem Ministerium von Vichy geklaut. Henri reiste mir überall nach; wohin ich mich auch flüchtete, hielt er die Verbindung zur Außenwelt aufrecht. Durch ihn erfuhr ich, wie seine Arbeit gedieh und was sich in Paris ereignete. Als ich in Figeac war, kam er alle drei Monate. Das war kein Kinderspiel mitten im Krieg. Er

* Lotte Eisner hatte zur Zeit unserer Gespräche das Buch von Richard Roud über Henri Langlois noch nicht gelesen. (M. G.)

selbst schwebte auch ständig in Gefahr, weil er aktiv in der Résistance arbeitete, aber das hat er mir aus Sicherheitsgründen erst nach der Befreiung erzählt.

Kompliziert wurde unsere Freundschaft erst durch die Anwesenheit von Mary Meerson mit ihrer unbegründeten Eifersucht. Aber sage man einmal einem eifersüchtigen Menschen, seine Eifersucht sei unbegründet. Mary hatte ich nur das eine Mal kurz in London gesehen und kannte sie aus Erzählungen. Aber jetzt war sie da, und sie blieb, und sie herrschte.

Viele, viele Menschen zog Langlois im Laufe der Jahre an, irgendwann gingen sie wieder oder wurden wieder abgestoßen, aber Mary Meerson blieb. Die eigentliche Verliebtheit zwischen ihr und Henri war schnell vorbei, und es kamen Zeiten, in denen er versuchte, sich von ihr loszumachen. Aber es gelang ihm nicht. Sie war eine ebenso mächtige Person wie er. Er hatte Angst vor ihr. Als sich bei ihm allmählich die Liebe zu schönen Jünglingen entwickelte, wurde sie ganz toll und drohte ihm, wenn er sie verstoße, würde sie sich mit ihrer Schwester zusammen umbringen. Marys Schwester Helene führte den beiden den Haushalt. Sie war eine sehr liebe, aber geistesschwache Frau, die um fünfzehn Jahre jünger schien als Mary, dabei war sie die Ältere. Langlois liebte Helene auf eine ganz besondere Weise. Der Gedanke, es könnte ihr ein Leid geschehen, war ihm so unerträglich, daß er Mary bei sich behielt. Helenes Leben war arm und kurz. Sie bekam auf einmal lauter braune Flecken auf der Haut, Henri rief eine Ärztin herbei, der er vertraute, weil sie aus Smyrna, seinem Geburtsort, kam. Die sagte nur: »Das ist nichts.« Es war Hautkrebs. Kurze Zeit darauf starb Helene.

Ich sagte schon, daß Henri unsinnig abergläubisch war – es würde ihn nachträglich gar nicht wundern, wenn man ihm erzählte, er sei am 13. Januar gestorben, weil er nämlich am 13. November geboren ist.

In dem Jahr, als er auf die Welt kam, brach der Erste Weltkrieg aus. Seine ersten sechs Jahre verbrachte er in Smyrna mit seiner Mutter. Der Vater war auf diplomatischer Mission für Frankreich unterwegs. In der alten orientalischen Stadt müssen sich seine Sinne für das Mystische geöffnet haben. Ich behaupte ja ganz kühn, daß Henri, dessen Vater ihm in seiner bürgerlich-nüchternen Art so gar nicht ähnelte, das Resultat eines Fehltritts seiner Mutter mit einem Orientalen war, denn er hatte doch diese großen dunklen, etwas hervorstehenden Augen, wie man sie auch bei Indern häufig findet. Von der Seite der Mutter hatte er etwas irisches Blut, was man, wenn man ihren Ruf nicht unbedingt beflecken will, vielleicht auch dafür verantwortlich machen kann, daß Henri so unfranzösisch war. Mit Genugtuung in der Stimme hörte ich ihn einmal Werner Herzogs Film *Fata Morgana* in der Cinémathèque ankündigen und dazu sagen: »Und hier stelle ich Ihnen den kroatischen Filmregisseur Werner Herzog vor.« (Fünf Minuten vorher hatte er erfahren, daß Herzogs Mutter aus Kroatien stammte.)

Ich, die ich auf Moral und Anstand pfeife, wäre froh, wenn der alte Langlois, dessen engstirnige Einstellung mir nicht paßte, nicht Henris Vater gewesen wäre.

Das Gespann Meerson-Langlois stand immer unter Hochspannung, und ich glaube, daß das magische Feld zwischen diesen beiden Antipoden, in dem sich Intrigen, Geheimnisse, Lügengespinste, Machtkämpfe und Eifersüchteleien entwickelten, verdunkelnd auf Langlois' Charakter eingewirkt hat. Er war nicht

Mary Meerson (1982)

mehr derselbe Mensch wie 1934, als ich ihn kennenlernte. Ganz abgesehen von seiner Freßsucht, die Mary nach Kräften unterstützte, als sie merkte, daß sie selbst immer dicker wurde. Sie hat ihn regelrecht zu Tode gefüttert mit ihrer fetten Kost. Aber kochen konnte sie sehr gut, das mußte man ihr lassen. Ich will nicht sagen, daß Mary Meerson nicht auch ihre Qualitäten hat, sonst wäre trotz aller aufgestauten Ängste, trotz aller abergläubischen Furcht und dem Mißtrauen, das sie säte, in Henri Langlois einmal die Erkenntnis aufgedämmert, daß er auch ohne ihre Gegenwart existieren konnte. Das irrationale, immer mit Geheimnissen geschwängerte Klima, das Mary verbreitete, kurz, das Phantastische dieser Person, von der niemand wußte, woher sie kam und wohin sie ging, kam seinem Sinn für »Großes Drama« entgegen. Zwei überlebensgroße Gestalten waren aneinander geraten, zwei Ungeheuer, die sich argwöhnisch belauerten, wohl weil sie spürten, daß sie die letzten Vertreter einer urzeitlichen Menschheitsepoche waren. Henris Liebe zu Mary verging, aber ihr Einfluß blieb groß. Giulia Veronesi mußte gehen, Catherine Hessling mußte gehen, jetzt war ich dran. Da ich immer noch wenig Raum in meiner Bude hatte, hatte ich auch einige Kartons mit meinen Berliner Papieren in der Cinémathèque untergestellt und säuberlich mit meinem Namen versehen. Einer enthielt eine komplette Sammlung der ›Blätter des Deutschen Theaters‹, die ich verwenden wollte, um ein Buch über Max Reinhardts Theater zu schreiben. Zu meinem hellen Entsetzen fand ich sie, als ich einmal ein menschliches Rühren verspürte, als Klopapier an unserem Örtchen wieder. Da ich eine ausgezeichnete Blase hatte, hielt ich normalerweise den ganzen Tag durch und ging erst zu Hause verschwinden. So war fast nichts mehr übrig von meinen Heften. Das war Marys Werk!

Natürlich hätte ich nach diesem Vorfall gehen können, aber ich dachte an unsere Aufgabe. Die Cinémathèque stand ja erst in ihren Anfängen. Henri brauchte mich. Er hatte mir eine Zukunft geschenkt. Also sagte ich mir wie üblich: *trotzdem* und machte weiter. Damit nicht genug. Mary fand *eine* Frau, die anscheinend zuviel Einfluß auf Henri hatte, gefährlicher als zwei Frauen. So suggerierte sie ihm, er müsse sich Marie Epstein, die Schwester von Jean Epstein, an die Cinémathèque holen. Sie sollte meine Rivalin werden, aber dieser Schuß ging nach hinten heraus: es ergab sich, daß Marie mir einen Teil der Arbeit, für den ich am wenigsten geeignet war, nämlich die Versorgung und Instandsetzung der Filmbestände, abnehmen konnte. Sie wurde unsere unermüdliche Archivistin, bei der alle kaputten und unvollständigen Kopien landeten und repariert wurden. Millionen um Millionen Meter Film sind durch Marie Epsteins Finger gelaufen. Sie beugte sich dicht über die winzigen Einzelbilder, die verwischten Fußnoten, die verkratzten Negative, sortierte, reinigte, schnitt, setzte sie zusammen, in einem nie enden wollenden, das ganze Leben dauernden Mammut-Puzzle, bis sie in dieser krummen Haltung verharren mußte. Marie Epstein ist eine Heilige. Ich liebte sie sofort.

Durch unsere spontane Freundschaft war Mary Meerson noch mehr isoliert, denn sie hatte keine spezielle Arbeit, hatte »nichts Rechtes gelernt« und wollte doch auch mittun. So brachte sie wieder einen neuen Fluch über uns. Sie redete Henri ein, Marie Epstein wäre eine Spionin. Die Behauptung kam seinem Verfolgungswahn entgegen. Wer in seinen Augen alles ein Spion gewesen sein soll! Sogar der gute Franju, sein erster Freund aus der Pionierzeit, soll während der Okkupation mit den Deutschen zusammengearbeitet haben. (Franju verließ die Cinémathèque

Marie Epstein in der Cinémathèque Française (1982)

Française 1945, um selbst Filme zu machen.) Jay Leyda, der bekannte Eisenstein-Spezialist, der das verstreute Material von *Que Viva Mexico* gesammelt und geschnitten hat, soll ein Spion gewesen sein. Vielleicht, weil er zu Amerika, Rußland, Ostdeutschland und China Beziehungen hatte, der gute Mann. Er mußte einmal über ein Jahr auf einen wichtigen Koffer warten, den er in der Cinémathèque abgestellt hatte, weil Henri ihn nicht herausrücken wollte. Ich bin sicher, andere Menschen, die Henri gut kannten, könnten noch Hunderte ähnlicher Fälle aufzählen. Bei seinem Spion-Tick kam man immer zum Erfolg, und das wußte Mary. Aber für wen sollte die arme Mademoiselle Epstein spionieren? Man staune: Für die UNESCO! Es hieß, sie würde unsere schmutzige Wäsche bei der UNESCO waschen. Es wäre ein komisches Ding gewesen, wenn die arme Marie nicht davon betroffen gewesen wäre, aber Henri ließ sie wirklich gehen. Marie versuchte nicht, sich zu verteidigen. Sie nutzte die Zeit, um an Filmen als Co-Regisseurin mitzuarbeiten. Sie war viel auf Reisen und bedauerte ihre zeitweilige Entlassung nicht.

Marie ist ein sehr scheues Wesen. Sie etwa vor einem laufenden Tonband zum Sprechen zu bringen, ist fast unmöglich. Wenn Außenseiter sie über Henri Langlois, Mary Meerson und die Cinémathèque befragen, fällt nie ein negatives Wort. Sie ist loyal. Die Zeit ihrer Abwesenheit von der Cinémathèque ist längst vergessen. Marie kam 1954 zu uns und arbeitet immer noch aushilfsweise im Archiv. Zur Zeit ist sie gerade mit der Wiederherstellung der langen Fassung von Abel Gances *La Roue* beschäftigt. Es gibt niemanden, der Gances Filme besser kennt als Marie. Sie war mit ihm befreundet und hat zu seinen Lebzeiten mit ihm zusammengearbeitet. Die alten Negative aus der Stummfilmzeit waren zum großen Teil pastellfarben eingefärbt: Die Nachtszenen blau, die Szenen im Morgenrot rosa, die Szenen mit Feuer und Brand waren rot. Die alten Negative waren nach Farben geordnet, nicht nach dem chronologischen Verlauf der Geschichte. Maries Aufgabe war es, den Film chronologisch wieder zusammenzusetzen und in einem Speziallabor für Nitratfilme ein Positiv nach ihrer Fassung herstellen zu lassen. Wenn Fußnummern da waren, ging es relativ einfach, obwohl die ein Augenpulver sondergleichen sind – so klein sind sie geschrieben. Wenn aber auch diese Orientierung fehlte, mußte Marie nach Instinkt schneiden, wobei ihr die Anschlüsse der Szenen, die früher strenger beachtet wurden als heute, und die etwa vorhandenen Drehbücher zu Hilfe kamen.

Marie hat als Co-Regisseurin bei dem Dokumentarfilmer Benoît-Lévy angefangen. Mit ihrem Bruder Jean lebte sie zwar zusammen, aber der »zog seinen Karren allein«, wie Marie immer sagte. Marie arbeitete an den wenigen Spielfilmen, die Benoît-Lévy machte, mit. Durch ihn lernte sie Henri Langlois kennen, der sein Büro zufällig gegenüber dem seinen hatte, und es fand immer ein reger Austausch zwischen den beiden statt. Nach dem Tod von Jean Epstein ist Marie zu uns gekommen. Sie hat sich durch ihren Fleiß und ihre Treue unentbehrlich gemacht. In der Zeit, als niemand Kompetentes in der technischen Abteilung war, verkam alles. Das sah Henri natürlich auch, und da siegte wieder der rationale Teil seines Geistes. Ich brauchte nur noch ernstlich auf ihn einzureden, wie unentbehrlich Marie Epstein sei, wie grotesk dagegen die Vorwürfe, die man gegen sie erhoben hatte – Henri holte sie zurück.

Am lustigsten war es, mit Langlois zu reisen. Ich ebnete ihm die Wege, nahm ihm die Kleinorganisation ab, er wurde handsam und friedlich und kochte innerlich einen seiner geistreichen Monologe aus, die er dann bei FIAF-Versammlungen, Goethe-Institutsveranstaltungen oder Filmclubs herausließ. Das sind Stunden, die man miterlebt haben muß, um zu verstehen, daß sie jeder Anstrengung wert waren. Es gibt Menschen, die Langlois nur einmal sprechen gehört und ihn schon vermißt haben, als er nicht mehr da war. Es gehört sein Auftreten dazu, die Kinderstimme in dem Koloß, die Bissigkeit, in die er sich hineinsteigern konnte, wenn ihm etwas nicht behagte. Er schreckte vor keinem Wagnis zurück. Jemand hat einmal gesagt: »Il avait toutes les audaces.« Aber wehe, wenn sich sein Spott auf einen im Saal Anwesenden konzentrierte! Der Mensch mußte Humor haben oder so schnell wie möglich das Weite suchen. In Montreal, an der Hochschule für Film, wo Langlois einige Jahre als Jet-Professor unterrichtete, indem er zweimal im Monat zwischen Kanada und Frankreich hin- und herflog und jedesmal seinen Paß vergaß, saß einmal der leitende Unglücksrabe des dortigen Goethe-Instituts im Auditorium, als eine deutsche Filmreihe gezeigt wurde. Langlois entdeckte ihn, seine Augen hefteten sich auf den Mann, und dann ließ er eine Verhöhnung der deutschen Kultur vom

Stapel – all das, was uns so heilig ist, wie die Musik, die Philosophie, das Suchen nach dem Sinn des Lebens, den Idealismus, die Romantik –, ich habe mich gekrümmt vor Lachen, denn er nahm all die Eigenschaften, die ich selbst in meinem Buch den Deutschen zugeschrieben hatte, das er aber nie gelesen zu haben vorgab, auf, und heftete sie mit seinem Blick dem zufällig dort sitzenden deutschen Kulturfunktionär an, der ungenannt sein soll. Der Ungenannte erhob sich wortlos und ging aus dem Saal.

Langlois' geistige Ausschweifungen waren durchaus nicht nur verletzend. Ich habe oft erlebt, daß, wenn wir in einem Restaurant beim Mittagessen saßen, die Leute an den Nebentischen verstummten, um ihm zuzuhören. Wenn er in einem guten Lokal saß, war er immer in Laune, weil für ihn das Essen genau die gleiche sinnliche Freude bedeutete wie das Filmesehen. Henri hat davon geträumt, ein Kino zu eröffnen, in dem man ausgesuchte Filme mit delikatesten Speisen gleichzeitig zu sich nehmen kann. Vielleicht nimmt einmal jemand diese Idee auf. In der heutigen Kinokrise könnte sie Erfolg haben. Was konnte Henri Langlois schlemmen! Er tafelte wie ein Renaissance-Fürst und drängte seine Gäste mit generösen Gebärden, nach Kräften mitzuhalten. Aber man durfte nicht zu genau hinsehen, was Henri aß. Ich habe den armen Sommeiller einmal grün werden sehen, als er Henri nebeneinander einen enormen Teller Austern und einen gigantischen Eisbecher mit Schlagsahne verspeisen sah. Er schlürfte immer abwechselnd eine Auster, einen Löffel Eiskrem, eine Auster, einen Löffel Eiskrem. Ich sah, daß unser Gast krank wurde beim bloßen Zusehen und mahnte: »Henri, bitte hören Sie auf!«

Am schwierigsten war es, mit ihm umzugehen, wenn er sich in eine Arbeit verbohrt hatte und man ihn unbedingt sprechen mußte, um eine Frage zu klären. Er reagierte einfach nicht, oder er sagte geistesabwesend: »Kommen Sie um Mitternacht wieder.« Dann riß mir auch manchmal die Geduld und ich schrie: »Henri, vous m'emmerdez!« Und ich schlug vernehmlich mit der Tür. Langlois hatte eine bezwingende Art, mich wieder zu versöhnen und gleichzeitig neue Aufträge zu erteilen. Ich habe einen denkwürdigen Brief, den er mir in meine jetzige Wohnung in Neuilly geschickt hat, aufbewahrt, weil er voll starker Langlois-Sprache ist. Er wollte, daß ich als Vertreterin der Cinémathèque Française zum Festival in Pesaro ginge, weil er selbst verhindert war. Damit ich mich leichter täte, hätte er noch zwei von seinen Gefolgsleuten veranlaßt, mitzugehen, um mir behilflich zu sein.

Ich möchte, daß Sie genau verstehen, in welchem Sinne ich Ihnen schreibe. Sie sind DIE KÖNIGIN und haben zwei Adjudanten, mit dem Unterschied, daß die glauben, sie wären Ihre »Leichte Kavallerie«. SIE SIND LANGLOIS und Sie sind es, die das zum Abschluß bringen werden, was von mir vorbereitet wurde …

Ich wäre deshalb sehr glücklich, wenn Sie es übernehmen würden, die Kontakte mit Bertolucci, Bellochio, Rosi, Damiani und den anderen herzustellen, die für mein Programm »Das engagierte zeitgenössische Kino in Italien« eingeladen werden müßten …

Außerdem, wenn es Ihnen nicht allzuviel ausmacht, würden Sie wohl so nett sein und in Ihrem Schlafwagen die Filmkopie von Comencinis Le Rail mitzunehmen. Er hatte sie mir geliehen und muß sie unbedingt zurückhaben.

Anbei ein Brief für Comencini.

Übrigens, wenn Sie die PROLO sehen … usw. usw.

11. September 1974

Wie oft habe ich auf Filmkopien geschlafen. Dabei handelte es sich häufig um alte Nitratkopien, die ich besonders vor zigarettenrauchenden Herrschaften, die in mein Abteil steigen wollten, beschützen mußte. Als mein Freund Gene Moskowitz mich einmal zufällig in meinem Abteil Richtung Locarno entdeckte und hocherfreut seine Nase durch die Tür steckte mit einer dicken Zigarre im Gesicht, bekam er sofort einen Anpfiff: »Bleiben Sie, wo Sie sind, oder machen Sie Ihren Glimmstengel aus!«

Eigentlich war unsere Cinémathèque nicht französisch, sondern kosmopolitisch, es war die »Cinémathèque du Monde«. Das rührt nicht nur von ihrer internationalen Ausstrahlung her, sondern hatte anfangs einen ganz einfachen Grund: den Mangel an Filmarchiven. Doch die Idee, alte Filme, deren Herstellung einen Haufen Geld, viel Zeit und Mühe gekostet hatte, sicher aufzubewahren, leuchtete vielen weiterdenkenden Regisseuren und Produzenten ein. Und da Henri der passionierteste Sammler mit der renommiertesten Kollektion war, wurden bei ihm Filmkopien und Negative aus aller Welt deponiert. Wohlgemerkt gehörten sie Langlois nicht zur kommerziellen Ausbeutung, er war lediglich berechtigt, sie in nicht-kommerziellen Vorführungen seines Institutes zu zeigen und an andere Filmarchive, im Austausch für deren Filme, zu verleihen. Zu der Zeit der Front Populaire, als die FIAF nur vier Länder umfaßte, funktionierte der Austausch ganz einfach: Man verlieh einen Film an ein Filmmuseum, der bei den drei übrigen die Runde machte, und dafür bekam man drei andere Filme zu Leih. Es war natürlich strengstens verboten, Raubkopien zu ziehen, oder die Kopien an private Interessenverbände zur Auswertung weiterzugeben. Wenn ein Archiv eine unvollständige Kopie besaß, die es bei den anderen komplettieren konnte, wurden ihm die fehlenden Filmrollen im Austausch gegen irgendein anderes interessantes Material überlassen. Das klappte alles ganz gut, solange die FIAF nur wenige Mitglieder hatte, und solange man Henri Langlois den Vorsitz über die Vereinigung nicht streitig machte. Nach dem Krieg aber schossen die Filmmuseen aus dem Boden. In vielen Ländern gab es gleich mehrere. Heute muß die FIAF um die sechzig Mitglieder haben, der Apparat ist so schwerfällig geworden, die Statuten derartig verklausuliert, daß das alte, einfache Guerilla-Modell schnell überrollt wurde. Schon in den fünfziger Jahren gab es häufig Verstöße gegen unsere Forderung nach Respektierung der Urheberrechte und der nichtkommerziellen Auswertung, so daß es dann 1958, bei der großen internationalen Tagung der Filmarchive in Stockholm, die Langlois und ich gemeinsam besuchten, zum Eklat kam. Es war ruchbar geworden, daß Chaplins Filme, die er uns persönlich anvertraut hatte, weil er seine Rechte bei uns am sichersten geschützt glaubte, an Dritte weitergegeben worden waren. Das nahm Henri, der, wie er gut wußte, viele Neider hatte, die scheel auf seinen Herrschaftsanspruch blickten, zum Anlaß, aus der FIAF auszutreten. Einige andere Länder folgten seinem Beispiel, unter ihnen die Schweiz, Japan und Spanien. Rußland tauschte weiterhin mit uns Filme aus, auch Ostdeutschland, aber für einige Jahre waren wir isoliert. Ich stand natürlich auf Langlois' Seite, sah aber auch die unseligen Folgen seiner Kompromißlosigkeit für die Bereicherung der Cinémathèque Française. Mein Spielraum für Entdeckungen war auf einmal drastisch eingeschränkt. Wie hatte ich mich gefreut, als ich beispielsweise einen verschollenen deutschen Film aus der Stummfilmzeit durch eine Bemerkung in einem Buch von Rudolf Kurtz (›Expressionismus und Film‹) wiederfand. Ich hatte in dem Buch gelesen, daß Karlheinz Martins expressionistischer Film *Von Morgens bis Mitternacht* zu seiner Zeit in Deutschland gar nicht angekommen sei, dafür aber in Japan sehr viel Erfolg gehabt hätte. Ich schrieb an die Leiterin der japanischen Cinémathèque,

Madame Kawakita: »Haben Sie zufällig in Ihrer Kollektion einen deutschen Film mit dem Titel *Von Morgens bis Mitternacht*?«, und sie schrieb zurück: »Ja, den haben wir und führen ihn oft vor.« Wir erwarben uns das Recht, eine Kopie zu ziehen und bei uns zu deponieren. Henri war überglücklich. Außer *Caligari* war dieser Film, den ich nicht so gut fand wie die gleichnamige Theaterinszenierung in Berlin, sein Lieblingsfilm aus der expressionistischen Ära.

Stockholm 1958 ist eine Reise, an die ich mit gemischten Gefühlen denke. Der erste Eindruck von der Stadt war licht und weit. Da spürte man das Wasser um sich herum, eine Ruhe breitete sich aus. Wir besuchten das Schloß Dröntgenholm, das auch am Wasser liegt und nur im Sommer geöffnet war. Das alte Theater aus dem 18. Jahrhundert mit seinen Originalkulissen war noch erhalten. Die Dekors erinnerten mich an unsere kitschigen, mit Silberstaub verzierten Adventskalender aus den Kindertagen. Da war damals der König ermordet worden, ein Verbrechen, das mir nicht widernatürlich erscheinen will, wenn ich mich in die heimtückische Ruhe zurückversetzte, die die Menschen umgab. Selbst die Hauptstadt in moderner Zeit war von unerbittlicher Trägheit gezeichnet. Die Augen der Menschen waren leer, in ihren Ziegengesichtern lauerte eine jahrhundertealte Langeweile. Selbst die Waffe, die den König traf, kann nicht mit Temperament geschärft oder geschwungen worden sein. Der Meuchelmord geschah zwischen zwei Gähnkrämpfen. Henri wurde aggressiv. »Ich könnte diesen Leuten ins Gesicht springen«, sagte er. »Was ist das auch für eine Sprache, dieses Schwedisch? Wenn ein Schaf blökt, weiß ich wenigstens, was es meint.«

Ich wollte Henri auf andere Gedanken bringen, um einen Vulkanausbruch zu vermeiden, und schlug vor: »Gehen wir doch Bergman besuchen, das ist ein vernünftiger Mensch.«

Doktor Dümmling von der deutschen FIAF stand dabei und fragte entgeistert: »Meinen Sie etwa Ingmar Bergman?«

»Ja«, sagte ich.

»Aber man kann doch nicht einfach Ingmar Bergman besuchen!«

»Man kann«, sagte ich. »Er hat mir sogar geschrieben, wenn ich nach Stockholm käme, sollte ich bei ihm vorbeischauen, er sei gerade zu Hause.«

Da war der Doktor still.

Es traf sich, daß Ingmar Bergman Drehpause hatte und froh war über eine kleine Ablenkung. Er ist einer von den Regisseuren, die meine Bücher durchgelesen haben, und mit denen ich durch meine Arbeit befreundet bin. Er drehte, glaube ich, gerade *Au Seuil de la Vie* mit Ingrid Thulin und schenkte mir eine kleine Holzfigur für unser Museum.

Während meiner aktiven Arbeit für die Cinémathèque, also dreißig Jahre lang, gab es kein Privatleben für mich. Mein Schicksal stand still, es fand nicht statt. An äußeren Bewegungen kann ich nur noch zwei private Umzüge nennen: Von der Rue Brey in die Avenue de Breteuil, und von der Avenue de Breteuil in mein kleines Appartement in Neuilly, 5, Rue des Dames Augustines – und die Umzüge unserer Cinémathèque von der Avenue de Messine in die Rue de Courcelles und schließlich in das Palais de Chaillot.

In der Avenue de Breteuil wohnte ich bei einer Madame Jeannot, die sich dadurch auszeichnete, daß sie Jüdinnen mochte und lange in einem japanischen Gefängnis gesessen hatte. Außerdem ging sie, was bei Franzosen sehr selten ist, gern spazieren. So gingen wir oft am Sonntag zusammen los. Aber nachdem wir einmal im Wald von einem Mann bedroht worden waren, einem Exhibitionisten oder sowas, verlegten wir unsere Gänge an das freie Ufer der Seine, wo die Fischer standen und angelten.

Die Wohnung hatte den Vorteil, daß ich meine Bücher endlich wieder aufstellen und damit arbeiten konnte, denn ich machte mich allmählich mit dem Gedanken vertraut, daß ich wieder das Schreiben anfangen sollte, wenn nicht über das deutsche Theater, dann vielleicht über den deutschen Film. Immer, wenn ich ein paar Mußestunden hatte, und meine Gedanken in die Vergangenheit zurückdrängten, ging mir im Kopf herum: »Ich hatte einst ein schönes Vaterland« ... Das war für mich das Deutschland der zwanziger Jahre.

Den ersten Anstoß, die Feder wieder aufzunehmen, gab mir Jean-Georges Auriol, der Herausgeber der ›Revue du Cinéma‹, die schon vor dem Krieg erschienen war und jetzt wieder neu begann. Gleich für die erste Nummer wollte Jean-Georges einen Beitrag von mir haben, aber ich traute mich nicht recht, hatte ich doch sechs Jahre pausiert und auch keine Filme mehr gesehen. Ausgerechnet über Fritz Lang sollte ich schreiben, und natürlich auf Französisch. Ich hatte meine Muttersprache verloren, traute mir aber mit der neuen Sprache selbst noch nicht über den Weg.

Zwar dachte ich französisch, aber was ich sagte, steckte voller Germanismen.

Schließlich habe ich für die fünfte Nummer der Zeitschrift etwas geschrieben: ›Notes sur le style de Fritz Lang‹ und habe es mir von einer Französin nachsehen lassen. Jean-Georges war so angetan von meinem Artikel, daß er gleich mehr haben wollte. So schrieb ich etwas über Lubitsch, dann über die Kostüme im deutschen Film und so fort. Als Jean-Georges durch einen tragischen Autounfall starb, rückte eine neue Filmzeitschrift in den Vordergrund: Die ›Cahiers du Cinéma‹, die von einem der bedeutendsten Filmkritiker herausgegeben wurde, André Bazin.

Auch er bemühte sich um meine Beiträge. So rutschte ich unmerklich und sanft wieder in mein altes Metier hinein und schrieb, als ich mich von meinem Sprach-Koma erholt hatte, für alle möglichen internationalen Blätter in vier Sprachen. Das gab mir Mut, mich an mein erstes Buch zu wagen. Ich hatte neben meiner Arbeit für Henri Langlois und wegen der ewigen Herumreiserei sehr wenig Zeit für meine eigenen Recherchen. So kam es auch, daß jedes der drei Bücher, die ich geschrieben habe, sieben Jahre gebraucht hat – so wie im Alten Testament die Mannsbilder sieben Jahre um eine Frau dienen mußten, mußte ich sieben Jahre auf das Erscheinen meines ersten Filmbuches warten. Ich hatte nur an Wochenenden ein paar Stunden, mich mit meinem Lieblingsthema, dem klassischen deutschen Stummfilm, zu befassen. Ein paarmal habe ich mir auch anschließend an die Filmfestspiele in Cannes eine Woche Urlaub genommen und mich in einem kleinen Dorf bei Grasse eingemietet, St. Jacques, das liegt etwas abseits von der überlaufenen Côte d'Azur in den Bergen. Ich setzte mich nach draußen unter einen großen Feigenbaum und schrieb. Die romantische Umgebung half mir, mich zurückzuversetzen in die Seele des deutschen Menschen, von dem Leopold Ziegler 1925 schrieb:

> Der deutsche Mensch, das ist der dämonische Mensch an sich. Schlechthin dämonisch verdient das rätselhafte Verhalten zu einer fertiggebildeten Wirklichkeit, zu einer rundgeballten Welt genannt zu werden ... Dämonisch ist der Abgrund, der nie gefüllt, dämonisch die Sehnsucht, die nie gestillt, der Durst, der nie gelöscht wird.
>
> Umgetrieben, umgewirbelt von solcher Dämonie des Werdenden und niemals Seienden erscheint der Deutsche den anderen Völkern.[28]

Ich hatte niemals die Absicht, eine komplette Geschichte des Films zu schreiben, wie etwa Georges Sadoul es gemacht hat, weil mich erstens die bloße Aufzählung von Namen, Daten und Inhaltsangaben nicht interessierte und zweitens, wie man gerade an Sadouls Beispiel sehen kann, die Gefahr der Einseitigkeit der Perspektive sich einschleicht. Er war ein Mann der Linken, folglich scheint seine politische Einstellung in den knappen Wertungen, die er den Filmen angedeihen läßt, zu sehr durch. Auch die Auswahl seiner Filmtitel geht in die östliche Richtung. Über die russischen Filme wußte er am besten Bescheid, so daß sie ein Übergewicht bekamen. Andererseits hätte ich es langweilig gefunden, eine »objektive« Filmenzyklopädie zu verfassen. Ich habe meine Vorlieben, meine Nostalgien, mein ganz persönliches Stilempfinden. Mein Wissen über den Film ist eingebettet in die Kenntnis der deutschen Geistesgeschichte. Darum konnte ich Film nicht als Einzelkunst betrachten.

Um die Filmgeschichte eines Volkes in ihren großen Zügen aufzuzeigen, scheint es mir angebracht, die Methoden der Stilkunde und Stilentwicklung, wie sie die Kunsthistoriker ausgebaut haben, anzuwenden. Dies bedeutet, daß man den Stil eines jeden für die gesamte Entwicklung wichtigen Films, an den man sich entweder noch gut erinnert oder den eine retrospektive Vorführung uns wieder vor Augen gebracht hat, untersuchen muß.[29]

In meiner Analyse des Goldenen Zeitalters habe ich zwei Haupteinflüsse herausgestellt, die auf die Filmkunst einwirkten: Max Reinhardts impressionistische Theaterinszenierungen und die expressionistischen Kunstprinzipien. Ich habe nicht die Absicht, in meinen Memoiren noch einmal, und zum hundertsten Mal, auseinanderzusetzen, was Expressionismus bedeutet, aber ich möchte zum hundertsten Male klarstellen, daß Max Reinhardt *kein* Expressionist war, obwohl er in meinem Buch vorkommt, daß auch Fritz Lang sich nicht als Expressionist verstanden wissen wollte, mit einem Wort: die Tatsache, daß ich den expressionistischen deutschen Film »erfunden« habe, berechtigt nicht zu der Annahme, daß jeder Künstler, den ich in meinem Buch erwähne, ein Expressionist gewesen sein muß. Außerdem hat es schon lange vor meiner Zeit das 1926 erschienene Buch von Rudolf Kurtz gegeben, das ganz im expressionistischen Stil gehalten war. Ich zitiere Kurtz häufig in meinem Buch und muß sagen, daß ich trotz der wichtigen Erkenntnisse, die ich daraus ziehen konnte, große Schwierigkeiten hatte, es zu lesen. Nach dem Krieg traf ich

Rudolf Kurtz in der DDR wieder, wo er völlig vergessen lebte und sich auch nie wieder zu den »stilistischen Höhen« seiner Blütezeit emporschwingen konnte. Ich schickte ihm natürlich ein Exemplar meines Buches, und er schrieb mir einen aufschlußreichen Brief. Es ist witzlos, auch nur *eine* der vielen positiven Kritiken meines Buches, die ich in einer dicken Mappe verwahrt habe, zu zitieren, aber der Kommentar eines Kollegen, der wie ich das Deutschland der zwanziger Jahre miterlebt hat, scheint mir bedeutsam:

Berlin, 23. III. 58

Sehr verehrte gnädige Frau,

haben Sie verbindlichen Dank für die Übersendung Ihres Buches, das mir heut Herr Skladanowsky gebracht hat.

Es ist das Buch eines gebildeten Menschen, eines Kunstkenners, eines Sachverständigen. Das ist mehr, als ich von irgend einem Filmbuch sagen kann, das mir seit dreißig Jahren zu Gesicht gekommen ist. Was wären Sie für ein großartiger Filmkritiker.

Sie werden nicht den Eindruck gehabt haben, daß ich ein besonders liebenswürdiger Mensch mit Neigung für Komplimente bin. Umso schwerer wiegen meine Worte. Tatsächlich ist Ihr Buch das einzige Filmbuch, das ich von Deckel zu Deckel gelesen habe (Messters arrogante, unzuverlässige aber historisch wichtige Selbstbiographie steht auf einem andern Blatt). Und Ihr Buch beweist ein für allemal, daß man vor Allem Kunsthistoriker sein muß und in kunsthistorischen Kategorien denken gelernt haben muß, um dem Film ernsthaft auf den Leib zu rücken.

Sachlich gehen wir in Manchem auseinander. Ich akzeptiere den sozialkritischen Aspekt nicht, mit dem Meyer den Caligarifilm ausgestattet: eine späte Hineininterpretation aus der Exil-Atmosphäre des Tausendjährigen Reichs. Ich halte meinen Freund Wiene, wie ich aus zahlreichen Gesprächen während der Inszenierung des Caligarifilms weiß, für den Kraftquell der Gestaltung dieses Films: ich halte es für widernatürlich zu glauben, daß dieser Regiestil von Außen her, etwa durch Dekorationsentwürfe an einen Regisseur herangetragen werden kann. Darüber werden Sie, so hoffe ich, in meinem neuen Buch – falls es fertig wird – noch Einiges lesen. Auch in unsern Urteilen über Lubitsch und Murnau gehen wir weit auseinander.

Ich habe nicht recht verstanden, warum Sie so viel bedeutungslose Literatur zitieren. Sie machen das doch viel besser. Ich habe mich gefreut, daß die Zitate aus meinem Buch sich so organisch Ihrer Darstellung einfügen: Sie sind der einzige, aber auch wirklich der einzige Autor unter Dutzenden, die mit meinen Bemerkungen nicht argumentiert, sondern sie als Bestätigung Ihrer eigenen Argumente verwendet. Diese kritische Selbständigkeit habe ich in Ihrem ganzen Buch gefunden.

Allerdings gehen Sie an der zentralen These meines Buches – Sie wissen, daß ich es dreißig Jahre nicht aufgeklappt habe vorbei: nämlich der Gretchenfrage: was ist das nun eigentlich, Expressionismus. Meine Antwort, und das ist die eigentliche Bedeutung meiner Arbeit, lautet: Expressionismus ist keine Kunstgattung, sondern Ausdruck einer weltweiten Krise. Seitdem haben andere, schwerere Krisen die Welt erschüttert, der »Expressionismus« würde heut in der Luft hängen, und was ich an »abstrakter Kunst« aus allen Ländern der Welt sehe, wirkt so schal auf mich wie ein dritter Teeaufguß.

Aber das soll ein Brief und kein Essay werden. Haben Sie noch einmal Dank für Ihr beachtenswertes Buch, das bereits in meiner Bibliothek steht. Ich hoffe, noch einmal Gelegenheit zu haben, mit Ihnen persönlich über das Alles zu sprechen.

Inzwischen verbindlichste Grüße,

Ihr ergebener
Kurtz

Um die alten Filme wiederzusehen, saß ich an der Quelle. Manche Filme, die ich näher studieren wollte, konnte ich an der Cinémathèque auch am Schneidetisch durchlaufen lassen. Heute tut man sich noch leichter, weil man Video-Aufzeichnungen hat. Für so eine Arbeit, wie ich sie gemacht habe, ist die Video-Technik eine große Erleichterung, aber als Ersatz für das Kino halte ich die neue Entwicklung schlichtweg für eine Katastrophe. Genauso selbstverständlich, wie ich mich Henri Langlois' Filmsammlung bediente, bat ich ihn auch, unsere Photo-Kollektion des deutschen Stummfilms benutzen zu dürfen. Aber da wurde er auf einmal unangenehm. »Wenn Sie Bilder für Ihr Buch brauchen, müssen Sie sie sich selbst suchen«, war die Antwort. »Versuchen Sie es bei privaten Sammlern.« *Das* war *auch* Henri. Georges Franju, der auch unter ihm hat leiden müssen, sich aber nie beklagte, hatte ganz recht, wenn er sagte: »Wenn man alle schlechten Eigenschaften Henri Langlois' zusammenzählt, kommt ein Monstrum heraus.« Henri konnte es nicht vertragen, wenn jemand in seiner Nähe zu bedeutsam wurde oder übertriebenen Ehrgeiz entwickelte. Er wollte im Grunde nicht, daß dieses Buch entstand. Ich fand mich damit ab und versuchte es bei deutschen Archiven. Am meisten war mir Gerhart Lamprecht behilflich, der, obwohl er selbst Filme gemacht hat (*Emil und die Detektive* mit Fritz Rasp), sich nebenher ein Archiv angelegt hatte, weil er auch früh begriff, daß das Gedächtnis des Films gerettet werden mußte. Er unterhielt dieses Archiv, in dem sich auch seltene Filmkopien befanden, unter großen Opfern, denn nach dem Krieg war er, wie soviele andere Regisseure, ein vergessener Mann. Später haben Henri Langlois und ich es mit einer Finte geschafft, daß sein filmhistorisches Werk nach seinem Tode nicht in alle Winde verstreut wurde, denn der Gedanke bekümmerte Lamprecht sehr. Wir schrieben an die Stadt Berlin, daß wir vorhätten, die Kollektion Lamprecht zu erwerben, und es trat das ein, was wir erhofft hatten: Die Stadt Berlin wollte uns zuvorkommen und ihr eigenes Kulturgut retten. Sie kaufte die Sammlung, die in die »Stiftung Deutsche Kinemathek« umgewandelt wurde. Ein paar Photos bekam ich auch von Jean Mitry, der genau wie Sadoul und ich viel in unserer Bibliothek gesessen hat, um zu arbeiten. Dabei hatte ich ihn beobachtet, wie er aus den Zeitschriften die Photos, die er brauchte, mit einem Rasiermesser heraustrennte, denn damals hatten wir noch keine Photokopiermaschine, und so war es ja auch viel leichter.

Die Photos, die ich von ihm lieh, gehörten zum Teil der Cinémathèque Française. Das stand sogar hinten aufgedruckt. Trotz meiner Bemühung um reiche Illustrierung ist die erste Ausgabe meines Buches, die bei dem deutsch-freundlichen Verleger Henri Bonne erschien, ein wenig ärmlich geworden. Auch den Text hat er mir zusammengestrichen, weil Bonne und seine einflußreichen Freunde, die alle einmal Kollaborateure gewesen waren, meine Äußerungen zu der deutschen Seele als deutschfeindlich empfanden und all das herausstrichen, was ich an literarischen Zitaten und Äußerungen zum Nationalcharakter gebracht hatte. Ich habe dieses schmale Bändchen auf dem holzigen braunen Papier Giulia Veronesi gewidmet, weil sie es war, die sich um die Veröffentlichung des Buches bemüht hat. Es sollte zuerst in Italien herauskommen, aber der Verleger, den sie mir vermittelt hatte, machte Pleite, und das war ihr so arg, daß sie anfing, in Frankreich damit hausieren zu gehen, denn ich war ja noch völlig unbekannt als Autorin. Sie landete bei Henri Bonne, dem ich aus lauter Angst, das Buch würde gar nicht erscheinen, jede Kürzung zugestand. Bis zum Schluß suchten wir gemeinsam nach einem guten Titel, aber es wollte uns nichts einfallen. Da kam Alice Jahier, die mir bei der Verbesserung der französischen Fassung half, mit der Idee heraus, es ›Der diabolische Film‹ zu nennen, und aus Protest zu »diabolisch« fiel mir dann »dämonisch« im antiken Sinne ein. So wurde daraus endlich ›L'Ecran Démoniaque‹ – ›Dämonische Leinwand‹.

Aufgrund des Erfolges, den meine erste Ausgabe hatte, konnte ich 1965 eine zweite, erweiterte Ausgabe bei Losfeld herausbrin-

gen, die sowohl mein erstes Manuskript berücksichtigt, als auch neue Erkenntnisse hinzufügt, aber vor allem waren mir endlich alle Photos zugänglich, die oft gesprächiger sind als seitenlange Abhandlungen. Henri, der sah, daß ich mein Buch aus eigener Kraft zustande gebracht hatte, bot mir endlich seine Photosammlung an. Einem Freund gegenüber hat er behauptet, er hätte mein Buch nie gelesen. Das glaube ich wiederum nicht, weil ich aus einem Artikel, den er über den deutschen Stummfilm geschrieben hat, genau gesehen habe, daß er auf meine Kritik am *Torgus* reagierte. Ich habe den Film in meinem Buch negativ beurteilt, er stellt ihn positiv heraus.

Das Buch wurde in sieben Sprachen übersetzt, eigentlich sogar in acht, aber in der Tschechoslowakei, wo es zur Zeit des Prager Frühlings in Vorbereitung war, stoppte man nach dem Einzug der Russen die Herausgabe. Dafür kam es in Polen unbeanstandet heraus ... widersprüchliche, undurchsichtige Entscheidungen, nach deren Gründen zu suchen ich anderen überlasse. Ehe noch die zweite, erweiterte Ausgabe meines Buches bei Losfeld erschien, kam im selben Verlag mein Murnau-Buch heraus, denn ich hatte meinem Verleger, der übrigens auch Pornoliteratur herausgab, zur Bedingung gemacht, er könne die Rechte an der ›Dämonischen Leinwand‹ nur erwerben, wenn er zuerst meine Murnau-

Monographie herausbrächte. Bei meiner Arbeit an dem ersten Buch bin ich erschrocken, wie wenig Werk und Arbeitsweise dieses großen Regisseurs dokumentiert waren. Ich selbst hatte ihn erst mit seinem letzten Film *Tabu* wirklich entdeckt, 1931, und da war er gerade in Amerika tödlich verunglückt. Während seiner Berliner Zeit, bis 1926, hatte ich ihn nicht kennengelernt, weil ich damals noch eine Theaterbesessene war. Ich hätte ihn höchstens einmal zufällig auf der Reinhardt-Bühne als Schauspieler in einer kleinen Nebenrolle sehen können, aber die Theaterkarriere hat er, genau wie Lubitsch, schnell aufgegeben. Murnau war so ein langes Ende, er fühlte sich unglücklich auf der Bühne.

Es reizte mich, den verwischten Spuren dieser hünenhaften Erscheinung der Filmkunst nachzugehen. Da war ich wieder in meinem Element als Archäologin. Leider mußte ich bei meinen Ausgrabungen feststellen, daß die meisten Filme aus Murnaus Frühzeit in Deutschland verlorengegangen waren. Ich konnte nur im ostdeutschen Filmarchiv das nicht ganz vollständige Negativ zu *Der Gang in die Nacht* wiederentdecken, das uns durch Wolfgang Klaue für die Cinémathèque zugänglich gemacht wurde. Als ich nach langem Recherchieren die Murnausche Filmographie zusammengetragen hatte, versuchte ich, die Bruchstücke seines Lebens wieder zusammenzusetzen. Zuerst forschte ich nach noch lebenden Verwandten und kam auf die Spur seines Bruders. Ihn dingfest zu machen, war sehr spannend, denn er führte unter dem eigentlichen Familiennamen »Plumpe« ein verstecktes Dasein. Nun soll einmal jemand darauf kommen, daß Robert Plumpe aus Bielefeld der Bruder des berühmten Regisseurs F. W. Murnau ist. Ich hatte die glückliche Idee, in Murnaus Geburtsort Bielefeld nach Angehörigen zu suchen, und der Zufall wollte es, daß Robert Plumpe sich am Ende seines Lebens wieder dorthin zurückgezogen hatte. Wegen Steuerschulden hielt er seine Adresse geheim. Ich lebte von westfälischem Schinken und Pumpernickel und belagerte die Stadt. Herr Plumpe sah, daß er mich nicht loswurde, ehe er nicht alles hergegeben hatte, was er besaß. Der kostbarste Fund war Murnaus eigenes Drehbuch-Exemplar von *Nosferatu,* das er mit handschriftlichen Notizen und Skizzen versehen hatte. Außerdem konnte ich Robert Plumpe-Murnau dazu überreden, mir eine kurze Biographie seines Bruders zu schreiben, die ich meiner Arbeit vorausstellte. Leider hat ein »wohlmeinender« Freund dieses sehr aufschlußreiche Kapitel in der ersten deutschen Ausgabe des Buches weggelassen. Die Geschichte der »Bearbeitung« meiner Bücher in anderen Sprachen würde wieder ein neues Buch ergeben.

Bielefeld, den 17. November 1960

Liebe Frau Dr. Eisner! –

Dank für Ihre Briefe vom 28. 10. und 12. d. Mts. Es wäre ganz großartig, wenn Sie es schaffen könnten, sowohl die französische als auch die deutsche Fassung bis zum März nächsten Jahres zur Ausgabe zu bringen. – Ich kann natürlich nicht beurteilen, ob das in drei Monaten zu ermöglichen ist! –

Auf Ihre Frage wegen Vorhandensein von Schriftstücken in der Douglasstraße 22 kann ich nur antworten, daß ich vor dem Auszug bzw. Umzug nach Dahlem Alles, in massiven Kisten verpackt, im Bunker von Charlottenburg, Droysenstraße 17, eingelagert habe. – Bei einem Luftangriff im Jahre 1944 ist dieser Häuserkomplex zerbombt worden. Bei den Löscharbeiten des gleichzeitigen Großfeuers wurde der Bunker durch die Wassermassen verschüttet. – Da ich an die restlose Vernichtung der Kisten nicht glauben konnte, habe ich wochenlang an Ort und Stelle Ermittlungen durchgeführt und im Februar 1951 den Rechtsanwalt Dr. Behling in Berlin W 30, Neue Bayreutherstr. 3 mit der weiteren Verfolgung beauftragt. – Besitzer des Lagerhauses war der Spediteur Emil Bergmann, Kurfürstendamm 106. – Dieser hat unterm 9. 3. 1951 meinem Anwalt die bündige Erklärung gegeben, daß nichts gerettet worden sei und nichts mehr vorhanden wäre. –

Trotzdem kann es möglich sein, daß in der Zwischenzeit der Bunker von den Trümmermassen befreit und nach oben hin offengelegt wurde. – Es wäre eine dankenswerte Tat, wenn Sie gelegentlich Ihres erwähnten Besuches in Berlin sowohl in der Droysenstraße wie auch bei Herrn Spediteur Däumichen, dem Inhaber der Firma Emil Bergmann, ein bißchen recherchieren würden! –

Es ist durchaus möglich, daß mein Bruder in Berlin promoviert hat. Er belegte in Heidelberg Kunstgeschichte bei Professor Thode, mit dem er gut bekannt war und oftmals in dessen Haus eingeladen wurde.

Mit besten Wünschen für Ihre erfolgreiche Weiterarbeit und herzlichem Gruß bin ich

Ihr ergebener
Plumpe-Murnau

Selbstverständlich ging ich auch der Bunker-Spur nach, dieses Mal leider vergeblich. Danach schrieb ich an alle noch lebenden Mitarbeiter und Schauspieler. Ruth Landshoff, die die Lucy in *Nosferatu* spielte, war inzwischen als Gräfin Yorck in Amerika verheiratet. (Um den Judenpogromen zu entkommen, hatte sie den homosexuellen Grafen notgeheiratet und war ihm nach Amerika ins Exil gefolgt.) Sie antwortete mir postwendend auf meine Frage nach Murnaus Arbeitsweise:

Tel. Mu 7 6228

819 Second Avenue New York 17

Ruth Landshoff Yorck

Jan 6th 1962

Liebe Frau Eisner leider wird Sie diese Danke schoen Antwort auf Ihren Brief enttaueschen muessen. Weil ich naemlich Nosferatu in den grossen Ferien gedreht habe als ich noch in die Schule ging. Murnau hatte mich auf dem Schulweg entdeckt. Ich hab das alles in einem Artikel beschrieben der bei der Schweizer Zeitschrift DU erschienen ist vor einigen Jahren. Das heisst dass ich alles was vor Nosferatu geschah nicht weiss. Ich hatte vor meinem nur einen Film gesehn mit Asta Nielsen als Backfisch und um meiner Premiere bei zu wohnen musste eine besondere Erlaubnis eingeholt werden

Ich hab damals wenig begriffen. Spaeter allerdings wurde Murnau ein grosser Freund und als er von America zurueck kam war ich fuer eine Zeitlang taeglich mit ihm zusammen. Ich find es schoen dass es ein Buch ueber ihn geben wird.

Ich weiss von meinem Freunde Vollmoeller dass Murnau wie so viele Lubitsch und andere im MIRAKEL debutiert hatte. Als Ritter.

Ausserdem wird einer der wenigen die ihn ueberlebt und gekannt haben Frau Flaherty Ihnen von Murnau erzaelen koennen von der Zeit als er mit meinem lieben Freunde Flaherty filmte.

Rochus Gliese war ein wirklicher Freund. Der Cameraman Freund auch. Auch Francesco der ihm sein Haus eingerichtet hat und ihn sehr liebte. Auch Janet Gaynor die er entdeckt hat gibt es noch.

Was fuer eine huebsche Adresse Sie haben und was fuer einen huebschen Beruf.

Falls Sie irgend etwas wissen wollen was NAch Nosferatu geschah schreiben Sie mir

Ihre mit schoensten Gruessen und viel Glueck

(Ich habe das Gefuehlt Sie zu kennen oder von Ihnen gehoert zu haben kannten Sie Annette Kolb im Cayre ?

Ich schrieb an alle Kameramänner, mit denen Murnau gearbeitet hatte, um herauszubekommen, wieweit der Regisseur Einfluß auf Einstellungen, Lichteffekte und Technik genommen hatte, denn meine Informationen waren widersprüchlich. Mit Fritz Arno Wagner, Baberske und Rosher habe ich persönlich gesprochen, Karl Freund und Floyd Crosby gaben mir brieflich Auskunft. Nur bei Karl Struss, einem eingefleischten Antisemiten, biß ich auf Granit. Mein Schreiben vom 20. Oktober 1959 blieb unbeantwortet.

Lotte H. Eisner
66 Avenue de Breteuil
Paris 7e

Paris, le 20 Octobre
Mr. Karl Struss, American Society of Cinematographers
1782 North Orange Drive
Hollywood, California

Sehr geehrter Herr Struss,

Ich bin Kurator an der Cinémathèque Française, dem französischen Filmarchiv, und schreibe ein Buch über F. W. Murnau. Wie ich weiß, haben Sie mit ihm gearbeitet. Ich schreibe Ihnen, um Ihnen ein paar Fragen zu stellen, und wäre sehr dankbar, von Ihnen zu hören.

War Murnau, als Sie mit ihm gearbeitet haben, an der Kameraarbeit interessiert, das heißt: Einstellungen, Beleuchtungen, interessante Blickwinkel, oder überließ er das alles lieber dem Kameramann? Ich weiß, daß er alles immer eine lange Zeit im voraus vorbereitet hat, aber welchen Eindruck hatten Sie von seinen Methoden und seiner Arbeit?

Es würde mich sehr freuen, von Ihnen zu hören, auch ob Sie sich an irgendwelche besonderen Vorfälle erinnern können, als Sie mit ihm gearbeitet haben, usw.

Lotte H. Eisner

Das pompöse Anerbieten meines ehemaligen Chefredakteurs Ernst Jäger, der nach Amerika ausgewandert war und mir ellenlange Briefe schrieb, in denen er mir nachträglich seine große Liebe gestand, er seinerseits wolle Struss befragen, wenn er dafür eine entsprechende Entschädigung bekäme, lehnte ich dankend ab.

Am fruchtbarsten war meine Zusammenarbeit mit den Filmarchitekten, die ich alle schon als »Sachensucherin« für unser Museum aufgestöbert hatte.

Mein Freund Robert Herlth schrieb mir ein Kapitel über seine Zusammenarbeit mit Murnau. Es wurde ein so dickes Buch daraus, daß manche Kritiker meinen, man könnte in dieser Materialsammlung nur lesen, aber sie nicht durchlesen. Doch gerade mein Murnau-Buch ist bei jüngeren Filmregisseuren, die diesen alten Meister genauso verehren wie ich, beliebt. Diesem Buch verdanke ich den Beginn meiner Freundschaft mit Werner Herzog und Bernardo Bertolucci, der es in seinem Film *Der Partner* den Hauptdarsteller, Pierre Clementi, sichtbar mit sich herumtragen läßt.

Jean Mitry, der in all meinen Büchern ein Haar fand, obwohl er reichlich aus ihnen schöpfte, kreidete mir an, daß ich nicht gesagt hätte, was Murnau dachte. Einer seiner Schüler, ein gewisser Domarchi, holte das dann nach und dichtete diesem homosexuellsten aller klassischen Regisseure eine romantische Liebesaffäre mit einem Mädchen an, die sich in Murnau abgespielt haben soll (daher der Name »Murnau«). Er bediente sich eifrig meiner Bibliographie, ohne sie allerdings als Quelle anzugeben. Ich schrieb an diesen Herrn, daß ich zwar nicht unbedingt mein Jagdrevier verteidigen wollte, und ich wüßte nur zu gut, daß es das Schicksal von Sachbüchern sei, sie innerhalb von zwei Wochen in einen kleinen »Abriß« verwandelt zu sehen. Das zu tun, stehe Monsieur Domarchi frei – *Ich* hätte nicht diesen Mut.

Sagten die Deutschen nicht schon vor Hitler: »Wissenschaft ist, was ein Jude vom anderen abschreibt?«

In Deutschland sollte mein Murnau-Buch zunächst im Marion-von-Schröder-Verlag herauskommen. Da ich eine ganze Weile nichts mehr darüber hörte, fragte ich an, warum das Buch nicht, wie besprochen, für den Herbst 1963 angekündigt worden war. Ich bekam die Antwort, der Verlag wäre von Bertelsmann aufgekauft worden, und dort wäre kein Interesse für Murnau vorhanden. »Wer ist schon Murnau?« hätten die Verantwortlichen gesagt. Aber da man mir die Veröffentlichung schriftlich zugesichert hätte, würde man mir 1.500 DM Entschädigung zahlen, damit ich von dem Vertrag zurückträte. Das Angebot nahm ich an.

Viele Jahre danach erinnerte ich mich wieder an diesen Vorfall, als ich mit einem ungarischen Verleger zusammen ein Kapitel über ›Expressionismus im Film‹ für eine Enzyklopädie machen sollte. Da ich schon sehr schlechte Augen hatte, machte ich diese Arbeit, wie so oft, in Form eines Gespräches, mit der Tochter des Verlegers, die gut Deutsch konnte. Ich plauderte so dahin und sagte ihr, das müsse natürlich alles überarbeitet und in Form gebracht werden. Dann war wochenlang Stille. Ich erreichte weder den Vater noch die Tochter am Telefon. Das Geld hatte ich schon im voraus bekommen, aber über meiner Arbeit lag absolutes Schweigen. Schließlich erwischte ich Herrn Somali telefonisch. »Wir konnten Ihren Beitrag leider nicht verwenden, er war zu feuilletonistisch im Vergleich mit den anderen, seriösen Essays. Und außerdem haben wir mit Bertelsmann fusioniert, die wollten Ihren Artikel nicht.« »Merde«, dachte ich, »du kannst vielleicht nicht mehr schreiben. Eine alte, über achtzigjährige Greisin, die sich Flausen in den Kopf gesetzt hat.« ... Doch dann kam mir etwas zu Ohren, was ich in meiner Naivität nicht bedacht hatte: Bertelsmann sollte einer der reaktionärsten Verlage in Deutschland sein; ich aber stand noch von meiner Berliner

Zeit her in dem Ruf, eine »blutige Rote« zu sein. Natürlich wollte man nichts von mir wissen. Als mir dann ein Exemplar der ›Enzyklopädie des Expressionismus‹ in die Hand fiel, stellte ich mit grimmiger Genugtuung fest, daß ein Monsieur Jean Mitry den Beitrag geliefert hatte, ein Mann, der, bevor er meine Bücher gelesen hatte, gar nichts vom Expressionismus gewußt hat. So wird man übertölpelt!

Ich habe das unveröffentlichte Material 1978, anläßlich der Ausstellung ›Berlin – Paris‹, doch noch verwenden können, in meinem Aufsatz ›Einfluß der Expressionistischen Kunst auf die Film-Dekors der Zwanziger Jahre‹.

Damit habe ich meine zeitweiligen Selbstzweifel überwunden.

Mein drittes Buch, ›Fritz Lang‹, ist das Stiefkind geworden. Dafür gab es innere und äußere Gründe. Die äußeren fallen beim ersten Blick ins Auge. Es gab keinen Index, was bei einem wissenschaftlichen Buch einem Kapitalverbrechen gleichkommt. Die Zitate aus zeitgenössischen Kritiken hat der Herausgeber an den Rand geklemmt, so daß man, wenn man sie gleichzeitig mit dem Haupttext lesen will, immer aus dem Zusammenhang gerissen wird, und die englische Übersetzung ist lausig (lousy). Ich habe das Buch auf Fritz Langs Wunsch in deutscher Sprache geschrieben, aber es sollte zuerst in England erscheinen, und da ich meiner Augen wegen die Übersetzung nicht selbst machen konnte, landete diese verantwortungsvolle Arbeit bei der Freundin des Verlegers, bei der man das Gefühl hat, daß sie wörtlich übersetzt, ohne den eigenen Sprachfluß des Englischen zu respektieren. Außerdem ist der Text gekürzt, und einige wichtige Photos sind beim Herausgeber verlorengegangen. Das Buch stand unter einem bösen Stern. Ich hätte so gern gehabt, daß mein Freund Fritz es noch in der Hand hätte halten können, aber das, was er mir immer prophezeit hatte, trat ein: »Wenn dein Buch über mich fertig ist, werde ich von einer Wolke auf dich herabschauen.« Er starb im August 1976.

Der innere Grund für meine Unzufriedenheit mit dem Buch ist der Mangel an Abstand zu der Person des Regisseurs, der mir die Lockerheit nahm, die ich bei meinem Murnau-Thema gehabt hatte. Ich kannte Fritz Lang über fünfzig Jahre, vierzig Jahre waren wir eng befreundet. Er kam oft nach Paris, und ich verbrachte 1966 und 1969 mehrere Wochen in seinem Haus in Beverly Hills. Außerdem trafen wir uns bei vielen internationalen

Filmfestivals. Wir haben jedes Kapitel meines Buches mündlich und schriftlich durchgesprochen, ein Privileg, das nur wenige Autoren haben. In seinem Streben nach Perfektion blieb kein Detail unerwähnt, keine Unterlassungssünde, kein Fehler ungerügt. So ist das Buch eine Fundgrube für Lang-Forscher, aber kein gelungener Wurf geworden. Ein Histörchen, das Howard Vernon, Langs Freund der späten Jahre, immer wieder gern erzählt, ist bezeichnend für seine Genauigkeit:

Die beiden sitzen im Hotel beim Mittagessen.

Lang: »Howard, würde es dir etwas ausmachen, mir einen großen Gefallen zu tun?«

Howard: »Aber gar nicht, was ist es denn?«

Lang: »Könntest du ins Badezimmer gehen und mein Pillendöschen holen?«

Howard: »Aber selbstverständlich.«

Lang: »Warte, es steht auf dem Regal unter dem Spiegel, auf der rechten Seite in einer viereckigen braunen Schachtel. Darin findest du ein blaues, unterteiltes Kästchen mit drei verschiedenen Sorten von Pillen: rechts liegen die roten, in der Mitte die blauen und links die grünen. Bringe mir eine grüne und eine rote Pille und mache das blaue Kästchen wieder zu, leg es in die braune Schachtel zurück und stelle sie bitte wieder auf denselben Platz.«

Als Howard den Auftrag erledigt hatte, bat Lang ihn noch um ein Glas Wasser, und dann sagte er: »Ich bin ein Pedant, nicht wahr?«

Howard: »Nein, durchaus nicht.«

Lang: »Ja, sag doch, daß ich ein Pedant bin!«

Howard: »Also gut, du bist ein Pedant.«

Lang: »Wenn ich kein Pedant wäre, hätte ich nie einen guten Film gemacht.«

Mich hat Fritz manchmal regelrecht »zur Sau« gemacht, mit einem Schuß Humor dabei, aber doch auch ein bißchen Ernst. Es ist lustig, wie im Laufe der Zeit seine briefliche Anrede sich änderte. Von 1946–76 wechselte er von »Madame Escoffier« zu »Liebe Louise«, »Liebe Lotte Eisner«, »Liebste Lotte« und dann, seit unserer Zusammenarbeit in Anlehnung an Goethe: »Geliebte Eckersfrau«, und einmal leider auch: »Liebe Lotte, böse, böse Eckersau!« Das war der Brief vom 29. Dezember 71, er bezog sich auf mein Kapitel über seinen letzten Film *Die Tausend Augen des Doktor Mabuse*. Es ist ein langer Brief, aber der folgende Auszug zeigt am besten die Gründe für seine schnöde Anrede.

Seite 7, Pargr.2: ... O V E R L A P P I N G ! Ich wuerde anstatt " Zuckerl"- raten "ein Stueck Zucker" zu schreiben.(Zuckerl ist ein Bonbon aus jener Konditorei am Rande des Balkans die unwissende Menschen die Kaiserstadt Wien nennen).

Seite 7,P.3:Ich glaube "Handgemenge" ist nicht ganz richtig. Man hat doch mit einem HUND kein H a n dgemenge.

S.7.Par.4.:Ich glaube das Wort "kidnapping" kann nur auf Menschen angewandt werden... und was hat die geklaute Serviette mit "kidnapping" zu tun? MISTELZWEIG wollte einfach seine Hand schuetzen und nicht gebissen werden. Ich glaube, liebe Lotte, Du solltest den Paragraphen ein bischen deutlicher schreiben.

S.7,Par.7 und 8: Ich wuerde sehr raten diese beiden Paragraphen ganz weg zu lassen. Die Kugel in dem Stuhl kann doch mit der ST A H L N A D E L(auf die man bei dem Executioner gefasst ist wenn er den KLUMPFUSS erschiesst) n i c h t i d e n t i s c h sein! (Regiefehler des Meisterregisseur Fritz Lang?!!) Das irritiert den Leser nur.
Und was ist so wichtig in Paragraph 8 dass die Bahre parallel zur Wand steht und nicht wie im TESTAMENT mit dem Kopfende? Geh, liebe Eckersfrau, lass doch die beiden Paragraphen weg.

Seite 8,P.2: Anstatt "Schaetze" wuerde ich V e r m o e g e n vorschlagen.

S.8,Pa.3: Hier waere Gelegenheit die " 1000 AUGEN" die alles sehen...(also den Filmtitel) zu erklaeren.

Seite 8,Par.3 und 4: Der Uebergang von Paragraph 3 zu Paragraph 4 ist sehr unklar. Du solltest auch sagen dass die Szenen sich in der Hotelhalle des Luxor abspielen.

S.8,Par.5: Ich wuerde raten in diesem Paragraphen die Z e n t r a l e wo "die 1000 AUGEN des DR.MABUSE" in vier Television-Schirmen alles mitteilen was in und vor dem Hotel Luxor geschieht, genauer beschreiben. Diese Zentrale ist doch die Essenz des ganzen Spione-Netzwerkes - und Du laesst sie einfach unter den Tisch fallen. (und mit den SPINNEN haben sie doch wirklich nicht das geringste zu tun.)

Seite 8, Par.6: Welcher"Detektiv"?
UND, liebste Lotte, es ist kein seltsamer Mechanismus mit Hebeln und Roehren den Professor Jordan bedient. Es ist ein voellig normales Television-Umschaltsgeraet die es seit Jahren in jedem Studio gibt. Du hast doch so viele Bekannte, lass es Dir doch ein Mal zeigen.
Und lass doch bitte die beiden letzten Zeilen dieses Paragraphen ganz weg.(Auch in FRAU IM MOND sind es keine "Hebel und Roehren die die Rakete vorwaerts treiben.)

S.8,Par.7: Das ist u n r i c h t i g ! Zur Zeit der Nazis gab es kein Television. Lass doch den Paragraphen einfach weg.

Seite 8,Par.8: "Bildschirme im Tanzsaal". Das verstehe ich nicht. Ich fuerchte dass das ein Irrtum ist und wuerde den Paragraphen weglassen.

Seite 8 Par.gr.11: Ich wuerde raten zu schreiben: "... Tritt aus dem b e n a c h b a r t e n Aufzug..." anstatt wie Du es jetzt hast: " ... des anderen...".

Seite 9. Par. 1: Ach, liebe Lotte, lass doch bitte: "Wie bei den Mabusefilmen kommt es ..." weg und schreibe einfach:" Es kommt zu einer rasenden Verfolgung...".

S.9 Par.2: Bitte lass den ganzen Paragraphen weg und steig' endlich von der armen toten Harbou herunter. Das ewige Herummeckern an ihr ist Deiner nicht wuerdig. Ausserdem gibst Du ja selbst zu dass sie "M" geschrieben hat und in der Verteidigungsrede von Lorre vor dem Verbrechergericht i s t j e d e s W o r t v o n i h r und nicht eine Silbe von mir.

A M E N !

Ach, Lotte, [illegible] hasse es, wenn ich kritisch sein muss...

Geliebte Lotte,

dieser Brief soll so schnell als moeglich weg.

Ich soll vom 12. bis 18. Maerz and der Universitaet von Austin in Texas lecturen. Bitte telegrafiere oder schreibe sofort express ob ich das kann oder ob das mit der endlichen Eroeffnung mit der Cinematheque-Ausstellung coincidiert.

Morgen schicke ich Dir auch die von Dir gewuenschte Kopie der Seiten aus dem franzoesischen Buch VIENNE AU TEMPS DE FRANCOIS-JOSEPH.

Und jetzt tun mir die Augen weh ...
(und mir die Finger, Lily)
und wir lieben Dich alle sehr!

Lily Fritz Peter

↑ martinis ...

Im Gegensatz dazu ein Liebesbrief:

18. November 1967

Liebe Lotte,

dies ist ein Liebesbrief an Dich.

Das Krakauerbuch ist unterwegs. Laut Postoffice wird es nach Weihnachten ankommen, Ich habe naemlich darin herum geblaettert und dadurch um einen Tag die Deadline versaeumt, an der die amerikanische Post eine Zustellung vor Weihnachten garantiert.

Aber das ist auch zugleich der Grund des Liebesbriefes.

Ich hab Dir in meinem letzten Brief von dem fehlerhaften und inkorrektem "Essay" ueber mich geschrieben und finde bei Krakauer genau dasselbe. Naemlich, dass diese Herrschaften ihre ganze Kenntnis vom Film nicht vom wiederholten Sehen der Filme,die sie besprechen oder kritizieren, haben sondern hauptsaechlich von Kritiken in Tageszeitungen, irgendwelchen Film-Magazinen und oft sogar von den Propaganda-Programmen der jeweiligen Verleihgesellschaften, welche letztere natuerlich voellig falsche Angaben ueber Herstellungskosten des Filmes machen und oft sogar den Inhalt des Filmes ungenau wiedergeben.

Wenn ich objektiv sein soll, moechte ich sagen dass besagte Herrschaften einen Film vielleicht einmal sich angesehen haben, aber ehrlich gestanden glaube ich das nicht einmal.

UND DA LOBE ICH MIR MEINE LOTTE EISNER, DIE SICH JEDEN FILM EIN PAAR MAL ANSIEHT, BEVOR SIE DARUEBER SCHREIBT.

Und damit ist mein Liebesbrief zuende obwohl ich, was aber erst im naechsten Brief geschehen wird, ich Dir einige recht interessante wenn auch unglaubliche Auszuege aus amerikanischen Zeitungen von 1927 schicken koennte, in welchen sich ein Film Editor einerseits beweihraeuchert andrerseits entschuldigt fuer die Verstuemmelung oder wie er es nennt, re-editing die er an METROPOLIS vorgenommen hat.

Alles Liebe und Gute. Ich muss mir ueberlegen was ich am 28. in New York zu SPIONE reden werde.

Wie immer Dein

Fritz –
(ein grässlicher Name!)

Ich hoffe, daß in meiner französischen Ausgabe des Lang-Buches, das Bernard Eisenschitz, ein langjähriger Mitarbeiter von Henri Langlois und ein treuer Freund, bearbeitet, die sprachliche Form aus einem Guß sein wird, und daß das Buch in Deutschland, in seinem ursprünglichen Umfang und seiner Ursprache, eine neue Dimension hinzugewinnt.*

Wenn auch diese Arbeit getan ist, und wenn meine Memoiren auf dem Papier stehen, darf ich, Lotte Henriette Regina Eisner aus Berlin, endlich abtreten.

* Das Buch war zur Zeit unserer Gespräche noch nicht in Deutschland erschienen. (M.G.)

Gespräche mit Lotte Eisner

Lotte Eisner (oben) und Martje Grohmann (unten) bei den Filmfestspielen in Cannes

M. G. Warum wollten Sie Ihre Memoiren schreiben? Oder brutaler gesagt: Wer interessiert sich für Ihr Leben, das Sie Ihrerseits doch anderen kreativen Menschen gewidmet haben? Man liest die Memoiren von Buñuel, weil er ein großer Regisseur ist, aber die Memoiren einer Filmhistorikerin?

L. E. Sie können ebenso gut fragen: Warum hält die Kronzeugin bei einem Mordprozeß den Mund, obwohl sie den Angeklagten entlasten könnte? Ich bin so etwas wie eine Kronzeugin unserer Kulturgeschichte. Mein Privatleben, das ich nie sehr wichtig genommen habe, hat sich immer wieder mit dem Leben unserer bedeutendsten geistigen Erneuerer gekreuzt. Und das war – hier stehe ich im Gegensatz zu dem, was Buñuel sagt – Bestimmung. Ich glaube an Schicksal. Mein Schicksal war es, Menschen wie Bert Brecht, Peter Lorre, Satyajit Ray, Shadi Abdel Salem und Henri Langlois zu entdecken. Ich hatte das Gespür für Originalität und die Gabe, meine Entdeckungen in Worte zu fassen. Das habe ich als meine Lebensaufgabe betrachtet und nicht das Heiraten und Kindergroßziehen. Das können andere besser als ich. Das Schicksal hat mir dabei geholfen, daß ich, obwohl ich oft in Lebensgefahr schwebte, gerettet wurde, um mein Werk zu beenden. Anders kann ich auch den Telefonanruf meiner Schwester nicht begreifen, an dem Tag, als ich mit meinem Herzinfarkt schon am jenseitigen Ufer war und bewußtlos auf dem Boden lag. Meine Schwester ruft sonst selten an. Es war ein Sonntag, sie wunderte sich, daß ich nicht antwortete, und entschloß sich, selbst nachzusehen. Im Krankenhaus, als ich meine Augen wieder öffnete, soll ich auf englisch gesagt haben: »Ich habe noch soviel zu tun«. Da wußten meine Freunde, ich würde überleben.

M. G. Wir haben im Laufe unserer Gespräche so viel über Glauben, Schicksal und Aberglauben gesprochen. Ich weiß jetzt, daß Fritz Lang abergläubisch war, daß de Sica abergläubisch war, daß Langlois abergläubisch war – haben Sie dieser abergläubischen Furcht um sich herum standhalten können?

L. E. Natürlich habe ich mich über den kindlichen Aberglauben Henri Langlois' lustig gemacht. Ich erinnere mich, daß er mit seinen geladenen Gästen gern in ein bestimmtes Restaurant ging, wo regelmäßig eine Zigeunerin auftauchte, die für Geld aus der Hand las. Dann fragte Henri ganz verschämt: »Lotte, haben Sie wohl ein bißchen Geld für die Zigeunerin?« Er selbst hatte nie etwas in der Tasche.

»Aber natürlich, Henri«, sagte ich. Und einmal hatten wir auch de Sica mit, der, von Henri angesteckt, sich mit der Wahrsagerin in die hinterste Ecke des Lokals verzog. Er kam ganz verklärt wieder – die Frau mußte ihm wundersame Prophezeiungen gemacht haben. Drei Monate später war Vittorio de Sica tot.

Manchmal nutzte ich Henris abergläubische Kindlichkeit aus, um ihn zu etwas zu zwingen, was er auf mein bloßes Anraten hin nie getan hätte. Ich legte ihm die Karten – das hatte ich ganz gut gelernt, und stellte nach langem Studieren mit Grabesstimme fest: »Krankheit im Anzug, dringlich heilende Person aufsuchen! Henri, das kann nur bedeuten: Sie müssen zum Zahnarzt!« Da ging er nie freiwillig hin und zog sich lieber aus verschleppten Entzündungen schlimmere Krankheiten zu.

Bei mir selbst gibt es einige unerklärliche Ereignisse: Ein Déjà-vu und eine Verwünschung, die eine Kette von Kalamitäten zur Folge hatte, an denen ich heute noch leide.

Auf einer meiner Reisen kam ich in die schöne alte spanische Stadt Toledo, und ich ging herum, als wäre ich dort zu Hause. Statt daß mein Fremdenführer mir den Weg zeigte, führte ich ihn überall herum. Sogar die Interieurs der großen Gebäude waren mir bekannt. Mit blinder Sicherheit zeigte ich ihm die Synagoge und beschrieb im voraus jedes Detail der Inneneinrichtung. Ich war ganz bestürzt, weil ich nie vorher in dieser Stadt gewesen war und sie auch nicht von Abbildungen her kannte. Dieser Vorfall erschien in einem noch seltsameren Licht, als ich erfuhr, daß eine meiner Urahninnen aus mittelalterlicher Zeit in Toledo gelebt hatte ...

Die andere merkwürdige Begebenheit fing ganz alltäglich an. Wieder einmal wollte jemand durch mich unbedingt an Fritz Lang herankommen und rief mich an. Es war eine unangenehme Frauenstimme, auf die ich kurzangebunden reagierte. Fritz Lang sei sehr krank und würde keine Fremden empfangen, aber die

Frau am anderen Ende insistierte so, daß ich schließlich einen Treffpunkt in einem Café bei der Cinémathèque mit ihr ausmachte. Auf dem Weg fiel mir ein, daß ich kein Geld mitgenommen hatte. Ich ging schnell in die nächste Bank und hob fünfhundert Francs ab, die ich in mein Portemonnaie stopfte. Diese Amerikanerin war genauso unsympathisch wie ihre Stimme. Sie erzählte mir, daß sie ein Buch über schwarze Magie schreibe und daß sie in diesem Zusammenhang unbedingt mit Fritz Lang sprechen müßte. Nach langem Zögern gab ich ihr Lily Lattés Telephonnummer, weil die am besten beurteilen konnte, ob Fritz ansprechbar war. Ich war ungewöhnlich kurz und hart mit der Frau, da ihre aufdringliche Art mich reizte und ich noch dazu in Eile war. Zu Hause wartete mein Arzt auf mich, um mir die alljährliche Grippeimpfung zu verpassen. Also verabschiedete ich mich hastig, stieg in meinen 83er Bus, in der Hand hielt ich meine Tasche mit dem leicht aufspringenden Schloß. Ein finster aussehender Mann starrt mich an, rempelt mich beim Aussteigen, die Tasche springt auf, Mann und Portemonnaie sind weg. Der Arzt verspätet sich so sehr, daß es dunkel ist, bevor ich zur Polizei gehen kann, um den Verlust meines Personalausweises zu melden. Auf dem Weg zum Revier falle ich plötzlich in ein tiefes Loch, das ich völlig übersehen hatte. Die Straßenarbeiter hatten vergessen, es mit einer roten Lampe zu kennzeichnen. Ein wahnsinniger Schmerz durchfährt mein Bein, aber ich rappele mich wieder auf und laufe weiter. Bei der Polizei weist man mein altes Photo für den neuen Ausweis zurück. Ich muß ein Automatenphoto machen lassen. Ich schleppe mich zu dem nächsten Monoprix, aber da gibt es keinen Photoautomaten. So muß ich mit meinem wehen Bein bis zur Avenue de Neuilly marschieren, ein weiter Weg für eine sechsundsiebzigjährige Frau. Der Schmerz will die ganze Woche nicht besser werden, aber ich denke mir, wie immer, wenn es um den leidigen Körper geht: Das wird ignoriert. Doch wie ich mit ein paar amerikanischen Freunden im Museum bin, versagen plötzlich meine Beine unter mir. »Ich weiß nicht, was das ist«, sage ich, »ich kann keinen Schritt mehr gehen.« Gottseidank waren es starke Männer, die mir unter die Schultern greifen und mich in ein Taxi stecken konnten. Ich fuhr zum nächsten Arzt, einem Doktor Simon, der gleich eine Röntgenaufnahme machte. »Sie haben großes Glück gehabt«, sagte er. »Der Oberschenkelhalsknochen ist angebrochen. Wären Sie noch weiter so herumgelaufen, dann wäre er ganz durchgebrochen. Kommen Sie morgen in meine Klinik, dann gipse ich Sie ein.« Er machte mir einen umständlichen Gipsverband, bei dem der Bauch so herausplatzte als wäre ich schwanger und das Bein ganz eng eingeschnürt war. Ich mußte mir durch eine Agentur eine Krankenschwester vermitteln lassen, denn in dieser Verfassung konnte ich nur zu Hause auf dem Bett liegen. Die Schwester war dick, primitiv und stank nach Schweiß, aber ich war ihr ausgeliefert. Während ich hilflos herumlag, schlich sie durch die Wohnung und bestahl mich. Am dritten Tag, als die Schmerzen immer noch nicht nachgelassen hatten, warf die Schwester einen Blick unter meinen Gipsverband und sagte: »Um Himmels willen, sie haben lauter braune Flecken am Bein, das sieht nach Wundbrand aus! Ich fahre Sie zu einem anderen Arzt.« Sie lieferte mich im nächsten Krankenhaus ab und verschwand. Der Chirurg sah die Bescherung und meinte, so einen kriminellen Gips noch nie in seinem Leben gesehen zu haben. Der Bruch sei falsch zusammengefügt, er müsse ihn operieren. Dieses Mal ging alles glatt, aber als ich nach Hause kam und meine Pflegerin wieder holen wollte, war ihre Adresse aus meiner Handtasche verschwunden und meine Schränke und Schubladen um einige Sachen erleichtert: Wäsche war weg, Bestecke, Tischdecken, Handschuhe, sogar ein seltenes Photo von Fritz Langs Dreharbeiten zu *Moonfleet,* auf dem man sieht, daß der Himmel im Hintergrund nur gemalt ist. Was die Frau damit anfangen wollte, war mir unklar, aber der Verlust war unersetzbar. Durch einen Anruf bei der Polizei erfuhr ich, die sogenannte »Krankenschwester« sei eine international gesuchte Betrügerin.

M. G. Und diese mißlichen Ereignisse führen Sie auf die amerikanische »Hexe« zurück?

L. E. Das klingt verrückt, aber ich fühlte mich wie unter einem bösen Bann, und es ging immer weiter mit dem Unglück. Wenig später wurde ich in meinem Schweizer Urlaubsort von einem Auto umgeworfen und fiel so unglücklich auf das Gesicht, daß mein eines Auge erblindete. Auf dem anderen bekam ich grauen Star. Es ging mir schließlich wie meinem Freund Fritz Lang am Ende seines Lebens, als er fast blind war. Ich vergesse nie, wie ich einmal in Cannes versucht habe, Fritz Lang und Luis Buñuel, deren Filme ich gleich hoch schätzte, miteinander bekannt zu machen. Sie kamen beide zu einem Empfang – eine seltene Gelegenheit für mich, weil Buñuel sehr menschenscheu war. Ich sagte zu Buñuel: »Luis, ich möchte Sie mit Fritz Lang bekannt machen.« Und zu Fritz sagte ich: »Schau, da geht Luis Buñuel!« Aber Buñuel, der fast taub war, hörte mich nicht, und Fritz Lang, der fast blind war, sah ihn nicht. So gingen die zwei alten Recken des Kinos aneinander vorbei.

Aber zurück zu den Unglücksfällen: Vor einigen Jahren hatten wir einen jungen Belgier an der Cinémathèque, der vorgab, sich für meine Kritiken zu interessieren. Er wollte angeblich meine lückenlose Reihe der ›Cahiers du Cinéma‹, die ich zu Hause hatte, benützen, und so kramte er bei mir herum, wenn ich Mittagsruhe hielt. Mein portugiesisches Hausmädchen gab ihm noch die Trittleiter, so daß er sich bis oben hin in meinen Büchergestellen auskannte. Ich hatte Vertrauen zu dem Jüngling, was wieder mit meinem Aberglauben zu tun hat, denn der Kleine hieß Stefan, wie mein Lieblingsneffe, und mit Nachnamen »Du Haut«, was mich an »L'Au-Delà«, also an das Jenseits erinnerte. Stefan kam immer mit einem großen Koffer. Ich dachte mir lange nichts, bis ich merkte, daß alle möglichen Bücher fehlten. Der Junge hatte es ganz schlau angestellt, daß man keine Lücken im Regal sah. Meine Bücher stehen zweireihig. Wenn er etwas wegnahm, zog er die hinteren Bücher nach vorn, und so sah man nicht, daß etwas fehlte. Stefan stahl mir meine alte Kleist-Ausgabe, aber auch viele meiner Artikel, die ich nicht doppelt hatte. Die ›Cahiers du Cinéma‹ trug er mir weg und das Original-*Nosferatu*-Plakat. Das hatte ich zufällig zu Hause, weil ich es für meine deutsche Murnau-Ausgabe brauchte. Sogar Teile meines Manuskripts hat der verrückte Kerl hinweggeschleppt. Die mußte ich dann mühsam mit Hilfe des französischen Textes wieder zusammenflicken.

M. G. Aber haben Sie denn gar nichts gegen den jungen Mann unternommen?

L. E. Doch, schon, aber mir war klar, daß der Kerl nicht richtig im Kopf war, und er hatte nur noch eine Mutter, die ihn beschützte und an ihm hing. Hätte ich die belgische Polizei auf ihn gehetzt, wäre er wahrscheinlich in ein Asyl gekommen, und das habe ich nicht über's Herz gebracht. Aber ich habe Henri Storck, den belgischen Dokumentarfilmer, mit dem ich schon seit langen Jahren befreundet bin, gebeten, sich einmal in der Wohnung von Stefan umzusehen, ob er etwas von meinen Sachen entdecken könnte. Der hat nichts gefunden. Darum meine ich, daß der Junge die Sachen zu seiner Freundin gebracht haben muß, von der er immer erzählte. Außer ihr hatte er keine Freunde. Ich berichte Ihnen das so ausführlich, weil ich hoffe, daß diese Freundin unser Buch lesen und dann vielleicht aus schlechtem Gewissen die geklauten Sachen an die Cinémathèque zurückgeben wird.

M. G. Ich weiß, daß die »Cinémathèque du Monde« im Laufe der Zeit alle großen Filmschaffenden nach Paris eingeladen und sie fürstlich empfangen hat. Es ergäbe sicher ein tausendseitiges Buch, würde man die Annalen dieser denkwürdigen Veranstaltungen aufzeichnen. Viele der weltbekannten Regisseure sind wiederholt bei Ihnen zu Gast gewesen. Es haben sich so etwas wie Rituale im Empfang der Gäste herausgebildet. Können Sie sich an einige Einzelheiten erinnern?

L. E. Ja, ich erinnere mich zum Beispiel gut, daß Langlois, der mich meistens bat, die Gäste am Flughafen abzuholen, mir eine kurze Anweisung für Madame Kawakita aus Tokio schrieb. Ich habe sie 1953 bei den Berliner Filmfestspielen kennengelernt. Ihr Mann, ein großer Produzent schon in den dreißiger Jahren, hat mit seiner Firma TOHO-Film als erster Filmaustausch mit Deutschland im großen Stil betrieben. Nach seinem Tod erbte Madame Kawakita die Firma. Für uns ist sie eine wichtige Person, weil sie mit ihrer Tochter zusammen die japanische Kinemathek betreut, und wir in unserer Arbeit eng miteinander in Verbindung stehen. Wir haben uns oft bei internationalen Filmfestspielen getroffen, und einmal, in Locarno, ist sie mit mir, in ihren echt japanischen Sandalen, die Berge hochgetrippelt. Ab und zu bückte sie sich, um ein paar seltene Alpenblumen zu pflücken, die sie dann in eins der fein angeordneten japanischen Blumengebinde verwandelte und mir in die Hand drückte. Und das bringt mich zu ihrem ersten Besuch. Langlois schrieb: »Wenn Sie Madame Kawakita abholen, bitte empfangen Sie sie mit einem Strauß lila Wicken. Das sind ihre Lieblingsblumen.« Ich tat, wie mir geheißen. Madame Kawakita kam in einem lila Kimono, sehr korrekt, sehr vornehm, auf die alte Art, und nahm mit vielen Verbeugungen die dazu passenden Blumen in Empfang.

Bei Fritz Lang hatte es sich eingebürgert, daß er in dem Hotel »La Reine Elisabeth« abstieg, einem vornehmen Gebäude, das die Japaner in eine Botschaft umwandeln wollten, aber doch nicht die Erlaubnis bekamen. Lang flog nur erster Klasse, und er bat sich immer eine Begleitperson aus, für die die Cinémathèque auch zahlen mußte – seiner schlechten Augen wegen. In dem Hotel hatte er ganz oben, wo der Aufzug nicht mehr hinreichte, eine kleine Drei-Zimmer-Suite. Lang aß gern gepflegt und ließ sich, wenn es sich ergab, durch Howard Vernon, der sich rührend um ihn kümmerte, ein weibliches Wesen zur Gesellschaft einladen. Wenn Vernon auf Theater-Tournee war, sorgte ich für das Wohlergehen des Gastes.

M. G. Eine Frage, die mich sehr beschäftigt hat, als ich Fritz Langs Briefe an Sie las, aus denen seine Einsamkeit deutlich wird: Wäre sein Privatleben vielleicht lebendiger und reicher gewesen, wenn er sich nicht durch seine eingefahrenen Lebensgewohnheiten und äußeren Ansprüche von guten menschlichen Begegnungen abgeschnitten hätte?

L. E. In der Frage liegt die Tragik seiner letzten dreißig Jahre. Lang galt schon bald nach seinem Erscheinen in Hollywood als »der hochmütige Deutsche«, um den man lieber einen großen Bogen machte. In Wirklichkeit hatte er eine natürliche Autorität, die sich aus seinen Erfolgen in Deutschland erklärte. Dort war er der große Herr gewesen. Bei MGM war er nur Angestellter unter vielen Angestellten einer Superfirma.

Daß er seine eigenen Sets, seine Kamera, seine Spezialeffekte und sein Filmmaterial nicht anrühren durfte, machte ihm schwer zu schaffen. Er war stolz, aber nicht hochmütig, gehemmt, aber nicht arrogant. Die Wortkargheit der ersten Monate ist lächerlich einfach zu erklären. Lang mußte sich erst die englische Sprache aneignen und sie zu einem fein geschliffenen Instrument machen. Darin war er genauso gründlich und pedantisch wie in der technischen Ausgestaltung seiner Filme.

M. G. Das heißt, er hatte es schwer, neue Freunde zu finden. Hat er sich wenigstens an die europäischen Exilanten angeschlossen?

L. E. Das war auch schwierig. Wie Sie wissen, haben die Kollegen untereinander sich immer ein wenig mißtrauisch betrachtet. Josef von Sternberg sah Lang mit schiefem Blick an, und umgekehrt. Renoir wohnte ein paar Schritte von Lang entfernt, wollte aber nichts mit ihm zu tun haben, weil Lang Remakes von seinen Filmen *La Chienne* und *La Bête Humaine* gemacht hatte, die ihm nicht gefielen. Das nahm er ihm sehr übel. Da habe ich, als ich 1966 nach Hollywood ging, wenigstens Frieden stiften können und habe Renoir erklärt, daß Lang die beiden Filme *Scarlet Street* und *Human Desire* als Auftragsfilme drehen mußte. Er konnte sich seine Themen nicht frei aussuchen. Die ersten zwei Jahre in Hollywood hat er überhaupt keinen Auftrag bekommen, sondern nur herumgewartet, und in der McCarthy-Ära hat man seine Arbeit boykottiert, weil er mit linksorientierten Leuten wie Brecht und Weill zusammengearbeitet hatte. Als Lang sich Ende der fünfziger Jahre an ein für die Amerikaner sehr heißes Eisen heranwagte und einen Film über eine Abhöraffäre drehen wollte, war er ganz unten durch. In der Not frißt der Teufel Fliegen. Es kam ein Angebot von Atze Brauner. Fritz war zu lange aus dem deutschen Filmbetrieb heraus, um gleich zu übersehen, daß er sich mit dem Abschaum der deutschen Filmbranche zusammengetan hatte. Das merkte er erst beim Drehen. Gert Fröbe und Peter van Eyck wurden ihm aufgezwungen, zwei Oberchargen, die sich in den Drehpausen lautstark vor den anderen Darstellern wichtig machten.

»Kucken Se mal her, Herr Lang, Herr Lang, wie schön ich das kann!« rief er, und dann mußte der arme Fritz Beifall klatschen, wenn Fröbe seine abgedroschenen Mimereien vor einem speichelleckenden Publikum servierte. Die Arbeiter reizten Fritz Lang zu kochendem Zorn, wenn sie im Gleichschritt und auf Kommando mit einem gebrüllten: »Achtung!« und »eins, zwei, eins, zwei« einen Baumstamm an ihm vorbeitrugen. Er fand das gar nicht witzig und sah nur bestätigt, was für ihn widerwärtig an den Deutschen war.

M. G. Es gab, wie Sie am besten wissen, in den sechziger Jahren schon junge idealistische Filmleute in der Bundesrepublik, die Lang, wenn er nur gewollt hätte, auch entdecken konnte. Aber mir scheint, daß ihn sein Lebensstil daran hinderte, die richtigen Menschen zu treffen.

L. E. Das mag sein. Lang gehörte der alten Garde der Filmschaffenden an, für die es selbstverständlich war, erster Klasse zu reisen und in den besten Hotels abzusteigen. Dadurch bekam er von dem jungen Leben wenig mit. Die neuen Regisseure, mit denen ich befreundet bin, haben mit wenig Geld angefangen, sind bescheiden in ihren materiellen Ansprüchen und hätten es, mit ein paar Ausnahmen, niemals gewagt, eine lebende Legende wie Lang anzusprechen. Werner Herzog schrieb mir zu Langs Tod:

München, 9. 8. 76

Liebe Lotte Eisner,

Fritz Lang ist gestorben, ich habe das in den Nachrichten vom Fernsehen gehört, und es wundert mich überhaupt, daß man von ihm so Notiz genommen hat, wo er in diesem Lande ganz vergessen war. Ich glaube, kaum einer hier wußte, daß er überhaupt noch am Leben war. Ich habe nachgegrübelt über die Frage: sind wir jetzt vaterlos, ich meine die Jüngeren, die jetzt Filme machen, und da kommt es mir immer stärker so vor, daß wir das von allem Anfang an waren, denn Fritz Lang hat man so weit von unserer Mitte davongejagt, daß er gar nicht am Leben war, sondern ein Gerücht, ein Mythos. Sie waren ja unter denen, die mich gedrängt haben, ihn zu sehen, aber ich habe mich nie so richtig getraut, weil er zu krank war, das ist das eine, und weil er für mich schon unkörperlich war, das ist das andere.

L. E. Die paar Kecken, die zu ihm durchdrangen, waren meist die weniger guten Leute. Mit denen erlebte er, wenn er ihnen sein

Lotte Eisner und Werner Herzog während der Dreharbeiten zu Werner Herzogs *Nosferatu* (1978)

Lotte Eisner (Mitte) mit Jean Gibon (links) und Gisela Storch (rechts)

Lotte Eisner (Mitte) mit Jean Gibon, Gisela Storch, Bruno Ganz (stehend), Jörg Schmitt-Reitwein und Werner Herzog (liegend)

Vertrauen schenkte, die größten Enttäuschungen. Das verbitterte Lang immer mehr.

M. G. Sie dagegen haben jede Unbequemlichkeit in Kauf genommen, um mit den jungen Kräften in lebendigem Kontakt zu bleiben.

L. E. Ich war da nicht so heikel. Ich bin noch vor drei Jahren, mitten im Winter, in einer Eiseskälte, trotz meiner schlechten Augen und trotz meiner Hümpelei, nach Bremen gefahren, weil Sohrab Shahid Saless mich so dringend bat, ich möchte mir seinen *Grabbe*-Film ansehen. Die Mühe hat mich nicht gereut. Ich halte Sohrab, der, von der Schah-Regierung vertrieben, in die Bundesrepublik ging und dort seine Filmlaufbahn fortsetzte, für einen der unbestechlichsten Menschen, wenn es um deutsche Thematik geht wie zum Beispiel in seinem Film *Die Ordnung*.

M. G. Und wenn ich an die Dreharbeiten von *Nosferatu* denke – da war es zwar schon Frühling, aber es wehte ein bitterkalter Wind, als ihr an der Nordsee zusammen spazierengegangen seid, und in den Gassen von Delft war es auch nicht gerade gemütlich warm.

L. E. Werner und seine Mitarbeiter waren so fürsorglich, die haben mich doch eingehüllt wie eine Astronautin. – Das einzige Experiment, das Fritz gewagt hat, war, für Godard zu schauspielern, und das hat ihm viel Spaß gemacht. Wäre es ihm möglich gewesen, etwas von seinem Standesbewußtsein und seiner Reserve aufzugeben, hätte er, so wie ich, mehr erfreuliche menschliche Erlebnisse mit ins Grab nehmen können. Er hat, glaube ich, auch eine Familie entbehrt. Howard Vernons Bild von Fritz mit seinem Stoffaffen schreit diesen Mangel geradezu heraus.

M. G. Ich habe mich beim Lesen seiner Korrespondenz gewundert, daß Fritz Lang immer von Peter grüßen läßt oder schreibt: »Wir *drei* vom ›Hügelhaus‹ lassen grüßen«, oder: »Der Peter hat heute wieder zuviele Martinis getrunken« ... bis ich einmal Howard Vernon fragte, ob mit Peter etwa Peter Bogdanovitch gemeint sei, aber der lachte und erklärte mir Langs Liebe zu seinem Stoff-Schimpansen, den er von der einzigen Frau, die er geliebt hat, bekommen hätte.

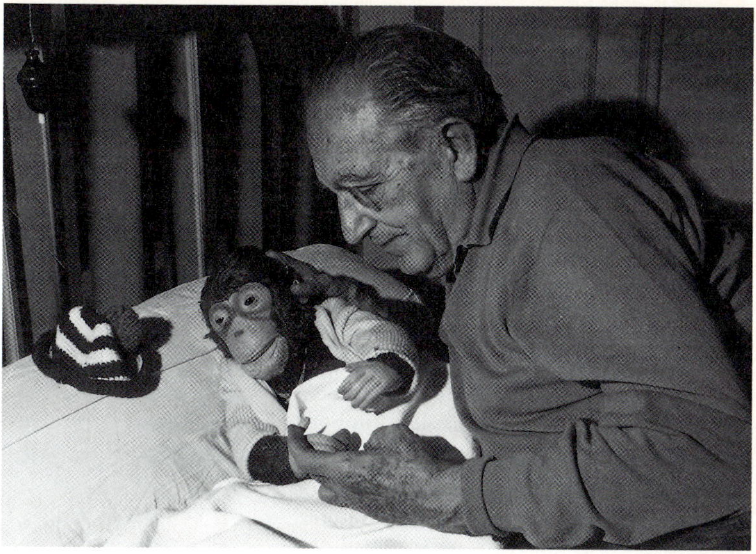

Fritz Lang mit seinem Affen Peter

L. E. Ich habe bei Lang einmal ein Photo von seinem Haus in Dahlem gesehen, und da sah ich den Affen hinten auf dem Schreibtisch sitzen. Er war ein alter Freund. Fritz hat ihn mit ins Grab genommen.

M. G. Können Sie sich an Filme oder Filmer erinnern, die Sie durch Ihr positives Eingreifen bekanntgemacht haben?

L. E. Da gibt es einige. Am durchschlagendsten war wohl mein kleiner Artikel in ›Film Culture‹, den ich bei den Filmfestspielen in Cannes über Satyajit Rays Trilogie *Pather Panchali* schrieb. Ray bekam damals einen Preis. Er wurde in Cannes von den Europäern entdeckt, was aber kaum einen Einfluß auf den amerikanischen Markt hatte. Mein lobender Artikel in der amerikanischen Filmzeitschrift öffnete ihm in den USA die Tore. Ray schrieb mir noch 1975, kurz nach meinem Herzinfarkt.

24. Februar 1975

Liebe Lotte,

Es war sehr betrüblich, von Gene Moskowitz zu hören, daß Sie mit einem Herzanfall im Krankenhaus liegen. Ich wünsche Ihnen hiermit eine schnelle und absolute Genesung. Von nun an dürfen Sie sich auf keinen Fall mehr überanstrengen. Ich brauche kaum zu erwähnen, wieviel Ihre Sympathie und Ihr Verständnis mir in den zwanzig Jahren meiner Filmarbeit bedeutet haben. Von dem Zeitpunkt an, als Sie in ›Film Culture‹ über *Pather Panchali* geschrieben haben, sehe ich Sie als eine Freundin an, ohne die ich nicht auskommen kann …

Ich hoffe, diese Freundschaft noch viele Jahre lang genießen zu können. Ich weiß, daß dieses Gefühl von vielen anderen Filmern in der ganzen Welt geteilt wird. Denken Sie an uns alle, und werden Sie schnell gesund, und bleiben Sie es!

Für immer
Satyajit Ray

Ich traf Satch, also Ray, nach seinem Erfolg in Cannes auf dem Festival in Berlin wieder. Wir beschlossen, das schöne Juniwetter für eine Rundfahrt auf der Havel auszunutzen. Es ergab sich, daß auf dem gleichen Boot Curd Jürgens sich spreizte. Just in dem Moment, als ein Photograph Satch aufnehmen wollte, stellt sich Jürgens dick vor ihn in Positur. Ich, wütend, sage zu Jürgens: »Bitten treten Sie zur Seite, mein Herr, hier soll ein bedeutender Mann photographiert werden!« Curd Jürgens lief lila an.

Wie Satch, so hat auch Werner Herzog gespürt, daß meine Mission hier auf der Erde noch nicht erfüllt war. Darum hat er seinen langen Marsch nach Paris angetreten, um mich am Sterben zu hindern. Als er bei mir angekommen war und ich noch lebte, schrieb er in sein Tagebuch:

Samstag, 14. 12. (74)
Im nachhinein noch dieses: Ich ging zur Eisnerin, sie war noch müde und von der Krankheit gezeichnet. Irgendwer mußte ihr wohl am Telefon gesagt haben, daß ich zu Fuß gekommen war, ich wollte es nicht sagen. Ich war verlegen und legte meine wehen Beine auf einen zweiten Sessel hoch, den sie mir hinschob. In der Verlegenheit ging mir ein Wort durch den Kopf, und da die Situation ohnedies seltsam war, sagte ich es ihr. Zusammen, sagte ich, werden wir Feuer kochen und Fische anhalten. Da sah sie mich an und lächelte ganz fein, und weil sie wußte, daß ich einer zu Fuß war und daher ungeschützt, verstand sie mich. Einen feinen, kurzen Moment lang ging etwas Mildes durch meinen todmüden Körper hindurch. Ich sagte, öffnen Sie das Fenster, seit einigen Tagen kann ich fliegen.

Meine Freundschaft mit Carl Theodor Dreyer geht auch auf einen Artikel zurück. Ich schrieb für die ›Cahiers du Cinéma‹: ›Rencontre avec Carl Dreyer‹.

Dreyer war eine seltsame Mischung zwischen Geschäftsmann und Dichter. Bei ihm zu Hause sah es aus wie bei einem Börsenmenschen, so nüchtern war alles. Er betrieb das schönste Kino in Kopenhagen. Manchmal verfiel er in religiöse Schwärmerei oder geistige Umnachtung. Sein nie erfüllter Traum war es, einen Christusfilm in Palästina zu drehen. Er hat mir erzählt, wie er sich den Film farblich vorstellte:

Wenn ich meinen *Christus* in Israel drehe, werde ich sehr wenige Farben benutzen. Man darf nie vergessen, daß Schwarz und Weiß die dominierenden Farben in einem Farbfilm sein müssen. Dank einer gewissen Farbigkeit wirkt das Weiße noch weißer und das Schwarze noch schwärzer. Deswegen werde ich diesen Film in der Farbgebung von Holzschnitten machen.[30]

Ein anderes Mal, als ich nach Kopenhagen kam und ihn anrief, wimmelte er mich ab und sagte: »Lotte, Eisner, ah, Lotte Eisner, guten Tag ... wir sehen uns dann in Palästina wieder.« – »Aber Herr Dreyer, ich bin in Kopenhagen und möchte Sie besuchen.« Aber er begriff mich nicht. Diese Verwirrungen hat er immer gehabt. Sie traten periodisch auf. Vielleicht hatte er mich mit

Palästina in Verbindung gebracht, weil er wußte, daß ich Jüdin bin.

Als Dreyer seinen letzten Film *Gertrud* nach Paris brachte, den ich nicht so gut finde wie *Tag des Zorns* oder die *Johanna,* habe ich mir gesagt, man muß den Film vorsichtig unter die Leute bringen. Auf französisch würde man sagen: »le faire rôder«. Er lief zuerst in einem kleinen Kino vor geladenen Gästen. Ich war sehr gespannt. Es ist ein Film, der stark an Ibsen erinnert, ein Dichter, den ich als dreizehnjähriges Mädchen verschlungen habe, sehr zum Entsetzen meiner Tanten – heute aber als verstaubt empfinde. Die Hauptfigur wirkte etwas hölzern. Ich könnte mir vorstellen, daß eine andere nordische Schauspielerin, wie Ingrid Thulin, mit ihrer starken Ausstrahlung den Film lebendiger gemacht hätte.

Trotzdem wünschte ich, der Film würde gut ankommen. Dreyer saß neben mir. Es kam mir vor, als wäre ich ihm gegenüber für die Reaktion des Publikums verantwortlich. Schon nach den ersten Bildern hörte man Gemurmel und Gekicher. Michel Piccoli mokierte sich ganz laut über den Film. Ich krallte meine Nägel in die Handflächen, bis ich blaue Kerben hatte. Als ich einen Blick auf meinen Nebenmann warf, sah ich, wie ihm die Tränen herunterliefen. Ich war todunglücklich. Nach der Vorführung bin ich auf Carl Dreyer zugegangen und habe ihm gesagt, was für ein schöner Film *Gertrud* sei.

»Lotte Eisner, Sie sind immer so nett zu mir.«

Ich habe versucht, diese Scharte in Paris wieder auszuwetzen, indem ich in der Cinémathèque eine Dreyer-Retrospektive mit sorgfältigen Einführungen organisierte. In diesem Zusammenhang wurde auch *Gertrud* noch einmal gezeigt, und inzwischen war der Film in Venedig gelaufen, wo er großen Erfolg hatte. Das färbte auch auf Paris ab. Auf einmal kam er auch bei den Franzosen an.

M. G. An welche Ihrer vielen Reisen erinnern Sie sich am liebsten?

L. E. Es sind immer Einzelheiten, die mir im Gedächtnis geblieben sind, einige Bilder, einige Anekdoten, einige Menschen. Da ich immer in meiner Mission für den Film unterwegs war, hatte ich wenig Muße, auf eigene Entdeckungsfahrten zu gehen, aber einmal bin ich doch vom Wege abgekommen ...

M. G. Können Sie sich noch an Ihren ersten Flug erinnern?

L. E. Ja, das weiß ich noch sehr gut. Das war in den fünfziger Jahren, als ich zu einer Tagung der polnischen Filmclubs fuhr. Ich war mit Anne Philipe zusammen, der Frau von Gérard, die auch Journalistin ist, und ich sagte zu ihr, als sie mich gespannt ansah und fragte: »Na, wie finden Sie es?« – »Nicht hoch genug, nicht schnell genug und nicht offen genug!« Ich wollte so wie Saint-Exupéry, der im offenen Flugzeug gesessen hat, die Ekstase des Fliegens spüren.

Anne prophezeite mir: »Sie werden noch oft fliegen.«

Mit Anne Philipe bin ich auf meinen Reisen oft zusammengewesen. Aber nach dem frühen Tod ihres Mannes ist sie mir verlorengegangen ... wie man ein Taschentuch verliert.

Bei der Beerdigung von Gérard Philipe wollte man Henri und mich zuerst nicht ins Haus lassen, weil sich Henri wieder irgend jemanden zum Feind gemacht hatte. Aber dann sah Claude Le Roy uns draußen herumstehen und zog uns schnell hinein. »Schade, daß ihr so spät kommt«, sagte er, »sonst hättet ihr Gérard noch im offenen Sarg sehen können. Er war gekleidet wie in seiner liebsten Rolle, dem ›Cid‹.«

M. G. War Gérard Philipe wirklich so bezaubernd und unschuldig wie sein Filmgesicht?

L. E. Er war im Privatleben sehr bescheiden und lebte zurückgezogen. Wenn er einmal ins Restaurant ging, setzte er sich mit dem Rücken zur Tür, damit man ihn nicht erkannte. Bei einem so strahlenden Mann war man verwundert, wie stark und ausschließlich er an seiner unscheinbaren Frau hing, während sich durch seine Filme ein lockerer Reigen immer wechselnder Liebschaften zieht.

M. G. Jetzt sind wir doch vom Wege abgekommen. Sie wollten doch von Ihren brasilianischen Liebesabenteuern erzählen.

L. E. Ich war zwei- oder dreimal in Brasilien. Das letzte Mal mit Henri Langlois und Fritz Lang. Das war, als der Film von Godard *One Plus One* im Festivalprogramm von Rio lief, mit dem wir nichts anfangen konnten und wobei Fritz mich nach einer Weile am Ärmel zupfte: »Ich halte es nicht mehr aus, laß uns gehen«, obwohl er doch durch seine Zusammenarbeit mit Jean-Luc an *Le Mépris* Verständnis für ihn hatte. Ich flüsterte ihm zu: »Fritz, wenn wir jetzt 'rausgehen, weiß ganz Rio, daß wir aus einem Film von Jean-Luc Godard geflohen sind.«

Übrigens war ich mit Henri von Paris aus geflogen, während Fritz direkt aus Hollywood kam. Ich hatte gedacht, ich müßte allein fliegen, weil das Flugzeug schon die Motoren laufen hatte und noch kein Henri Langlois zu sehen war. Im letzten Augenblick wurde er von zwei Stewards hineingestoßen. Er nahm schnaubend seinen Platz ein. Henri mußte immer erster Klasse reisen, weil er in die Zweite-Klasse-Sitze nicht hineinpaßte.

Von Rio de Janeiro habe ich nur den Blick über die vielen paradiesischen Buchten und den Zuckerhut vom Flugzeug aus in Erinnerung. Die Stadt gefiel mir durch ihr lustiges Völkergemisch. Ich war nie zur Karnevalszeit dort, aber man hat für uns extra einen kleinen Karneval auf einer Plaza veranstaltet, wo wir auf einem Podium saßen und den Tanzorgien der Sambatänzer zusahen. Die Schwarzen hatten weiße Masken auf und spielten das brutale Verhalten der Weißen während der Sklaverei nach.

Die Favelas, die ärmlichen Quartiere der Schwarzen, fielen mir auf durch ihre Sauberkeit. Sie haben sich die schönsten Plätze für ihre Behausungen ausgesucht. Die Frauen kleideten sich ganz in Weiß, selbst die zerlumptesten Gestalten sahen dort noch reinlich und stolz aus. Fröhlichkeit lag auf den Gesichtern.

Mein brasilianischer Freund, Da Silva, sagte mir auf meiner ersten Brasilienreise, ich müßte unbedingt Bahia sehen. So flogen wir in einem kleinen, einmotorigen Flugzeug, einem wahren Klappergestell, nach Bahia. Meine europäischen Freunde haben mich für verrückt erklärt, als ich von der Maschine erzählte, bei der man das Gefühl hatte, sie sei so unordentlich zusammengeschraubt wie ein selbstgebasteltes Fahrrad. Aber ich hatte keine Angst. Die Luft in Bahia war eine Mischung von schweren Blütendüften und dem frischen Geruch weißer Wäsche.

Die Menschen tanzten und sangen, tranken und luden uns ein. Alle Türen standen offen. »Kommen Sie herein und trinken Sie mit uns!« Wir tranken Zuckerrohrschnaps und aßen tropische Früchte, die ich nie vorher gesehen hatte. Ich war glücklich wie nie in meinem Leben. Es gab keine Rassenschranken, ich vergaß ganz, daß ich eine Weiße war. Das Hotel, in dem wir wohnten, hatte gläserne Wände und einen wunderschönen Garten mit tropischen Pflanzen. Wir wurden so fürstlich bewirtet, daß ich nach einer Woche Angst hatte vor der dicken Rechnung, aber die war lächerlich niedrig. Dann zog ich auf eigene Faust weiter. Ich stieg in einen Überlandbus und ließ die Landschaften an mir vorbeiziehen. Bis wir plötzlich an einen kleinen Ort kamen, der Buen Viaggo hieß. Da war ein weißer Strand mit Palmen: Das ist *Tabu,* sagte ich mir. »Anhalten!« Ich stieg aus und steuerte auf das einzige kleine, von Eingeborenen bewohnte Hotel zu. Mir war,

Bild aus dem Südseefilm *Tabu* (1931) von Friedrich Wilhelm Murnau

Bild aus dem Südseefilm *Tabu* (1931)
von Friedrich Wilhelm Murnau

als wäre ich nie woanders gewesen, als hätte ich mich nie so selbstverständlich bewegt und ohne Sprache gesprochen. Es waren Tage ohne Stunden, Stunden ohne Minuten, die ich am Strand lebte, bis irgendwann mein europäisches Bewußtsein mich mahnte: Lotte, in Paris wartet die Arbeit. Dommage!

Als ich Henri von der Reise erzählte, sagte er: »Sie kommen mir völlig verändert vor, ich glaube, Sie haben ein Liebesabenteuer dort unten gehabt.«

Da lachte ich: »Ja, ich bin verliebt in Bahia, verliebt in *Tabu* und verliebt in Congonias.« Congonias ist ein Ort mit einer Barockkirche und einer kleinen Kapelle, in der holzgeschnitzte Apostel stehen. Der Judas hatte es mir angetan. Er war mit mehr Sorgfalt geschnitzt als Jesus oder Johannes. Der Künstler hatte ihn gesehen wie Luzifer, den gefallenen Engel. Es war nicht die böse häßliche Fratze, die man normalerweise bei Judasdarstellungen findet.

M. G. Welche Gemälde haben Sie am meisten beeindruckt?

L. E. Es waren einzelne Sachen, die ich geliebt habe, zum Beispiel *Die Judenbraut* von Rembrandt. Jedes Mal, wenn ich in Amsterdam war, bin ich ins Rijksmuseum gegangen, nur um *Die Judenbraut* zu sehen. Ich sah in ihren traurigen Augen, daß sie schon das Schicksal, das ihrem Volk in der Nazizeit blühte, vorausahnte.

M. G. Rembrandt hat die junge Frau wahrscheinlich so traurig gemalt, weil es zu seiner Zeit schon den gleichen Haß auf die Juden gab.

L. E. Ja, es gab damals natürlich auch schon Ghettos und Judenverbrennungen, aber trotzdem – ich habe das Bild immer mit den Vernichtungslagern Hitlers in Verbindung gebracht. In den Augen der Judenbraut lag die Tragik von Jahrhunderten ...

Sehr gern habe ich auch Rembrandts Zeichnungen und Radierungen. Es ist komisch, Rembrandt hat so viele Selbstbildnisse gemalt, er muß sich vor den Spiegel gesetzt und sich in jeder Gefühlsregung studiert haben. Es gibt Selbstbildnisse in jeder Lebenslage: lächelnd, die Stirne runzelnd, weinend, mit dem Brief in der Hand, mit dem Spiegel, als alter Mann, lesend – eine ganze Ausstellung könnte man nur von seiner Grimassenschneiderei machen. Ich denke mir, daß er heute vielleicht Filmer oder Photograph wäre, so genau hat er die verschiedenen Phasen des sich wandelnden Gesichtsausdruckes studiert.

Aber mein Lieblingsmaler ist doch Caspar David Friedrich, der in seinen romantischen Verzerrungen und Verklärungen der Landschaft schon an die Expressionisten erinnert. Für mich sind die Landschaften in *Kaspar Hauser – Jeder für sich und Gott gegen alle* – wie die von Caspar David Friedrich. Es sind inszenierte Landschaften, und man hat das Gefühl, es kommen auch Menschen darin vor, aber die sind nicht so wichtig.

M. G. Haben Sie mit den Surrealisten Kontakt gehabt?

L. E. Nicht so sehr. Ich habe Picasso einmal gesehen, als er schon ein alter Mann war, und fand ihn erstaunlich jugendlich. Er hat so viele stilistische Phasen durchgemacht, daß man ihn eigentlich nur bedingt zu den Surrealisten rechnen kann. Ich habe am liebsten seine »blaue Periode« aus der Frühzeit und die ersten Zeichnungen, vor allem aber seine Stierkampfszenen. In Madrid habe ich ein längliches, farbenprächtiges kleines Stierkampfbild im Museum gesehen, das hätte ich am liebsten mitgenommen und es in meinem Wohnzimmer aufgehängt. Das geht mir manchmal so in Gemäldegalerien, wo eine Überfülle ist, wenn ich beispielsweise die Altdorfersche Tropenlandschaft da aus der Ecke wegnähme, würde das kein Mensch als Verlust empfinden.

M. G. Haben Sie einmal einen Stierkampf miterlebt?

L. E. Ja, das war, als ich mit Fritz Lang zusammen beim Filmfestival von San Sebastian war. Er bat mich, zwei Karten für uns zu besorgen, und ich mußte Plätze in der vordersten Reihe buchen, weil Fritz schon so schlecht sah ... Als dann der Tag kam, hatte er auf einmal keine Lust mehr. Ich ging also allein und habe von meinem guten Platz aus die Ästhetik des Schauspiels voll ausgekostet. Ich dachte gar nicht an die Grausamkeit, sondern sah einfach die Grazie der Bewegungen, sowohl bei den Stieren als auch bei den Toreros in ihrer alten Tracht.

Irgendwie kamen wir wieder auf den Stierkampf zu sprechen, als Fritz und ich mit Brigitte Bardot in Paris zusammentrafen. Die Schauspielerin war ganz entrüstet, daß eine Frau wie ich sich an solch einer Tierquälerei ergötzen konnte. »Dumme Pute«, dachte ich mir innerlich.

M. G. Ich finde einen Stierkampf nur gerecht, wenn Tier und Mensch die gleichen Überlebenschancen haben. Ich habe einmal bei einem Rodeo gesehen, wie ein Stier sein Rückgrat brach und elendiglich verreckt ist. Er lag in der Mitte der Arena und zuckte, und die lebendigen Tiere, die an ihm vorbeigetrieben wurden, hielten inne und leckten das verendende Vieh ab. Das war so schrecklich, daß ich auf den anschließenden Stierkampf verzichtet habe.

L. E. Heute wäre ich vielleicht auch empfindlicher, und Sie wissen ja, ich selbst kann keinem Tier wehtun, aber diese Bardot war eine ziemliche Gans. Mit Juliette Greco, die ich einen Tag danach zum ersten Mal traf, habe ich mich gleich viel besser verstanden. Sie war zu der Zeit noch mit Michel Piccoli zusammen, und das war ein Paar, das mir gefiel. In Godards Film *Die Verachtung,* in dem Fritz sich selbst spielen mußte, waren Piccoli und Bardot seine Partner. Fritz wollte die Rolle zuerst nicht annehmen, weil der Regisseur in der literarischen Vorlage ein Faschist ist, aber dann hat Godard ihm versichert, er würde sie so verändern, daß er ein Mann der Linken wäre. Ich halte *Die Verachtung* für einen von Godards interessantesten Filmen. In meinem Lang-Buch schrieb ich über die beiden Regisseure:

Dies führte zu dem Fernsehinterview zwischen Lang und Godard, bei dem keine dritte Person dazwischenfunkte: ein Interview zwischen einem Dinosaurier und einem Baby, zwischen einem Indianerhäuptling, der sich zum Meditieren zurückzieht, und dem jüngeren Sohn, der den Kriegspfad übernehmen wird.[31]

M. G. Hatten Sie mit der surrealistischen Gruppe um Buñuel, Artaud, Dáli und Breton vor dem Krieg Kontakt?

L. E. Leider gar nicht, aber einen von ihnen kannte ich sehr gut. Das war Man Ray. Oft bin ich, wenn ich ein Stündchen Zeit hatte, zu seinem Studio an der Kirche von St. Sulpice gepilgert. Seine Arbeit war immer voller Überraschungen; ein buntes Durcheinander von umfunktionierten Objekten aus dem Alltagsleben – fertigen und unfertigen Ölgemälden, Photos, Haushaltsgegenständen und Skulpturen – machten das Einzimmer-Atelier zu einem Ort der Entdeckungen. Ray lebte in diesem Studio. Hinten in der Ecke hatte er sein Bett stehen, für das er sich selbst eine bewegliche Holzkonstruktion gebaut hatte, die es ihm ermöglichte, gleich morgens vom Bett aus zu malen. Er hatte es nicht gern, wenn er nur als »Kunst«-Photograph eingestuft wurde. Photographie war für ihn keine Kunst, sondern ein Resultat von Erfahrungen, und die verschiedenen Ausdrucksweisen von Erfahrungen, Malerei, Skulptur und Photographie hatten für ihn gleichwertige Bedeutung. Er machte alles nebeneinander, probierte immer neue Techniken aus und hätte am liebsten jedes neue Werk mit einem anderen Namen unterzeichnet, damit man nicht versuchte, ihn stilistisch in eine bestimmte Ecke zu drängen.

In den vierziger Jahren hatte Man Ray in Hollywood die hübsche Juliet kennengelernt, die der katzenäugigen Ava Gardner lächerlich ähnlich sieht. Er nahm sie mit nach Paris und machte sie zu seiner Woman Ray. Als Juliets Mann im gleichen Jahr wie Henri Langlois starb (1977), ließ sie das Atelier unberührt, so wie er es verlassen hatte – sogar die Socken blieben noch auf dem Stuhl vor seinem Bett liegen.

M. G. Und die surrealistischen Dichter, haben Sie die gekannt?

L. E. André Breton habe ich als alten Mann in unserer Cinémathèque ganz zufällig stehen sehen. Ich wußte gar nicht, wie er aussah, bemerkte nur einen älteren Herrn wartend in der Bibliothek und dachte: Oh, der hat einen guten Kopf auf. Er hatte einen Schock weißer Haare und die berühmte Denkerstirn. Ich ging auf ihn zu und fragte: »Kann ich Ihnen behilflich sein, Monsieur?«, und er sagte mir, daß er auf ein Photo warte, das man ihm heraussuchen wollte.

Ich war neugierig, mit wem ich es zu tun hatte und fragte ihn nach seinem Namen. »Ich bin André Breton«, sagte er. »Was, der *große* André Breton? Und da läßt man Sie hier so stehen und warten? Kommen Sie mit nach oben und setzen Sie sich zu uns, bis Ihre Photos da sind.«

Das war um die Zeit, als mein erstes Buch herausgekommen war, und ich schickte ihm gleich ein Exemplar. Darauf bekam ich einen Brief, in dem er bedauerte, daß Surrealisten und Expressionisten, die zur gleichen Zeit in Frankreich und Deutschland an ähnlichen Problemen gearbeitet hatten, sich nicht näher gekannt hätten:

25. Sept. 1954

Ihr Werk war sehr lehrreich, und ich bedaure, daß ich es nicht früher gelesen habe. Der intellektuelle und menschliche Gehalt des Buches ist ebenso hoch wie sein dokumentarischer Wert, erstklassig und aus erster Hand. Was Sie uns mitteilen über die Hintergründe des Expressionismus, ist von fundamentalem Wert.

Es macht mich rasend, zu denken, daß all dies in unserem Lande so gut verborgen blieb. Sonst wäre die allgemeine Entwicklung der Kunst anders verlaufen, und ich glaube, daß es auf der Spitze dieser Kunst zwischen Deutschland und Frankreich eine große Strömung des Verstehens gegeben hätte, die wir verpaßt haben.

Ihr sehr ergebener
André Breton

M. G. Ist es öfter vorgekommen, daß so bekannte Leute wie André Breton einfach unerkannt und ohne Voranmeldung bei Ihnen erschienen sind?

L. E. Ja, das kam schon vor. Als wir noch in der Avenue de Messine unser Hauptquartier hatten, kam einmal unser Portier ganz verstört zu Henri und mir herauf: »Unten steht ein Mann, der behauptet, Buster Keaton zu sein, aber ich glaub' ihm nicht.«

»Was, Buster Keaton!« riefen Henri und ich wie aus einem Munde und stürzten die Treppe hinunter. Und da war er, zwar älter als er in unseren Köpfen existierte, aber unzweifelhaft Buster Keaton, ein kleiner, bescheidener Mann.

»Ich bin auf der Suche nach meinen alten Filmen«, sagte er. »In Amerika bin ich so gut wie vergessen, ich konnte sie nirgends auftreiben.«

Nun hatten wir in der Tat eine fast komplette Sammlung von Keaton-Filmen, die zu unseren besonderen Schätzen gehörte. Filme wie *The Navigator* und *Go West!*, die über ihre Situationskomik hinaus noch eine fast surrealistische Dimension haben, sehe ich mir mit einem inbrünstigen Vergnügen an. Da kommt auch ein Charlie Chaplin nicht mit. Ich habe es gewagt, Buster gegenüber einmal eine Andeutung in diesem Sinne zu machen, er wollte aber nichts dergleichen hören. Meine Beobachtungen haben ihn eher erschreckt als erfreut.

Buster Keaton war in Begleitung seiner zweiten Frau, die er sehr verehrte. Er erzählte allen, die es hören wollten, daß sie es gewesen sei, die ihn aus dem Trinker-Asyl gerettet und wieder auf die Beine gestellt hätte – doch getrunken hat Buster sein ganzes Leben, das weiß ich von Louise, die ihn gut kannte.

Herr Rohauer, ein kluger Geschäftemacher, nutzte die Zeit, als Buster Keaton in Vergessenheit geraten war, um auf billige Art die Rechte an seinen Filmen zu erwerben. Er roch, daß der Publikumsgeschmack sich in nächster Zeit wieder den alten Komikern zuwenden würde. Mir gefiel die Dringlichkeit, mit der Rohauer Keaton bearbeitete, nicht, aber schließlich hatte ich kein Recht, mich in ihre Verhandlungen einzumischen.

Auf jeden Fall war Buster glücklich, daß wir seine Filme aufbewahrt hatten. Er hatte zuerst in anderen Filmarchiven angefragt, aber da wir inzwischen aus der FIAF ausgetreten waren und uns unbeliebt gemacht hatten, wurde er vor uns gewarnt: Wir wären unsympathische Menschen, mit denen er sich lieber nicht einlassen sollte.

Busters Reaktion war typisch: »Da habe ich mir gedacht, das müssen gute Leute sein, die von der Cinémathèque Française. Die werde ich aufsuchen.«

Ich nehme an, daß Raymond Rohauer im Laufe der Jahre ein Heidengeld mit Buster Keatons Filmen gemacht hat und will gar nicht wissen, was Keaton selbst an diesem Handel verdient hat. Er hat dann noch diesen Film mit Samuel Beckett gemacht, aber

Abel Gance und Buster Keaton Anfang der sechziger Jahre

da war er nicht mehr der alte. Kurz darauf ist Buster Keaton gestorben.

M. G. Ist Chaplin auch bei Ihnen in der Cinémathèque gewesen?

L. E. Ja, wir haben ihn einmal ganz groß eingeladen, anläßlich einer Wiederaufführung von *Monsieur Verdoux,* ein Film, den ich neunzehnmal gesehen habe. Das hat mir den Ruf eingebracht, ein Frauenfeind zu sein.

Damals war Chaplin schon sehr alt, wurde mit Frischzellen gefüttert, aber sein Verstand setzte doch zeitweilig aus – er wurde sichtlich zum Gemüse.

Charlie Chaplin (Mitte) mit seiner Frau Oona (rechts) und Henri Langlois (links) kurz vor Chaplins Tod 1977

Über Billy Wilder, der auch geladen war, mußte ich mich sehr ärgern, weil er sich lautstark über den angeschlagenen Chaplin amüsierte, wie er zwischen Henri und Oona mehr hing als stand. »Billy«, habe ich gesagt, »halten Sie den Mund, das kann uns auch passieren, wenn wir älter werden.« Ich habe Wilders Menschenverachtung nie goutiert.

Charlie Chaplin nahm ich es übel, daß er Buster Keaton, obwohl er ihm sehr viel zu verdanken, ja sogar bei dem Film *Limelight* mit ihm gearbeitet hat, keinmal in seiner Autobiographie erwähnt – ein eitles Buch, in dem er immer nur Photos mit Chaplin und berühmten Persönlichkeiten bringt. Er kann seine kleine Herkunft eben doch nicht verleugnen.

Geraldine, mit der ich manchmal über ihren Vater sprach, hat einmal zu mir gesagt: »My old man can be very mean.«

Louise Brooks hat Chaplins Buch genauso empfunden wie ich:

Wenn Chaplin nur Lotte Eisner das Buch über sich hätte schreiben lassen; ich wußte, daß er ein Buch des Stolzes schreiben würde, aber ich hatte vergessen, worauf er stolz war.

Sogar Genie kann Vulgarität nicht überwinden. Alles, was er im Leben versteckt hat, offenbart er unschuldigst in seiner Autobiographie. Sein kriecherisches Geschleime zu Füßen der britischen Aristokratie, mit deren Photos und Aktivitäten er seinen Platz füllt, das sind Dinge, die fast jeder von uns schreiben und herzeigen könnte. Über seine Arbeit gibt es nicht einmal ganze fünf Seiten.

Und seine Verachtung für alle, die mit ihm gearbeitet haben! Sie sind es nicht wert, erwähnt zu werden. (...)

Nicht einmal seine Frau ist real – ein nützliches Ding ...

Louise Brooks an Lotte Eisner am 30. 11. 1964

M. G. Es tut gut, solche Dinge, die schon lang zum Himmel schreien, einmal ausgesprochen zu hören. Louise Brooks hat einen scharfen Blick und eine spitze Zunge. Die beiden Eigenschaften hat sie wahrscheinlich mit Einsamkeit bezahlen müssen.

L. E. Das ist wahr. Nach ihren zwei gescheiterten Ehen ging auch die letzte Beziehung zu dem Kurator von Eastman House, mit dem Henri Langlois befreundet war, in die Brüche. Und irgendwie ist Louise dann in dem Provinznest Rochester, wo das Eastman-Filmarchiv liegt, hängengeblieben. Vorher hatte sie in New York gewohnt, wo sie sich seit ihrer abrupten Abkehr von Hollywood als Serviererin durchschlug. Aber Louise war frei, und das

Lotte Eisner in ihrer Wohnung in Paris unter einem Bild, das von Louise Brooks gemalt wurde (1982)

war ihr schließlich wichtiger als alles andere. Dann hatte sie noch einen kurzen, heftigen Flirt mit der katholischen Kirche, wie ihn fast jeder dem Religiösen gegenüber empfängliche Mensch einmal durchmacht, und ich weiß noch, daß ich einen kleinen handgeschnitzten, elfenbeinernen Christus für sie gefunden habe, für den sie mir so dankbar war, daß sie mir einen echten »Brooks« oder »Brookstein«, wie sie sich auch nannte, dafür schickte. Louise malte sehr schön, dieser beschneite Baum, der fast chinesisch anmutet, ist auf einem Photo zu sehen, das Michel Celemenski für den *Cinématographe* gemacht hat:

M. G. Haben Sie Ihr Vaterland wiedergefunden, als Sie nach dem Krieg das erste Mal nach Deutschland zurückgingen?

L. E. Zunächst nicht. Ich ging nach Berlin, um Gerhart Lamprecht, Schulze-Mittendorf, der den Maschinenmenschen für *Metropolis* gebaut hatte, und Otto Hasler zu besuchen, Menschen, von denen ich wußte, daß sie keine Nationalsozialisten gewesen waren und die darüber hinaus die Verbindung zu dem versunkenen Deutschland durch unsere gemeinsame Arbeit am Film herstellten.

Aber das war nicht mehr das Vorkriegsberlin. Alle schönen Stadtteile waren zerstört, der Kurfürstendamm mit seinen häßlichen, protzigen Gebäuden aus der Gründerzeit war auf einmal zum Zentrum der Stadt geworden, die moderne Architektur aus der Ära Eisenhower hatte das Stadtbild völlig verändert. Überall sah man noch Trümmer und gähnende Löcher, wo einmal elegante Villen gestanden hatten. Die Friedrichstraße lag vollkommen menschenleer da, als hätte man sie aufgegeben. Die Gebäude, auf die das neue Westberlin so stolz war: »Puderquaste« und »Lippenstift«, neben der ruinösen Gedächtniskirche, waren eine Beleidigung für meine Augen, obwohl bei der Benennung dieser Auswüchse schon wieder der alte Humor der Berliner durchkam. Nur den Grunewald habe ich noch so wiedergefunden, wie ich ihn kannte, und bin zu Murnaus schönem Haus in der Douglasstraße gepilgert. Da war alles noch so wie früher im Tiergartenviertel.

Vor den Menschen nahm ich mich in den ersten Jahren sehr in acht. Ich besuchte nur meine Freunde, stieg immer in einem französischen Hotel ab und blieb nur einige Tage, wenn ich an Filmveranstaltungen teilnehmen mußte. Es schien mir, als sei das geistige Leben durch das Wirtschaftswunder total blockiert, als würde sich das Land nie mehr aus der Materialschlacht des neuen Reichtums erheben. Es gab zwanzig Jahre lang kein Kino mehr, außer ein paar vereinzelten Versuchen von Peter Lorre, der aus Amerika zurückgekommen war und einen Trümmerfilm gemacht hatte – *Der Verlorene* –, Helmut Käutner und Wolfgang Staudte, die versuchten, mit der Vergangenheit abzurechnen. Die übrigen deutschen Filmproduzenten brachten entweder Hollywoodkino ins Theater oder schnulzige Heimat- und Lümmelfilme – oder gar, was das Infamste war – die Sissi- und k.u.k.-Filme, die schlichtweg zwei selbstverschuldete Weltkriege zu ignorieren schienen.

Niemand wollte an die Schuld der Väter erinnert werden, und Heimkehrer aus der Emigration waren nicht gern gesehen. Wie sonst ist es zu erklären, daß man Fritz Lang, als er versuchte, mit den Indienfilmen an sein Vorkriegswerk anzuknüpfen und zu verwirklichen, was er dreißig Jahre vorher geplant hatte, an seine Zimmertüre schrieb: »Yankee go home!«?

Als Marlene Dietrich das erste Mal nach dem Krieg in Hamburg auftauchte, wurde sie auf offener Straße angespuckt. Peter Lorres beachtlicher und ehrlicher Film, der an Langs *M* gemahnt, wurde in Deutschland so kalt aufgenommen, daß Lorre, der sich als Schauspieler in Hollywood zwar hat durchsetzen können, aber immer nur den Schurken vom Dienst spielen mußte, enttäuscht nach Amerika zurückging und sich vollends zu Tode soff.

Das schlechte Gewissen der Deutschen war zu groß, es mußten erst die Söhne der Kriegsgeneration heranwachsen und über die Väter zu Gericht sitzen.

Die neue Entwicklung kündigte sich mit den sechziger Jahren an. Für mich war nicht so sehr Volker Schlöndorff der Aufbruch, weil der zu sehr in der Tradition der »Nouvelle Vague« stand, sondern Herzogs *Lebenszeichen,* ein Film, der thematisch den romantischen Geist wieder aufleben läßt, aus dem auch der deutsche Stummfilm seine Inspiration bezogen hat. Es ist seltsam, daß außer mir nie ein Kritiker herausgefunden hat, daß der Film, der im Zweiten Weltkrieg spielt, sich auf die Fabel einer romantischen Novelle gründet: ›Der Tolle Invalide Auf Dem Fort Ratonneau‹ von Achim von Arnim.

Der Haß auf die Eltern und der Ekel gegenüber einer kleinbürgerlichen Wohlstandsgesellschaft machten auf einmal enorme schöpferische Kräfte frei bei den jungen deutschen Filmern. Ich sage immer »Filmer«, weil heute das Wort »Regisseur« aus der Mode gekommen ist, denn viele der neuen Regisseure sind ja aus der Not ihre eigenen Produzenten geworden, und weil das häßliche Wort »Filmemacher« mir nicht über die Lippen will.

M. G. Welche von den neuen deutschen Filmen scheinen Ihnen am reinsten dieses Zeitgefühl des Unbehagens auszudrücken?

L. E. Bei Herzog und Wenders und auch bei Reinhard Hauff, der leicht unter den Tisch fällt, sind es die Randexistenzen der menschlichen Gesellschaft – es ist gleich, ob es sich um historische Figuren wie *Kaspar Hauser, Matthias Kneissl* oder Wilhelm Meister in modernem Gewand handelt wie in *Falsche Bewegung,* oder um Suchende und Irrende wie in *Alice in den Städten* und *Im Lauf der Zeit.*

In den zwanziger Jahren setzten der verlorene Krieg, die unterdrückte Revolution und die Inflation, in der alle Werte sich umkehrten, ähnliche Kräfte frei.

Ein Film wie das Kollektivprodukt *Deutschland im Herbst,* das vielleicht künstlerisch nicht ganz einheitlich ist, hat die Auflehnung der 68er Generation am schärfsten illustriert. Im ersten Teil artikuliert Fassbinder nackt und hemmungslos seinen Ekel an der Gesellschaft; weil der Vater tot ist, geifert er ersatzweise die Mutter an – im dokumentarischen Teil sieht man den Gegensatz zwischen dem kalten Pomp bei dem Staatsbegräbnis eines hohen Funktionärs, von dem niemand öffentlich zu sagen wagt, daß er ein SS-Mann war – und der Beerdigung der zu gemeinen Verbrechern abgestempelten Baader-Meinhof-Anhänger, die zum Volksbegräbnis wird.

Peter Fleischmann mit seinen *Jagdszenen aus Niederbayern* muß genannt werden, Hauffs *Messer im Kopf,* Alexander Kluge mit *Abschied von Gestern* und *Die Patriotin.* Die neueren Filme von Werner Schroeter, Henri Langlois' besonderem Liebling, in denen er seinen alten Manierismus hinter sich gelassen hat, setzen sich auch mit der Gegenwart und jüngsten Vergangenheit auseinander. Ich habe selten so einen starken Film gesehen wie *Die Geschwister von Neapel* oder *Palermo oder Wolfsburg.* Es ist komisch, in meiner geographischen Unkenntnis habe ich bis vor kurzem angenommen, Wolfsburg sei eine Kunststadt, eine Erfindung Schroeters. Jetzt höre ich, daß es eine hitlersche Gründung war. Das hätte ich mir eigentlich denken können, weil der Wolf doch Hitlers Wappentier war.

In letzter Zeit haben mich die Filme von Herbert Achternbusch in ihrem ganz eigenen, bayrischen Anarchismus am meisten angeregt. Herbert und ich, wir haben uns sofort gefunden, als er das erste Mal in meine Tür trat, und er hat von mir gesagt, ich sei das einzig Lebendige in Paris:

Liebe Lotte,

Wenn ich jetzt an Paris denke, dann denke ich nur an Dich. Daß Du Dir meine zwei Filme angesehen hast, ist das Einzige, was mich in Paris gefreut hat. In der Masse der Zuhörer erschienst Du mir als einziges menschliches Hirn. Wenn ich Dich sehe, bekomme ich Mut. Es wird noch schwieriger in Deutschland werden, Filme zu machen, aber ich kann ja auch schlauer werden. Halte mir die Daumen, daß ich für *Rita Rita* Geld bekomme, was dieser Tage entschieden wird. Dann sehen wir uns im Januar wieder.

Herbert Achternbusch

Herbert Achternbusch an Lotte Eisner am 28. 11. 1982

Auch in Berlin ist eine starke Filmgruppe herangewachsen, die die Gegenwartsthemen dokumentarischer anpackt als die Münchner, was wiederum aus der politisch explosiven Lage der Stadt zu erklären ist. Wenn ich Berlin heute, nach fünfzig Jahren, von neuem betrachte, kommt es mir vor, als wäre es doch die alte Stadt mit ihrem unverwüstlichen Geist, die nur eine Reihe äußerlicher Metamorphosen durchgemacht hat.

Lotte Eisner und Herbert Achternbusch (1982)

Die Affäre Langlois

M. G. Als Sie Deutschland verlassen mußten, haben Sie sich da je politisch wieder so engagiert wie in den zwanziger Jahren?

L. E. Ich bin nie mehr mit hoch erhobener Faust auf die Straße gegangen, weil ich mit der Zeit doch ein paar Illusionen verloren habe, aber ich bin Sozialist geblieben. Mitglied einer Partei war ich nie, aber ich habe keine Wahl versäumt und immer die Linke unterstützt. Die Zeit der Front Populaire in Frankreich war für mich genauso aufregend wie die 68er Revolten in Paris. Nur muß man mit Bedauern feststellen, daß immer wieder das Kleinbürgertum die Oberhand gewinnt, daß die Menschen doch schließlich mehr an ihrem Hab und Gut hängen als an ihren schöpferischen Ideen. Meine französische Familie, die ja ganz bürgerlich ist, hat immer die Rechte unterstützt. Eugène war Gaullist, de Gaulle hat ihn zum Bürgermeister des bürgerlichen Vorortes Neuilly gemacht. Auch seine Töchter engagieren sich politisch. Sie versuchen immer, mich auf ihre Seite zu ziehen. Es war urkomisch an dem Sonntag der Wahl; als ich mich mit dem Taxi ins Wahllokal fahren lassen wollte, rief plötzlich meine Nichte an: »Tante Lotte, es regnet in Strömen, ich rate dir, heute nicht auszugehen!« Sie wollte mich daran hindern, Mitterand zu wählen. Ich habe das Spiel mitgemacht und gesagt: »Ach, das bißchen Regen macht mir nichts aus, ein kleiner Spaziergang wird nicht schaden.«

M. G. Aber Sie haben mir doch erzählt, daß Sie, schon bevor die Maiunruhen in Paris ausbrachen, für Henri Langlois demonstriert haben.

L. E. Daran habe ich nicht gedacht. Eigentlich haben wir von der Cinémathèque mit unseren Manifestationen den Anfang gemacht. Langlois wurde zu einer Gallionsfigur des öffentlichen Protestes. Der Staat hatte versucht, ihm seine schöpferische Freiheit zu nehmen und sein Lebenswerk anzutasten.

M. G. Was hat man Langlois eigentlich konkret vorgeworfen?

L. E. Man warf Henri Langlois vor, daß er trotz der staatlichen Subventionen, die sich zwischen 1958 und 1968 auf rund zwanzig Millionen Francs belaufen hätten, den Vertretern des Staates im Rat der Cinémathèque den Einblick in die Verwendung der Gelder und in die Inventurlisten des Museums verweigerte. Außerdem seien die Filme unsachgemäß gelagert und zum Teil in einem deplorablen Zustand. Um diese Behauptung zu beweisen, schickte man eine staatliche Kommission, verstärkt durch ein paar Journalisten, als offizielle Zeugen zu Henris Depot in Bois d'Arcy. In diesem alten Fort aus dem Ersten Weltkrieg ist das staatliche Filmarchiv untergebracht, und wir hatten dort bis 1968 nur ein Blockhaus für unsere alten Nitratkopien, die auf Holz gelagert werden müssen. Henri hatte schon seit 1960 wiederholt beim Kultusministerium um mehr Raum gebeten, weil er durch den Gesetzeserlaß, alle Nitratkopien sollten entweder vernichtet oder bei der Cinémathèque abgeliefert werden, völlig überlastet war. Vergeblich. – Zum anderen hatte er gerade ein altes Filmdepot aus Nîmes mit Dokumentationen aus dem Zweiten Weltkrieg übernommen, das sonst eingestampft worden wäre. Diese Filme kamen in der Tat in einem verheerenden Zustand in Bois d'Arcy an und wurden als »Beweis« dafür der Öffentlichkeit vorgeführt, daß Henri Langlois die Filme der Cinémathèque verrotten ließ.

M. G. Hatte Langlois nun Inventurlisten von allen Filmen, die bei ihm gelagert waren, oder nicht?

L. E. Langlois selbst hatte alles, was die Cinémathèque besaß, in seinem Kopf. Genau wie Mary Meerson hatte er ein Elefantengedächtnis. Darüber hinaus wußte er noch zu sagen, ob er von dem oder dem Film ein Negativ, ein Dup-Negativ, eine Umkehrkopie oder nur eine normale Kopie hatte. Seine Vertraute und Eingeweihte war Marie Epstein, durch deren Hände jeder Film, den die Cinémathèque zur Konservierung erhielt, gelaufen ist. Aber Langlois hatte auch handgeschriebene Inventurlisten, nur die rückte er nicht heraus. Er fühlte sich verantwortlich für die Filme wie ein Bankier für die Konten seiner Kunden und weigerte sich, da die Filme nicht sein Eigentum, sondern nur eine Leihgabe waren, über Menge und Titel an Dritte Auskunft zu geben. Langlois verhielt sich dem damaligen Kultusminister Malraux gegenüber ähnlich wie Jean-Louis Barrault mit seinem Theater, der

André Malraux, damals Kultusminister von Frankreich, und Henri Langlois (1959)

von sich gesagt hat: »Ich bin der Diener des Staates, aber nicht sein Domestike.«

M. G. Aber Malraux hat doch anfangs die Cinémathèque unterstützt?

L. E. Ja, er hat noch 1958, als Langlois und ich ihn in Cannes trafen, geäußert, die Cinémathèque solle die größte, schönste und reichste der ganzen Welt werden, und dann hat er auf Henris Rockaufschlag gedeutet, mit den Worten: »Da fehlt Ihnen was.« Henri hat gemeint, er hätte dort einen Flecken und hat gar nicht begriffen, daß Malraux auf das rote Band der Ehrenlegion anspielte. Als der Minister deutlicher wurde, hat er ganz verlegen abgewehrt und gemeint, was er dringender brauche, wäre ein Platz für ein permanentes Museum. Auch das hat Malraux ihm versprochen, aber im Zuge der Auseinandersetzungen nicht gehalten. Im Gegenteil, er hat den Platz im Palais de Chaillot, den er Henri zugesichert hatte, an irgendwelche Architekten geben wollen, die dort ihre Büros einrichten sollten. Die Kehrtwendung

Malraux' hatte auch wieder mit Machtausübung und Korruption zu tun, aber die Intrigen hinter den Kulissen sind zu kompliziert und unerfreulich, um sie hier auszubreiten.

M.G. Wie kam es, daß Langlois doch den Raum im Palais de Chaillot für sein Museum besetzen konnte?

L.E. »Besetzen« ist genau das richtige Wort. Henri hatte, unabhängig von der ganzen unerfreulichen Affäre der Cinémathèque, eine Summe von fünfhunderttausend Francs zugesprochen bekommen, für die Errichtung eines Museums. Der Kultusminister Duhamel, der Malraux ablöste und ein Mann der Rechten war, war nichtsdestotrotz Henris Plänen freundlicher gesinnt und riet ihm: »Wenn Sie den Platz in Chaillot nicht verlieren wollen, gehen Sie einfach mit Ihren Schätzen als ›Squatter‹ hinein. Sind Sie einmal drinnen, kann sie so schnell keiner mehr rausschmeißen.« Das ließ sich Henri natürlich nicht zweimal sagen, aber die staatliche Hilfe blieb aus, so daß er die ganzen Kosten des Umzuges und der Bauten selbst tragen mußte und enorme Schulden machte.

M.G. Jetzt sind wir ganz von der »Affaire Langlois«, die den Maiunruhen vorausging, abgekommen.

L.E. Das war im Februar. Auf Grund der Vorwürfe gegen Langlois, der sich der staatlichen Kontrolle nicht unterwerfen wollte, entschloß sich die Regierung, die genug eigene Leute im Aufsichtsrat hatte, ihn abzusetzen und einen Pappkameraden namens Pierre Barbin zum Direktor der Cinémathèque zu ernennen. Mit Henri Langlois wurden auch seine langjährigen Mitarbeiter, also auch ich, ihres Amtes enthoben. Mir gab Barbin hinter vorgehaltener Hand zu verstehen, er würde mich in der neu geordneten Cinémathèque wieder einstellen, aber ich sagte ihm: »Monsieur Barbin, ich verzichte auf Ihr großzügiges Angebot, Sie haben zu kleine Füße, um die Schuhe von Henri Langlois anzuziehen.«

Die Regierung mußte schnell einsehen, daß sie einen schweren Fehler gemacht hatte, als sie die Popularität von Langlois unterschätzte. Eine Protestwelle ging durch die ganze internationale Filmwelt. Russen wie Amerikaner, Japaner wie Inder, Engländer wie Dänen empörten sich über die unrechtmäßige Absetzung Henri Langlois', ohne dessen Person es eine Cinémathèque, die zum Vorbild vieler anderer Filmmuseen wurde, gar nicht gegeben hätte. Institutionen, Gesellschaften, Zeitschriften, Produzenten und Regisseure, die sich unter normalen Umständen spinnefeind waren, rotteten sich zusammen in Solidarität mit Henri Langlois. Unter dem Vorsitz von Jean Renoir wurde das »Comité de Défense de la Cinémathèque Française« gegründet, das alte und junge, nationale und internationale Filmschaffende in permanenter Krisenberatung zusammenschmiedete. Eine der effektivsten Sofortmaßnahmen, die das Komitee beschloß, war es, alle diejenigen, die ihre Filme und Manuskripte der Cinémathèque Française zur Verwahrung und Ausstellung gegeben hatten, zu veranlassen, ihr Eigentum zurückzuziehen und jede weitere Vorführung ihrer Filme zu untersagen. Damit hatte der Staat ein Museum ohne Inhalt.

Es gab mehrere große Demonstrationen vor unseren Kinosälen in der Rue d'Ulm und der Avenue Wilson, zu denen alle alten und neuen Filmgrößen Frankreichs erschienen und sich Schlachten mit der Polizei lieferten. Die Vertreter der Nouvelle Vague, die sich »die Kinder der Cinémathèque« nannten, waren vollzählig versammelt. Ich ging eingehakt mit Simone Signoret, einem unserer treuesten Mitglieder, – sie hatte schon während der Okkupation heimlich die antifaschistischen Filme des »Cercle du Cinéma« in Langlois' Wohnung angeschaut –. Plötzlich zog sie mich am Ärmel und schrie: »Schnell weg, die CRS!« – »Was ist das, CRS?« fragte ich verwundert, und sie mußte mir, während sie mich ins Café am Trocadéro zog, erklären, daß das die gefürchteten Colonnes Républicaines de Sécurité seien, die schwarze Sicherheitspolizei, mit Schlagstöcken, Plastikschilden und Tränengasbomben. Und dann kam Godard zu uns hereingetorkelt, ihn hatte es erwischt. Er blutete am Kopf, und seine dunkle Brille war zerschlagen. Auch Truffaut hatte Stockhiebe bezogen, fand es aber gar nicht so schmerzhaft, wie er gedacht hatte. Brigitte Bardot, der alte Michel Simon, Jean Marais, alle waren auf der Straße und hielten ihr Fell hin für Henri Langlois. Ich fragte Jean Marais, der bei einer Manifestation im Quartier Latin ein überlebensgroßes Bild von Henri durch die Straßen trug: »Haben Sie keine Angst vor der Polizei?« – »J'encaisse pour Langlois«, war die Antwort – »Das stecke ich für Langlois ein.«

Es gab nur wenige international renommierte Regisseure, die sich zu der »Affäre Langlois« ausschwiegen. Unter ihnen war Josef von Sternberg, den ich wohl im Auftrag der Cinémathèque nach Algier begleiten durfte, – wo er sich vor allem für die Puffs der Khaspar interessierte, vor denen ich stehenbleiben mußte, bis er wieder herauskam – jetzt aber, als ich ihn um einen Gefallen bat, nicht reagierte. Unter denen war leider auch Alfred Hitchcock, einer, der nur an sich selbst dachte. Die Ehrenlegion, die er Henris Fürsprache zu verdanken hatte, und die orgiastische Feier in der Cinémathèque hatte er anscheinend vergessen. Da waren die beiden Dickhäuter sich noch um den Hals gefallen, das heißt, sie haben Anstalten dazu gemacht, wurden aber ihrer dicken Bäuche wegen an dem Vorhaben gehindert.

M. G. Aber Hitchcock hat euch doch immerhin den Mumienkopf aus *Psycho* für das Museum geschenkt.

L. E. Aber Sie ahnen nicht, *wie* er das gemacht hat! Ganz à la Hitch: Ich habe mich selten im Leben so erschrocken. Da kommt ein Paket aus Amerika ohne Absender an meine Privatadresse. Nichtsahnend mache ich es auf, und es starrt mich dieser entsetzliche Schädel aus *Psycho* an!

Der Schädel aus dem Film *Psycho* (1960) von Alfred Hitchcock

M. G. Wie lange hat dann die geisterhafte Interimszeit gedauert?

L. E. Das war so: Nach Langlois' Rausschmiß wollte die neue Direktion der Cinémathèque bekräftigen, daß alles seinen alten Gang ginge, und hat eine Vorführung in Chaillot für die geographische Gesellschaft angekündigt. Da bekam Barbin von Truffaut einen Anruf, die Freunde der Cinémathèque würden jeden Zuschauer, der es wagte, vor der Tür der Cinémathèque zu erscheinen, in tausend Stücke zerreißen. Daraufhin sagte Barbin die Show ab und ließ über den Eingang zum Museum schreiben: »Wegen Umbauten geschlossen.« Außerdem hatten Truffaut und Godard die Wände im Korridor mit Leuchtschrift beschmiert: Ex-Musée du Cinéma – Malraux = Goebbels. Ich sagte zu den zweien: »Das ist sehr unklug von euch, binnen Kürze werden wir die Cinémathèque wieder zurückerobern, und dann müssen wir für teures Geld diese Parolen übermalen lassen.« Ich wußte, daß der Zustand nicht lange dauern würde. Um es genau zu sagen, Langlois war fünfundsiebzig Tage ohne Amt.

M. G. Was geschah während dieser fünfundsiebzig Tage mit den ganzen Sachen?

L. E. Das war sehr problematisch. Bevor Henri sein Büro verließ und die Schlüssel abgab, hat er noch so viele Filme wie möglich bei Privatleuten untergebracht. Er hatte darin wackere Unterstützung in Marie Epstein, die sich Tag und Nacht mit Listen, Akten und Kopien in ihrem Archiv einschloß – nur ihre Katze teilte die Klausur, bis ohne ihr Wissen die Schlösser ausgewechselt wurden und sie einen Tag lang in der Cinémathèque eingesperrt war. Von den Museumsstücken ist in der Zeit vieles weggekommen, denn der Machtwechsel hat auch Subjekte hochkommen lassen, die sich privat bereichern wollten. Es waren nicht alle, die mit Film zu tun hatten, so selbstlos wie Langlois, daß sie nicht an private Ausweidung der unermeßlichen Reichtümer von Archiv und Museum dachten...

M. G. Wie war Langlois' Stimmung am Tag der Wiedereröffnung?

L. E. Es war kein Triumph – ein inneres Strahlen ging von ihm aus. Henri hatte bis zum Zeitpunkt seiner Absetzung nicht geahnt, wie viele Freunde er in aller Welt hatte. Die Solidarisierungsbewegung umfaßte nicht nur Filmleute, auch der »Mann auf der Straße« wußte von ihm, kannte ihn und identifizierte sich mit ihm als Opfer staatlicher Willkür. Ich habe selbst erlebt, wie ich mit Langlois im Taxi saß und zahlen wollte, als der Taxifahrer entrüstet abwehrte: »Nein, Henri Langlois fährt bei uns umsonst. Seine Sache ist auch unsere Sache.«

Henri wollte die erste Vorstellung der Cinémathèque nach der unfreiwilligen Pause nicht als »Wiedereröffnungsvorstellung« bezeichnet wissen. Er wurde ganz wütend, als ein Mitarbeiter ihm den gedruckten Programmentwurf zeigte. »Schreiben Sie nicht ›Réouverture‹ «, schrie er den Mann an, »sondern einfach das Programm: *Retrospektive Chaplin,* und basta!«

Er hat seinen Triumph nicht kleinlich ausgekostet.

M. G. Dazu hatte er auch wenig Grund, wenn man daran denkt, unter welch großem Druck er die letzten zehn Jahre seines Lebens hat weiterarbeiten müssen.

L. E. Der Staat mußte auch sein Gesicht wahren, und wenn schon eine Entscheidung der Regierung rückgängig gemacht wurde, dann nur mit einem Pferdefuß für Langlois. Er wurde bestraft mit der Streichung sämtlicher staatlicher Zuschüsse für die Cinémathèque. Sie wurde zurückverwandelt in das, was sie anfangs war: ein reines Privatunternehmen, mit dem Unterschied, daß die Kosten für ihren Unterhalt um ein Vielfaches gestiegen waren. Anfangs gab es fünf bis sechs Mitarbeiter, 1968 waren es etwa sechzig, und heute sind es über achtzig! Die einzige Geldquelle für Langlois in diesen schweren Jahren vor seinem Tod waren private Spenden und die Einkünfte aus den Kinosälen.

In den siebziger Jahren veränderte sich auch das Publikum der Cinémathèque. Die beiden Vorführräume in der Rue d'Ulm und dem Palais Chaillot litten unter den Angriffen der Lederjackenbanden, die das Gestühl zu Kleinholz machten, sich den Eintritt, ohne zu zahlen, mit Messern in der Hand erzwangen und im großen Saal sogar die Leinwand aufschlitzten. Es war der reinste Terror. Ich nehme an, daß viele von diesen »fils à Papa«, die sich bei uns wichtig tun wollten, drogensüchtig waren. Es kam zu solchen Ausschreitungen, daß wir Platzanweiser und Kartenverkäufer anstellen mußten, die in Karate ausgebildet waren. Die kostbare große Kinoleinwand zu erneuern war auch nicht gerade billig. Das einzige, was wir vom Staat umsonst bekamen, war ein neuer Anstrich, weil man sich wegen der frechen Parolen an der Wand vor ausländischen Besuchern schämte.

Die Schändung seiner Arbeit hat Langlois leider kurz vor seinem Tod noch miterleben müssen, und viele Anfeindungen dazu. Seine letzte Kraft steckte er in die Ausgestaltung des neuen Museums, wo er endlich seine Schätze so zur Geltung bringen konnte, wie er es schon einmal im Musée de l'Art Moderne gemacht hatte. 1972 wurde dieser magische Ort eingeweiht und nach ihm benannt: Musee du Cinema Henri Langlois.

M. G. Kommen dort auch die Sachen zur Geltung, die Sie zusammengetragen haben?

L. E. Die Frühzeit des Films ist dort besonders reich vertreten. Und da habe ich einige von den schönsten Stücken beigesteuert: Den Roboter aus *Metropolis,* ein Modell von Siegfrieds Drachen aus dem ersten Teil der *Nibelungen,* den Erich Kettelhut für uns rekonstruiert hat, die beiden Dekors von Rochus Gliese für Murnaus *Sunrise,* und last not least das architektonische Modell für das *Kabinett des Dr. Caligari* von Hermann Warm. Mich haben auch immer wieder die Kostüme der großen Movie-Stars, deren Leiber gealtert oder längst zu Staub geworden sind, besonders gerührt: Wir haben das Originalkostüm des Schauspielers der Comédie Française aus einem der ältesten Kurzspielfilme: *L'Assassinat du Duc de Guise.* Das war der erste Schmalfilm, den Henri Langlois sich als Kind hundertemal wieder vorspielte, und wenn er müde war, ihn vorwärts anzuschauen, drehte er ihn rückwärts. Da ist das zierliche, mit vergilbten Spitzen besetzte Kleid, das Greta Garbo in *Gösta Berling* trug, der Film, der ihre Karriere begründet hat, und da die schlangenhautähnliche, mit Pailletten besetzte, schwarzglänzende Robe, die Asta Nielsen in ihrem *Lulu*-Film trug, das karierte Schulkleid von Mary Pickford aus *Les Moineaux* und die kurvenreiche Robe von Mae West in *Lady Lou.* In einem Tempel, ganz für sich, Charlie Chaplins Rock, sein kleiner Hut und sein legendärer Stock...

All diese magischen Objekte, die zu ernten uns ungeheure Mühe und viel Geld gekostet haben, kommen in dem einzigartigen Museum wieder zum Leben. Es fehlt nur noch eine Räumlichkeit für den zeitgenössischen Film, der in unserer Konzeption eines Filmmuseums einen genauso wichtigen Platz hat wie die Vergangenheit. Daran habe ich auch den Kultusminister Jack Lang erinnert, als er mir die Ehrenlegion verliehen hat.

M. G. Was halten eigentlich die deutschen Filmmuseumsdirektoren davon, daß Sie ihnen ihre ganzen Kulturschätze nach Frankreich entführt haben?

L. E. Zu der Zeit, als ich anfing zu sammeln, war in der Bundesrepublik noch kein Verständnis für die durch den Krieg verschüttete Filmkultur da. Die neuen Aufnahmetechniken machten die alte Atelierarchitektur weitgehend überflüssig, und man hatte die Designer und Architekten, die meines Erachtens ebenso wichtig waren wie der Regisseur, total vergessen. In Dr. Bauers Filmalmanach von 1950 ist kein einziger deutscher Filmarchitekt erwähnt. Folglich bin ich mit gutem Gewissen herumgefahren und habe die alten Skizzen und Versatzstücke einer mißachteten Kunst wieder zu Ehren gebracht. Einmal war es mir allerdings ein wenig schwül in meiner Haut. Ich war gerade bei Herrn Lavies im Deutschen Institut für Filmkunde in Wiesbaden und hatte einen Schrankkoffer schwer mit deutschem Kulturgut beladen. Gerade wollte ich gehen, da riß mir der Henkel ab. »Haben Sie aber einen schweren Koffer!« rief Lavies aus und machte sich gleich hilfsbereit daran, ihn zu flicken. Die ganze Zeit hatte ich Angst, er würde fragen, was darinnen sei oder er könnte aufspringen und mein »Diebesgut« verraten, das ich ins Ausland abschleppen wollte. Aber ich habe mir damals gesagt: »La France d'abord.«

M. G. La Cinémathèque Française d'abord.

L. E. Ja, denn inzwischen wissen die Deutschen, dank meiner Wühlarbeit, ihre Vergangenheit wieder richtig einzuordnen, und ich habe einige Sachen, die ich privat besitze, den Frankfurtern versprochen. Auch Enno Patalas macht jetzt gute Arbeit im Münchner Filmmuseum. Wie wir rekonstruiert er alte Filme und zeigt komplette Werkretrospektiven und seltene Filmreihen in ihren Originalfassungen.

L. E. Von den amerikanischen Regisseuren waren mir Nicholas Ray, King Vidor und John Ford am nächsten. Ford war oft bei uns. Im Gegensatz zu Lang fand er, daß das einzig bewohnbare Hotel in ganz Paris das »Royal Monceau« sei, in dem auch Louise Brooks gern abgestiegen ist.

Als ich 1969 bei den Fords zu Besuch war, hatte ich einen sehr guten Eindruck von der körperlichen und geistigen Frische des Regisseurs, um so bestürzender war nachher der plötzliche Niedergang. Wie die meisten Filmleute in Hollywood hat John Ford viel getrunken. Das gehörte einfach dazu – so wie heute das Kiffen und Koksen. An dem Tag, als er mich zu sich einlud, bemerkte er: »I am on the rocks.« Das heißt, ich trinke nichts mehr. »Macht es Ihnen etwas aus, Tee zu trinken?« Ich war heilfroh, inzwischen war auch ich nicht mehr so trinkfest wie in früheren Jahren, als Jacques Prévert schon morgens vor dem Frühstück regelmäßig zu mir kam, um den Tag mit ein paar Drinks einzuläuten. Ford und seine Frau hatten ein leckeres Brunch vorbereitet, mit viel Kuchen und Gebäck. Sie erzählten mir von geregelten Tagesläufen, morgendlichen Pflichtrunden im Swimming-pool, ruhigem Eheglück... da war der Meister schon hoch in den Siebzigern. John Ford zeigte mir Bilder von seinen irischen Vorfahren und wertvollen Original-Indianerschmuck, der an den Wänden hing. Er verteidigte sich mir gegenüber gegen die Vorwürfe, die Indianer in seinen Filmen geringschätzig behandelt zu haben, ein Indianerhasser zu sein. Er zeige doch im Gegenteil, wie reich die verschiedenen indianischen Kulturen gewesen seien und wie intensiv er sich mit ihrer Geschichte auseinandergesetzt habe... kurz, ich hatte den Eindruck bei diesem anregenden Besuch, John Ford hätte noch einige interessante Filme in der Hinterhand. Er hat mir noch zwei seiner Film-Scripts für das Museum mit seinen eigenen Anmerkungen mitgegeben. Mit der Beute zog ich zufrieden ab.

Bald danach luden wir Ford wieder nach Paris ein, mit seiner Frau zusammen, natürlich. Doch die Empfangskommission am Flughafen wartete vergebens auf sein Erscheinen. Er kam mit einem Tag Verspätung – ein gebrochener Mann.

Zwar war John Ford in das richtige Flugzeug eingestiegen, aber heimlich, ohne seiner Frau von der Einladung erzählt zu haben. Im Flugzeug hat er gleich unzählige Whiskys gekippt und ist bei der Zwischenlandung ausgestiegen, hat sich ins Wasser gestürzt und ein paar Rippen gebrochen. Irgendwie hat er dann einen Anschlußflug nach Paris bekommen und kam ohne Gepäck und ohne Verstand bei uns an. Als ich ihm bei dem großen Fest, das wir ihm zu Ehren veranstalteten, die Hand schüttelte, sagte er: »Wir haben uns doch schon mal irgendwo gesehen...«

M. G. Es muß oft hart für Sie sein, die Sie so viele Ihrer besten Freunde überlebt haben, deren allmähliche Zerrüttung mit anzusehen...

L. E. Nick Rays Tod ist ja durch Wim Wenders Film *Nicks Movie* dokumentiert. Ich weiß, daß Sie und viele andere auch mit dieser kalten Zurschaustellung eines qualvollen Dahinsterbens nicht einverstanden sind, aber ich kannte Nick sehr gut und weiß, daß dieser letzte Exhibitionismus ihm gutgetan hat. Auch ihn hat die Trunksucht zugrundegerichtet, aber er war wenigstens ein alter Mann, als er starb, man war darauf vorbereitet. Viel größer war der Schock für mich, den viel jüngeren Gene Moskowitz, der seit 1945 regelmäßig am Wochenende zu mir kam, zu verlieren. Noch dazu mußte ich mir Vorwürfe machen, daß ich nicht energisch genug mit ihm war, daß ich ihn vielleicht hätte retten können, wenn ich ihn rechtzeitig zu einem guten Arzt gebracht hätte. Leukämie, wenn sie rechtzeitig behandelt wird, ist doch heute schon heilbar.

M. G. Wie haben Sie sich kennengelernt?

L. E. Es gab Ende des Krieges, als die Amerikaner uns von den Deutschen befreiten, in Biarritz eine »American Soldiers' University« für die jungen amerikanischen Soldaten, die unter anderem auch interessante Filmprogramme veranstaltete. Ich wurde gebeten, dort eine Reihe von Vorträgen über den klassischen französischen Film zu halten, und ich muß sagen, ich hatte ein aufgewecktes, dankbares Publikum. Unter den Studenten war auch Gene Moskowitz. Er besuchte mich, als er den Militärdienst hinter sich hatte, in Paris und erzählte mir, daß meine Vortragsreihe ihn sehr beeindruckt hätte. Ich konnte mich natürlich nicht mehr an einen einzelnen Studenten erinnern, war aber bereit, Gene, der sich beruflich mit Film beschäftigen wollte, zu helfen. Er wurde französischer Korrespondent für ›Variety‹, mein Kollege auf unzähligen internationalen Filmveranstaltungen. Als er mit über fünfzig Jahren eine junge amerikanische Tänzerin heiratete, gab er seine Gewohnheit, sonntags zum Tee zu erscheinen, nicht auf, manchmal kam er allein, manchmal brachte er Vernie mit. Gene war für mich so etwas wie ein jüngerer Bruder.

Über die Liebe zum Film hinaus verband uns das jüdische Schicksal. Genes Eltern und Vorfahren kamen aus Deutschland. Sie wurden alle, bis auf einen Cousin und eine Cousine, in Auschwitz vergast. Und der arme Gene mußte als amerikanischer Soldat die Öffnung des Lagers Auschwitz miterleben.

M. G. Haben Sie sich einmal ein Konzentrationslager angesehen?

L. E. Ich glaube, von selbst hätte ich es nicht fertiggebracht, weil ich immer an meine Mutter denken mußte – wie rosig ihr Leben begann und wie grausam es aufhörte. Aber als wir mit der deutschen Delegation beim FIAF-Treffen in Polen waren, wurden wir gezwungen, Auschwitz zu besichtigen. Frau Lavies wollte sich drücken, und ich mußte sie ermahnen: »Glauben Sie, daß es mir Spaß macht, dort hinzugehen, wo meine Mutter von den Deutschen ermordet wurde?«

Ich kann gar nicht sagen, wie schrecklich die Bilder waren, die man da sah, die Augen der Menschen, bei denen man nicht mehr wußte, ob es Männer oder Frauen waren mit ihren geschorenen Schädeln... aber schlimmer als alles andere waren die Einzelheiten in den Glaskästen. Es gab lange Frauenhaare, die nicht mehr verkauft worden waren, ein blondes Zöpfchen mit einer hellblauen Schleife, an dem man sehen konnte, daß die Mutter das Mädchen noch sorgfältig frisiert hatte, bevor es in die Gaskammer geschickt wurde. Das war entsetzlich. Und in einer Ecke ein ganz kleiner roter Schuh – wie ein Puppenschuh.

Und jetzt behauptet ein dummer französischer Geschichtsprofessor, die Vernichtungslager hätten gar nicht existiert – es ist unglaublich!

Das sind Dinge, die mich mit Gene verbunden haben, über die man selten sprach, die aber mehr zählten als Ausgesprochenes.

Und dann kam der kleine Dustin auf die Welt, ein hübscher, aufgeweckter Junge mit tiefschwarzen Augen. Er ist für mich wie ein leiblicher Enkel, so wie ich überhaupt meine Freunde als die eigentliche Familie ansehe, nicht die, die zufällig das gleiche Blut in den Adern haben wie ich.

Dustin kam gern zu mir. Er ist ein besinnliches und phantasievolles Kind. Am meisten beeindruckte ihn in meiner Wohnung ein Plakat von *Nosferatu,* das ich auf meinem Örtchen hängen habe. Als er drei Jahre alt war, wollte er alles über Vampire wissen, die ihn zugleich anzogen und verschreckten... Ich mußte immer einen bestimmten Kuchen für ihn bereithalten, einen Biskuit mit Aprikosen gefüllt. Den nannte er den »Lotte-Cake«.

Gene arbeitete über zwanzig Jahre bei ›Variety‹. Dann wurde ihm plötzlich gekündigt, als er schon ein mittelalterlicher Mann war. In dem Alter als Journalist in der Luft zu hängen, ist bitter. Es war ein Skandal, daß ein so langjähriger Mitarbeiter ohne Entschädigung oder Altersversorgung entlassen werden konnte. Von da an ging es körperlich abwärts mit Gene. Ich hatte den Eindruck, daß er, als er von seiner bösen Krankheit erfuhr, nichts mehr dagegen tun wollte. Er war in den letzten Monaten so mager, daß seine langjährigen Kollegen ihn nicht wiedererkannt haben.

M.G. Dabei fällt mir ein, daß ich Gene einmal in Cannes in seinem Hotel besucht habe, als alle anderen ihn mieden wie einen Aussätzigen. Das war lange vor seiner tödlichen Krankheit. Er hatte sich irgendwo eine Hepatitis aufgeschnappt, die im Anfangsstadium als Seuche gilt, und so hatten alle anderen Journalisten Angst, sich anzustecken. In den Pressevorführungen, zu denen er trotz seiner Krankheit erschien, waren immer die Plätze um Gene herum frei. Ich dachte mir, das ist wirklich lächerlich, dieses Niemandsland um ihn herum. Was hätte die Eisnerin an meiner Stelle gemacht? Und dann ging ich hin, kaufte ihm Obst und brachte es am Nachmittag in sein Hotel. Wenn man sich anstecken soll, geschieht das meistens in einem Augenblick, in dem man es am wenigsten erwartet.

L.E. King Vidor hat dagegen ein biblisches Alter erreicht. Er war zwei Jahre älter als ich und hat kurz vor seinem Tod, 1982, von dem französischen Kultusminister, der so gut aussieht und denselben Namen hat wie mein guter Freund Fritz, die Ehrenlegion verliehen bekommen. Bei der Feier wollte er partout die ganze Zeit stehen, den Stuhl, den wir ihm hinschoben, verweigerte er halsstarrig, stand straff wie ein junger Mann. King wollte anschließend an seine Ehrung noch eine große Europa-Tournee machen, da hat es ihn erwischt. Er bekam eine schwere Grippe, von der er sich nicht mehr erholt hat.

King Vidor hat 1959 seinen letzten Film gemacht, und Sie wissen, wenn man in Hollywood oben schwimmen will, muß man alle halbe Jahre etwas produzieren. Er war genauso vergessen wie Buster Keaton und Fritz Lang, bis Henri Langlois ihn in den sechziger Jahren nach Paris einlud und sein Lebenswerk wieder ausgrub.

Natürlich ließ Henri es sich nicht nehmen, diesen »King« aus Hollywood gebührend zu feiern. Mit einer Limousine wurde er abgeholt, bei den Festbanketten ihm zu Ehren bogen sich die Tische, seine Besuche kosteten die Cinémathèque ein Vermögen. Das war Henris und Marys Art, einem verehrten Gast die Reverenz zu erweisen. Und King Vidor war so einfach in seinem Lebensstil. Ich habe ihn, wenn ich bei Fritz Lang war, oft besucht, er wohnte etwas unterhalb an derselben Straße. King war einer von den wenigen, die mich hinter den Kulissen der Cinémathèque

Lotte Eisner und King Vidor (1962)

wahrnahmen, und der mir auch einmal öffentlich auf den Rücken klopfte. Als wir ihm zu Ehren seinen alten Film *Show People* zeigten, hielt er eine kleine Rede, in der er auch mir für die Erhaltung und Verbreitung seiner Filme dankte. Dann trat er auf mich zu und gab mir einen ostentativen Kuß. Ab und zu tat mir, da ich immer hart im Dienst für andere gearbeitet hatte, eine kleine Anerkennung ganz gut.

M. G. Mir ist aufgefallen, wie selten man Ihren Namen in Autobiographien von Filmleuten erwähnt findet. Immer werden nur Henri Langlois und Mary Meerson erwähnt, aber Sie, die Sie gearbeitet haben wie ein Pferd, glänzen durch Abwesenheit.

L. E. Dasselbe kann man auch von Marie Epstein sagen. Wir haben es so gewollt. Wäre es anders gewesen, dann hätte unsere Zusammenarbeit nicht funktioniert. Sie war so ausgerichtet, daß Henri Langlois, der die Idee der Cinémathèque geboren hatte, auch der Ruhm gebührte.

Es ist eine Schande, wie elend und hilflos er schließlich krepieren mußte. Henri hatte zugunsten der Cinémathèque seine eigenen Bedürfnisse derart vernachlässigt, daß er an seinem letzten Tag, als er fühlte, daß es zu Ende ging, ganz von der Außenwelt abgeschnitten war. Mit letzter Kraft griff er zum Telefon, aber das Telefon war tot, weil er seine letzten Rechnungen nicht bezahlt hatte. Um ihn war Dunkelheit, er hauste schon eine Woche ohne elektrischen Strom.

Ich erfuhr seinen Tod durch das Radio. Mit der grausamen Glätte des Nachrichtensprechers kam der Schock, ein Zeitalter war zu Ende gegangen.

Unser gemeinsamer Freund, der Jesuitenpater Jean Diard, der Henri in seinen letzten Jahren, als er, von zu vielen ungerechten Angriffen geschlagen, körperlich und seelisch zugrunde ging, zur Seite gestanden hat, hielt die Grabrede, in der kein einziges Mal das Wort »Gott«, aber um so öfter das Wort »Henri Langlois« vorkam:

Über sein Museum hinaus, der Hohen Schule des Kinos, bot Langlois allen Cinéasten mit ihren Filmen Raum an. Ruhm denjenigen, denen Retrospektiven und Ehrungen gewidmet waren. Große Namen, auch mehr oder weniger vergessene, die auch zur Filmgeschichte gehören; aber außerdem noch unbekannte oder verkannte Autoren – verfemte, zensierte, verbotene Autoren.

Menschen aller Hautfarben, aller Länder, aller Altersstufen, denen der unabhängige Langlois, der keiner kleinkrämerischen Welt angehörte, gleiches Recht auf Ausdruck zugestand. Aber auch Cinéasten, die erst Filme machen wollten, denen er half, ihren ersten Film zu verwirklichen. Cinémathèque nicht so sehr für Cinéphile, als für Menschen, die das Kino nötig haben, um zu sein, zu leben, aus ihrer Einsamkeit herauszukommen und in einer niemals hermetischen, sondern immer dem Nicht-Veröffentlichten aufgeschlossenen Tradition, die Geschichte, die auch die ihrige ist, zu verstehen.

Cinémathèque der Armen, der Verdurstenden, die durch das Bild die Mauern der Festung aufbrechen sehen und erleben, wie es sich eine Bresche zum menschlichen Horizont schlägt.

Cinémathèque des Vertrauens: Cinémathèque der ganz Jungen und der sehr Alten, denen er sein Herz geschenkt hat, und die ihm bei seiner Beerdigung ihre Herzen zu Füßen gelegt haben.[32]

Mit Henri Langlois starb die Seele der Cinémathèque Française.

M. G. Sie bezeichnen sich ganz unerschrocken als »misogyn«, ziehen aber gleichzeitig gegen den Rassismus zu Felde. Wie erklären Sie diesen Widerspruch in Ihrem Denken?

L. E. Es ist nicht so sehr mein Denken, als das Gefühl, das allem, was man als »typisch weiblich« bezeichnet, zuwiderläuft. Dazu kommen meine negativen Erfahrungen mit Frauen im Berufsleben. Mir haben immer Männer weitergeholfen, während die Weiber versucht haben, mir Steine in den Weg zu legen. Sie waren auf mich eifersüchtig. Mit dem ›Film-Kurier‹ fing es an: Die Frau meines Verlegers sagte immer zu ihrem Mann: »Stell doch diese Frau nicht so groß 'raus!«

Und dann die Erfahrungen bei der Internierung, und dann der Tanz mit Mary, der nie aufhörte. Ich mußte mich zurücknehmen, damit sie mir nicht aus Eifersucht meine Arbeit zerstörte.

M. G. Dieser Frauentyp, der aus Mangel an Eigenleben die Umwelt tyrannisiert, ist hoffentlich am Aussterben.

Aber ich möchte einmal von der anderen Seite die Bastion angreifen: Waren Sie jemals, wenn Sie Interviews machen mußten, Belästigungen von seiten der Männer ausgesetzt?

L. E. Das kam schon vor, häufiger bei Schauspielern als bei Regisseuren, weil die es sich selbst und ihrer Eitelkeit schuldig waren, jedes weibliche Wesen zu bezirzen.

Ein übler Kandidat war auch der Kameramann Karl Freund. Den konnte ich nur telefonisch sprechen, sonst wäre er mir gleich ans Leder gegangen. – Es kam auch vor, daß man mich bestechen wollte. Einmal mußte ich Zelniks Frau, die Schauspielerin war, interviewen. Der Mann saß während des Gesprächs mit am Tisch und schob mir dauernd ein goldenes Zigarettenetui hin, das ich immer wieder zurückschob. Er wollte damit erreichen, daß ich positiv über seine Frau schrieb. Als ich das endlich begriffen hatte, sagte ich: »Herr Zelnik, wenn ich ein goldenes Zigarettenetui brauche, kaufe ich es mir selber.«

Als mir Ernst Jäger von Amerika die langen Briefe schrieb,

erfuhr ich zu meinem grenzenlosen Entsetzen, daß er immer, wenn ich eine gute Kritik für den ›Film-Kurier‹ geschrieben hatte, zu den verantwortlichen Produzenten oder Verleihern gegangen war und abkassiert hatte.

M. G. Daran möchte ich anknüpfen und Sie als Advocatus Diaboli fragen, ob Sie Ihre Stellung beim ›Film-Kurier‹ im nachhinein nicht überhaupt zu rosig gesehen haben?

Ich habe sämtliche Zeitungen von Juni '27 bis März '33 durchgeblättert und nach Lotte-Eisner-Kritiken Ausschau gehalten. Dabei ist mir aufgefallen, daß Herr Jäger, Herr Feld, Herr Herzberg und zuweilen auch Herr Haas die großen interessanten Theater- und Kinoberichte geschrieben haben und Sie den kleinen Scheißdreck am Rande. Ich habe nur mit viel Geduld und intensiver Suche dann und wann einen Ihrer wichtigen Beiträge zum Berliner Tagesgeschehen gefunden, während die anderen Herren täglich dick vertreten waren. Hans Feld hat mir auch persönlich versichert, daß er nie Grund gehabt hätte, gegen Sie zu kämpfen, aber ich hatte das auf einer Basis von Egalität verstanden und sehe es jetzt eher auf der Basis einer Monopolstellung. Bis zu dem Augenblick, als Sie selbst Umbruchredakteurin geworden sind. Das letzte Jahr waren Sie Chef beim ›Film-Kurier‹. Das ist ganz deutlich an der Präsenz Ihrer Feder zu sehen.

L. E. Ja, leicht habe ich es nicht gehabt im Leben, aber leichter als es die Frauen heute haben. Die Freiheit des Ausdrucks, die man mir gegeben hat, gab mir die Möglichkeit, meine Sprache zu finden und Mut zu gewinnen, meine eigenen Bücher zu schreiben. Was kann man noch verlangen?

Ich möchte nur nicht, daß meine Bücher einmal als »Frauenbücher« bezeichnet werden.

M. G. Nein, Ihre Bücher sind Bücher von einer Frau, es sind wissenschaftliche Bücher, die nicht primär mit der weiblichen oder männlichen Seele zu tun haben. Eines Tages wird es eine Selbstverständlichkeit sein, daß eine Frau ein Buch, eine Oper oder einen Film macht. Dann wird man das Produkt an dem allgemeinen Maßstab der Kritiker messen und nicht mehr sagen: Das ist ein Frauenfilm, sondern das ist ein guter oder schlechter Film.

M. G. Es muß hart gewesen sein, in der Emigration den Zusammenhang mit der Muttersprache zu verlieren und in einer Fremdsprache zu schreiben.

L. E. Drei Fremdsprachen. Sie dürfen nicht vergessen, daß ich fließend Englisch sprach und darin fast so zu Hause war wie im Deutschen. Durch meine englische Erziehung ist diese Sprache so tief in mir verwurzelt, daß ich immer, wenn ich aus dem Tiefschlaf oder aus einer Betäubung erwache, zuerst Englisch spreche. Und meine italienischen Artikel habe ich auch selbst geschrieben. Das gab natürlich manchmal ein höllisches Durcheinander. Ich habe immer dann, wenn mir »le mot juste« in der einen Sprache nicht einfiel, es in meinen Manuskripten in der anderen hineingeschrieben und beim Kopieren versucht, mich auf eine Sprache zu beschränken, so zum Beispiel bei den Vorbereitungen zu einem Aufsatz über Kenneth Anger:

Kenneth Anger, in Japan erzogen, entdeckt das japanische Theater, la danse – désir de fugue. Er hat the economy d'expression von japanischen Bildern gelernt.

Anger selbst captures l'immédiate, was Eisenstein the first vision genannt hat...

M. G. Amos Vogel hat mir erzählt, daß er, bevor er Wien wegen der Hitlerschen Invasion verlassen mußte, Schriftsteller werden wollte. Er war siebzehn Jahre alt, als er nach Amerika ging und hatte schon sein Abitur gemacht. Doch die Auseinandersetzung mit der englischen Sprache hat ihn so beschäftigt, daß er sein Deutsch weitgehend verloren hat, ohne im Englischen kreativ werden zu können. Die Fremdsprache hat ihm die Kreativität genommen.

L. E. Das wäre bei mir vielleicht auch so, wenn ich versuchen würde zu dichten, aber sowohl Amos Vogel als auch ich schreiben analytisch, und dazu reicht die Fremdsprache noch. Das Sprachengemisch, dem ich immer ausgesetzt war, hat auch sein Gutes. Eine Sprache befruchtet die andere. Ich habe manchmal, wenn ich für ein deutsches Wort kein adäquates französisches gefunden habe, einfach das deutsche stehen lassen. Da mußte ich an Heinrich Heine denken, der im Streit mit seinem Übersetzer Nerval lag. Nerval sagte immer: »Das kann man im Französischen nicht sagen«; und Heine war ganz empört und entgegnete: »Aber ich *schenke* den Franzosen dieses Wort!«

Genauso habe ich den Franzosen das Wort »Stimmung« geschenkt. Die Stimmung in einem deutschen Kammerspielfilm kann man weder mit »atmosphère«, oder englisch »mood«, oder »ambiance« fassen. Seit meinem ›Ecran Démoniaque‹ gibt es im Französischen das Wort »La Stimmung«!

Und wiederum ist es mir passiert, daß ich einen französischen Artikel über Achternbusch schreiben mußte, der mir ganz gut gelang. Als man mich aber bat, ihn ins Deutsche zu übersetzen, mußte ich das Lexikon nehmen. Ich kam einfach nicht auf die Worte. Darum habe ich immer, wenn ich etwas Deutsches schreiben mußte, vorher Kleist, Büchner oder Heine gelesen. Es ist eigentlich falsch, von »Muttersprache« zu reden. Wenn ich an meine Heimat denke, dann ist es vor allem die Sprache – das Vaterland und die Vatersprache:

Ich hatte einst ein schönes Vaterland.
Der Eichenbaum
Wuchs dort so hoch, die Veilchen nickten sanft.
Es war ein Traum.

Das küßte mich auf Deutsch und sprach auf Deutsch
(man glaubt es kaum
wie gut es klang) das Wort: »Ich liebe dich!«
Es war ein Traum.[33]

Erinnerungen an Lotte Eisner
Nachwort von Martje Grohmann

Ich lernte Lotte Eisner vor fünfzehn Jahren bei den Filmfestspielen in Cannes kennen, wo ich mit Werner Herzog seinen Film *Auch Zwerge haben klein angefangen* in der Quinzaine Des Réalisateurs* zeigte. Aus der Menschenmenge eines Stehcocktails löste sich die kleine Gestalt: »Ach, Herr Herzog«, sagte Frau Eisner, »endlich treffe ich Sie. Ihr erster Film *Lebenszeichen* hat mir so gut gefallen. Jetzt weiß ich, daß es wieder gutes Kino in Deutschland geben wird.«

»Und ich wollte Sie auch schon lange kennenlernen, weil Ihr Murnau-Buch zu meinen besonderen Lieblingen gehört.«

Lotte Eisner wirkte in der mondänen Umgebung wie eine Seele ohne Körper. Ich habe sie als Mensch aus Fleisch und Blut nie wahrgenommen und wäre auch heute noch, wollte man von mir wissen, wie sie aussähe, um eine verständliche Beschreibung verlegen. Aber damals, das weiß ich noch genau, strahlte sie. Sie erzählte, daß sie mit Fritz Lang befreundet wäre, daß er so bittere Enttäuschungen erlebt hätte, als er versuchte, Ende der fünfziger Jahre wieder in Deutschland zu arbeiten. Ich hörte atemlos zu, denn Fritz Lang war für mich eine Legende. Daß er noch da war, daß man ihn anfassen und mit ihm sprechen konnte, war für mich etwas Unausdenkliches.

»Fritz«, hat Lotte Eisner gesagt, »ich habe da neulich einen wunderbaren Film gesehen, von einem jungen, unbekannten deutschen Regisseur. Den mußt du dir unbedingt ansehen.« Aber Fritz hatte nur resigniert den Kopf geschüttelt und gemeint, aus Deutschland käme nichts Gescheites mehr.

Wie in so vielen anderen Fällen, hatte Lotte Eisner auch hier Intuition. Sie sah *Lebenszeichen* nicht als Einzelfall, sondern als Ankündigung einer ganzen Welle von starken Filmen.

»Die Deutschen brauchen immer eine Grundverzweiflung, um etwas Großes zu schaffen«, meinte sie, »und die ist bei Ihrer Nachkriegsgeneration da.«

Seit unserer ersten Begegnung war ich oft mit Lotte Eisner

* Nebenveranstaltung der Filmfestspiele in Cannes (M. G.)

zusammen. Wir trafen uns jedes Jahr im Mai bei den Filmfestspielen, bis ihre beiden schweren Unfälle und ihr Augenleiden sie hinderten, herumzureisen wie bisher.

An ein Jahr in Cannes erinnere ich mich besonders lebhaft: Es war 1971, als ich den Film *Fata Morgana* im Gepäck hatte, das heißt, er war separat von meiner Person gereist, und ich rechnete damit, daß die untertitelte Filmkopie vor mir da sein würde, aber als ich in Cannes ankam, war der Film verschwunden. Bei der Export-Union hätte er liegen sollen, aber er lag nicht dort. Am nächsten Tag sollte die erste Vorführung in der »Quinzaine« sein. Wo aber war die Kopie? Keiner wußte es. Ich traf Lotte Eisner auf dem Weg zu ihrem Stammhotel, dem Savoy, und erzählte ihr von meiner Beunruhigung. Sie war voller Mitgefühl, denn Kopien-Katastrophen kannte sie zur Genüge aus eigener Erfahrung. Es wurde Abend, der nächste Morgen brach an. Ich ging voller Sorge zum Stand der Export-Union im Festivalgebäude, um zu fragen, ob *Fata Morgana* aufgetaucht sei. »Ja«, sagte man mir, die Kopie wäre da. »Wo war sie denn?« fragte ich. »Lotte Eisner hat sie unter dem Hotelbett von Henri Langlois gefunden.«

In der Pressekonferenz zeigte sich kein lebendes Wesen; es hatte noch niemand, außer der Eisnerin, wahrgenommen, daß es in Deutschland wieder Filme gab. Der Moderator machte vor Langeweile Yogaübungen auf dem Fußboden. Am nächsten Tag war der Empfang für die deutschen Filmleute im Kasino am Hafen. Ich freute mich auf ein gutes Essen und ein paar bekannte Gesichter. Als ich in den vollgepackten Saal trat, sah ich lauter unbekannte Menschen, die sich selbst befeierten. Kein deutscher Filmregisseur, kein deutscher Kritiker war da. Das war nicht etwa ein Boykott, nein – diejenigen, die den neuen deutschen Film vertraten, waren gar nicht eingeladen worden, und ich hatte nur durch blanken Zufall eine Karte bekommen. Vereinsamt stellte ich mich in die Schlange am Buffet. Da tippt mir jemand leise von hinten auf die Schulter: »Martje, Gott sei Dank, daß ich Sie treffe! Ich wollte die neuen deutschen Regisseure kennenlernen, aber es ist niemand da.« – »Frau Eisner«, sagte ich, »machen Sie sich nichts daraus, wir werden statt dessen ordentlich Erdbeeren mit Schlagsahne essen.«

Die Eisnerin war eine unermüdliche Zuschauerin. Sie bereitete in Cannes die Programme und Retrospektiven der Cinémathéque vor, lief selbst herum, um die Einladungen zu verteilen und ging dann noch stundenlang ins Kino auf neue Entdeckungen aus. In den letzten Jahren passierte es manchmal, daß ich sie abends auf dem Heimweg ins Hotel kreuzte. Dann war ihre erste Frage: »Was haben Sie gesehen?« Und wenn ich von einem besonderen Film sprach, den sie verpaßt hatte, wurde sie ganz unruhig. Wenn ich aber sagte: »Ich sehe mir jetzt noch einen Film an, der interessant sein soll«, nahm sie mich beim Arm und drehte im Stand um: »Ach was, ich geh' doch noch nicht ins Bett, ich komme mit Ihnen ins Kino.«

So bin ich im Laufe der Zeit oft mit der Eisnerin im Kino gewesen und kannte ihre Reaktionen genau. Wenn es ein guter Film war, sah sie eine Weile aufmerksam zu und schlief dann befriedigt ein. Gegen Ende wachte sie mit einem Ruck auf und hatte den Kommentar schon fertig: »Ein sehr interessanter Film.« Damit hatte sie unweigerlich recht.

Als *Padre Padrone* (von den Brüdern Taviani) in Paris gezeigt wurde und ich gerade bei Lotte Eisner zu Besuch war, bat sie mich, ich möchte sie zu dem Film begleiten, weil sie nicht mehr allein gehen konnte. Dieses Mal schlief sie nicht ein. Ich hatte das Gefühl, als ob sie geradezu feindlich auf die Leinwand starrte. Ab und zu schüttelte sie auch mit dem Kopf. »Ein kalter Film«, sagte sie, als die Lichter angingen.

»Wissen Sie, Eisnerin, ich habe Sie nicht voreinnehmen wollen, weil der Film doch so einen außergewöhnlichen Leumund hat, und ich dachte, ich wäre die einzige, die ihn nicht mag. Er kommt mir virtuos und berechnend vor ...«

»Der gefällt mir gar nicht«, sagte sie darauf. »Ich habe nicht die sardische Landschaft gespürt, ich habe nicht die Hitze und nicht die Kälte gespürt.«

»Komisch«, meinte ich zu ihr, »wir sind schon so oft zusammen ins Kino gegangen, haben soviel über Film gesprochen, waren uns aber nie uneinig im Geschmack.«

»Wieso, das ist doch nicht komisch. Ganz im Vertrauen gesagt«, und dabei beugte sie sich verschwörerisch dicht zu mir herüber: »Es *gibt* nur einen Geschmack.«

Als Lotte Eisners Bücher in aller Welt bekannt wurden, entdeckte man auch die historische Persönlichkeit in ihr wieder, wurde sich bewußt, daß in dem versteckten Hinterhaus in Neuilly, im vierten Stock einer Winzlingswohnung, die Lebendige

Filmgeschichte, »Das Gewissen des Films«, lebte. So wurde sie von einer Interviewerin zur Interviewten. Eilfertige Journalisten kamen, sie zu befragen: nach ihrer Vergangenheit in Berlin, nach den Filmleuten, die sie gekannt hatte, nach dem heutigen Kino, nach ihrer jetzigen Beziehung zu Deutschland ... Viele Journalisten zogen beglückt ab, denn Lotte Eisner konnte durch ihre gütige Geduld den Gesprächspartner auf ihr Niveau hinaufziehen – andere aber, und das waren merkwürdigerweise oft die deutschen, fühlten sich unbehaglich. Sie stellten die falschen Fragen – Fragen, die nicht aus der Phantasie, sondern aus der Logik kamen, und da reagierte die Eisnerin genauso wie Henri Langlois, sie wich aus, gab keine Antwort, sondern schraubte sich elliptisch immer weiter in ihre eigenen Gedankengänge hinein, bis das Gegenüber nervös anfing, mit den Füßen zu scharren. Langlois und die Eisnerin dachten nicht logisch, sondern orientalisch. Deshalb hatte es keinen Zweck, sie zu fragen: »Welche Kriterien haben Sie bei der Beurteilung eines Films?« Die Antwort kannte ich bald auswendig, weil Lotte Eisner mich im Zuge unserer Arbeit an den Memoiren immer bat: »Bitte bleiben Sie, wenn ich das Interview habe!«

»Ich habe keine Kriterien«, sagte sie. »Wenn ich in die Leinwand hineingezogen werde, ist der Film gut, wenn ich kalt bleibe, ist er schlecht.«

Von einer studierten Frau mit Doktortitel und viel angesammelter Weisheit wurde eine intelligentere Antwort erwartet. Die blieb sie mit einem Lächeln schuldig. Manchmal sagte sie auch wohl: »Wenn Sie mehr wissen wollen, dann lesen Sie meine Bücher. Da steht alles drin.«

Auch ich hatte während unserer Gespräche mit Lotte Eisners elliptischer Denkungsart zu kämpfen. Darum bombardierte ich sie nicht unaufhörlich mit Fragen, sondern versuchte von mir aus, ihr etwas anzubieten. Als ich die Messe in c-Moll von Mozart entdeckt hatte, bei der mich eine überschöne Stelle, eine abschließende Chor-Phrase, die unerwartet wieder aufgenommen und zu einem noch schöneren Schluß gebracht wird, sehr aufregte, sagte ich zu ihr: »Eisnerin, es gibt noch etwas, das ebenso gut ist wie Ihr geliebtes Requiem«, und spielte ihr die Stelle vor. Dann erzählte sie mir plötzlich von der Kröte mit dem rosa Bändchen.

Doch das waren besondere Augenblicke. Im allgemeinen hatte

sich ihr Gedächtnis an bestimmten Stellen festgefahren, Anekdotisches war haften geblieben, gesellschaftliche, politische oder persönliche Zusammenhänge fehlten. Bei all ihrer Vorliebe für den männlichen Intellekt blieb ihre Ausdrucksweise doch emotional. Ich wußte schon, wenn ich fragen würde: »Wie war Gérard Philipe?« würde sie antworten: »Ein herrlicher Mensch!« ...

Keiner, der bei Lotte Eisners sonntäglichen Teerunden einmal anwesend war, wird diese je vergessen. Ihr Stübchen mit den Barockengeln an den Wänden war ein Anziehungspunkt für junge internationale Künstler, denn sie hatte den Schatz der Vergangenheit hinter ihrer Stirn, war aber in der Gegenwart ganz zu Hause, nahm Anteil an allen kulturellen und politischen Tagesereignissen, die man bereitwillig an sie herantrug, weil sie bei ihr auf den rechten Platz gerückt wurden. An gewöhnlichen Tagen war es ihr lieber, einen Gast zur Zeit zu empfangen und sich mit dem dann ganz intensiv zu beschäftigen, aber sonntags machte sie die Tür ganz weit, und man rückte um den runden, wackligen Tisch zusammen. Da war eine japanische Photographin mit ihrem amerikanischen Freund, die leise den Gästen die Hände aufnahm, um ihnen während der Unterhaltung eine kleine Akupressurbehandlung zu geben, da war ein jüdisch-griechischer Universitätsprofessor aus Illinois, da saß Gene Moskowitz, der Freund aus den ersten Nachkriegsjahren; Marion Lee, die Witwe eines englischen Filmkomponisten, redete laut auf die Eisnerin ein – auf englisch, natürlich – Lotte antwortete Englisch – die portugiesische Hausgehilfin, Fernanda, rollte unterdessen ihr stockendes Hausfrauen-Französisch in Lotte Eisners anderes Ohr – die Antwort kam auf italienisch. Ich selbst sprach Deutsch mit ihr, alles andere wäre mir unnatürlich erschienen.

An einem Sonntag kamen besonders viele Gäste, es war keine Hilfe da, und ich hatte Frau Eisner angeboten, die Honneurs des Teetopfes zu machen, weil alles nach einem bestimmten Ritual vor sich gehen mußte: Da waren die feinen, dünnen, blauweißen Tassen aus chinesischem Porzellan, kombiniert mit hellblauen Kuchentellern, da war die blecherne Keksdose in der linken Schrankhälfte, etwa in Augenhöhe, die sofort nach Entnahme der Kekse wieder geschlossen werden mußte. Es wurden nicht die gewöhnlichen Kaffeelöffel aufgelegt, sondern die antiken silbernen, die sie in einem Kodak-Photokästchen aufbewahrte, das mit einem Einmachgummi verschnürt war. Wenn es klingelte, durfte ich nicht einfach den Riegel zurückschieben und aufmachen, ich mußte vorher rufen: »Qui est là?« Es kam aber nie die Antwort des Wolfes. Zum Schluß, als schon alle zierlichen Stühle besetzt waren, klingelte es noch einmal. Ich war gerade in der Küche, um neues Teewasser aufzusetzen, und ging schnell an die Tür. Ohne »Wer ist da?« zu rufen, machte ich auf. Die hohe stolze Gestalt eines älteren Herren mit dichtem grauen Haar stand vor mir. An seiner Hand prunkte ein überdimensional großer grüner Siegelring. Unter dem schon beim Eintreten aufgerissenen Mantel sahen eine rosa Hemdbrust und ein weißes Spitzentaschentuch hervor. Mit einem Ruck schälte der Herr sich ganz aus seinem Mantel heraus und warf ihn mir, indem er durch mich durchsah, als wäre ich ein Fenster, im Vorwärtsschreiten mit einer eleganten Handbewegung zu. Er kannte den Weg in den Salon. Kein Wort war gefallen. Ich ging in die Küche, machte die Tür zu und wollte nicht mehr aufhören zu lachen. Ein historischer Moment war aktuell geworden: Ich war die Domestikin des 19. Jahrhunderts, der man das Menschentum aberkannt hatte. Die Rolle machte mir Spaß. Ich spielte sie weiter, während die Herren sich drinnen im »Name-dropping« hervortaten. Stumm goß ich den Tee nach, stumm reichte ich die Kuchenteller herum. Indes surrten mir illustre Namen, Buchtitel, Filmtitel, Orte, Daten, Ereignisse um den Kopf. Den Mittelpunkt des Interesses bildete jener Spätankömmling, der sich bei näherem Zuhören als Edouard Roditi herausstellte, Familienfreund, Poet und Übersetzer. Mit weitausholenden Gebärden und nonchalanter Arroganz verschafft er sich Gehör. Die Rede kommt gerade auf Jean Cocteau. »Haben Sie den auch persönlich gekannt?« fragt der Professor aus Illinois. »Aber zu dem konnte man doch nicht hingehen, der war viel zu arrogant.« ...

Lotte Eisner nahm lebhaft an der Unterhaltung teil. Sie hatte zu jedem Thema, das die Runde machte, eine Geschichte zu erzählen, und es war ein Vergnügen, ihr zuzuhören, selbst wenn sie dieselbe Geschichte immer wieder erzählte. Auffallend war die Unterschiedlichkeit in der Mentalität ihrer Gäste. Drei Generationen pilgerten zu Lotte Eisner – die ganz Jungen, die Fünfzig- bis Sechzigjährigen und diejenigen, die mit ihr jung gewesen waren und die gleichen Erinnerungen hatten wie sie, aber sie wurden immer weniger.

Mit den ganz Jungen verstand Lotte sich am besten, weil sie voller unausgegorener Ideen und wunderbarer Möglichkeiten steckten. Die älteren Herren um die sechzig, die sie immer noch »gute Jungen« nannte, weil sie aus ihrer Sicht das Erwachsenenalter kaum erreicht hatten, wirkten blasé bis zynisch, hatten längst ihre Begeisterungsfähigkeit auf der Strecke gelassen und belächelten die alte Dame ein wenig, die es noch fertigbrachte, über einen neuen Film eines ihrer Schützlinge in Ausrufe des Entzückens auszubrechen ... Bei den Gleichaltrigen gab es zwei Kategorien: Menschen, die der Zeit getrotzt hatten, wie der zweiundneunzigjährige Archäologieprofessor, der noch herumreiste, um Galerien zu besuchen, und »alte Leute«, die nur noch von Essen und Krankheiten sprachen. »Ich kann alte Leute nicht ausstehen«, sagte die Eisnerin oft, und doch war sie manchmal gezwungen, deren Gegenwart auszuhalten, wenn sie mit einem gebrochenen Bein im Sanatorium war oder nach einer Augenoperation ein paar Wochen in der Klinik liegen mußte. Die letzten Jahre ihres Lebens reiste sie im Sommer, wenn ihre »Kümmerer« (so nannte sie die Menschen, die für sie sorgten) Urlaub machten, in ein kleines Hotel über dem Thuner See, in dem sich hauptsächlich alte Leute aufhielten. Aber sie hatte keine andere Wahl, nach Deutschland oder Österreich mochte sie nicht für längere Zeit gehen, weil für sie der Boden immer noch blutgetränkt war, und in Frankreich war es zu schwierig, für eine alleinstehende alte Dame etwas in der für ihr Herz idealen Höhenlage zu finden. In dem letzten Sommer vor ihrem Tod (1983) ging Lotte Eisner ganz besonders ungern nach Heiligenschwendi. Sie hatte niemanden, der die sechs Wochen bei ihr bleiben konnte, mit der dominierenden Schwägerin, »der Walküre«, zu reisen, war ihr zu gefährlich geworden. Paula hatte sie in Cannes einmal so gehetzt, als Lotte schon schlecht zu Fuß war, daß sie am Lift zusammenbrach und der zweite Oberschenkelknochen daran glauben mußte.

Das Schweizer Hotel war von einer merkwürdigen Sekte übernommen worden, es herrschte ein überliebenswürdiger Ton, es wurde viel gebetet, die Ober schlichen schleimig herum, wie Uriah Heep in *David Copperfield*. – Die alte Dame fühlte sich als Fremdling. Es war niemand da, der ihre Interessen teilte.

Eine alte Jugendgefährtin aus ihrem Berliner Schülerinnenzirkel, Lili Ginsberg (Schwester des Schauspielers Ernst Ginsberg), mit der sie Erinnerungen hätte austauschen können, reiste bald wieder ab. Lotte Eisner war einsam, sie wurde krank. Von dieser Reise hat sie sich nie wieder erholt. Ihr Körper, der nicht mehr mitmachen wollte, war ihr zur Last geworden; der immer noch bewegliche Geist hatte keine Geduld mehr mit ihm. Da entschloß sie sich, zu sterben. Ich sah sie noch eine Woche vor ihrem Tod, sie aß und trank nichts mehr, gab auf praktische Fragen keine Antwort, saß in ihrem Stuhl, in scheinbarer Bewußtlosigkeit. Als ich sie auf deutsch anredete, schnellte ihr müder Kopf hoch, und sie rief: »Martje, wie schön, daß Sie da sind!« Ich war bedenklich, ob ich sie mit dem ersten Teil meiner Arbeit belasten sollte, aber die Eisnerin sagte in ihrem alten, energischen Tonfall: »Lies vor, was du hast!«

Ich las und las. Ab und zu kontrollierte ich, ob sie überhaupt noch zuhörte oder nicht schon längst eingenickt war. Aber sie lauschte mit gesammelter Konzentration, verbesserte dann und wann einen Namen oder beseitigte eine Unklarheit, mit der ich allein nicht fertiggeworden wäre. Als ich nach langen Stunden mit dem Lesen fertig war, war ihr kurzer Kommentar: »Es ist alles richtig.«

Bei unseren langen Arbeitssitzungen war sie diejenige, die am längsten durchhielt; wenn ich schon vor Müdigkeit und Luftmangel in meinem Stuhl zusammensank, war Lotte Eisner noch ganz alert. Unsere Arbeit wurde nur durch ein gemeinsames Mittagessen, bei dem ich liebenswürdig-mütterlich versorgt wurde, und durch die zeremonielle Teestunde unterbrochen. Ab und zu wagte ich einmal, ihr einen Mittagsschlaf vorzuschlagen, aber das wehrte sie entrüstet ab. Wenn ich dann abends um zehn oder elf Uhr gehen wollte, sah sie erschrocken auf und sagte: »Was, schon?«

Nachbemerkung zur Taschenbuchausgabe

Seit dem Erscheinen von Lotte H. Eisners Memoiren werden immer wieder zwei Fragen an mich, die ich das Buch zu Papier gebracht habe, gestellt:

– Warum haben Sie es geschrieben?

– Warum enthält das Buch einer Filmhistorikerin und Kritikerin keinen Anhang mit einem Verzeichnis ihrer Schriften?

Erstens: Ich habe das Buch aus einer Art historischen Verpflichtung heraus geschrieben, weil Lotte H. Eisner einer der letzten Zeugen der Filmgeschichte von ihren Anfängen bis in die jüngste Zeit war und einen Schatz von Erinnerungen hinter ihrer Stirn trug, den irgend jemand heben mußte. In diesem Sinne betrachte ich mich als Werkzeug und halte mich als Autorin bewußt im Hintergrund.

Zweitens: Jeder Leser mit ein wenig Vorstellungskraft kann sich denken, daß ein Mensch, der fünfundfünfzig Jahre seines Lebens fast täglich geschrieben und in aller Welt veröffentlicht hat, fünfundfünfzig Wissenschaftler bräuchte, die fünfundfünfzig Jahre lang forschen müßten, um das Material zusammenzutragen, das einen Anhang von ein paar tausend Seiten ergeben würde. Memoiren sind persönliche Erinnerungen und kein Steinbruch für Filmbürokraten.

Martje Grohmann

9. Jahrgang — Nr. 260
Einzelpreis 15 Gpfg.

Film-Kurier

Theater · Kunst · Varieté · Mode
Bild-Beilagen ◆ Kinotechnische Rundschau ◆ Stimme des Publikums
TAGESZEITUNG

Verlag und Redaktion: Berlin W. 9, Köthener Straße 37, Fernspr.: Kollendorf 4263, Lützow 1541, 1542, 1543. Telegr.-Adr.: Filmkurier Berlin, Postscheckkonto: Berlin 64197. — Bankverbindungen: Darmstädter und Nationalbank, Depositen-Kasse B, Berlin; Security-Bank, Los Angeles, Californien; Kreditanstalt der Deutschen Postsparkassen — Konto 62 780 — Prag: Postsparkassenkonto 92 414 Wien. — Für unverlangt eingesandte Manuskripte übernimmt die Redaktion keine Verantwortung.

Berlin, Donnerstag, 3. November 1927

Bezugspreis (einschl. sämtlicher Beilagen): Monatl. 3 G.-M., vierteljährl. 9 G.-M., jährl. 36 G.-M. ausschl. Zustellgebühren, Ausland [illegible] Postaufschlag bzw. Kreuzbandporto. — Anzeigenpreis: Die 6gesp. [illegible] 30 Goldpfg., im Reklameteil die 4gespalt. mm-Zeile 1 G.-M. — Die [illegible] netto Kasse ohne jeden Abzug. — Erfüllungsort für die bei[illegible] Berlin-Mitte.

Kein befriedigender Vergleich in der Gema-Frage.

Provisorischer Vergleich mit der Gema.

Die Ufa zahlt unter grundsätzlicher Wahrung ihres Standpunktes vorläufig 25000 Rm. monatlich.

In dem bekannten Rechtsstreit der Ufa mit der Genossenschaft zur Verwertung musikalischer Aufführungsrechte (Gema) stand, wie wir bereits mitteilten, gestern vormittag Verhandlungstermin vor dem Kammergericht an.

Die Ufa war vertreten durch die Rechtsanwälte Prof. Dr. Isay und Dr. Friedemann, die Gegenseite durch die Herren Dr. Jacoby, Wolf und Dr. Goldbaum. Nach stundenlanger Verhandlung gelang es den Bemühungen des Gerichts, welches darauf aufmerksam machte, daß die streitenden Parteien doch letzten Endes darauf angewiesen seien, einen gegenseitigen modus vivendi zu finden, einen Vergleich folgenden Inhalts zustande zu bringen: Die Ufa verpflichtet sich, laufend monatlich pro Theater 250 RM. in Anrechnung auf das, was in dem augenblicklich noch beim Landgericht schwebenden Hauptprozeß endgültig als angemessen berechnet wird, zu zahlen.

Die seit dem 1. Februar 1927, dem Tage des Ablaufs des bisherigen Provisoriums, aufgelaufenen Rückstände werden zur Hälfte sofort, der Rest in drei gleichen Raten und zwar am 30. Dezember 1927, 2. März und 2. Mai 1928 beglichen. Die schwebenden Unterlassungsklagen und die sonstigen Verfahren mit Ausnahme des Hauptprozesses sollen bis zum 31. Mai 1928 ruhen.

Bei Abschluß des Vergleichs, der rechtskräftig wird, falls nicht seitens der Gema bis zum 20. November ein Widerruf erfolgt, wurde durch die Vertreter der Ufa nachdrücklichst betont und übrigens auch in dem Vergleich noch besonders zum Ausdruck gebracht, daß die Ufa ungeachtet des vorläufig zugebilligten Betrages unverändert auf ihrem Standpunkt beharrt, daß die Forderungen der Gema bei weitem zu hoch seien.

*

Dieser Auffassung der Ufa muß sich jeder Einsichtige anschließen. Die im vorläufigen Vergleich festgesetzten Tantiemesätze sind untragbar.

Der Kampf gegen die unerhörten Forderungen, die wir wiederholt an dieser Stelle charakterisierten, geht also weiter.

Die Millionenabgabe, die von der Gema gänzlich unbilligerweise und unter falschen Voraussetzungen erzwungen werden soll, würde eine so gewaltige Belastung der deutschen Kinos bedeuten, daß die Kinos zweifellos zu einschneidenden Verwaltungsmaßnahmen in ihrem Betrieb kommen müßten.

Denn der Kinobesitzer müßte seinen Musikerbestand herabsetzen, um sein Kino wenigstens einigermaßen rentabel zu halten.

Es würden infolgedessen Tausende von Musikern brotlos werden, nur damit einige hundert Komponisten unerhört hohe Jahresrenten von deutschen Kinos beziehen können.

Dieser Zustand darf nicht eintreten! Wir hoffen, daß alle Instanzen eingreifen, um das drohende Unheil zu verhüten.

Die Spitzenorganisation bedarf aller Unterstützung, damit ein erträglicher Berechnungsschlüssel gefunden wird, der die Tantiemenabgabe in angemessener Weise regelt.

Meyer-Försters Feststellungsklage wegen „Alt-Heidelberg“ abgewiesen.

Die von dem Autor des bekannten Schauspiels „Alt-Heidelberg“, Herrn Wilhelm Meyer-Förster, gegen die Ufa und die Czerepy Film-Produktions-Gesellschaft angestrengte Feststellungsklage dahingehend, daß beide Beklagten nicht das Recht hätten, eine Neuverfilmung und -Aufführung zu dulden, gelangte gestern vor dem Kammergericht zur Entscheidung.

Die eingelegte Berufung wurde auf Kosten des Klägers zurückgewiesen.

Veranlassung zur Klage hatte die Tatsache gegeben, daß seitens der amerikanischen Herstellerfirma Metro-Goldwyn unter der Regie von Ernst Lubitsch eine Neuverfilmung von „Alt-Heidelberg“ vorgenommen worden sei, ohne die Erlaubnis des Autors dazu vorher eingeholt zu haben.

Allerdings sind zwischen beiden Parteien Verhandlungen geführt worden, die jedoch angeblich wegen übertriebener Forderungen Meyer-Försters resultatlos verliefen.

Den Beklagten, die im Jahre 1922 das Weltverfilmungsrecht erworben hatten, war zum Vorwurf gemacht worden, daß sie mit der Metro-Goldwyn gemeinsame Sache gemacht hätten, um von vornherein etwaige Regreßansprüche gegen letztere zunichte zu machen.

Erklärungen über das D. L. S.

Aus dem D. L. S.-Bureau wird uns mitgeteilt:

Der sogenannte „Siebener-Ausschuß“ des D. L. S. trat gestern in den Berliner Räumen des D. L. S. zu einer Beratung zusammen. Anwesend waren die Herren Schilling, Sander, Meißner und Heynold als Vertreter des Präsidiums, sowie die Herren Georg Galewski, Willy Hein und Joseph Deutsch als Delegierte der Berliner Gruppe.

Aus den Erklärungen des 1. Präsidenten sowie des neu berufenen Generaldirektors Herrn Fett ging hervor, daß der Mitgliederstand und die Finanzlage als durchaus zufriedenstellend zu bezeichnen sind.

Soweit die Berliner Wünsche eine Reorganisation der D. L. S.-Verwaltung betrafen, sind sie bereits heute durch die Tatsachen der Verlegung der Zentrale von Köln nach Berlin sowie der Berufung eines Generaldirektors erfüllt.

Die Frage der Umwandlung der handelsgesetzlichen Form kann natürlich nicht von heute auf morgen gelöst werden.

Es ist in Aussicht genommen, in Bezirksversammlungen Aufklärung unter den Mitgliedern zu schaffen und deren Meinungen und Wünsche bei der geplanten Neuordnung zu berücksichtigen.

Der Siebener-Ausschuß soll, nachdem diese Aufklärungsarbeit abgeschlossen ist, wieder zusammentreten, um das Ergebnis der Bezirksversammlungen festzustellen und demgemäß die Generalversammlung vorzubereiten und einzuberufen.

Die britische Filmvorlage.

Konferenz beim Präsidenten des Handelsamtes.

(Telegramm unseres Londoner Korrespondenten.)

London, 2. November.

Nächsten Dienstag empfängt der Präsident des Handelsamtes Sir Philip Cunliffe-Lister den gemeinsamen Ausschuß der Filmindustrie und des Lichtspielgewerbes, um über Abänderungen der Filmvorlage zu verhandeln.

Die Deputation will darauf dringen, daß Talente des Auslandes in der Bill zugelassen werden.

Das Stadttheater Aschersleben baut um.

Anfang nächsten Jahres wird nunmehr bestimmt das Stadttheater umgebaut und seine Sitzplatzzahl auf 1000 erhöht. Wie uns noch mitgeteilt wird, hat das Stadttheater mit einem anderen prominenten Theaterbesitzer, welcher über 8 Theater verfügt, eine Interessengemeinschaft getroffen, so daß man dem Umbau mit größtem Interesse entgegensehen darf.

Das Capitol in Sommerfeld eröffnet.

Das neuerbaute ganz moderne Theater, Capitol-Lichtspiele Paul Werburg, Sommerfeld (Ff.), Schützenplatz, wird dieser Tage eröffnet. Geschäftsführer Erich Burkhardt.

„Der Geisterzug“ künstlerisch wertvoll.

Nach den Phoebusfilmen „Der Meister von Nürnberg“, „Die Hose“ und „Die weiße Spinne“ ist jetzt auch der mit großem Erfolg im Marmorhaus zur Uraufführung gelangte F. P. S.-Film im Phoebus-Verleih „Der Geisterzug“ von der Bildstelle des Zentralinstituts für Erziehung und Unterricht unter Vorsitz des Herrn Professor Lampe als „künstlerisch“ anerkannt worden. Er genießt also wesentliche Steuerermäßigung. Die Vertretung lag bei allen vier Filmen in der Hand des Herrn Dr. J. Graßmann.

Breslauer Theaterbesitzerversammlung.

Am 1. November fand in Breslau eine Sitzung der Arbeitsvereinigung Breslauer Lichtspieltheaterbesitzer statt.

Neben der Besprechung verschiedener schwebender Fragen von lokaler Bedeutung wurden insbesondere die Erfahrungen geprüft, die mit der im September beschlossenen Neuregelung des Vergünstigungswesens oder, richtiger gesagt, Vergünstigungsunwesens, inzwischen gemacht worden sind.

Nach eingehender Aussprache kam die Versammlung zu dem Ergebnis, an den damaligen Beschlüssen prinzipiell unter Berücksichtigung geringfügiger Aenderungen weiterhin festzuhalten.

Aafa-Premiere.

Der Aafa-Film „Wochenendzauber“, der soeben unter der Regie von Rudolf Walther-Fein fertiggestellt wurde, wird bereits in der kommenden Woche im Primus-Palast zur Uraufführung gelangen.

Film-Kritik.

Duell in den Lüften.

(Pressevorführung.)

Der Film als technische Kunst — das ist der Gesamteindruck dieses Werkes von Baroncelli und Louis Chaix. Flugaufnahmen und Landschaftsbilder, von hier gehen seine stärksten Wirkungen aus. Ein Film der dem Grundgesetz, vielleicht dem einzigen heute feststehenden Axiom des Films gerecht wird: Gestaltung von Vorgängen durch rein optische Mittel.

Das „Duell in den Lüften" findet gar nicht in den Lüften statt, sondern auf der Erde. (So denkt man im Anfang.) Zwei Gentlemen begeben sich im Flugzeug in die Wüste. Einer schießt den Apparat kaput und beide wandern nach entgegengesetzter Richtung. Wer leben bleibt, ist Sieger.

Natürlich findet dieses Duell einer Frau wegen statt. Sogar um zweier Frauen willen. Die eine hat sich selbst erschossen, weil der Hausfreund sie nicht länger liebte; um die andere kämpfen Witwer und amoroso a. D.

Zum Schluß kommt es zu einem zweiten Duell; diesmal wirklich in den Lüften. Die beiden Streithähne besteigen jeder sein Privatflugzeug und schießen in schätzungsweise 3000 Meter Höhe mit Maschinengewehren aufeinander los. Diesmal greift das Schicksal ein; nur einer kehrt zurück.

An sich ist der Ausgang dieses Zweikampfes mit tödlichen Flugmaschinen nichts weniger als ein Gottesgericht. Am Zufall hängt, der Zufall lenkt hier alles. Nicht der Tüchtige bleibt Sieger, sondern der, dessen Apparat rein technisch besser funktioniert. Und bewiesen wird weder mit Sieg noch Niederlage irgend etwas.

Es geht, wie man sieht, nicht um neue Probleme. Es ist eine alte Geschichte und nur die Form ist neu. Statt Säbel oder Pistolen hat man das Flugzeug gewählt. Auf den Sekundanten im Luftschiff wird praktischerweise verzichtet. Kommende Ge-

BELPHEGOR

schlechter werden sich vielleicht vom Schreibtisch aus per Giftgas oder vermittels Aetherwellen duellieren. Wahrscheinlich ist auch dann wieder das bei allen Schwächen stärkere Geschlecht daran schuld.

So pessimistisch ungefähr sieht der Autor anscheinend die Sachlage an. Wer ihm nicht folgen will, der halte sich an die zahlreichen Landschaftsaufnahmen. Er wird auch dann auf seine Kosten kommen.

Die Charaktere sind, entsprechend der Volkstümlichkeit des Sujets, in schwarzweiß Kontrasten gegeneinander gestellt. Der Don Juan im Pilotengewandet chauffiert seinen Wagen am Duelltage selbst zum Flughafen. Der Unternehmer läßt sich hinfahren.

Der junge, böse Mann lügt wie gedruckt, aber er versöhnt zum Schluß durch aufrichtige Reue und seinen Sühnetod. Der gereifte Mann dagegen wirkt durch Geradlinigkeit und Energie, gepaart mit zartem Verständnis für Kinderseelen. Trotzdem hat es den Anschein, als ob sein schließlicher Sieg

Mary, die Frau, nicht restlos zufrieden macht. (Der Schatten des Toten ....)

Baroncelli inszeniert diese dankbare, dem Publikumssinn für Kolportage willig entgegenkommende Angelegenheit mit großem Eifer. Er belebt mit Glück die Requisiten. Eine Kaminuhr als Zeuge des Stelldicheins, bei dem Frau Fabrikdirektor sich erschießt. Die gleiche Uhr als Zeuge, wenn nur 24 Stunden später derselbe Liebhaber sich in Eveningdress wirft, um seine Jugendliebe zu begrüßen.'

Immer wieder wandert der Blick der Kamera. Vom Bilde der Toten zum Rendezvous des ungetreuen Lebenden im Hotel. Stimmungsmalerei, Allegorie. Eine Miß Globetrotter wird durch einen Haufen Gepäckstücke charakterisiert, deren bunte Hotelbilder kurz aneinandergeschnittene Landschaftspanoramen zeigt. Die Bilder vom Restaurant geben die Fülle verwirrender Zurüstungen, mit denen ein Pariser Souper gewürzt wird, geschickt wieder.

Der Gegensatz zwischen den Reisenden eines großen Dampfers, der Kontrast von Luxuskabine und Zwischendeck wird so ganz en passant gezeigt. Wunderbar stimmungsvoll sind die Aufnahmen von der Wüste. Die weite Unendlichkeit des Sandes, der Fußstapfen kaum aufgenommen, wieder verschüttet, und der pittoreske Blick auf eine am Horizont auftauchende Kamelkarawane. Ganz unabsichtlich werden diese Aufnahmen in die Handlung verflochten.

Zwei Menschen treffen sich in den römischen Ruinen des Atlasgebirges. Mit außerordentlichem Takt wird hier die Landschaft vom Hintergrund zum wichtigen Faktor. Sogar zum Erfolg bestimmenden.

Die Höhepunkte von Film und Regieleistung sind die Sensation des Duells in der Luft. Zwei Riesenvögel fallen einander hoch in den Lüften an. Umkreisen sich, stoßen vor, weichen aus; einer versucht den anderen nach unten abzudrängen, von oben her auf ihn zu stoßen. Jeder belauert den Moment, da der Gegner eine Angriffsfläche bietet.

Steil stürzt der eine Apparat herunter, dicke Rauchschwaden hinter ihm her. Er fällt senkrecht, wie ein zu Tode getroffenes, lebloses Tier. Aufkracht eine formlose Masse zur Erde und sofort entsteht eine Flammensäule. Der Ikarustraum ist zuende, der Kampf ist entschieden.

Wie Baroncelli dieses Ringen in der Luft visuell schildert, ist meisterhaft. Allein das genügt, um den Film sehenswert zu machen. Mit Einbeziehung eines bisher nicht genügend verwandten Gebietes moderner Technik in die moderne Kunst des Films.

Ueber soviel Vorzügen und ehrlichem Bemühen übersieht man, daß wichtige Partien der Begebenheit lediglich durch Titel, durch Verzicht also auf jedes Optische, vermeldet werden.

Den Schauspielern läßt Baroncelli gemäß romanischer Tradition viel Freiheit der Bewegungen. Jean Murat als Junger und Gabriel Gabrio als Alter fühlen sich in diesem Darstellungsstil sichtlich wohl.

Weniger gut gelingt es Mady Christians. Sie muß sich in einer fremden Umgebung bewegen und leidet unter einer Photographie, die sie wenig günstig herausbringt.

Der Kameramann Chaix hat um das Zustandekommen der Flugbilder besondere Verdienste. Mit unendlicher Mühe sind die aufregenden Phasen des Flugkampfes in ausgezeichnet gelungenen Aufnahmen aneinander gereiht. Im Atelier kämpft er, so gut es geht, gegen die technischen Tücken des Objekts an.

Der Bildschnitt ist vor allem in den Luftszenen sehr wirksam.

Die Wirkung des Films wird durch die geschickte deutsche Bearbeitung von Dr. Schubert-Stevens unterstützt.

Produktion: Société des Cinéromans.
Verleih: Bruckmann.

Hans Feld.

Mary Carr — Tee im Adlon.

Mary Carr, die bekannte Darstellerin des „Mutter"-Films, ist jetzt in Berlin, wo sie für die Defu die Hauptrolle in dem Film „Frau Sorge" unter der Regie Robert Lands übernehmen wird.

Gestern veranstaltete die Defina einen Presse-Tee zu Ehren von Mrs. Carr. Ungefähr zwanzig Vertreter der Presse und einige Herren der Presseabteilung der Defu und der Defina sowie der Regisseur Robert Land waren im Adlon versammelt.

Dieser Presse-Tee wich bedeutend von den sonst üblichen Veranstaltungen dieser Art ab. Es herrschte nicht die Kälte, die bei offiziellen Empfängen von Künstlern meist unvermeidlich ist, sondern es entspann sich eine nette Plauderei, die etwa zwei Stunden dauerte.

Marry Carr wirkt zunächst gar nicht, wie man sie sich im Leben vorgestellt hat, sie sieht jung und frisch aus, gar nicht wie in ihrer „Mutter"-Rolle. Sie hatte zwei Kinder bei sich. Ein Mädel von 21 und ein Junge von 23 Jahren.

„Ich habe sechs Kinder," sagte Miß Carr, „drei Mädel und drei Jungens, ich habe von jeder Sorte eine Musterkopie mitgebracht." Und dann erzählt Mary Carr aus den Anfängen ihrer Filmtätigkeit, Anekdoten, die 15 bis 20 Jahre zurückliegen, sie äußert sich sehr lobend über den deutschen Film, und, zum Vergleich mit unserer heutige Aufnahmetechnik erzählte sie, wie einst ihr Mann Regisseur war. Das ist nun schon 15 Jahre her, da arbeitete er in einem kleinen Studio, so groß wie das Hotelzimmer, oder vielleicht noch kleiner.

Damals befand sich der Aufnahmeapparat an einem bestimmten Platz befestigt, und durfte niemals von seinem Platz fortbewegt werden.

Wenn man eine „Einstellung" brauchte, konnte man nur die Schauspieler und die Dekoration näher oder weiter stellen, jedenfalls durfte man die Kamera nicht bewegen, und als einmal ihr Mann den Apparat fortbewegen wollte, gab es eine derartige Aufregung in dem kleinen Studio, man verstand gar nicht, was der Mann da mit dem Apparat wollte.

„Was haben Sie denn für merkwürdige Ideen?", sagte man ihm, „Sie sind doch kein Kolumbus!"

Sehen Sie, so war es erst vor 15 Jahren in Amerika, und jetzt ...

Es ist sehr zu begrüßen, daß trotz ihrer Verbindungen mit Amerika die Defina diese Künstlerin nach Deutschland kommen lassen hat um in einem deutschen Film aufzutreten.

Der Eindruck, den man von ihrer Persönlichkeit mit hinweg nahm, war der denkbar beste, man kann jetzt auf ihren ersten deutschen Film gespannt sein.

Von kommenden Filmen

Uraufführung der Bayerischen.

Der Emelkafilm „Hast du geliebt am schönen Rhein ...", ein Film vom Rhein, vom Wein und schönen Frauen, hergestellt unter der Regie von James Bauer unter Mitwirkung von Dorothea Wieck, Werner Engels, Oskar Marion, Harry Hardt, Dr. Manning, Charles Willy Kayser und Carl Platen wird am Montag in der Schauburg am Potsdamer Platz seine Berliner Uraufführung erleben. Die Presse- und Interessentenvorführung findet am Dienstag, den 8. November statt.

Der Fahnenträger von Sedan.

Mit der Wiedergabe interessanter Kampfphasen aus der Schlacht von Sedan beendet Dr. Johannes Brandt die Aufnahmen zu dem Isa-Film des Meinerts-Verleihs „Der Fahnenträger von Sedan".

Es zogen drei Burschen ...

Sie ziehen nicht über den Rhein und auch in Heidelberg haben sie nichts zu verlieren — die drei Burschen, die jeden Morgen Johannisthal unsicher machen und schließlich im Jofa-Atelier sich bei der Domo-Strauß zur Aufnahme melden. Ihre Väter, Fred Sauer und Walther Wassermann haben diese hoffnungsvollen drei Burschen in Bayern, in Hamburg und in Berlin zur Welt kommen lassen und da sich Ossi Oswalda ihrer annimmt dürften sie ja in den allerbesten Händen sein.

Casanova-Premiere in Berlin.

Die „unoffizielle" Premiere des Casanova-Films für das Publikum fand gestern abend im Gloria-Palast statt und verlief überaus günstig. Das Publikum verfolgte äußerst angeregt das bilderreiche Werk.

Eine besondere Attraktion bildete wieder die ausgeschmückte Vorhalle des Gloria-Palastes, der auf blauem Grunde in Silber gehaltene Inschriften zeigte.

Die Premieren-Aufmachung der Ufa-Theater zeigt mehr und mehr das deutliche Bestreben, fesselnde und geschmackvolle Werbung für den Film schon durch die Fassade und den Vorraum des Kinos zu betreiben.

Herr Direktor Schlesinger setzt offenbar die Anregungen, die er auf seiner Amerikareise erhalten hat, in die Tat um. Er beweist dabei eine besonders glückliche Hand. Vor allen auch die letzte Ausschmückung des Ufa-Palastes am Zoo zur „tollen Lola" war ein Musterbeispiel der geschickten Aufmachung einer bedeutsamen Premiere. Wir werden über die Auswirkungen dieser Propagandaform des Kinos, die auch in der Provinz erfolgreich nachgeahmt wird, noch in anderem Zusammenhang sprechen.

Grock und ein kleines Mädel.

Man geht in die Scala, um Grock, den köstlichen, zu sehen, und findet auf dem Wege die beiden Daros — ein Equilibristenpaar. Das heißt, eigentlich nur sie, das Girl; denn er, der Mann, ist gute Klasse, ohne etwas Besonderes zu sein. Das Girl aber, unbekümmert, mager und grimassierend wie ein Gassenbub, ist herrlich. Manchmal stakst sie daher, den Bauch komisch eingezogen, das Gegenteil herausgestreckt, im Niggerstep, wie es die Baker tut. Dann wieder singt sie american songs mit jener scharfen gellen Stimme, die halb eingerostet scheint und doch so unglaublich musikalisch nuanciert ist — wie die besten der amerikanischen Kabarettsingers unserer Grammophonplatten. Nur, daß sie diese songs in den erstaunlichsten Lagen singt: auf dem Kopf des Partners, während sie behaglich auf einem Bein steht, oder hoch oben auf einer schwankenden Leiter, die er balanzieren muß. Sie bigt sich gefährlich vor, singt sich eins mit ihrer prachtvollen Krähstimme, pudert sich ungeniert und umständig die Nase wie eine Dame im Restaurant und wirft in einem herrlichen slang dem Partner ein paar gescheite Frechheiten an den Leiter belasteten Kopf. All das ohne Pose, mit einer faszinierenden Sicherheit, natürlich und selbstverständlich, wie eine andere kaum auf festem Boden.

Diese Nummer mag alte Equilibristenelemente in sich tragen — aber sie ist modern. Modern, weil dieses Mädel, meilenweit von jeder Schablone, ein moderner Mensch ist. Ein überraschend neuer Typ, der Tradition nicht braucht, sprunghaft und voller Einfälle des Augenblicks. — Vielleicht können die drei Grazien der Luft, die Schwestern Blumenfeld, technisch mehr. Aber sie bringen oft Geschautes. Das Darosgirl zeigt dem Varieté eine neue Möglichkeit: von hier aus kann sich die Artistennummer vom Odium des Antiquierten befreien.

Und Grock? Grock bedeutet die andere Möglichkeit: die Zuspitzung der Nummer in das Einzigartige. Er ist der uralte ewige Clown — in seiner Vollendung. Neben ihm verschwindet das kleine Darosgirl und alle die andern. Es treten vor ihm und nach ihm Clowns auf mit roten Knubbelnasen, das Gesicht grotesk bemalt.

Grock aber hat — ein Menschengesicht, das Gesicht eines kleinen Tapergreises mit all seiner schnellen Freude und all seinem schnellen Jammer.

Grock gehört in die Welt jener „Adamssöhne", die den Don-Quichotte-Kampf gegen die Tücke des Objekts aufgenommen haben, die sich die Aermel aufkrempeln müssen, um schwere Flügel an einsame Klavierstühle heranzurücken, die an taschenlosen Hosen immer wieder imaginäre Taschen suchen, die die Geige in der falschen Hand entdecken und so über das schwierige Problem von links und rechts nachzugrübeln gezwungen sind. Mit dem Klavier kann Grock die tollsten Abenteuer erleben: es gibt Deckel, die heimtückisch herabfallend einem die Hände quetschen, daß man vorsichtig nach jeder Note die Hand rasch zurückziehen muß wie beim Pfänderspiel und sich herzlichst freuen darf, wenn man diesen Deckel einmal überlistet hat. Da wird das Klavier zur Rutschbahn, weil man einem wildgewordenen Hut nach muß. Da gibt es mitten im Abenteuer ein paar Töne, in die man sich beim eifrigsten Spiel verliebt und die man immer wieder genießerisch anschlagen muß.

Wissen wir, wenn Grock seine winzige Geige aus dem großen Reisekoffer holt und seiner Klarinette den Jammer aller Kreatur entlockte, weil man ihn auf sein Chaplinfüßchen trat, wie unglaublich musikalisch dieser Mensch ist? Und sehen wir, wie groß seine Ausdrucksmöglichkeit ist?

Da ist seine Art traurig langgezogen, wie jemand, der die Welt nicht mehr versteht, „unmöglich" zu sagen, sich ganz privatim vor Lachen zu schütteln, wie ein Kind gekränkt zu sein, weil man die Miniaturgeige angezweifelt hat, sich erst fünf Minuten danach über ein gelungenes Auffangen zu freuen, wenn es längst vergessen scheint.

Grocks Mimik schreit nach dem Film. Franzosen haben bereits „Grocks ersten Film" gedreht, den man in London und Paris gesehen hat.

Grock selbst erzählt, daß er in Berlin vor drei Jahren von einem mysteriösen Mann zum Filmen verpflichtet wurde und daß dieser Mann sang- und klanglos verschwunden ist.

Im Sommer wollen die Amerikaner in Nizza einen Film mit ihm drehen. Man müßte einen Film schreiben von dem Menschen, der nur von seiner Haustür bis zur ersten Straßenecke geht und dabei in tausend Abenteuer verwickelt wird.

Einen Film von dem so komischen und tieftraurigen Kampf ums Dasein, wie ihn eine Kinderseele erlebt. Denn Grock ist manchmal ein Bruder von Charlie Chaplin.

Lotte H. Eisner.

Bunte Theaterchronik.

Rückwirkende Gemeinnützigkeit.

Die Entscheidung des Ministeriums über die Gemeinnützigkeit des Deutschen Theaters erhält rückwirkende Kraft vom 1. März 1927. Der Grund für diese Maßregel ist darin zu suchen, daß eine Nachzahlung der fälligen 180 000 Mark für die Existenz des Theaters katastrophal geworden wäre.

Die Menschenfreundlichkeit der Behörden in Ehren — daß damit aber auch die Zeit, in der ein Schmarren wie „Der Hetzer" gespielt wurde, unter den Begriff gemeinnützig und kulturell hochstehend fällt, ist ein Kuriosum zu unhaltbar, um logisch verständlich zu sein

Reinhardt im Schloß Bellevue.

Als Ersatz für die vom Fiskus in Anspruch genommene Wohnung am Kupfergraben ist Max Reinhardt das Gärtnerhaus des Schlosses Bellevue zugewiesen worden. Er wird dort selbstverständlich vor seiner Uebersiedlung einige bauliche Veränderungen vornehmen lassen.

Reinhardt hat übrigens seit fünf Jahren in seinem Hause am Kupfergraben nicht mehr gewohnt. Dort befand sich seine Gattin Else Heims mit den beiden Söhnen.

Nachdem für den längst nicht mehr ständig in Berlin wohnenden Reinhardt eine Ersatzwohnung beschafft wurde, wird man auch billigerweise daran denken müssen, Frau Heims entsprechend unterzubringen.

Differenzen um Fidelio.

Otto Klemperer beabsichtigt, seine Berliner Tätigkeit am 19. November mit „Fidelio" zu eröffnen. Darüber ist es zu einer Differenz mit Kleiber gekommen, die ohne praktische Folgen sein dürfte.

Kleiber beruft sich auf sein Vorrecht, „Figaro", „Fidelio" und „Freischütz" als einziger an der Staatsoper zu dirigieren. Verständnis für diesen monopolistischen Standpunkt dürfte nur derjenige aufbringen, der Grund hat, offenen Wettbewerb zu scheuen.

Streik beim Opernbau.

Beim Opernbau, Unter den Linden, dessen voraussichtliche Kosten bisher die bescheidene Summe von etwa acht Millionen betragen, ist seit einigen Tagen ein Streik ausgebrochen.

Durch diesen Streik, der die Innenherstellung um ein weiteres verzögert, verschiebt sich der Eröffnungstermin. Der letzthin angegebene amtliche Eröffnungstermin war bekanntlich der 15. März.

Käthe Kollwitz reist nach Moskau.

Auf Einladung der Sowjetregierung wird

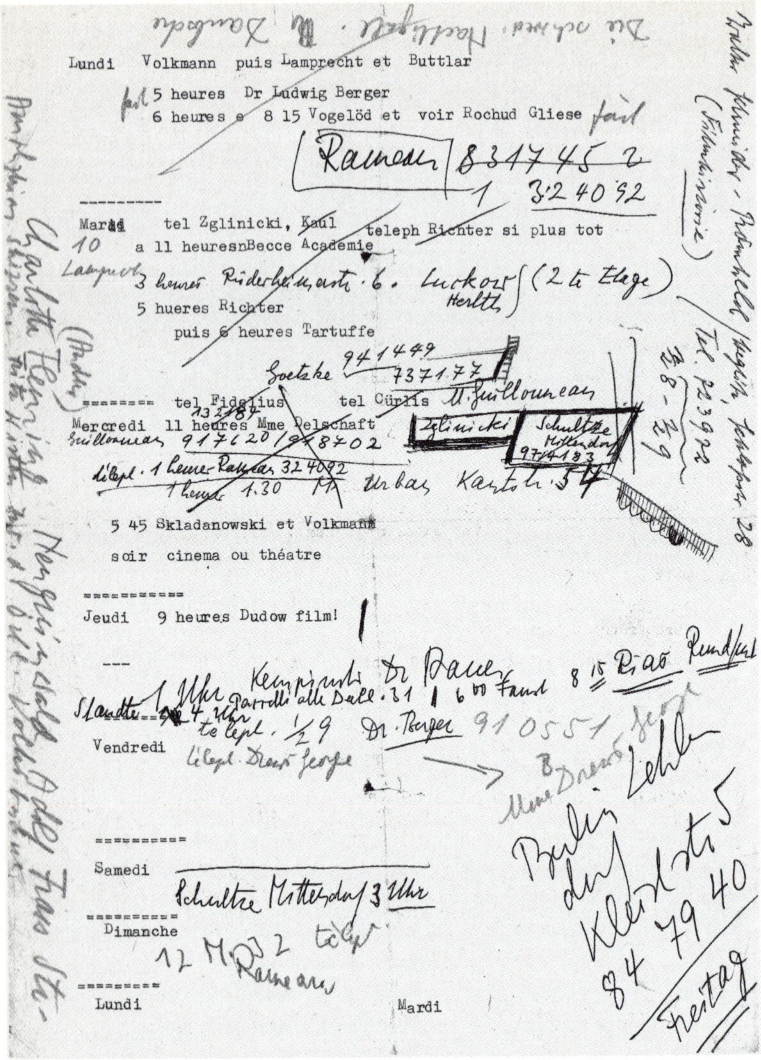

Lundi Volkmann puis Lamprecht et Buttlar

5 heures Dr Ludwig Berger

6 heures e 8 15 Vogelöd et voir Rochud Gliese

Mardi tel Zglinicki, Kaul teleph Richter si plus tot

a 11 heuresnBecce Academie

5 hueres Richter

puis 6 heures Tartuffe

======== tel Fidelius tel Cürlis

Mercredi 11 heures Mme Delschaft

5 45 Skladanowski et Volkmann

soir cinema ou théatre

============

Jeudi 9 heures Dudow film!

Vendredi

==========

Samedi

==========

Dimanche

=========

Lundi Mardi

Aus Arbeitsjournalen von Lotte Eisner

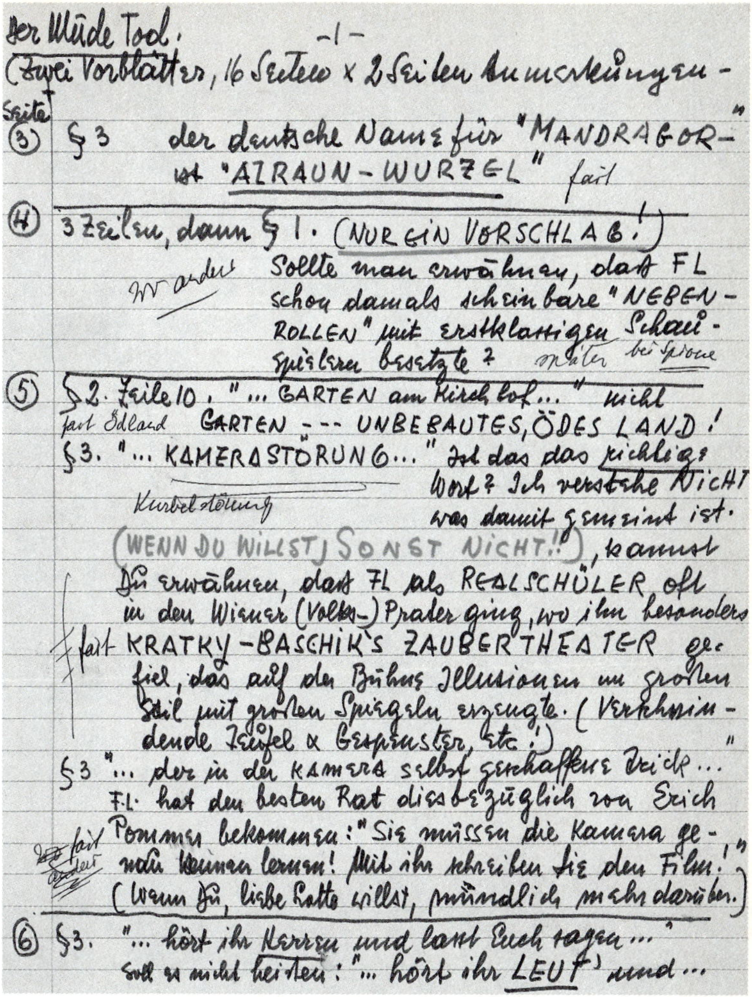
Der Müde Tod. -1-
(Zwei Vorblätter, 16 Seiten x 2 Seiten Anmerkungen-Seite)
(3) §3 der deutsche Name für "MANDRAGOR" ist "ALRAUN-WURZEL" fait
(4) 3 Zeilen, dann §1. (NUR EIN VORSCHLAG!)
Sollte man erwähnen, daß FL schon damals scheinbare "NEBEN-ROLLEN" mit erstklassigen Schauspielern besetzte? wir ändern später bei Sprache
(5) §2. Zeile 10. "... GARTEN am Kirchhof..." nicht
fait Ödland GARTEN --- UNBEBAUTES, ÖDES LAND!
§3. "... KAMERASTÖRUNG..." Ist das das richtige Wort? Ich verstehe NICHT was damit gemeint ist.
Kurbelstörung
(WENN DU WILLST, SONST NICHT!!), kannst Du erwähnen, daß FL als REALSCHÜLER oft in den Wiener (Volks-) Prater ging, wo ihm besonders
fait KRATKY-BASCHIK'S ZAUBERTHEATER gefiel, das auf der Bühne Illusionen im großen Stil mit großen Spiegeln erzeugte. (Verschwindende Teufel & Gespenster, etc.!)
§3 "... der in der KAMERA selbst geschaffene Trick..."
F.L. hat den besten Rat diesbezüglich von Erich Pommer bekommen: "Sie müssen die Kamera genau kennen lernen! Mit ihr schreiben Sie den Film!" fait anders
(Wenn Du, liebe Lotte willst, mündlich mehr darüber.)
(6) §3. "... hört ihr Herren und laßt Euch sagen..."
soll es nicht heißen: "... hört ihr LEUT' und..."

Fritz Lang redigiert Lotte Eisners Manuskript über Fritz Lang

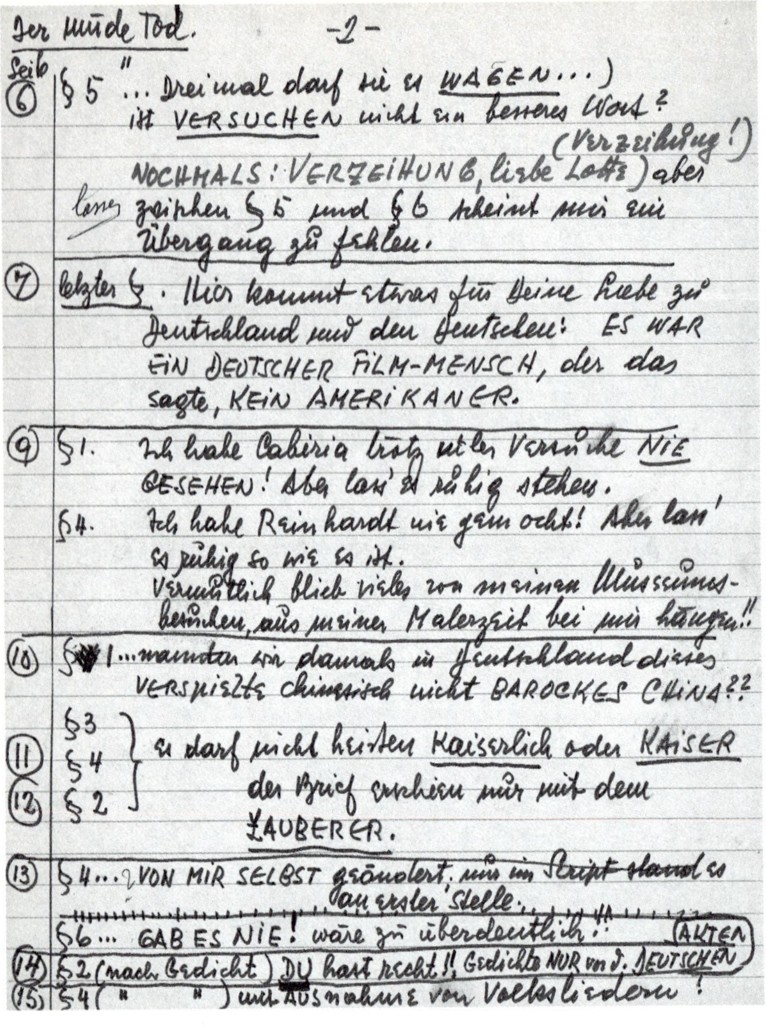
Der müde Tod. -2-

Seite

(6) §5 "... Dreimal darf sie es WAGEN...)
ist VERSUCHEN nicht ein besseres Wort?
(Verzeihung!)
NOCHMALS: VERZEIHUNG, liebe Lotte) aber
lange zwischen §5 und §6 scheint mir ein
Übergang zu fehlen.

(7) letzter §. Hier kommt etwas für Deine Liebe zu
Deutschland und den Deutschen: ES WAR
EIN DEUTSCHER FILM-MENSCH, der das
sagte, KEIN AMERIKANER.

(9) §1. Ich habe Cabiria trotz vieler Versuche NIE
GESEHEN! Aber lass es ruhig stehen.
§4. Ich habe Reinhardt nie gemocht! Aber lass
es ruhig so wie es ist.
Vermutlich blieb vieles von meinen Museums-
besuchen, aus meiner Malerzeit bei mir hängen!!

(10) §1 ...nannten wir damals in Deutschland dieses
VERSPIELTE chinesisch nicht BAROCKES CHINA??

(11) §3
§4 } es darf nicht heissen Kaiserlich oder KAISER
(12) §2 der Brief erschien nur mit dem
ZAUBERER.

(13) §4...? VON MIR SELBST geändert. nur im Skript stand es
an erster Stelle.

§6... GAB ES NIE! wäre zu überdeutlich!! AKTEN
(14) §2 (nach Gedicht) DU hast recht!! Gedichte NUR von d. DEUTSCHEN
(15) §4 (" ") mit Ausnahme von Volksliedern!

TOHO CO., LTD.

(TOHO KABUSHIKI KAISHA)

1-6, YURAKUCHO, CHIYODAKU, TOKYO, JAPAN.

MOTION PICTURE
PRODUCER. DISTRIBUTOR & EXHIBITOR

CABLE ADDRESS: "TOHOFILM TOKYO"
TELEPHONES: (59) 7 3 0 1 ~ 7 3 0 9

November 9th, 1957.

Miss Lotte Eisner,
Cinematheque Francaise,
19, Rue Spontini,
Paris 16e, France.

Dear Miss Eisner,

Indeed it was my great delight to have the opportunity of visiting Paris and seeing you together with Mr. Kawakita on the occasion of my trip to London to attend the opening ceremonies of the British National Movie Theatre at the invitation of the British Film Institute. I now send you my thanks for the courtesy you showed me and recall the pleasant impressions I got during my stay in your country though it was very brief.

Immediately upon my return here I got down to my work for a picture called "Insai No San Akunin" (literally: "Three Bad Men in a Hidden Fortress").

Thanking you again and wishing you the best of luck, I am,

Yours sincerely,

(Akira Kurosawa) Toho Co., Ltd.

Seefeld, 2. März.

Liebe Lotte : bitte senden Sie mir das Manuskript nicht hierher sondern nach dem 28. März nach Berlin. Aber bitte schreiben Sie mir hierher, was es Porto kostet, damit ich Ihnen einen internationalane Antwortschein schicke. Eingeschrieben ist vielleicht nicht mehr nötig, weil ich das Buch jetzt gerade noc heinmal neuschreibe.Die Jugend gefällt nicht nur Ihnen am besten. Werner Höfer, der Populärste Fernsehmann(Internationaler Frühschoppen) hat gesagt: Fontane könnte die Jugend nicht besser schreiben und Kurt Hiller hat über die " Bettler Bar", die ja in dem neuen Buch auch enthalten ist, einmal fast sein ganzes Lynx darüber vollgeschrieben. Er sagte, es ist besser als Günter Grass. Und noch irgend ein kluger Mann: viele Seiten darin sind grosse Literatur. Den Anfang kann ich nicht streichen, er istdie Wurzel. Ich wollte kein Memoirenbuch schreiben, sondern ! wie ein Mensch sich zum Künstler entwickelt und durch die Zeit verwickelt und das Absterben einer jüdischen Familie, also mehr ein Stück Zeitgeschichte , auf keinen Fall Memoiren, dann hätte ich ganz andere Sachen geschrieben. Dass in Paris man nur zwei Namen daraus kennt , macht nichts, auch in Deutschland oder England oder in sonst welchem Land kennt man nicht alle Namen. Wer ist schon so gebildet? Kommt nicht darauf an, ich hätte genausogut erfundene Namen setzen können, die kennt auch niemand, es ist nur für manche Menschen ein Kitzel, bekannte Namen zu finden, aber unwichtig. Ich war vor 14 Tagen in München und habe für das zweite Fernsehen was aufgezeichnet, das heisst, das Fernsehen hat mich aufgezeichnet, aber sie haben keinen Mut. Immer wenn der Ausdruck mächtig wurde, gingen sie in die Halbtotale oder sogar Totale.Wenn ich nur einen Verlag wüsste, dem ich in Deutschland das Buch schicken könnte. Ich kenne natürlich die Namen von hunderten, aber weiss nicht, wer sich für so etwas inetreressiert

Kommen Sie nicht mal vor? Berlin 2 11 / bin den ganzen April dort, dann Kampen, Ihre Valeska Gert

KENNETH ANGER

1032½ Kearny Street
San Francisco, Calif.

June 10, 1965

Dear Lotte,

I've just received a wire from Mary confirming she received mycable so all is well.

She said she'd taken so long to answer as she had been ill. Please let me know if she is still ill or if it is anything serious. If it is, I'll fly over to be with her even if it takes my last penny.

If you haven't spoken to Mary yet about whether she received the cable, please don't disturb her about it. I was just very worried that I had received no word from her at all after I sent it.

I do hope your own health is fine, Lotte. Friends told me you had an accident in London, which I was very sorry to hear. On last report you have recovered and are well, and I hope this is the case.

I hope I will be able to afford a trip to Paris before too long. There are many people I want to see again and the years roll by.

Recently I sent Mary a dress of Theda Bara for the Museum. You might check to see if she got it. I wish I could have done more in sending the Museum things, and I would have if Henri had kept in touch with me. I don't have enough money to keep on buying substantial items on my own, though I have seen some beautiful things it has made me sad I couldn't send you.

You, Mary, and Henri will be interested to lear that the last news is that the Hollywood Museum will never be built and it is a number one scandal in California. Lesser and his cronies collected huge salaries, there was hanky-panky on the books concerning the millions of dollars in contributions they collected, which apparently went int their own pockets. What a bitterly comic fiasco! I'm afraid my opinion is that it is the only thing that could have happened in Hollywood.

Best wishes,

Kenneth

Liebe fra Lotte Eisner.

29-5-64

Vielen Dank fur Ihren lieben Brief 5. 15 Maj 64.

Es freut mich sehr, dass das Bild jetzt von Cinematheque Francaise erworben ist. Denn eine schønere Stelle als Paris kann ich mich nicht denken für mein Portræt.

Hierbei füge ich die drei gewunschte Expl. für das Devisenamt. Mein hiesiger Bank hat alles so erledigt, dass der Spediteur Salicath das Bild bei Ihnen abliefert gegen 1 tausend Dollars auszahlung. Alles ist sehr schnell hier erlediget, denn am 3o Maj fahre ich in Sommerfrische, und der Spediteur wird dann am 29 Maj das Bild bei mir abholen. Hoffentlich klapt dann alles.
Indem ich alle herzliche Grüsse sende

bin ich Ihre sehr ergebene

Asta Nielsen

Asta Nielsen

20 Maj 64

Anl. 3 Einlage

INGMAR BERGMAN
620 35 FÅRÖ

Fårö August 12, 1976

Dear Lotte Eisner,

Finally your very kind letter has reached me and I just want to tell you how grateful I am for your advice.
Unfortunately we didn't have the opportunity to meet this time, but my wife and I have now moved to Munich where I intend to work with film and theater. Paris is not too far away so perhaps we could meet someday.

With greatest admiration

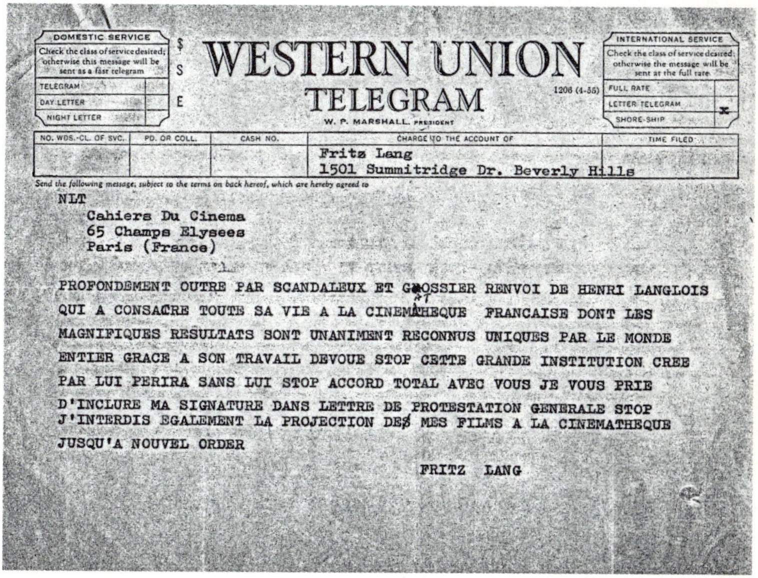

DOMESTIC SERVICE
Check the class of service desired; otherwise this message will be sent as a fast telegram
TELEGRAM
DAY LETTER
NIGHT LETTER

WESTERN UNION
TELEGRAM
W. P. MARSHALL, PRESIDENT
1206 (4-55)

INTERNATIONAL SERVICE
Check the class of service desired; otherwise the message will be sent at the full rate
FULL RATE
LETTER TELEGRAM x
SHORE-SHIP

NO. WDS.-CL. OF SVC.	PD. OR COLL.	CASH NO.	CHARGE TO THE ACCOUNT OF	TIME FILED
			Fritz Lang 1501 Summitridge Dr. Beverly Hills	

Send the following message, subject to the terms on back hereof, which are hereby agreed to

NLT
Cahiers Du Cinema
65 Champs Elysees
Paris (France)

PROFONDEMENT OUTRE PAR SCANDALEUX ET GROSSIER RENVOI DE HENRI LANGLOIS QUI A CONSACRE TOUTE SA VIE A LA CINEMATHEQUE FRANCAISE DONT LES MAGNIFIQUES RESULTATS SONT UNANIMENT RECONNUS UNIQUES PAR LE MONDE ENTIER GRACE A SON TRAVAIL DEVOUE STOP CETTE GRANDE INSTITUTION CREE PAR LUI PERIRA SANS LUI STOP ACCORD TOTAL AVEC VOUS JE VOUS PRIE D'INCLURE MA SIGNATURE DANS LETTRE DE PROTESTATION GENERALE STOP J'INTERDIS EGALEMENT LA PROJECTION DES MES FILMS A LA CINEMATHEQUE JUSQU'A NOUVEL ORDER

FRITZ LANG

Margarete Schön als »Kriemhild« in *Die Nibelungen* (1923/24) von Fritz Lang

Werner Krauss, Catherine Hessling und Valeska Gert in *Nana* (1926) von Jean Renoir

Fritz Lang (links) mit Filmteam. Neben Fritz Lang: Thea von Harbou, Fritz von Opel und Lilian Harvey

Lotte Eisner und Josef von Sternberg

Fritz Lang bei Dreharbeiten zu *Die 1000 Augen des Dr. Mabuse* in Berlin (1960)

Valeska Gert und Greta Garbo in *Die freudlose Gasse* (1925) von Georg Wilhelm Pabst

Spielzeugmodell aus dem Film *Sunrise* (1927) von Friedrich Wilhelm Murnau

May 11, 1983

Dearest Lotti –

Do not let anything keep you from writing your autobiography at once.

It will be historically and artisticly a book of the greatest importance.

And the writer, Lotte Eisner, will reveal herself as a woman of the greatest courage and intelligence.

Love

Louise

1 Heinrich Heine: Sämtliche Schriften in 12 Bänden. Hrsg. von Klaus Briegleb. Ullstein Werkausgabe. Berlin 1981. Bd. 11. S. 272.
2 Ebenda. Band 7. S. 414.
3 Goethes Sämtliche Werke. Band III. Cottasche Buchhandlung 1875. S. 462–463.
4 Das große Wilhelm Busch Hausbuch. Südwest. München 1979. S. 35.
5 Der Bund. Nr. 322 vom 19. August 1966. Bern.
6 Aus Lotte H. Eisners Dissertations-Manuskript ›Die Entwicklung der Bildkomposition auf griechischen Vasen‹. S. 41.
7 Ebenda. S. 42–43.
8 Werner Herzog: Drehbücher I. Skellig Edition. München 1977. S. 193.
9 Gabriele Tergit: Effingers. Fischer Taschenbuch Verlag. Frankfurt a.M. 1982. S. 148. (Zitiert mit veränderten Namen.)
10 Lotte H. Eisner: Die Dämonische Leinwand. Fischer Taschenbuch Verlag. Frankfurt a.M. 1980. S. 161–162.
11 Lotte H. Eisner: Fritz Lang. Secker & Warburg Ltd. London 1976. S. 91.
12 Kenneth Tynan: Show People. Simon & Schuster. New York 1979. S. 316.
13 Zitiert nach Kenneth Tynan, a.a.O., S. 300.
14 Louise Brooks: Lulu in Hollywood. Alfred A. Knopf. New York 1982. S. 104–105. (Deutsch: Lulu in Berlin und Hollywood. Fischer Taschenbuch Verlag. Frankfurt a.M. 1986.)
15 Ebenda. S. 59.
16 Lotte H. Eisner: Sur le procès de l'opéra de Quat' Sous. In: Europe Brecht. Monatszeitschrift. Jahrgang 35. Nr. 133–134/1957. S. 111–118. (Frei übersetzt und zitiert von Martje Grohmann.)
17 Ebenda.
18 Ebenda.
19 Jean Michel Palmier: L'Expressionisme et les arts. Payot. Paris 1980.
20 Hans Feld: Jews in the Development of the German Film Industry. In: Publications of the Leo Baeck Institute. Year Book XXVII/1982. S. 355.
21 Valeska Gert: Katze von Kampen. R. S. Schulz. Percha 1977. S. 17–18.
22 Ebenda.
23 Hans Richter: Köpfe und Hinterköpfe. Arche. Zürich 1967. S. 111–112.
24 Vortragsmanuskript von Fritz Lang. Aus dem Nachlaß von Lotte H. Eisner.
25 ›Die Ahnenforscher auf dem Zehlendorfer Küsteramt.‹ Ausschnitt aus einer Berliner Tageszeitung. Datum unbekannt.
26 Konzentrat eines Interviews mit Henri Langlois. Persönliche Notiz aus dem Nachlaß von Lotte H. Eisner. Übersetzt und zusammengefaßt von Martje Grohmann.

27 Gemeint ist der Artikel von Lotte H. Eisner: Notes sur le style de Stroheim. In: Cahiers du Cinéma. Nr. 67. S. 8–18.

28 Lotte H. Eisner: Die Dämonische Leinwand. S. Fischer. Frankfurt a.M. 1980. S. 7.

29 Ebenda. S. 11.

30 Lotte H. Eisner: Rencontre avec Carl Dreyer. In: Cahiers du Cinéma. Nr. 48. S. 4.

31 Lotte H. Eisner: Fritz Lang. Secker & Warburg Ltd. London 1976. S. 403.

32 Jean Diard: Henri Langlois. Un témoignage. In: Cinéma Studio 28 vom 16. Mai 1978.

33 Heinrich Heine: Sämtliche Schriften in 12 Bänden. Hrsg. von Klaus Briegleb. Ullstein Werkausgabe. Berlin 1981. Band 7. S. 370.

Literaturverzeichnis

Renée Neher: Bernheim: Histoire Juive de la Renaissance à nos jours. Tome II XIXème siècle. Edition Durlacher. Paris 1963.

Bertolt Brecht: Arbeitsjournal 1942 bis 1955; 1938 bis 1942. Werkausgabe Edition Suhrkamp. Hrsg. von Werner Hecht. Frankfurt a.M. 1974.

Louise Brooks: Lulu in Hollywood. Alfred A. Knopf. New York 1982. Deutsch: Lulu in Berlin und Hollywood. S. Fischer. Frankfurt a.M. 1986.

Louise Brooks: Portrait d'une Anti-Star. Phébus. Paris 1977.

Luis Buñuel: Mon Dernier Soupir. Robert Laffont. Paris 1982.

Lotte H. Eisner: Fritz Lang. Hrsg. von David Robinson. Secker & Warburg. London 1976.

Lotte H. Eisner: Die Dämonische Leinwand. Hrsg. v. Hilmar Hoffmann u. Walter Schobert. Fischer Taschenbuch Verlag. Frankfurt a.M. 1980.

Lotte H. Eisner: Murnau. Mit dem Drehbuch zu Nosferatu. Kommunales Kino Frankfurt a.M. 1979.

Europe Brecht. Monatsschrift. Jahrgang 35. Nr. 133–134/1957.

Valeska Gert: Katze von Kampen. Verlag R. S. Schulz. Percha 1977.

Valeska Gert: Mein Weg. Geschrieben im Mai 1930 in Paris. 1931 im Druck erschienen.

Heinrich Heine: Sämtliche Schriften. Ullstein Werkausgabe. Berlin 1981.

Werner Herzog: Vom Gehen im Eis. Carl Hanser Verlag. München 1979.

Maria Hilchenbach: Kino im Exil. Kommunikation und Politik 14. K. G. Saur. München/New York/London/Paris 1982.

Joris Ivens ou la mémoire d'un regard, par Robert Destanque et Joris Ivens. Edition BFB 1982.

Walter Laqueur: Weimar. Une Histoire Culturelle de l'Allemagne des Années 20. Robert Laffont. Paris 1978.

Gérard Philipe: Souvenirs et témoignages receuillis par Anne Philipe et présentés par Claude Roy. Gallimard. Paris 1960.

Jean Renoir: Mein Leben und meine Filme. Deutscher Taschenbuch Verlag. München 1980.

Hans Richter: Köpfe und Hinterköpfe. Arche. Zürich 1967.

Curt Riess: Joseph Goebbels. Ballantine Books. New York 1960.

Georges Sadoul: Dictionnaire des Cinéastes. Seuil. Paris 1965.

Georges Sadoul: Dictionnaire des Films. Nouvelle Edition. Microcosme. Remis à jour par Emile Breton. Paris 1981.

Hanna Schramm et Barbara Vormeier: Vivre à Gurs. Actes et mémoires du peuple. François Maspero. Paris 1979.

Simone Signoret: La Nostalgie n'est plus ce qu'elle était. Seuil. Paris 1976.

John Russell Taylor: Strangers in Paradise. The Hollywood Emigres 1933–1950. Faber & Faber. London 1983.

Gabriele Tergit: Effingers. Fischer Taschenbuch Verlag. Frankfurt a.M. 1982.
Kenneth Tynan: Show People. Profiles in Entertainment. Simon & Schuster. New York 1979.
King Vidor: La Grande Parade. J. C. Lattès. Paris 1981.

Bildnachweis

Cinémathèque Française: S. 74, 85, 87, 90, 91, 95, 111, 124, 129, 137, 158, 176, 181, 222, 232, 239, 293, 294, 300, 301, 313, 348, 349, 350, 351.
Nachlaß von Lotte Eisner: S. 8, 42, 68, 184, 202, 214, 225, 261.
Michel Celemenski: S. 63, 245, 247, 303, 381.
Filmverlag der Autoren: S. 133.
Centre de Documentation juive: S. 194.
Howard Vernon: S. 287.
Dr. Claude Chiarini: S. 284,285.
Dr. Claude Quinni: S. 174.
Coll. Privée: S. 161, 274.

Personenregister

Achternbusch, Herbert 145, 306f., 328
Acton, John Emerich Edward Lord 145
Albers, Hans 161
Alexandrow, Grigorij 138, 141
Ammer, K.L. 103f.
Andersch, Alfred 75
Andrejew, André 228
Anger, Kenneth 231, 327
Angst, Richard 126f.
Arnim, Achim von 186, 305
Aron, Joseph 14
Artaud, Antonin 129f., 297
Auriol, Jean-Georges 255f.
Austen, Jane 27
Autant-Lara, Claude 227

Baberske, Robert 264
Bach, Johann Sebastian 17
Baker, Josephine 82
Bamberger, Rudolf 50f.
Bang, Herman 231
Barbin, Pierre 311, 314
Bardot, Brigitte 296f., 312
Barlach, Ernst 59, 159
Barrault, Jean-Louis 309
Basse 51
Bassermann, Albert 28, 161f.
Bauer 317
Bazin, André 256
Beauvoir, Simone de 177
Becker, Jacques 227
Beckett, Samuel 300
Begas, Reinhold 23
Bellochio, Bernardo 251
Benoît-Levy, Jean 249
Bereghi, Oskar 120
Berger, Ludwig 50f., 123
Bergman, Ingmar 253f.
Bergmann, Emil 263
Bertolucci, Bernardo 251, 265
Bizet, René 77
Bogdanovitch, Peter 286
Bonaparte, Marie 179
Bonaparte, Napoleon 30
Bonne, Henri 260
Borel, Suzie 219
Boyer, Charles 129
Brandt, Rut 49
Brauner, Arthur 126f., 283
Brecht, Bertolt 58–61, 67, 96, 101–110, 112, 141, 172, 228, 275, 283
Brecht, Stefan 109
Breton, André 297ff.
Bronnen, Arnolt 106
Brooks, Louise 90–100, 113, 222, 302f., 318
Brüning, Heinrich 146
Buber, Martin 171
Büchner, Georg 28, 328
Buñuel, Luis 275, 278, 297
Busch, Ernst 108
Busch, Wilhelm 20, 54

Cahn, Estella 13, 23
Cahn, Feodora 14
Cahn, Henriette 13f.
Cahn, Ida 14
Cahn, Margarethe s. Eisner, Margarethe
Cahn, Ottilie 14, 18
Cahn, Valerie 14
Carné, Marcel 219
Casparius, Hans 103
Cassirer, Lucie 23, 44, 78
Cassirer, Paul 44
Calvalcanti, Alberto 177, 183, 189
Celemenski, Michel 303
Cervantes, Miguel de 206
Cézanne, Paul 78
Chabrol, Claude 225
Chaplin, Charles 85, 152, 252, 299, 301f., 316
Chaplin, Geraldine 302
Chaplin, Oona 302
Ciconi, Ermanno 44
Ciconi, Lucie 216
Ciconi, Mariana 216
Clair, René 219, 238
Clementi, Pierre 265
Clouzot, Henri-Georges 227
Cocteau, Jean 177, 334
Comencini, Luigi 177, 180, 251
Crosby, Floyd 154, 264
Crosfield, Lily 171
Curtius, Ernst Robert 58, 61, 64f.

Dali, Salvador 297
Damiani, Damiano 251
Dessau, Paul 102, 107

Deutsch, Ernst 28
Diard, Jean 323
Dießl, Gustav 120
Dietrich, Marlene 63, 116, 195, 305
Domarchi 265f.
Dornès, Yvonne 219
Douy, Max 227
Dovjenko, Alexander 138
Dreyer, Carl Theodor 129, 289f.
Dudow, Slatan 105, 172, 180
Duhamel, Georges 311
Dulac, Germaine 219f.
Dümmling, Dr. 253

Eisenschitz, Bernard 271
Eisenstein, Pera 134, 141
Eisenstein, Sergeij Michailowitsch 114f., 133f., 136, 138–142, 248, 327
Eisner, Fritz 17, 19f., 46f., 69, 164, 185, 188f., 215
Eisner, Gisela 217
Eisner, Harriet 217
Eisner, Herbert 185, 215, 217
Eisner, Hermann 16, 24, 41, 44, 216
Eisner, Kurt 65
Eisner, Margarethe 14
Eisner, Paula 56, 62, 69, 84, 164, 172, 189f., 215ff., 335
Eisner, Stefan 185f., 189, 215ff.
Eisner, Stefanie 17, 21f., 164, 185, 190f., 215
Eisner, Tom 217
Eisner, Viktor 16, 44, 216
Eliot, T.S. 75
Engel, Erich 101, 162
Epstein, Jean 219, 246, 249
Epstein, Marie 178, 246–249, 309, 314, 323
Exbrayat 204f.
Eyck, Peter van 283

Fairbanks, Douglas 152
Fanck, Arnold 157
Fassbinder, Rainer Werner 7, 306
Feld, Hans 79f., 83ff., 106, 113f., 117, 127, 139ff., 148–151, 153, 162ff., 171, 188, 243, 326
Feld, Rudi 125
Feyder, Jacques 147, 219
Fischer 104
Flaherty, Robert 154, 264
Fleischmann, Peter 306
Fontane, Theodor 24
Ford, John 318f.
Franju, Georges 175, 178, 220, 247, 259
Freire, Dido 180–183
Freund, Karl 264, 325
Friedrich, Caspar David 295
Friedrich, ›der Große‹ 49
Fröbe, Gert 283
Froehlich, Karl 156

Galeen, Henrik 131
Gance, Abel 125, 219, 248
Garbo, Greta 316
Gardner, Ava 296
Garonne de Lavoisier, Georges 13
Gaulle, Charles de 308
Gaynor, Janet 264
Geibel, Eva 63
George, Heinrich 159, 240
Gerald, Jim 120
Gert, Valeska 131–135
Gide, André 20, 38, 44, 143, 172, 199
Gillet, Louis 201
Ginsberg, Ernst 335
Ginsberg, Lili 335
Gliese, Rochus 264, 316
Godard, Jean-Luc 225, 286, 292, 297, 312, 314
Goebbels, Joseph 118, 127f., 138, 147, 157f., 161, 314
Göring, Hermann 61, 195
Goethe, Johann Wolfgang von 16, 19f., 28, 52, 171, 268
Goldschmidt, Adolph 57
Gorki, Maxim 105
Greco, Juliette 297
Grémillon, Jean 184, 227
Griffith, David-Wark 231
Grimm, Jakob 20
Grimm, Wilhelm 20
Gründgens, Gustav 159
Guitard 129, 206ff., 211f.

Haas, Willy, 74f., 142, 326
Haensel 178f.
Harbou, Thea von 74, 114ff., 119, 159
Harlé, Paul Auguste 175, 219
Hasenclever, Walter 59
Hasler, Emil 119, 121
Hasler, Otto 304
Hauff, Reinhard 306
Hauptmann, Elisabeth 61, 107f.
Du Haut, Stefan 279f.
Hegel 57
Heine, Heinrich 19ff., 48, 52, 64, 188, 328
Heine, Werner 63
Helm, Brigitte 124f.
L'Herbier, Marcel 219, 239
Herlth, Manja 158f.

Herlth, Robert 158, 265
Herzberg, Georg 151f., 326
Herzog, Werner 71, 135, 245, 265, 284, 286, 289, 305f., 329
Hessling, Catherine 180–183, 246
Heydrich, Reinhard 109
Himmler, Heinrich 157
Hitchcock, Alfred 313
Hitler, Adolf 105f., 112, 114, 118, 134, 141, 147, 149, 156–159, 161f., 164, 189, 192, 266, 295, 306
Hoffmann, E.T.A. 186
Homer 30
Hopkins 228
Houseman, John 232
Huch, Ricarda 44
Hugo, Victor 16

Ibsen, Henrik 24, 290

Jäger, Ernst 79, 93, 149f., 265, 325f.
Jahier, Alicia 179, 260
Jahier, Valerio 179
Jannings, Emil 74
Johnson, Al 153
Jugo, Jenny 162
Jürgens, Curd 288

Käutner, Helmut 304
Kamenka, Alexandre 219
Kant, Immanuel 57
Kawakita, Kashiko 253, 281
Keaton, Buster 85, 98f., 178, 299–302, 322
Kettelhut, Erich 316
Kipling, Rudyard 217
Klaue, Wolfgang 241, 262
Kleiber, Erich 199
Klein-Rogge, Rudolf 114
Kleist, Heinrich von 16, 20, 171, 186, 328
Klemperer, Otto 199
Kluge, Alexander 306
Kolb, Annette 47
Kokoschka, Oskar 73, 182
Kortner, Fritz 90f., 95
Kosma, Josef 172, 198
Kracauer, Siegfried 270
Krause, Helmut von 132
Krauss, Werner 28, 160
Kreutzberg, Lola 81
Krüll, Germaine 220
Kuhn-Fölix, August 75f.
Kuleschow, Lew 138
Kurtz, Rudolf 252, 257ff.

Lampl, Peter Martin 145, 147
Lamprecht, Gerhart 259f., 304
Landshoff, Ruth 263
Lang, Fritz 7, 9, 85, 88, 101, 109f., 112–130, 145, 158, 176, 182f., 230, 233, 255ff., 267–271, 275–279, 281–286, 292, 296f., 305, 318, 322, 329
Lang, Jack 317
Langlois, Georges 243
Langlois, Henri 89, 113, 130, 134f., 160f., 175–183, 186f., 189–201, 204, 206, 212ff., 219–222, 224–235, 238–240, 242–253, 256, 259ff., 271, 275f., 281, 291f., 294, 298f., 302, 306, 308–316, 322ff., 330, 332
Lania, Leo 103
Lasker-Schüler, Else 131
Latté, Lily 116, 277
Lattuada, Alberto 177, 180
Lavies, Hanns Wilhelm 317
Lee, Marion 333
Leni, Paul 122f., 224
Lessing, Gotthold Ephraim 53
Levi, Annie 172, 191
Leyda, Jay 141, 248
Lichtig, Renée 235
Liebermann, Max 77
Liedtke, Harry 82, 161
London, Jack 155
Lorre, Peter 116, 275, 304f.
Lubitsch, Ernst 29, 41, 89, 122f., 139, 228f., 237, 256, 258, 262
Lücken, Gottfried von 66f., 73, 191, 215
Lumière, Auguste 227
Lumière, Louis 227
Luther, Martin 102

Maillot, Maurice 120
Malle, Louis 225
Malraux, André 309ff., 314
Manès, Gina 147
Mann, Klaus 159
Mann, Thomas 171
Mannheim, Dora 58ff., 107
Marais, Jean 312
Marcuse, Franz 44
Marshall, George 97f.
Martin, Karlheinz 252
Maurus, Gerda 114, 116
May, Karl 15, 30
Medina, Paul 73, 78, 159, 172
Meersch, Eugène van der 27, 164, 190f., 196f., 241, 308
Meersch, Karel van der 197
Meerson, Lazare 73

Meerson, Mary 73, 175, 178, 182ff., 189, 213, 235, 244, 246ff., 309, 323
Méliès, Georges 220, 227
Mendelssohn, Moses 19
Mendes, Lothar 230
Mérimée 201
Mitry, Jean 178, 260, 265, 267
Mitterand, François 308
Moissi, Alexander 28f.
Moskowitz, Dustin 321
Moskowitz, Gene 54, 288, 319ff., 333
Moskowitz, Vernie 251, 320
Mozart, Wolfgang Amadeus 17, 332
Münchhausen, Charlotte 56f.
Münzer, Ina 216
Murnau, Friedrich Wilhelm 7, 9, 74, 89, 122f., 135, 153, 156, 158, 231, 258, 262, 264ff., 304

Nebenzahl, Seymour 101, 104
Negri, Pola 229
Neher, Carola 141
Neher, Caspar 141
Nerval, Gerard de 328
Nielsen, Asta 222, 316
Nin, Anaïs 19
Norris, Frank 232
Noske, Gustav 136
Noth 143

Oberwarth, Lucie s. Cassirer, Lucie
Oertel, C. 51
Oser, Jean 103

Pabst, Georg Wilhelm 7, 89, 91f., 94–98, 101, 103, 105, 109, 122f., 126, 131, 139, 157, 160, 228
Pabst, Peter 97
Pabst, Trudi 97
Palmer, Lilli 191
Palmier, Jean Michel 107
Parlo, Dita 195f.
Patalas, Enno 317
Pétain, Philippe 169
Pflaum, Hans Georg 199f.
Philipe, Anne 291
Philipe, Gérard 184, 291, 333
Philippe, Pierre 134
Picasso, Pablo 296
Piccoli, Michel 290, 297
Pick, Lupu 146
Pickford, Mary 152, 316
Piel, Harry 147f.
Piscator, Erwin 67, 146
Plumpe, Robert 262f.
Pommer, Erich 128
Prévert, Jacques 318
Proust, Marcel 20
Pudowkin, Vsevolod 138ff.

Rademacher, Lessy 75
Rasp, Fritz 259
Rathge 119
Ray, Nicholas 318f.
Ray, Man 73, 182, 297f.
Ray, Satyajit 275, 288
Reinhardt, Max 28, 89, 107, 123, 246, 257
Rembrandt 28, 295
Renoir, Jean 131, 180–184, 225, 227, 282f., 312
Reynaud, Emile 229
Ring, Max 24
Richter, Hans 136
Riefenstahl, Leni 156–160
Robertson, Etienne 230
Roditi, Edouard 108, 169f., 172, 191, 334
Rohauer, Raymond 299f.
Rohrscheidt, Anneliese von 49f., 53, 72
Roland, Maurice 120
Rolland, Romain 28
Rosher, Charles 264
Rosi, Francesco 251
Rothschild, Nadine de 192, 202f., 212f.
le Roy, Claude 291

Sacco, Nicola 43
Sadoul, Georges 206f., 257, 260
Sadoul, Ruta 207
Sagan, Leontine 156
Saint-Exupéry, Antoine de 291
Saless, Sohrab Shahid 286
Salem, Shadi Abdel 275
Sartre, Jean Paul 177
Schiff, Else 161
Schiller, Friedrich 16
Schlöndorff, Volker 135, 225, 305
Schlüter, Andreas 241
Schopenhauer, Arthur 92
Schroeter, Werner 306
Schüfftan, Eugen 88
Schulz, Walter 119
Schulze, Friedrich Wilhelm 70
Schulze-Mittendorf, Walter 304
Ségur-Depuy 208
Seton, Mary 133, 141
Shakespeare, William 20, 28, 53f.
Sica, Vittorio de 275f.
Signoret, Simone 177, 312
Silva, Benardo Costa da 292
Simon 277

Simon, Julius 26
Simon, Michel 219, 312
Sinclair, Upton 140f.
Skladanowsky 258
Sommeiller, 250
Sorge, Reinhard Johannes 59
Stalin, Josef 140f.
Staudte, Wolfgang 304
Stendhal 14, 20, 102, 169, 187
Stern, Betty 195
Stern, Ernst 29, 228
Sternberg, Joseph von 235, 282, 313
Stoecker, Adolf 53
Storck, Henri 280
Strauss, Richard 17f.
Stroheim, Erich von 133, 139, 231–238
Struss, Karl 264f.

Taviani, Paolo 331
Taviani, Vittorio 331
Thiele, Herta 156
Thode, Henry 263
Thulin, Ingrid 254, 290
Tichowitz von 195
Toller, Ernst 142
Toporowska, Hedwig von 44
Tordy, Christa 82
Toscanini, Arturo 64
Trauner, Alexandre 198/199
Truffaut, François 225, 312, 314

Valentin, Karl 59
Vancetti, Bartolomeo 43
Varda, Agnès 49
Vash 120
Verlaine, Paul 169
Vermeer, Jan 26
Vernac, Denise 235, 237
Vernon, Howard 117, 124, 268, 282, 286
Veronesi, Giulia 180, 182, 246, 260
Vidor, King 318, 321f.
Vigo, Jean 195
Villon, François 103, 169
Vogel, Amos 327
Vollbrecht, Carl 119
Vollmoeller 264
Voltaire 169

Wagner, Fritz Arno 119f., 126, 264
Wagner, Richard 17f.
Wallace, Edgar 96
Walter-Landa, Margot 81
Warm, Hermann 316
Wedekind, Frank 59
Wegener, Paul 28, 159
Wegner, Armin T. 74, 162
Weigel, Helene 109, 141
Weigert 104
Weiner, Alfred 81, 163, 169
Weill, Kurt 101ff., 105f., 283
Wellmann, Billy 94
Wenders, Wim 306, 319
Werfel, Franz 59
Wernicke, Otto 120
Wertow, Dziga 138
West, Mae 316
Wexley, John 109f.
Wiene, Robert 122, 228, 258
Wilde, Oscar 20, 82
Wilder, Billy 302
Wilhelm II. 47f., 53
Wölfflin, Heinrich 65

Zanten, Pieter van 154
Zelnik, Friedrich 325
Ziegler, Leopold 256
Zilzer, Wolfgang 147

zeugen und zeugnisse

Erinnerungen von Zeitgenossen unseres Jahrhunderts

Der Blitz über dem Reisfeld
Mit 19 Fotos und 2 Karten
dtv 10467

Walter Ballhause:
Licht und Schatten der dreißiger Jahre.
Mit 126 Fotos
dtv 10501

Karl Baur:
Wenn ich so zurückdenke ...
dtv 10514

Jo Mihaly:
... da gibt's ein Wiedersehn!
Mit 21 Fotos
dtv 10485

dtv